AF478598

Occasional Papers on Antiquities, 6

Roman Funerary Monuments

in the J. Paul Getty Museum   Volume 1

MALIBU, CALIFORNIA   1990

Marion True and Guntram Koch, Editors

Christopher Hudson, Head of Publications
Andrea P. A. Belloli, Editor-in-Chief
Angela Thompson, Sylvia Tidwell, and Michèle Denizot-Ghil,
Manuscript Editors
Mary Holtman, Editorial Assistant
Karen Schmidt, Production Manager
Elizabeth Burke Kahn, Production Coordinator
Patrick Dooley, Designer Manager
Patricia Inglis, Designer
Thea Piegdon, Production Artist
All photographs by the Department of Photographic Services,
J. Paul Getty Museum, unless otherwise noted.

Typography by Andresen Typographics, Tucson
Printed by Alan Lithograph, Los Angeles

Library of Congress Cataloging in Publication Data:

J. Paul Getty Museum.

   Roman funerary monuments in the J. Paul Getty Museum.
     p.   cm.—(Occasional papers on antiquities; 6)
   English, French, and German.
   ISBN 0-89236-151-4 (v. 1)
   1. Sarcophagi, Roman. 2. Sarcophagi—California—Malibu.
3. J. Paul Getty Museum. I. Title. II. Series.
NB1810.J25 1990   89-2207
733'.5'07479493—dc20   CIP

Cover: Grabrelief der Tation und des Tatianos, aus Phrygien.
Malibu, J. Paul Getty Museum 83.AA.204.

Contents

Das Grabrelief der Apollonia im J. Paul Getty Museum

Ioanna Spiliopoulou–Donderer

Das späthellenistische attische Grabrelief der Apollonia im J. Paul Getty Museum (Abb. 1a–b)[1] gehört hinsichtlich der handwerklichen Ausführung zu den besten seiner Art; allerdings konnten unter den nachklassischen Stelen Attikas[2] bisher keine Parallelen nachgewiesen werden. So stellt sich die Frage, wo die ikonographischen Vorbilder dieser Stele zu suchen sind[3] und ob das Relief in Malibu vielleicht zu den frühesten der späthellenistischen Stelen Attikas gehört. Es wird schließlich das Problem des erneuten Auftretens attischer Grabreliefs mit figürlichen Darstellungen im 2. Jh. v. Chr. infolge der nachlassenden Wirkung des Antiluxusgesetzes, das auf Demetrios von Phaleron zurückgeht,[4] zur Sprache kommen.[5]

Der Erhaltungszustand der Stele ist relativ gut. Abgebrochen sind die untere Ecke des linken Eck-

<hr>

Besonderer Dank gilt G. Koch (Marburg), der die Möglichkeit zu einer intensiven Beschäftigung mit dem Grabrelief eröffnete. Für epigraphische Auskünfte bin ich E. Pöhlmann und B. Künzle (Erlangen) sowie A. Matthaiou (Athen) zu Dank verpflichtet. Wichtige Hinweise sowie die Durchsicht des Manuskripts verdanke ich C. Börker, M. Donderer, F. Heger und K. Parlasca (Erlangen) sowie H. Gabelmann (Bonn); Photos lieferte freundlicherweise T. Schafer (Athen). Zusätzlich zu den Sigeln der Bibliographie des Deutschen Archäologischen Instituts werden folgende Abkürzungen verwendet:

Bol:
P. C. Bol, "Eine Mädchenstatue in Frankfurt," *AA* (1981), 643ff.

Borbein:
A. Borbein, "Eine Stele in Rhodos. Bemerkungen zum spätgriechischen Grabrelief," *MarbWPr* (1968), 74ff.

Conze I–IV:
A. Conze, *Die attischen Grabreliefs* I (1893), II (1900), III (1906), IV (1911–22) (Berlin und Leipzig).

Lymperopoulos:
S. Lymperopoulos, "Untersuchungen zu den nachklassischen attischen Grabreliefs unter besonderer Berücksichtigung der Kaiserzeit" (Diss., Hamburg, 1985), als Microfiche erschienen.

Mühsam (1936):
A. Mühsam, "Die attischen Grabreliefs in römischer Zeit" (Diss., Berlin, 1936).

Mühsam (1952):
A. Mühsam, "Attic Grave Reliefs from the Roman Period," Berytus 10 (1952/53), 51ff.

Pfuhl und Möbius:
E. Pfuhl und H. Möbius, *Die ostgriechischen Grabreliefs* I (1977), II (1979) (Mainz).

Vorster:
C. Vorster, "Griechische Kinderstatuen" (Diss., Köln, 1983).

Woysch–Méautis:
D. Woysch–Méautis, *La représentation des animaux et des êtres fabuleux sur les monuments funéraires grecs* (Lausanne, 1982).

1. 74.AA.13; pentelischer Marmor; H: 111 cm; B: 61,5 cm; J. Frel, *Recent Acquisitions. Ancient Art* 11 (1974); W. Trillmich, "Das Torlonia-Mädchen," *AbhGöttingen* 99 (1976), 46, Anm. 157; *JPGM Checklist of Antiquities* 1 (1979), 24, Nr. 92; C. C. Vermeule, *Greek and Roman Sculpture in America* (Berkeley und Los Angeles, 1981), 202, Nr. 167, Abb.; Lymperopoulos Kat. G 1, 85f., 88ff., 101, 124, 132, 136.

2. Als solche werden alle Grabreliefs bezeichnet, die im Zeitraum vom Gräberluxusverbot des Demetrios von Phaleron bis zum mittleren 3. Jh. n. Chr. entstanden sind (dazu zuletzt Lymperopoulos, 2f.). Grundlegend für diese Gattung bleiben folgende Arbeiten: Conze IV; H. Riemann, *Die Skulpturen vom 5. Jh. bis in römische Zeit. Kerameikos II. Ergebnisse der Ausgrabungen* (Berlin, 1940); Mühsam (1936); Mühsam

(1952); speziell über die attischen Stelen des Hellenismus: J. Kirchner, *AEphem* (1937), 338f.; H. Möbius, *AM*, 71 (1956), 117ff.; ders., *AM 81* (1966), 154ff.; speziell über attische Stelen der Kaiserzeit vgl. S. Dow und C. C. Vermeule, *Hesperia* 34 (1965), 273; A. Stavridis, *Archaiognosia* 2 (1981), 277. Die neue Arbeit von S. Lymperopoulos enthält neben dem bekannten Material viel Neues, vor allem unter dem Gesichtspunkt der typologischen Gliederung der Grabreliefs nach der architektonischen Stelenform; leider vermißt man eine bildliche Dokumentation.

3. Zu den klassischen ikonographischen Vorbildern der attischen Grabreliefs vgl. Mühsam (1952), 101ff. (Lit.); Verf., Das Nachleben klassischer ikonographischer Typen auf den nachklassischen attischen Grabstelen (in griechischer Sprache) in: *Akten des XII. Internationalen Kongresses für Klassische Archäologie* (Athen, 1988), III. 246ff.

4. Bekanntlich bricht die Produktion der traditionellen attischen Grabreliefs im letzten Viertel des 4. Jh. v. Chr. ab; vgl. dazu die erste ausführliche Erwähnung im Kerameikosbericht von A. Brückner, *AA* (1892), 23; Lymperopoulos 5, Anm. 16 (Lit.). Zu Demetrios von Phaleron und dem mit seiner Person verbundenen Erlaß zur Einschränkung des Gräberluxus vgl. J. Kirchner, *Die Antike* 15 (1939), 93ff.; F. Eckstein, *JdI* 73 (1958), 18ff.; *RE Suppl. XI* (Stuttgart, 1968), 516 s.v. Demetrios (Wehrli); F. Wehrli, "Demetrios von Phaleron," in: *Die Schule des Aristoteles* IV[2] (Basel und Stuttgart, 1968), 29, frgt. 135, Komm. 74; E. Bayer, *Demetrios Phalereus der Athener* (Darmstadt, 1969), 5, 9, 21, 71f., 87; R. Stupperich, "Staatsbegräbnis und Privatgrabmal im klassischen Athen" (Diss., Münster, 1977), 71ff., 220ff., 261ff.; H. I. Gehrke, *Chiron* 8 (1978), 162ff.; Lymperopoulos, 5ff.

5. Nach dem Gräberluxusverbot des Demetrios von Phaleron verbreiten sich die drei bei Cicero, leg. 2, 25, 66 überlieferten Grabmälerformen: columella, mensa, labellum; vgl. dazu Brückner a.O. 23f.; Conze IV 5ff.; Kirchner a.O. (Anm. 4) 94ff.; H. Kenner, *ÖJh 29* (1935), 142f.; K. Kübler, *MdI 2* (1949), 17ff.; Zur mensa vgl. G. Despinis, *AEphem* (1963), 46ff.; J. R. A. Twele, *GettyMusJ 2* (1975), 93ff.; Lymperopoulos 7 (Lit.). Neben diesen Grabmälerformen, von denen die mit columella die dominierende ist (Lymperopoulos 7), gibt es vom Ende des 4. bis zum ausgehenden 2. Jh. v. Chr. noch eine geringe Anzahl von Grabstelen in Attika: sieben für das 3. Jh. und vier für das 2. Jh. v. Chr. (s. Anm. 2) mit der für die hellenistische Zeit angegebenen Literatur; außerdem Lymperopoulos, 8ff. Die Inschriften oder Darstellungen zeigen jedoch, daß sie größtenteils von Fremden, nicht aber von attischen Bürgern bestellt wurden (vgl. Lymperopoulos, 15, Anm. 101); bei einigen handelt es sich um wiederverwendete klassische Stelen (z.B. die Stele Athen NM1286: Lymperopoulos, Nr. A 16) oder Weihreliefs (z.B. die Stele des Pythodoros:

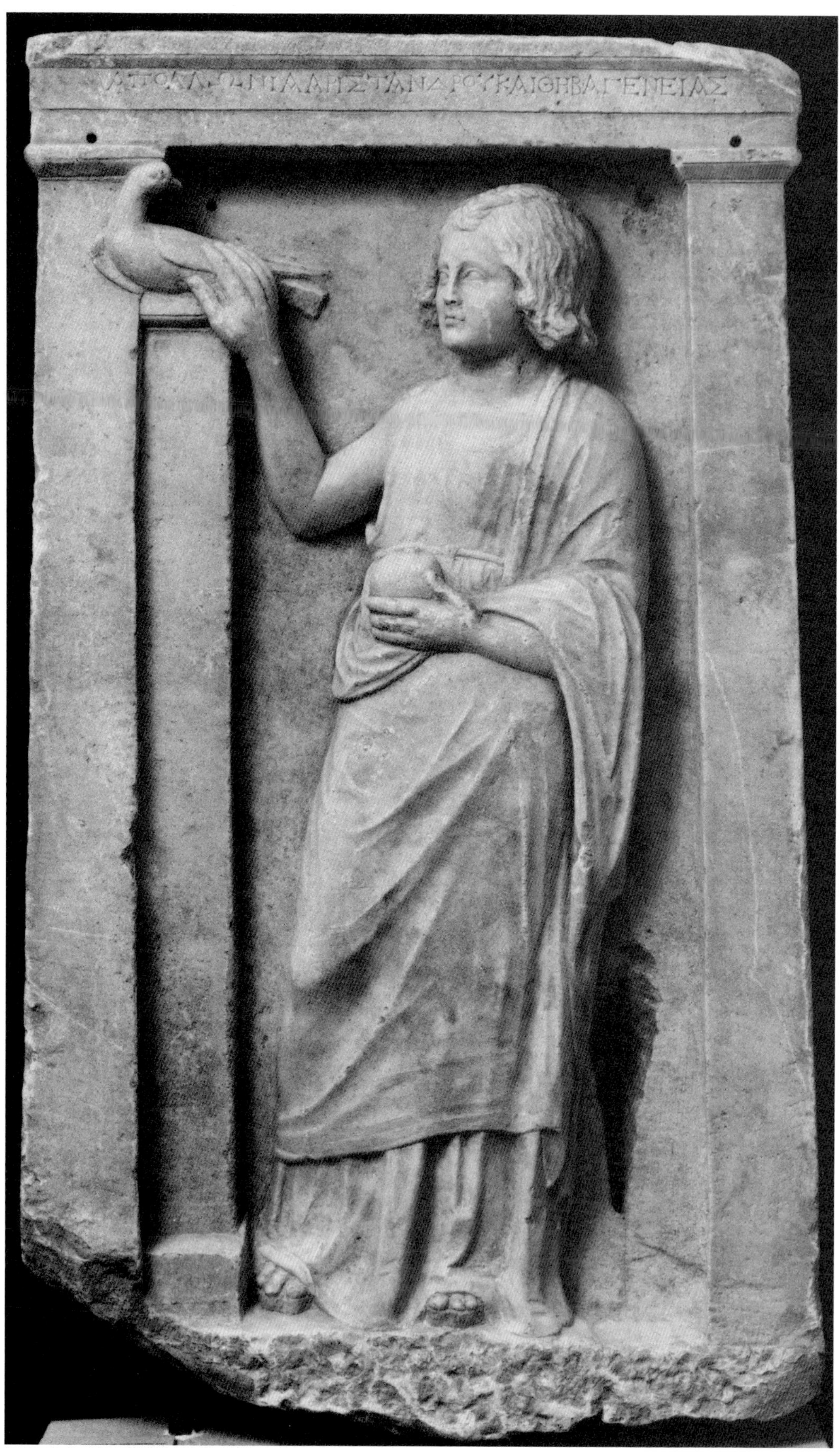

Abb. 1a.   Malibu, J. Paul Getty Museum 74. AA.12.

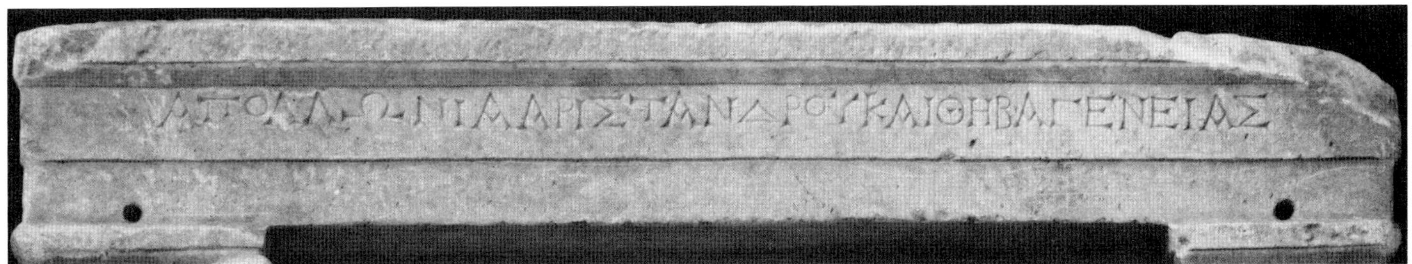

Abb. 1b.   Inschrift von Abb. 1a.

pfeilers und der obere rechte Teil des Architravs. Vom Reliefhintergrund ist neben dem linken Bein des Mädchens ein senkrecht verlaufendes Stück dreieckiger Form ausgebrochen. Von ihm zieht sich ein Riß zur Basisleiste. Kleinere Absplitterungen sind an den Seitenkanten der Pfeiler und am Gewand des Mädchens festzustellen. Die gesamte Oberfläche der Stele ist völlig geglättet mit Ausnahme des unteren Teiles, der zum Einlassen in eine Basis bestimmt war.

Die Stele weist eine hochrechteckige Form auf. Das eingetiefte Relieffeld wird von zwei Pilastern begrenzt, die ein zweizoniges Epistyl tragen.[6] Dieses wird oben von einem schmalen Profil abgeschlossen.[7] Die Reliefdarstellung füllt das gesamte Bildfeld der Stele bis zum Epistyl.[8] Zwei Stiftlöcher sind in der unteren Fascie über der Mitte der beiden Eckpilaster eingelassen. Zwei weitere befinden sich seitlich der Pilaster im Reliefhintergrund direkt unter dem Architrav. Die heute verlorenen Eisenstifte mit Bleiverguß dienten offensichtlich der Anbringung von Kränzen, die für den Totenkult belegt ist.[9] Auf dem Epistyl ist die Inschrift angebracht.[10] Der Typus dieses Leistenabschlusses findet für die Grabstelen der klassischen,[11] hellenistischen[12] und römischen[13] Zeit selten Verwendung, häufig aber begegnet er unter Totenmahl–, Urkunden– und Weihreliefs.[14]

Auf dem Reliefgrund ist ein Mädchen im Halbprofil dargestellt. Das rechte Bein ist im Gegensatz zum linken unbelastet und leicht angewinkelt. Der Eindruck der Ponderation wird dadurch verstärkt, daß die Figur nicht senkrecht, sondern ein wenig diagonal ausgerichtet ist. Als Untergewand trägt das Mädchen einen ärmellosen Chiton mit Brustgürtung, der auf der rechten Schulter geheftet und dessen tiefer Halsausschnitt mit einer breiten Borte gesäumt ist. Mit wenigen gleichmäßig flachen Falten liegt das Gewand am Oberkörper an, während es sich im Bereich der Beine in einzelne, unterschiedlich gebildete Faltenzüge gliedert. Über den Füßen ist der Chitonrand leicht umgeschlagen, so daß die Zehen mit den dicksohligen Kontursandalen[15] sichtbar sind. Rötliche Farbreste weisen auf eine einstige Bemalung der Schuhe.[16] Über dem Chiton trägt das Mädchen einen Mantel, der mit einem Ende auf der linken Schulter aufliegt. Über den Rücken und den Unterkörper verläuft der Mantel bis zum linken Arm, über den das andere Ende herabfällt, so daß die rechte Seite des Oberkörpers in Form eines ellipsenförmigen

IG II/III[2] 5891; Lymperopoulos Nr. A 8). Im Laufe des 2. Jhs. v.Chr. hat offensichtlich die Wirkung des Gräberluxusverbots des Demetrios nachgelassen, so daß nun auch attische Bürger neben Fremden als Auftraggeber reliefierter Grabstelen auftreten, was aus den Namen hervorgeht (z.B. die bereits genannte Stele des Pythodoros oder die des Thrasyxenos: Conze IV, 30, Nr 1833, Taf. 388; Lymperopoulos Nr. A 14). Der eigentliche Wiederbeginn der attischen reliefierten Grabstelen ist aus Gründen, auf die noch eingegangen werden muß, im ausgehenden 2. Jh. v.Chr. faßbar (vgl. dazu auch Mühsam [1952], 101, 110).

6. Zur tektonischen Form der Stele vgl. die Klassifizierung bei Lymperopoulos, 85ff. (Grabstelen mit Leistenabschluß), der 21 Stelen dieses Typus beibringt (G 1–21). Mit Ausnahme der Stele der Apollonia (G 1) werden alle spätaugusteisch datiert. Unter ihnen fehlen Darstellungen sitzender Personen völlig, es erscheinen ausschließlich stehende Figuren (vgl. Lymperopoulos 85 mit Anm. 416, 417); zum Verhältnis zwischen Stele und Bild bei griechischen Grabmälern vgl. W. Schiering *AA* (1974), 652ff.; B. Schmaltz, *MarbWPr* (1979), 14, Anm. 5.

7. Über dem Architrav der Stelen dieses Typus erscheint eine vorkragende Leiste, die eine Stirnziegelreihe trägt und somit den oberen Abschluß der Stelen bildet. Ausnahmsweise besitzt die Stele der Apollonia keine auf der Deckleiste erhaltenen Stirnziegel, es

werden aber solche vorausgesetzt (vgl. dazu Lymperopoulos, 85).

8. Mühsam (1952), 92, Anm. 6.

9. Zu den Metallstiften in klassischer Zeit s. P. Zanker, *AntK* 9 (1966), 16ff.; M. Pfanner, "Zur Schmückung griechischer Grabstelen," *HefteABern* 3 (1977), 5ff. Für die nachklassischen Stelen vgl. Lymperopoulos, 35, Anm. 208 (Lit.).

10. Mühsam (1936), 5: Von der Regel, die Inschrift auf dem Epistyl oder im Giebel anzubringen, wird in wenigen Fällen abgewichen, die der Spätzeit angehören (vgl. auch Lymperopoulos, 99ff.).

11. z.B. Woysch–Méautis, 112, Nr. 90, Taf. 16; 112, Nr. 92, Taf. 17; 118, Nr. 166, Taf. 98; Lymperopoulos, 85, Anm. 408 mit weiteren Beispielen.

12. Der Typus wird nur für wenige Totenmahlreliefs übernommen: Lymperopoulos, 85, Anm. 410.

13. Vgl. die 21 von Lymperopoulos, 85ff., Nr. G 1–21 beigebrachten Beispiele (s. auch oben Anm. 6).

14. R. Thönges–Stringaris, *AM* 80 (1965), 15, Taf. 11ff.; G. Neumann, *Probleme der griechischen Weihreliefs* (Tübingen, 1979), 50f., Taf. 28ff.; vgl. auch Lymperopoulos, 85, Anm. 409.

15. M. Pfrommer, *IstMitt* 34 (1984), 171ff. mit der älteren Literatur und für den Hellenismus weiterführenden Ergebnissen.

16. Frel a.O. (Anm. 1).

Bogens von ihm unbedeckt bleibt.[17] Das Obergewand weist wie der Chitonstoff eine sparsame, flache und stark schematisierte Faltenbildung auf. Der rechte Arm des Mädchens ist angewinkelt und erhoben, so daß die rechte Hand eine Taube berührt, die auf der Deckplatte eines am linken Rand dargestellten Pfeilers sitzt. Brust und Kopf des Vogels überschneiden den die Stele begrenzenden seitlichen Pilaster, so daß durch die diagonale Stellung des Tieres eine leichte Tiefenwirkung erzielt wird.[18] In der angewinkelten Linken hält die Verstorbene einen Granatapfel. Ihr Gesicht ist glatt und unbewegt. Den Verlust plastischer Substanz zeigen besonders die flachen Augen beiderseits einer geradlinigen Nase, der Mund ist klein und schmal. Die Frisur besteht aus einem breiten geflochtenen Scheitelzopf in Verbindung mit halblangem, lose an den Kopfseiten herabfallendem Haar.[19] Man wird unwillkürlich an die hellenistisch-römische Kinderfrisur erinnert, zu deren wesentlichen Merkmalen die große über den ganzen Scheitel laufende Flechte oder Haarrolle gehört.[20]

Um die zeitliche Stellung der Stele genauer bestimmen zu können, muß sie auf ihre epigraphische und stilistische Aussage hin befragt werden. Eine genaue Datierung aufgrund der Inschrift stößt wegen des privaten Charakters auf Schwierigkeiten.[21] Der Schriftduktus spielt unter Berücksichtigung eventueller regionaler Besonderheiten Attikas nur eine begrenzte Rolle,[22] da Veränderungen weder im Hellenismus noch in der Kaiserzeit in engen Grenzen faßbar sind.[23] Es läßt sich daher nur eine approximative Einordnung des Grabreliefs begründen.[24]

Die Inschrift lautet: ΑΠΟΛΛΩΝΙΑ ΑΡΙΣΤΑΝΔΡΟΥ ΚΑΙ ΘΗΒΑΓΕΝΕΙΑΣ. Apollonia, Tochter des Aristandros und der Thebagenia. Sie weist zwei Besonderheiten auf:

1. Unter den ca. 190 nachklassischen attischen Grabreliefs mit Inschriften erscheint in den meisten Fällen hinter dem Namen des Verstorbenen die im Genetiv stehende Vatersangabe, bei Frauen dagegen das Ethnikon.[25] Im vorliegenden Fall tritt an dritter Stelle der Name der Mutter hinzu. Für diese Besonderheit gibt es vier weitere Belege unter den nachklassischen Stelen Attikas.[26]

2. Der Name der Mutter "Thebageneia" findet keine Parallele in der griechischen Prosopographie.[27] Lediglich die maskuline Form "Thebagenes" begegnet in einer attischen Ehreninschrift des Jahres 325/24 v.Chr.[28] Die Bildung des femininen Namens ist sprachlich korrekt. Das Kompositum besteht aus dem Vorderglied, das das Toponymikon Theba enthält, und dem durchaus geläufigen Hinterglied—geneia.[29] Die Namen Aristandros und Apollonia lassen sich jeweils noch einmal auf attischen Grabstelen nachweisen.[30] Die Prosopographie bietet demnach keine Hilfe für eine nähere Datierung. Etwas besser ist es jedoch um die Aussagekraft des Inschriftduktus bestellt. Das Schriftbild ist klar und die Buchstabenformen sind wegen ihrer starken Apices für den Späthellenismus charakteristisch. Bemerkenswert ist die unterschiedliche Größe einzelner Buchstaben und deren verschieden hohe Stellung, durch die eine kühle Gleichförmigkeit vermieden wird.[31]

Für eine Datierung aussagekräftig sind folgende Buchstaben:

A   mit gebrochener Querhaste;

E   mit verkürzter mittlerer Querhaste, die die Längshaste berührt, ein Charakteristikum des 2. Jhs. v.Chr.;

---

17. Dieser Manteltypus wird als Querwulstmantel charakterisiert: Lymperopoulos, 44f., Anm. 230, 235; 69, Anm. 328; 88f., 145, Anm. 764.

18. Figuren, die den Bildfeldrahmen der Stele überschneiden, begegnen bereits auf klassischen attischen Grabreliefs, z.B. Woysch–Méautis, 113, Nr. 105, Taf. 33; 117, Nr. 159, Taf. 26; 119, Nr. 195, Taf. 29; 126, Nr. 278, Taf. 52; 131, Nr. 339, Taf. 54. Zur Fortsetzung des Motivs auf den nachklassischen Stelen vgl. Mühsam (1952), 92f., Taf. 10, 4.

19. Vgl. Trillmich a.O. (Anm. 1), 46, Anm. 157.

20. Allg. zur Kinderfrisur mit Scheitelzopf: *RE* VII (1912), 2125, s.v. Haartracht und Haarschmuck (Steininger); G. A. S. Snijder, "Ein römischer Mädchenkopf aus Ägypten," in: *Antike Plastik, Festschrift W. Amelung* (Berlin und Leipzig, 1928), 239ff.; V. von Gonzenbach, *Untersuchungen zu den Knabenweihen im Isiskult der römischen Kaiserzeit* (Bonn, 1957), 27ff.; dies., *BCH* 93 (1969), 885ff.; C. Rolley, *BCH* 94 (1970), 554ff.; Trillmich a.O. (Anm. 1), 46; Vorster, 20ff., 87; Lymperopoulos, 123ff., Anm. 615; 130ff.; E. Pochmarski in: *Pro Arte Antiqua II, Festschrift H. Kenner* (Wien und Berlin, 1985), 295ff. Zur Bedeutung des Scheitelzopfes vgl. Vorster, 23f.; Lymperopoulos, 130, Anm. 674.

21. Vgl. Lymperopoulos, 99.

22. Lymperopoulos, 99, Anm. 480, 481.

23. Zu den attischen Inschriften vgl. W. Larfeld, *Griechische Epigraphik*[3] (München, 1914); P. Graindor, *Album des inscriptions attiques d'époque impériale* (Paris, 1924); J. Kirchner, *Imagines Inscriptionum At-* *ticarum* (Berlin, 1935); *IG* II/III[2] (1940); G. Klaffenbach, *Griechische Epigraphik*[2] (Göttingen, 1966); M. Guarducci, *Epigrafia Greca* I (Rom, 1967); D. W. Bradeen, *Inscriptions. The Funerary Monuments of the Athenian Agora. The Athenian Agora* XVII (Princeton, 1974).

24. Vgl. auch Mühsam (1952), 55ff.; Lymperopoulos, 99.

25. Lymperopoulos, 100, Anm. 485f.

26. a: Conze IV, 48, Abb. 1928; Lymperopoulos, 290, Nr. B 32; b: *IG* II/III[2] 12915; Lymperopoulos, 404, Nr. G 18; c: Lymperopoulos, 416f., Nr. H 14; d: Conze IV, 44, Nr. 1909, Abb. 1909, Taf. 408; Lymperopoulos, 308f., Nr. B 55.

27. Zu den griechischen Eigennamen vgl. W. Pape und G. Benseler, *Wörterbuch der griechischen Eigennamen*[3] (Braunschweig, 1911); F. Bechtel, *Die historischen Personennamen des Griechischen bis zur Kaiserzeit* (Halle, 1917); P. M. Fraser und E. Matthews, *A Lexicon of Greek Personal Names* I (Oxford, 1987). Zur attischen Prosopographie vgl. J. Kirchner, *Prosopographia Attica* (Berlin, 1901–1903); I. Sundwall, *Nachträge zur Prosopographia Attica* (1910); Index of *Hesperia* 1–10, Suppl. 1–6 (Princeton, 1946), 11–20, Suppl. 7–9 (Princeton, 1968); *SEG* Index XI–XXXI.

28. *IG* II/III,[2] 360, 45: πρεσβευτὴς Θηβαγένης Ἐλευσινίος.

29. Vgl. P. Kretschmer und E. Locker, *Rücklaüfiges Wörterbuch der griechischen Sprache* (Göttingen, 1944), 14, F. Dornseiff und B. Hansen, *Rücklaüfiges Wörterbuch der griechischen Eigennamen* (Berlin, 1957), 15; C. D. Buck und W. Petersen, *A Reverse Index of Greek Nouns and Adjectives* (Chicago, 1970), 131.

H   mit mittlerer Querhaste, die ebenfalls die Längshasten berührt;

O   sehr klein, typisch für das 2. Jh. v. Chr.; um die Jahrhundertwende nämlich erhalten O und Ω gewöhnlich die Größe der übrigen Buchstaben;

Θ   mit gebrochener Querhaste;

N   mit parallelen Hasten, deren rechte verkürzt ist; dies stellt die späthellenistische Form dar;

T   mit einer zweiten Längshaste, die etwas kürzer ist als die erste, und einer verlängerten Querhaste. Beides ist für das 1. Jh. v. Chr. charakteristisch;[32]

Σ   mit parallelen Querhasten; dies stellt den späthellenistischen Typus dar.

Als Ergebnis muß festgehalten werden, daß neben hochhellenistischen auch späthellenistische Buchstabenformen erscheinen, die den für diese Zeit charakteristischen Gesamteindruck der Inschrift unterstreichen. Als jüngstes Datierungskriterium erweist sich das Pi mit den ungleichen Hasten; es tritt in Attika erst um die Jahrhundertwende auf. Für die Stele in Malibu ergibt sich somit eine Datierung aufgrund der Inschrift in die erste Hälfte des 1. Jhs. v. Chr.[33] In diese Zeit gehören aufgrund epigraphischer und stilistischer Kriterien auch die Stelen der Pontike und des Thallos[34] (Abb. 2), des Isidotos[35] (Abb. 3), des Chrysion,[36] des Amphikles[37] (Abb. 4) und des Charixenos.[38]

In der Tat weisen diese Reliefs weitere Gemeinsamkeiten mit unserer Stele auf. So entsprechen einander der flache Reliefstil im Verhältnis von Figur zum Rahmen sowie hinsichtlich der stark schematisierten Faltenbehandlung. Auf der Stele der Apollonia zeichnet sich das Spielbein deutlich unter dem Gewand ab, wenige

große Falten betonen das Standmotiv, der Mantel läßt die Faltenstege des darunter liegenden Chitons noch klar erkennen.[39] Vergleichbar sind in dieser Hinsicht die bereits genannten attischen Stelen späthellenistischer Zeit.[40] Doch weisen diese stärker bewegte Körper auf, verbunden mit einer Neigung des Kopfes. Sie stehen damit noch unter dem Einfluß des 2. Jhs. v. Chr.,[41] während das Relief in Malibu schon klassizistische Tendenzen zeigt.[42] Diese lassen sich in einem Vergleich mit späthellenistischen Mädchenstatuen deutlich fassen. Drei von ihnen, die aus Kyrene stammen,[43] haben die Dynamik bereits verloren, die entsprechende Statuen des mittleren 2. Jhs. v. Chr. auszeichnet. Ihre Haltung ist starr, die Körper wirken schwer und massig. Sie stehen darin der Apollonia sehr nahe. Klassizistisch mutet zudem die stark schematisierte und eintönige Faltenführung der Gewänder aller vier Figuren an.

Dieselbe kraftlose Haltung kehrt auf einer Mädchenstatue in Thessaloniki wieder.[44] Vergleichbar ist hier außerdem die Form und Führung des Mantels. Große Übereinstimmungen hinsichtlich der Wiedergabe des Gewandes weist unsere Stele mit einer Mädchenfigur in Kassel auf.[45] Bei dieser bildet der Chiton am Apoptygma und über den Beinen gerade stabartige Falten, bei der Apollonia erscheinen solche Falten zwischen den Beinen. Ihr Gesicht mit den leeren, glatten und unbewegten Wangen sowie den flachen Augenhöhlen zeigt eine Tendenz zu klassizistischer Beruhigung. Dadurch läßt es sich gut mit anderen Köpfen des ausgehenden Hellenismus vergleichen.[46] Die halblangen Haare in Verbindung mit dem breiten, sorgfältig geflochtenen Mittelscheitelzopf sprechen

---

30. Conze IV, 133, Nr. 273 bzw. *IG* II/III² 5871.

31. Lymperopoulos, 101; zur Entwicklung der griechischen Buchstabenformen im Hellenismus vgl. Guarducci a. O. (Anm. 23), 380ff.

32. Mühsam (1952), 58; Guarducci a. O. (Anm. 23), 381; M.–T. Couilloux, "Les monuments funéraires de Rhénée," *Délos* XXX (Paris, 1974), 244f. (mit 35 Beispielen des ausgehenden 2. Jh. v. Chr.); Lymperopoulos, 101.

33. Lymperopoulos, 101.

34. Conze IV, 37, Nr. 1869, Taf. 396; Mühsam (1952), 56, 73, 74, 82, 83, 92, Anm. 2; 97, 98, 107, Taf. 7, 2.

35. Conze IV, 61, Nr. 1973, Taf. 426; Mühsam (1952), 56, Anm. 8; 58, Anm. 10; 74, 82, 94, 100, 107, Taf. 7, 1; Lymperopoulos, 337, Nr. D 1.

36. Conze IV, 37, Nr. 1870, Taf. 392; Mühsam (1952), 58, Anm. 10; 92, Anm. 2; 100, Anm. 2.

37. Conze IV, 65, Nr. 1989, Taf. 431; Mühsam (1952), 55, 58, 82, 94, Taf. 7, 3; Lymperopoulos, 381, Nr. E 1.

38. Conze IV, 66, Nr. 1995, Taf. 433; Mühsam (1952), 57, Anm. 2; 58, Anm. 10; 82, 94; Lymperopoulos, 408, Nr. H 1.

39. Lymperopoulos, 90.

40. S. oben (Anm. 34–38).

41. Mühsam (1952), 82. Vor allem Amphikles und Charixenos weisen eine besonders schlanke und leicht geschwungene Körperbildung auf, während bei Isidotos und Thallos der Körper eher schwer und massig wirkt.

42. Zu den klassizistischen Tendenzen des Späthellenismus vgl.

Borbein, 77 mit Anm. 15; W. Fuchs, *Die Vorbilder der neuattischen Reliefs* (Berlin, 1959), 166ff.; J. P. Niemeier, *Kopien und Nachahmungen im Hellenismus* (Bonn, 1985), 10 mit Anm. 18; 32ff.; H. Jung, "Die Reliefbasis Athen, Nationalmuseum 1463. Spätklassisch oder neuattisch?" *MarbWPr* (1986), 3ff. Die zwei verschiedenen Stilrichtungen, die die frühen reliefierten nachklassischen Stelen Attikas aufweisen, existieren im späten Hellenismus nebeneinander. Dies ist also kein Kriterium für eine unterschiedliche Datierung, da es ein allgemeines Phänomen der hellenistischen Kunst ist, gleichzeitig verschiedenen Stilrichtungen zu folgen (vgl. Vorster, 141 mit Anm. 482).

43. Kyrene, Arch. Museum 14078: E. Paribeni, *Catalogo delle sculture di Cirene* (Rom, 1959), 55, Nr. 107, Taf. 72; Vorster, 149f., 347, Nr. 49; Kyrene, Arch. Museum 14085: Paribeni a. O., 56, Nr. 113, Taf. 73; Vorster, 150, 339, Nr. 22; Kyrene, Arch. Museum 14071: Paribeni a. O., 54, Nr. 105, Taf. 71; Vorster, 150. Alle drei Statuen gehören in die erste Hälfte des 1. Jhs. v. Chr.

44. Arch. Museum 2105: Vorster, 150f., 350, Nr. 58, Taf. 17,3 (Anfang 1. Jh. v. Chr.).

45. P. Gercke, *AA* 1983, 532 Nr. 75 Abb. 111; Vorster, 124f., 149 mit Anm. 511; 337, Nr. 18, Taf. 15, 2 (Ende 2. Jh. v. Chr.).

46. Vorster, 241f.; z. B. Kopf der Knabenstatue, Athen, Sammlung Goulandris: Vorster, 173f., 241, 355, Nr. 68 (2. Hälfte 2. Jh. v. Chr.); L. I. Marangou, *Ancient Greek Art. The N. P. Goulandris Collection* (Athen, 1985), 179f., Nr. 288; Abb. Kopf einer Knabenstatue im Athener Kunsthandel: Vorster, 242, 356, Nr. 69, Taf. 20,2 (Ende 2. Jh. v. Chr.).

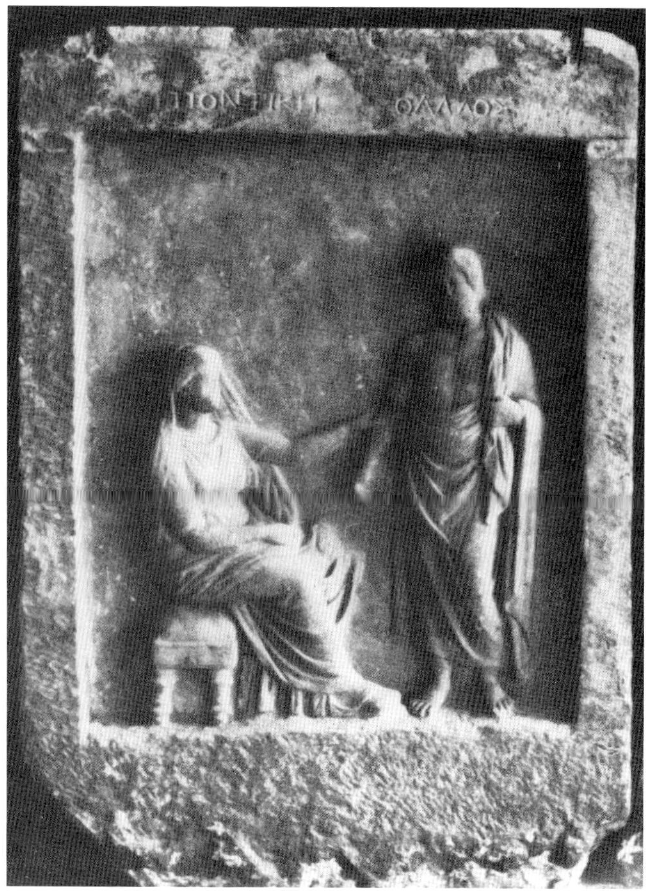

Abb. 2.   Athen, Nat. Museum. Photo nach Conze IV, Taf. 396, Nr. 1869.

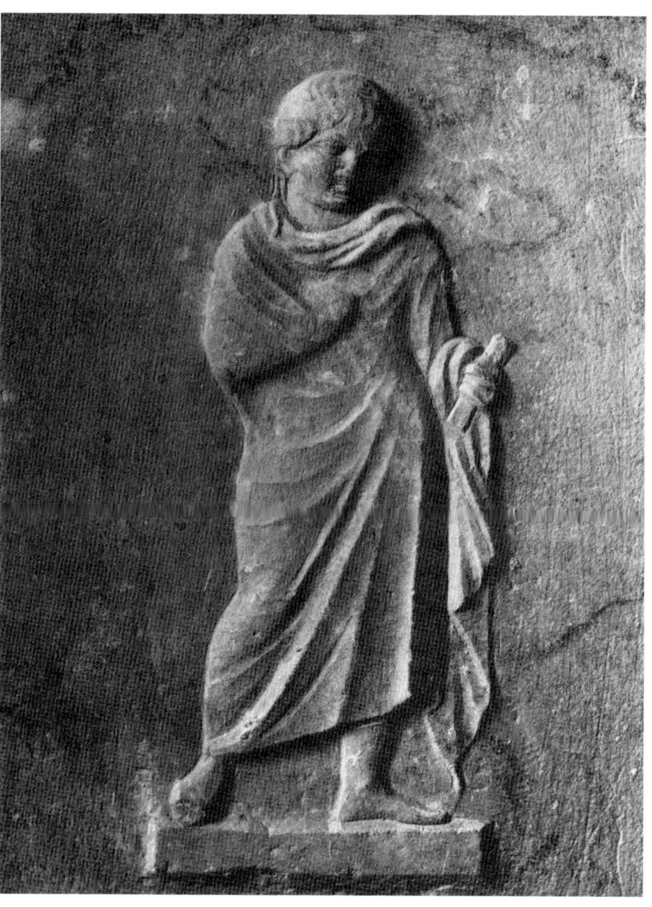

Abb. 3.   Athen, Nat. Museum 1024. Photo: DAI Neg. Athen GR 662.

ebenfalls für eine Datierung in den späten Hellenismus.[47] Die ältesten Belege für solche Kinderfrisuren finden sich auf attischen Grabreliefs der Zeit um 370/60 v.Chr.,[48] das früheste rundplastische Beispiel bietet der bogenspannende Eros des Lysipp.[49] Sehr verbreitet ist dann die Scheitelflechte in zahlreichen Variationen nicht nur unter den vielen hellenistischen und römischen Darstellungen von Kindern, sondern auch von Eroten.[50]

Ihre Beliebtheit ging so weit, daß sie in der frühen Kaiserzeit sogar mit modischen Frisuren junger Mädchen kombiniert wurde.[51] Bei unserem Relief ist der Scheitelzopf, der auf das mädchenhafte Alter der verstorbenen Apollonia weist,[52] zugleich der früheste Beleg auf den nachklassischen Stelen Attikas.[53]

Der große, stark plastisch ausgeführte Vogel ist bei Kinderfiguren des 3. oder frühen 2. Jhs. v.Chr. ohne

47. Vorster 119f. mit Anm. 421f. Im frühen Hellenismus sind die Haare kürzer und der Scheitelzopf wesentlich dünner und nicht so sorgfältig wiedergegeben, z.B. Piräus, Arch. Museum 427: Vorster, 349, Nr. 53, Taf. 16, 2 (1. Viertel 3. Jh. v. Chr.).

48. Dresden, Albertinum: Vorster, 21, Anm. 79; 38, Nr. GR 60. Athen, Nat. Museum: Conze II, 205, Nr. 957, Taf. 191; Vorster, 39, Nr. GR 81; Athen, Nat. Museum, 723: Conze I, 62, Nr. 284, Taf. 66; Vorster, 44, Nr. GR 152.

49. H. Döhl, "Der Eros des Lysipp. Frühhellenistische Eroten," (Diss., Göttingen, 1968), 49f. mit Anm. 211; Trillmich a.O. (Anm. 1), 46, Anm. 158 (Lit.).

50. Vgl. Trillmich a.O. (Anm. 1), 47, Anm. 160.

51. Trillmich a.O. (Anm. 1), 47, Anm. 161.

52. Zu den Altersangaben s. Lymperopoulos, 119ff.

53. Außer Apollonia trägt noch ein anderes Mädchen einen Scheitelzopf: Isidote (Lymperopoulos, 388, Nr. F 1).

54. J. Marcadé, *Au Musée de Délos* (Paris, 1969), 233, Nr. 3, Taf. 51;

Vorster, 117, 357, Nr. 75.

55. Vorster, 114ff., 242ff., 336, Nr. 14. Diese Statue wurde von R. Özgan, *MarbWPr* (1979), 39ff., Taf. 6ff. ins 3. Jh. v.Chr. datiert, während Vorster mit überzeugenden Argumenten einen zeitlichen Ansatz zu Beginn des 1. Jhs. v. Chr. vorschlägt.

56. Pfrommer a.O. (Anm. 15), 176f.

57. Allgemein zu Kinderdarstellungen H. Rühfel, *Das Kind in der griechischen Kunst* (Mainz, 1984), mit der älteren Literatur; dies., *Kinderleben im klassischen Athen* (Mainz, 1984).

58. Zuletzt von Vorster zusammengestellt: Kap. I. Kinderdarstellungen auf Grabreliefs, 1ff., Nr. Gr 1–204; 32ff. Behandelt werden Knaben– und Mädchendarstellungen; es gibt einfigurige Stelen (12ff.), Geschwister–Reliefs (26ff.) und Familienbilder (27ff.). Die Mehrzahl der Kinderreliefs des 6. und 5. Jh. v.Chr. stammt aus dem ionischen Raum, während sie im 4. Jh. in Attika überwiegen, vgl. dazu O. Hirsch–Dyczek, *Les représentations des enfants sur les stèles funéraires attiques* (Warschau und Krakau, 1983).

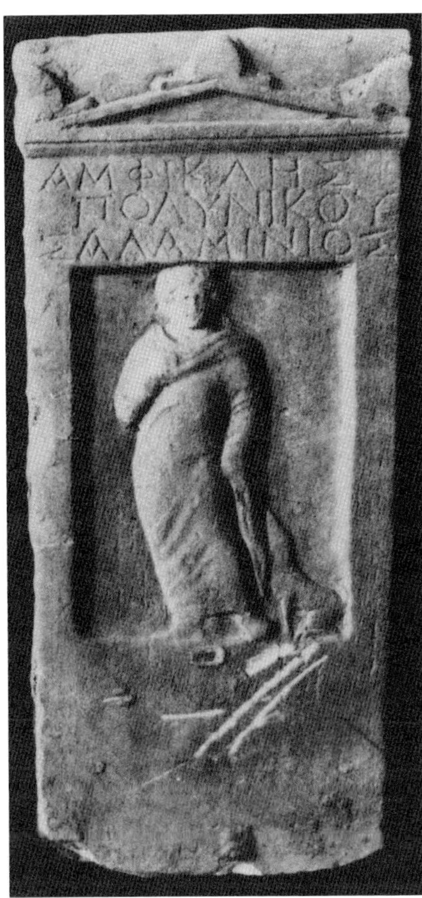

Abb. 4. Piräus, Museum. Photo nach Conze IV, Taf. 431, Nr. 1989.

Analogie. Die nächste Parallele findet sich bei einem spälhellenistischen Knabentorso auf Delos[54] sowie bei einer Mädchenstatue gleicher Zeitstellung in Fethiye.[55]

Abschließend sei darauf hingewiesen, daß Apollonia Kontursandalen mit tiefer Einkerbung trägt. Dieses Schuhwerk tritt erst seit dem mittleren 2. Jh. v.Chr. auf und findet im Späthellenismus weite Verbreitung.[56]

Auch stilistisch läßt sich somit ein zeitlicher Ansatz der Apollonia–Stele in der ersten Hälfte des 1. Jhs. v.Chr. vertreten.

Ikonographisch gehört die Stele in Malibu zum Typus derjenigen mit allein stehendem Kind;[57] dieser besitzt eine lange Tradition von der archaischen Zeit bis in den späten Hellenismus. Zunächst treten im 6., 5. und 4. Jh. v.Chr. entsprechende Grabreliefs auf,[58] in der spätklassischen Zeit erscheinen dann die ersten freiplastischen Kinderdarstellungen, deren Beliebtheit in ganz Griechenland bis zum ausgehenden Hellenismus ungebrochen bleibt.[59] Die Mehrzahl der freiplastischen Figuren stammt aus Heiligtümern von Heil– und Kourotrophos–Gottheiten. Dies läßt vermuten, daß es sich um Bitt– oder Dank– Votive handelt, die sterbliche Kinder darstellen und von den Eltern geweiht wurden.[60] Es gibt allerdings auch eine geringe Anzahl von Mädchenstatuen, die in Grabbezirken gefunden wurden und daher als Grabstatuen gedient haben müssen.[61] Diese treten demnach im späten 4. Jh. v.Chr. gleichberechtigt neben den Grabreliefs auf.[62] Allgemein läßt sich festhalten, daß die Kinderstatuen in Kleidung, Frisur, Stil und Attributen vergleichbaren Figuren auf den Grabreliefs weitgehend entsprechen.[63] Diese Ähnlichkeiten betreffen nicht nur die Monumente der späten Klassik, sondern auch die jüngeren, da wir festgestellt haben, daß Apollonia starke stilistische Übereinstimmungen mit späthellenistischen Mädchenstatuen aufweist.

Trotz des späthellenistischen Stils folgt das Relief der Apollonia dem klassisch–ikonographischen Typus des auf Grabstelen in frontaler Ansicht mit Chiton und Mantel dargestellten Mädchens.[64] Die Manteldrapierung findet keine Parallele auf klassischen Reliefs, sondern in der frühhellenistischen Plastik. Es handelt sich um einen Querwulstmantel, wie ihn etwa die Themis von Rhamnous trägt.[65] Auf den nachklassischen Stelen Attikas begegnet diese Art Mantel noch zweimal.[66]

Sehr häufig halten Kinder Vögel verschiedener Art[67] und Größe in der Hand. Daneben kommen aber auch

59. Vgl. Bol; Vorster, 48ff.

60. Vorster, 84ff., 249. Zu dieser Gruppe gehören auch die bekannten Mädchenstatuen aus Brauron: I. Papadimitriou, *Prakt* (1950), 176ff.; Bol, 643, Anm. 1 (Lit.); Vorster, 57ff.

61. Z.B. die Mädchen von Michalitsi: G. Daux, *BCH* 88 (1967), 675. Mädchenstatue aus Euböa: S. Dakaris, *ADelt* 19,2 (1964), 304, Taf. 346b.

62. Bol, 647.

63. Vgl. Bol, 647 mit Anm. 22; Vorster, 87 mit Anm. 333.

64. Für gewöhnlich wird allein der Chiton als alltägliche, häusliche Tracht getragen. Vgl. Vorster, 92ff.

65. R. Horn, *Stehende weibliche Gewandstatuen in der hellenistischen Plastik* (München, 1931), 19, Taf. 6, 3; G. Lippold, *Die griechische Plastik* (München, 1950), 302, Anm. 8, Taf. 108, 1; M. Bieber, *The Sculpture of the Hellenistic Age*[2] (New York, 1961), 65, 76, 132, Abb. 516; Vorster, 132, 137, Anm. 472. Motivische Übereinstimmungen mit der Themis von Rhamnous weisen noch weitere hellenistische Kinderstatuen auf:

z.B. eine frühhellenistische Statue in Chalkis: 105, 332, Nr. 7, Taf. 12, 3 oder die hochhellenistische Mädchenfigur aus Lissos. G. Daux, *BCH* 83 (1959), 753, Abb. 28; Vorster, 333, Nr. 9a.

66. Stele der Seilia: Conze IV, 97, Nr. 2113, Taf. 463; Lymperopoulos, 88, 391f., Nr. G 2. Der Querbausch des Mantels ist hier, wie auch sonst üblich, über den linken Unterarm gelegt. Stele der Neike: Conze IV, 94, Nr. 2101, Taf. 461; Lymperopoulos, 88, Anm. 435; 394, Nr. G 4. Hier faßt die Verstorbene mit der linken Hand von oben den Querbausch, während der Zipfel um den Unterarm gewickelt ist.

67. Allgemein zu den Tierdarstellungen auf griechischen Grabmälern: Woysch–Méautis mit der älteren Lit.; zu den Vögeln verschiedener Art und ihrer Bedeutung auf den klassischen Grabreliefs: Woysch–Méautis, 39ff.; Vorster, 23ff.; auf den ostgriechischen Grabreliefs: Pfuhl und Möbius, I, 47; auf klassischen und hellenistischen Stelen: Lymperopoulos, 35, Anm. 207.

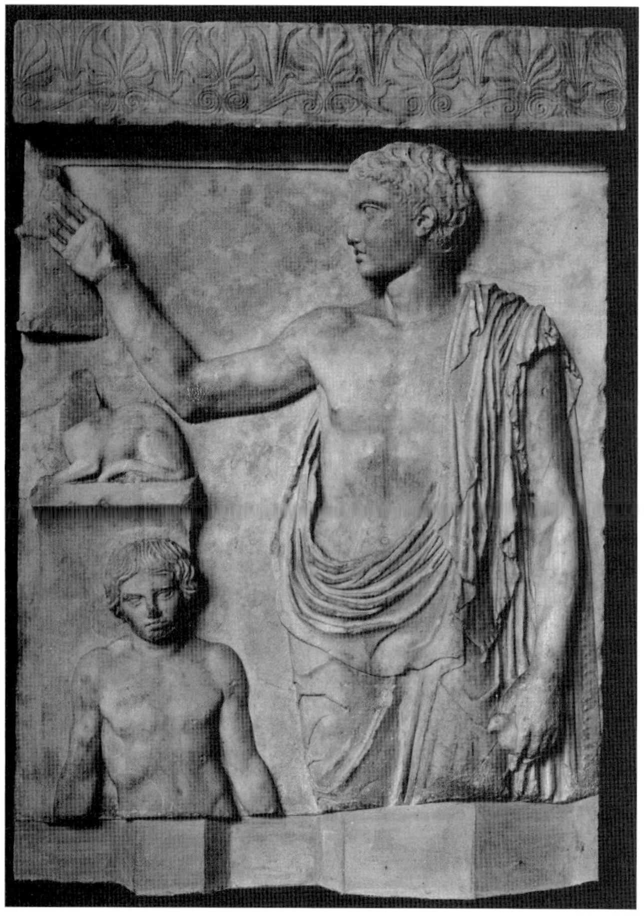

Abb. 5.   Athen, Nat. Museum 715. Photo: DAI Neg. Athen NM2180.

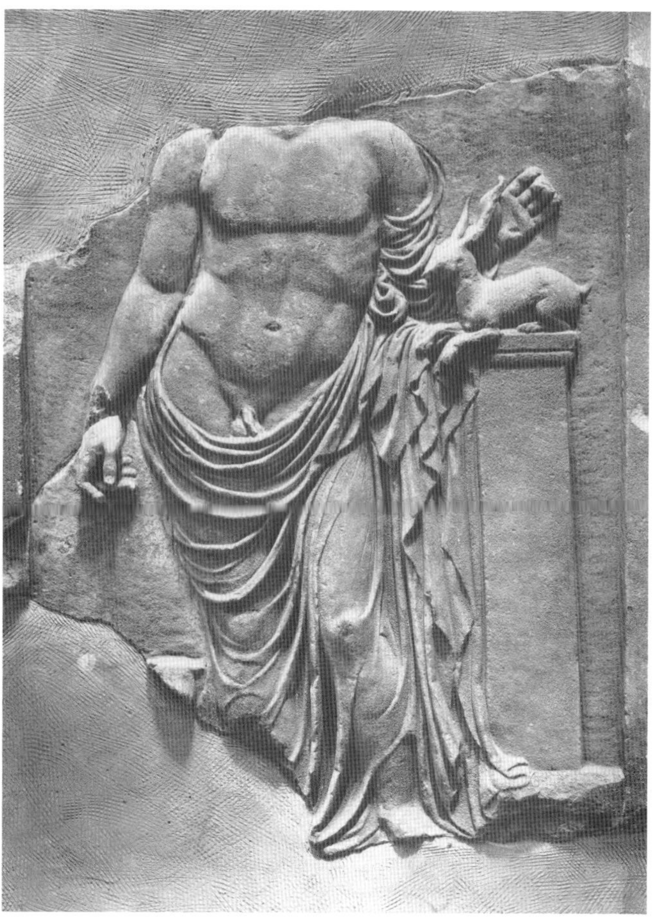

Abb. 6.   Athen, Nat. Museum 794. Photo: DAI Neg. Athen NM4950.

Hase,[68] Hund,[69] Weintrauben[70] sowie verschiedene Spielzeuge[71] und Gegenstände vor. Solche Attribute lassen keinerlei Beziehung zu einem bestimmten Heiligtum oder einer bestimmten Gottheit erkennen, vielmehr dürfte es sich sowohl auf den Grabreliefs als auch bei den Statuen um die Lieblingstiere bzw. das Lieblingsspielzeug der Dargestellten handeln.[72] So zeigt die Apollonia–Stele eine auf einem Pfeiler sitzende Taube.[73] Diese Vogelart trifft man besonders häufig auf Mädchenstelen seit dem 5. Jh. v.Chr. an.[74] Desgleichen findet sich dieses Tier als Attribut zahlreicher freiplastischer Mädchenstatuen.[75] Bemerkenswert ist im vorliegenden Fall, daß der Vogel nicht in der Hand gehalten wird, sondern auf einem Pfeiler dargestellt ist; hierfür gibt es lediglich zwei weitere Belege auf Grabreliefs. Auf der bekannten Ägina–Salamis–Stele des letzten Viertels des 5. Jhs. v.Chr.[76] (Abb. 5) kauert, wie bereits in der Forschung erkannt wurde,[77] auf dem Pfeiler keine

68. Woysch–Méautis, 61ff.; Vorster, 25 mit Anm. 114f.

69. Woysch–Méautis, 53ff.; Vorster, 25 mit Anm. 113; Lymperopoulos, 30, Anm. 186.

70. Woysch–Méautis, 45, 48, 103.

71. z.B. Puppe, Radgestell und Ball; vgl. R. Schmidt, *Die Darstellung von Kinderspielzeug in der griechischen Kunst* (Wien, 1976), 20f., 97ff.; Vorster, 25f. mit Anm. 116–122.

72. Vorster, 50, 63, 87 mit Anm. 333; Lymperopoulos, 65 mit Anm. 317.

73. Allgemein zur Taube: O. Keller, *Die antike Tierwelt* II (Leipzig, 1913), 122ff.; *RE* IV A (Stuttgart, 1932), 2479ff. s.v. Taube (A. Steier); *Kl. Pauly* V (München, 1975), 534f. s.v. Taube (W. Richter); J. M. C. Toynbee, *Tierwelt der Antike* (Mainz, 1983), 251ff.; Lymperopoulos, 132, Anm. 688 (Lit.).

74. 5. Jh. v.Chr.: Woysch–Méautis, 110, Nr. 66, Taf. 13; 110, Nr. 68, Taf. 14; 110f., Nr. 68a, Taf. 14. 4. Jh. v.Chr.: Woysch–Méautis, 114, Nr. 115, Taf. 19. Auf ostgriechischen Grabreliefs: Pfuhl und Möbius, II, Index, 590 s.v. Taube; auf hellenistischen Grabreliefs: Lymperopoulos, 132 mit Anm. 691; auf kaiserzeitlichen Grabreliefs, z.B. Stele der Olympias: Conze IV, 47, Nr. 1921, Taf. 411; Lymperopoulos, 358, Nr. C 54. Auch die Gattin des Trimalchio soll auf dem gemeinsamen Grabmal mit einer Taube in der Hand dargestellt werden: Petron. 71, 11.

75. Brauron, Arch. Museum 62: P. Themelis, *Brauron: Führer durch das Heiligtum und das Museum* (Athen, o.J.), 70, Abb. S. 71; Vorster, 331, Nr. 5, Taf. 12, 2; Fethiye: s. oben Anm. 55; Kassel, Staatl. Kunstsammlungen: P. Gercke, *AA* (1983), 530, Nr. 72, Abb. 108; Vorster, 338, Nr. 20, Taf. 14, 2; München, Glyptothek, 272a: D. Ohly, *Glyptothek München. Griechische und römische Skulpturen* (München, 1972), 30, Nr. 5; Vorster, 339, Nr. 24, Taf. 12, 1.

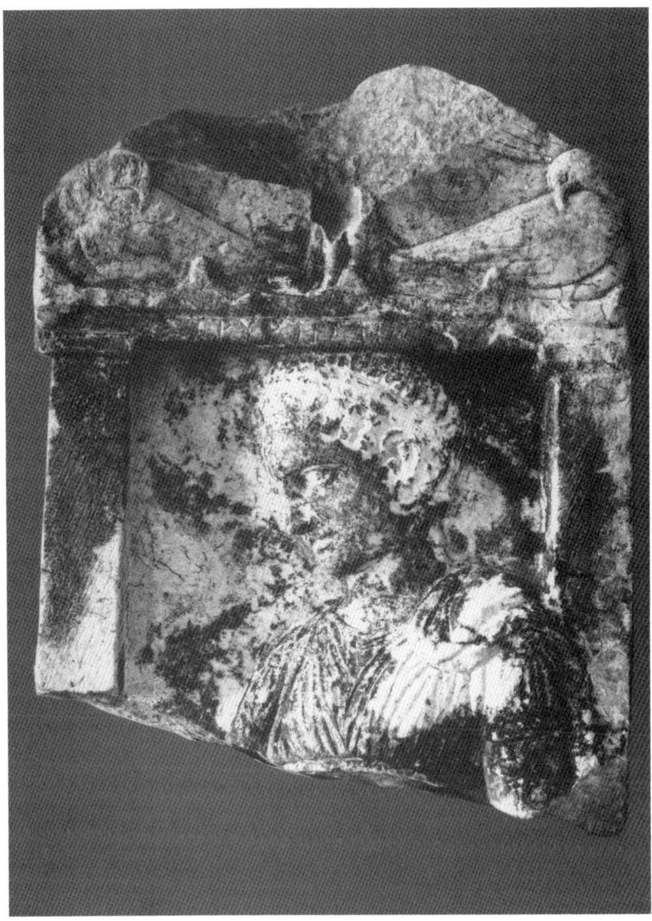

Abb. 7.   Athen, Nat. Museum 1987. Photo: DAI Neg.
Athen GR 641.

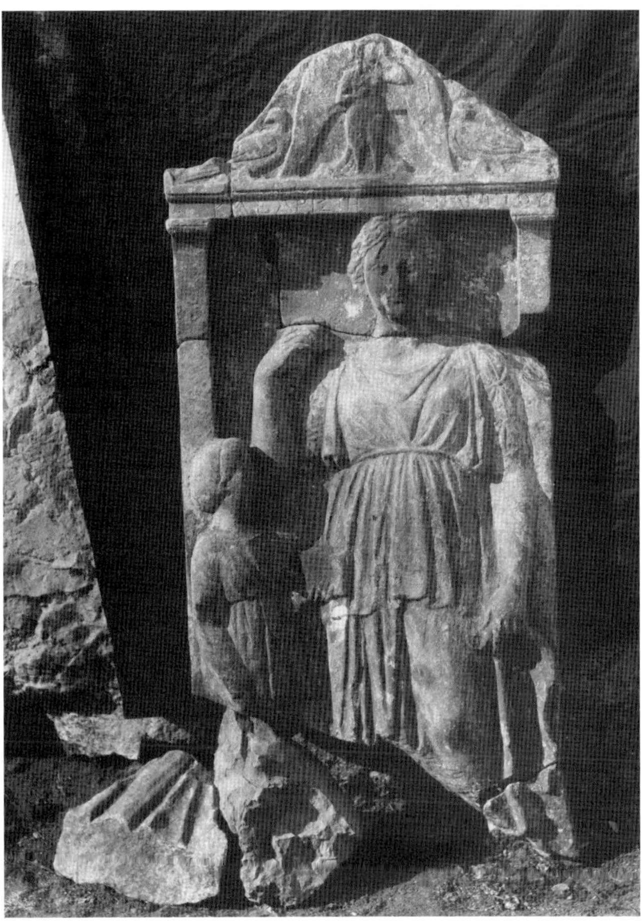

Abb. 8.   Athen, Kerameikos Museum P 279. Photo:
DAI Neg. Athen GR 115.

Katze, sondern ein Panther. Diese Tierart begegnet als
Bekrönung mehrerer Grabstelen,[78] weist also eindeutig
in den Sepulkralbereich. Ein Grabrelief des ersten
Viertels des 4. Jhs. v.Chr. aus Laurion, (Abb. 6) zeigt uns
hingegen einen Hasen auf einem Pfeiler.[79] Für dieses
Tier gibt es zwar keine plastischen Belege als Grabbekrönung, doch erscheint es als solche auf einer
weißgrundigen Lekythos des dritten Viertels des 5. Jhs.
v.Chr. in New York.[80] Aus diesem Grunde muß der

Pfeiler auf beiden Stelen als Grabmal des daneben
stehenden Toten interpretiert werden, wie es zahlreiche
weißgrundige Lekythen zeigen.[81] Für diese Deutung
spricht zusätzlich die Form des Pfeilers auf der Stele von
Laurion, da der Schaft deutlich von der Basis abgesetzt
ist, in die er eingelassen ist.[82] Vergleichbar ist in dieser
Hinsicht der Pfeiler der Apollonia–Stele,[83] so daß auch
hier die Vermutung nahe liegt, es handle sich um einen
Grabpfeiler. Zwar sind freiplastische Taubendarstel-

76. J. Crome, "Die Stele von Aigina," *AEphem* 3 (1953/54), 300ff.;
Woysch–Méautis, 65, 111, Nr. 70 (Lit.), Taf. 56.

77. K. Schefold, *MusHelv* 9 (1952), 111; J. Thimme, *AntK* 7 (1964),
25, Anm. 51; W. Fuchs, *Die Skulptur der Griechen*[2] (München, 1979),
488; Schiering a.O. (Anm. 6) 653; Stupperich a.O. (Anm. 4), 133 mit
Anm. 1.

78. H. Möbius, *Die Ornamente der griechischen Grabstelen* (München,
1968), 105 zu S. 15; Schiering a.O. (Anm. 6), 653, Anm. 12;
Woysch–Méautis, 73ff., 133, Nr. 353, 355, 356, Taf. 59; vgl. auch Ohly
a.O. 33.

79. J. Fink, *Der bildschöne Jüngling* (Berlin, 1963), 8ff., 12ff., 15, 17ff.;
Woysch–Méautis, 61, 131, Nr. 337 (Lit.), Taf. 53.

80. D. C. Kurtz, *Athenian White Lekythoi* (Oxford, 1975), 51, Nr. 39,
1, Taf. 39, 1; Stupperich a.O. (Anm. 4), 116 mit Anm. 1.

81. Borbein, 91f. mit Anm. 73f.; Schiering a.O. (Anm. 6), 653 mit

Anm. 10.

82. Im Gegensatz dazu weisen die Pfeiler, die als Statuenstützen
dienen, statt einer Basis nur ein unteres Abschlußprofil auf oder sie
sind gänzlich unprofiliert: vgl. F. Muthmann, *Statuenstützen und de-
koratives Beiwerk an griechischen und römischen Bildwerken* (Heidelberg,
1951), 15f.; Unprofiliert sind desgleichen meist die hohen architektonischen Pfeiler, die auf den ostgriechischen Grabreliefs als Beiwerk
vorkommen: Pfuhl und Möbius, II, Index, 588 s.v. Pfeiler.

83. Diese Form eines hochrechteckigen Pfeilers mit oberem Abschlußprofil und rechteckiger Basis findet ihre Vorbilder auf
weißgrundigen Lekythen: vgl. N. Nakayama, "Untersuchung der auf
weißgrundigen Lekythen dargestellten Grabmäler," (Diss., Freiburg/
Br., 1982), 60, Stelentyp A–IV, Taf. 9.

lungen als alleinige Grabbekrönungen nicht bekannt, doch läßt sich diese Vogelart immerhin mehrfach in Reliefgiebeln attischer Grabstelen finden (Abb. 7, 8).[84] Überhaupt stehen Tauben auch sonst in engem Zusammenhang mit dem Sepulkralbereich.[85] Auf diesen weist eindeutig der Granatapfel, den Apollonia in der Linken hält.[86] Dieses Attribut unterstreicht die Interpretation des Pfeilers als Grabmal und der Taube als Grabbekrönung.[87] Die Deutung als Lieblingstier des Mädchens ließe den Kontext außer acht. Dennoch wird diese Assoziation beim Betrachter dadurch hervorgerufen, daß Apollonia die Taube zu streicheln scheint, während die Jünglinge auf den Stelen aus Ägina—Salamis und Laurion die Hand im Abschiedsgestus erhoben haben.[88] Bezeichnenderweise blickt das Mädchen aber nicht auf das Tier, sondern teilnahmslos aus dem Bild heraus, Vorbilder dafür finden sich auf Reliefs der späten Klassik.[89] Die Darstellung in Malibu kann daher nur als Kontamination zwei verschiedener Motive verstanden werden.

Zusammenfassend muß festgehalten werden, daß die Ikonographie der Apollonia—Stele auf klassische Vorbilder zurückgreift, das Gewand an frühhellenistische Parallelen anknüpft und die Ausführung klassizistischen Stiltendenzen des Späthellenismus folgt. Somit haben wir es hier mit einer klassizistischen Neuschöpfung zu tun, die offensichtlich unter dem Einfluß neuattischer Werkstätten entstanden ist.[90] Denn die eklektische Verbindung verschiedener älterer Elemente und ihre Umgestaltung nach dem Geschmack der eigenen Epoche ist charakteristisch für die klassizistisch—neuattische Kunst des späten Hellenismus.[91] Vergleichbar ist in dieser Hinsicht eine Krieger—Stele auf Rhodos, die noch der zweiten Hälfte des 2. Jhs. v.Chr. angehört.[92] Unter neuattischem Einfluß stehen außerdem drei attische

Grabreliefs, die, wie die Apollonia—Stele, ins 1. Jh. v.Chr. zu datieren sind.[93] Ungeklärt muß vorerst bleiben, ob das erneute Auftreten der reliefgeschmückten attischen Stelen im ausgehenden 2. Jh. oder in der ersten Hälfte des 1. Jhs. v.Chr. auf eine ausdrückliche Aufhebung des Antiluxusgesetzes des Demetrios von Phaleron zurückgeht.[94] Zwar ist der Einfluß ostgriechischer[95] und kykladischer[96] Werkstätten auf die attische Grabreliefproduktion des späten Hellenismus deutlich faßbar, doch hat das Aufblühen der neuattischen Werkstätten sicherlich einen Anteil am Wiedereinsetzen der attischen reliefierten Grabstelen dieser Zeit.[97] Zu den frühesten dieser Erzeugnisse wird die Apollonia—Stele gehören, die sich durch ihre hohe Qualität von der Massenproduktion späthellenistischer Reliefs abhebt[98] und deshalb auf private Bestellung hin als Einzelstück angefertigt sein dürfte.

Friedrich—Alexander—Universität
Erlangen

SUMMARY IN ENGLISH

The author discusses the style and iconography of a late Hellenistic grave stele inscribed to Apollonia, daughter of Aristandros and Thebageneia. A date in the first half of the first century B.C. is proposed on the basis of the drapery, hair, and shoe styles, the relationship between figure and frame, and the classicistic treatment of the body and face. This date and an association with Neo-Attic art is supported by the iconography, which is traced to the classical period. The attributes also are seen as revivals, following the anti-luxury decree of Demetrios of Phaleron, of earlier Attic funerary iconography.

---

84. An beiden Giebelecken: Woysch—Méautis, 42, 123, Nr. 236, Taf. 35; 123, Nr. 237, Taf. 35; an den Giebelecken zu beiden Seiten einer trauernden Sirene: Woysch—Méautis, 42, 123, Nr. 238—246, Taf. 35, 36.

85. K. Parlasca, *JdI* 78 (1963), 283ff.; Woysch—Méautis, 42ff.

86. Vgl. allg. F. Muthmann, *Der Granatapfel, Symbol des Lebens in der alten Welt* (Fribourg, 1982); *RAC* XII (Stuttgart, 1983), 640ff. s. v. Granatapfel (J. Engemann); zum Granatapfel als Grabbeigabe vgl. Muthmann a.O. 77ff.; Lymperopoulos, 132, Anm. 688, 691 mit der älteren Lit. und mehreren Beispielen von der klassischen bis zur römischen Zeit; zum Granatapfel auf Stelen vgl. Woysch—Méautis, 39, 46; auf hellenistischen Totenmahlreliefs vgl. Muthmann a.O. 82, Anm. 294; auf ostgriechischen Grabreliefs vgl. Pfuhl und Möbius, II, Index, 586, s.v. Granatapfel.

87. Eine andere Interpretation schlägt Lymperopoulos 132 vor: Apollonia stehe wegen der Taube, die als Symbol der Aphrodite angesehen werden könne, unter dem Schutz dieser Gottheit. Allerdings bereite der Granatapfel Schwierigkeiten bei dieser Deutung (132, Anm. 690).

88. G. Neumann, *Gesten und Gebärden in der griechischen Kunst*

(Berlin, 1965), 46.

89. Athen, Nat. Museum 748: Conze II, 178, Nr. 839, Taf. 157; Vorster, 15, 37, Nr. GR 42; Berlin (Ost), Staatl. Museen: C. Blümel, *Die klassisch—griechischen Skulpturen* (Berlin, 1966), 35f., Nr. 29, Abb. 47; Vorster, 38, Nr. GR 69.

90. Vgl. dazu oben Anm. 42. Allg. zu den nachklassischen Stelen Attikas unter dem Einfluß neuattischer Werkstätten: Mühsam (1952), 83.

91. Borbein, 92 mit Anm. 82f.; Jung a.O. (s. Anm. 42), 36ff.

92. Borbein, bes. 77 mit Anm. 15; 92 mit Anm. 86.

93. Conze IV, 31, Nr. 1836, Taf. 389; Lymperopoulos, 264, Nr. B 1. Conze IV, 37, Nr. 1869, Taf. 396; Conze IV, 92, Nr. 2096, Taf. 460. Acht andere Stelen Attikas, die ins 1. Jh. v.Chr. zu datieren sind (s. Lymperopoulos, 10ff.), weisen keine neuattischen Einflüsse auf.

94. Lymperopoulos, 15.

95. Mühsam (1952), 95, 98, 110; Lymperopoulos, 15.

96. Mühsam (1952), 93, 110; Lymperopoulos, 15.

97. Vgl. Verf. a.O. (Anm. 3).

98. Vgl. Borbein, 98 mit Anm. 106—110.

Der Sarkophagdeckel eines Mädchens in Malibu und die frühen Klinensarkophage Roms, Athens und Kleinasiens

Henning Wrede

DER ÄLTESTE RÖMISCHE KLINENSARKOPHAG

Im *Archäologischen Anzeiger* 1977 habe ich einen Überblick über die stadtrömischen Monumente, Urnen und Sarkophage des Klinentypus in den beiden ersten Jahrhunderten n.Chr. zu geben versucht.[1] Ein Ziel der Studie ist es gewesen, die Gattung der selbständigen Klinenmonumente gegen die von ihnen abgeleiteten Klinensarkophage abzugrenzen. Damals hatte ich angenommen, daß die Klinensarkophage der Metropole bereits im zweiten oder dritten Jahrzehnt des 2. Jhs. aufkamen und zur Begründung auf das unten abermals besprochene Klinenmonument trajanischer Zeit in Kopenhagen (Abb. 9)[2] verwiesen. Die Aussage erschien wahrscheinlich, da sich die etwa seit der Mitte des 2. Jhs. n.Chr. nachweisbaren Klinensarkophage Athens und Kleinasiens nur bei einer ähnlich frühen Entstehung der römischen Vorbilder aus der Metropole ableiten lassen und weil der nur dort heimische Monumenttypus des Klinenmonuments mit seinem republikanisch–etruskischen Hintergrund eine solche Herleitung absichert. Wie sich zeigen wird, trifft das Ergebnis zu. Den frühsten stadtrömischen Klinensarkophag belegt allerdings nicht das Denkmal in Kopenhagen, sondern der von mir zuvor als Klinenmonument und damit unzutreffend beurteilte Deckel eines Kindersarkophages in Malibu.

Das Denkmal (Abb. 1a–e)[3] ist 1,41 m lang, 0,47 m tief und 0,37 m hoch und besteht aus zwei miteinander verbundenen Teilen, aus einer Standplatte und aus einer Kline, deren Beine der Platte in einem versenkten Streifen reliefartig vorliegen. Auf der Kline liegt ein mit Ärmeltunica und Mantel bekleidetes Mädchen. Den leicht erhobenen Oberkörper stützt es auf seinen linken Unterarm. Ohne den Betrachter zu berücksichtigen oder ein anderes Ziel eindeutig zu fixieren, geht sein Blick in die Richtung der am Fußende sitzenden kleinen Puppen. Die rechte Hand streichelt ein Schoßhündchen.

Die Platte ist am Kopfende abgeschlagen (Abb. 1d) und in größerer Partie vor dem Oberkörper des Kindes, in kleinerer vor seinem Oberschenkel abgebrochen. An denselben Stellen ist die Kline beschädigt, dazu fehlt ihr der vordere Teil der Fußlehne und das Mittelstück vom oberen Rand des Kopfendes. Das Bett hat die üblichen gedrechselten und kurzen Beine, einen sehr dünnen Rahmen, wie er für die Klinen des ausgehenden 1. und des 2. Jhs. gleichfalls bezeichnend ist[4] und mittelhohe Lehnen, deren Brüche dem Foto zufolge an Fuß— und Rückwand wiederhergestellt wurden. Wo der Rahmen rechts und links vor den Ecken ansteigt, darf man sich optisch die hierher gehörigen Rechteckfelder ergänzen. Ihnen sitzen die gebogenen Fulcra auf, die die Lehnenenden versteifen und die hier, wie häufig auch sonst,

Abkürzungen

Giuliano, 1962:   A. Giuliano, *Il commercio dei sarcofagi attici (1962).*

Giuliano und Palma, 1975/76:   A. Giuliano und B. Palma, *StudMisc* 24 (1975/76).

Koch, *Hdb:*   G. Koch und H. Sichtermann, *Römische Sarkophage. Handbuch der Archäologie* (1982).

Koch und Sichtermann, *Hdb.:*   wie Koch, *Hdb.*

Sichtermann, *Hdb.:*   wie Koch, *Hdb.*

Sichtermann und Koch, 1975:   H. Sichtermann und G. Koch, *Griechische Mythen auf römischen Sarkophagen* (1975).

Strocka, 1971:   V. M. Strocka, *AA* (1971), 62ff.

Wiegartz, 1965:   H. Wiegartz, *Kleinasiatische Säulensarkophage. IstForsch* 26 (1965).

Wiegartz, 1975:   H. Wiegartz in: J. Borchardt, *Myra. Eine lykische Metropole. IstForsch* 30 (1975).

Verf.,*Consecratio:*   H. Wrede, *Consecratio in Formam Deorum* (1981).

Verf., 1977:   H. Wrede, *AA* (1977), 395ff.

Verf., 1981:   H. Wrede, *AA* (1981), 86ff.

Verf., 1984:   H. Wrede, *MarbWPr* (1984), 105ff.

1. Verf., 1977, 395ff.

2. Verf. a.O. 415f., Abb. 108, s.u. Anm. 33.

3. 73.AA.11; R. Symes, *Ancient Art* (1971), 17; B. B. Fredericksen, *The J. Paul Getty Museum* (1975), 43 mit Abb.; J. Frel, *Roman Portraits in the Getty Museum* (Ausstellungskatalog Tulsa, 1981), 64f., 126, Nr. 50 mit Abb. Für zahlreiche Hinweise danke ich R. und B. Hundsalz.

4. Verf., 1977, Abb. 103, 105–112, 115.

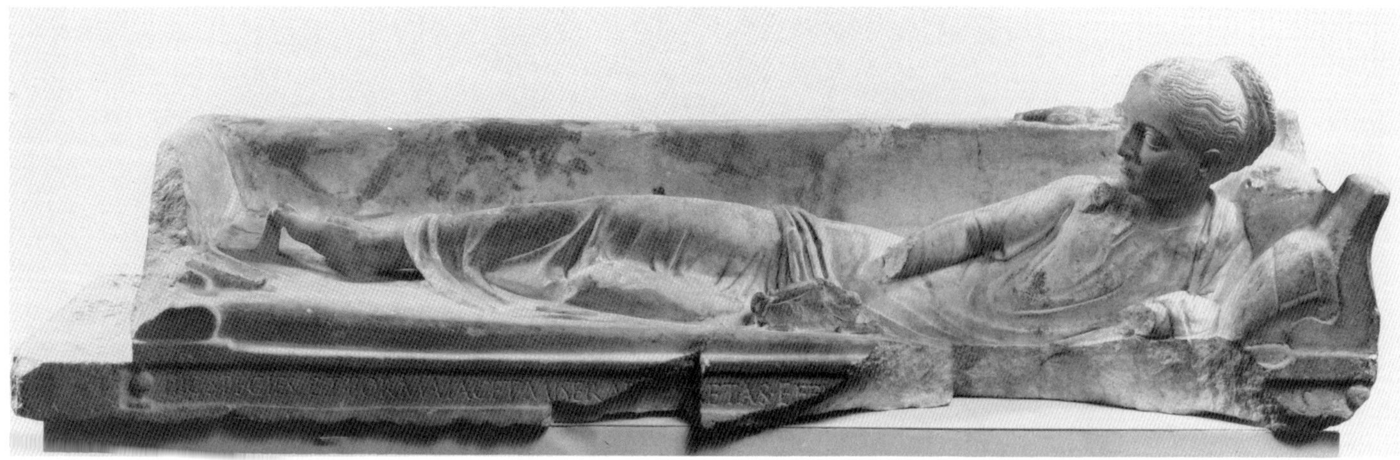

Abb. 1a.   Sarkophagdeckel trajanischer Zeit. L: 1,41 m (55½ in.). Malibu, J. Paul Getty Museum 73.AA.11.

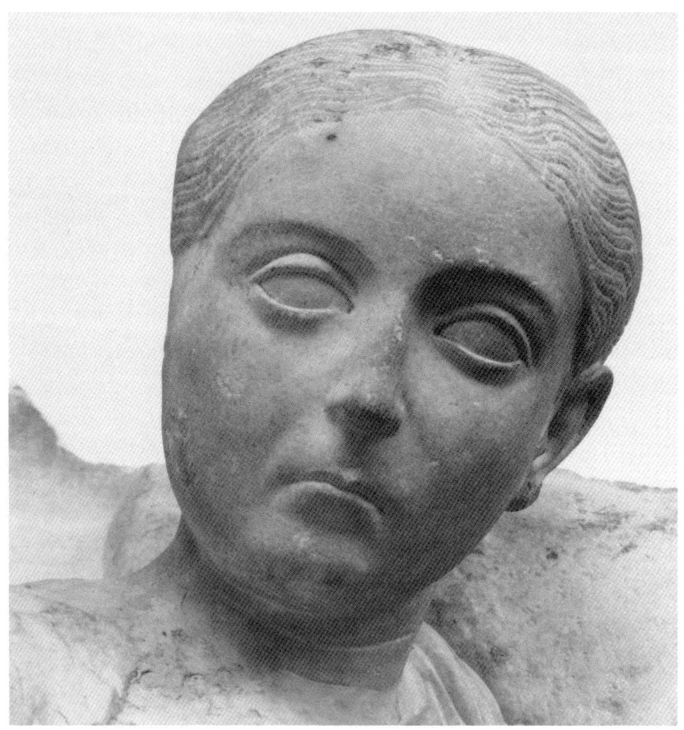

Abb. 1b.   Porträt der Klinenfigur, Abb. 1a.

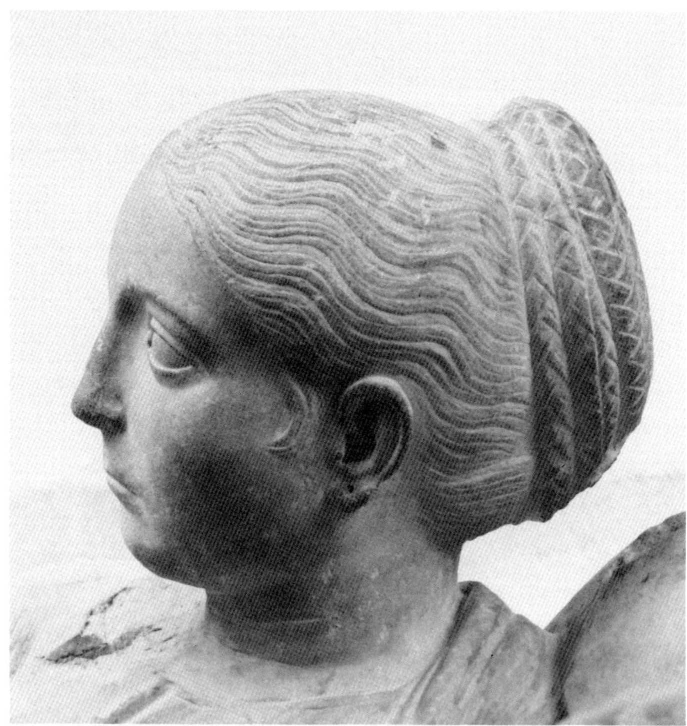

Abb. 1c.   Linkes Profil der Klinenfigur, Abb. 1a.

nicht klar gegen den Lehnenkopf abgehoben sind. Die Matratze ist nicht sehr hoch und gibt dem Gewicht des auf ihm liegenden Körpers nach. Auf dem breiten Grat der Rückenlehne liegt hinter dem Kopf des Mädchens ein wiederum püppchenhaft kleiner Eros (Abb. 1e). In die Mitte der Kopflehne greift von außen eine ungewöhnliche Einarbeitung ein (Abb. 1d). Die kreisrunde Höhlung ist oben einschließlich eines bogenförmigen Absatzes sorgfältig geglättet. Unten durchstößt sie die Standplatte mit rauher Wandung. Wäre dieser untere Durchbruch sekundär, so ließe sich in die oben anschließende Öffnung von nur 8 cm Durchmesser und geringer Höhe doch keine zylindrische Aschenurne einfügen.[5] Andererseits fehlt auch ein Verschluß für die gleichfalls denkbare Lösung, daß die Asche ohne separaten Behälter direkt eingeschüttet wurde. Ihr widerspricht zugleich die stufenförmige Erweiterung. Die geglättete Wandung läßt an einen zylindrischen Einsatz denken, vielleicht an ein kleines Gefäß für den Grabkult. Der Absatz erleichterte dann den Zugang und die Abnahme des Deckels, was einer Aschenurne wiederum nicht entspräche. Ist die untere Durchstoßung antik und gleichzeitig, so entfällt diese Deutung. Für Libationen erscheint die dann trichterförmige Öffnung zu groß,[6] weswegen die Funktion nicht zu bestimmen ist.

Die Figur der Verstorbenen ist gut erhalten. Ihr fehlen die Hände und das rechte Ohr. Unbedeutende Bestoßungen betreffen die rechte Schulter und das linke Knie. Für einen erhaltenen Goldring ist das linke Ohr durchbohrt.[7] Stark gelitten haben die für den Gesamteindruck so wichtigen Spielgefährten des Kindes. Der Körper des Hündchens ist der Länge nach gespalten und weggebrochen. Zu der Schnauze und drei Pfoten verblieben sind zwei Finger der Hand, welche den Körper einst kosten. Die beiden Püppchen am Fußende haben wohl beiderlei Geschlecht besessen. Das Vordere weibliche ist nur noch in Resten erhalten.

In dem vertieften Feld zwischen den Klinenbeinen steht die Inschrift, also an dem Ort, den Inschriften auf kleinasiatischen Klinensarkophagen in der Regel einnehmen. HIC SPECIES ET FORMA IACET; MISERAB [ilis] AETAS EFF [ca. 20 Buchstaben] IS. Zu ihr teilt mir W. Eck mit:

Nach *iacet* würde ich ein Semikolon setzen und mit *miserab(ilis) aetas* einen neuen Satz beginnen lassen. Die

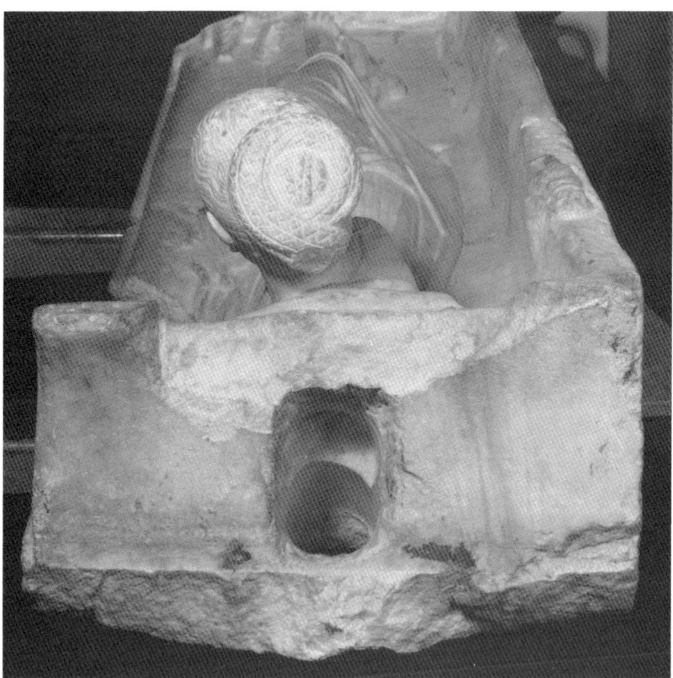

Abb. 1d.   Sarkophagdeckel Abb. 1a von rechts.

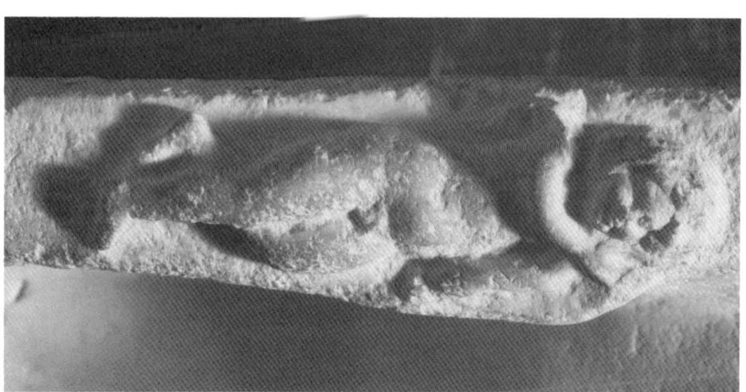

Abb. 1e.   Eros auf dem Lehnenrand des Sarkophagdeckels, Abb. 1a.

beiden Verse können entweder ein elegisches Distichon sein oder auch zwei Hexameter. *Eff(igiesque)* kann man m. E. nicht ergänzen, da die Hervorhebung der Schönheit des Mädchens schon im ersten Vers geschah. Mit *miserab(ilis) aetas* beginnt ein neuer Gedanke, der sich entweder auf die trauernden Hinterbliebenen beziehen kann, denen das Kind entrissen wurde, oder auf die Verstorbene, die dieser *miserab(ilis) aetas* entkommt. *Eff(…)* könnte eine Verbform von *effugere* sein;

---

5. Das Klinenmonument der Iulia Attica im Thermenmuseum Roms und das des Flavius Agricola in Indianapolis haben runde Einarbeitungen zur Aufnahme von Urnen: Verf., 1977, 403f., Abb. 79ff; ders., 1981, 101ff., Abb. 19ff. Diese greifen jedoch stets vertikal von oben ein, haben keinen Absatz und größere Ausmaße (D: 0,15 m; T: 0,17 m bei der römischen Kline).

6. Frel a.O. dachte an eine trichterförmige Öffnung für Opfergaben, die zu den körperlichen Resten der Toten herabfließen sollten. Vorausgesetzt ist eine einheitlich antike Durchbohrung. Unerklärt bleibt die unregelmäßige Form der Einarbeitung, die bei den einschlägigen Befunden zudem kleiner ist: E. Dyggve, *From the Collection of the Ny Carlsberg Glyptotek* III (1942), 225ff., 230ff., Abb. 3, 6ff.

7. Syme a.O.

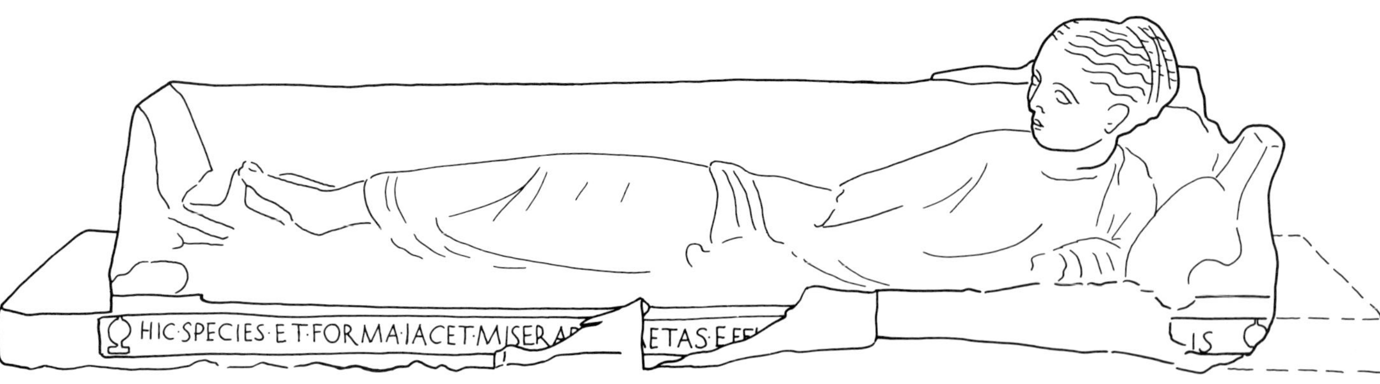

Abb. 2.   Zeichnung des Sarkophagdeckels, Abb. 1a, mit ergänztem Ende.

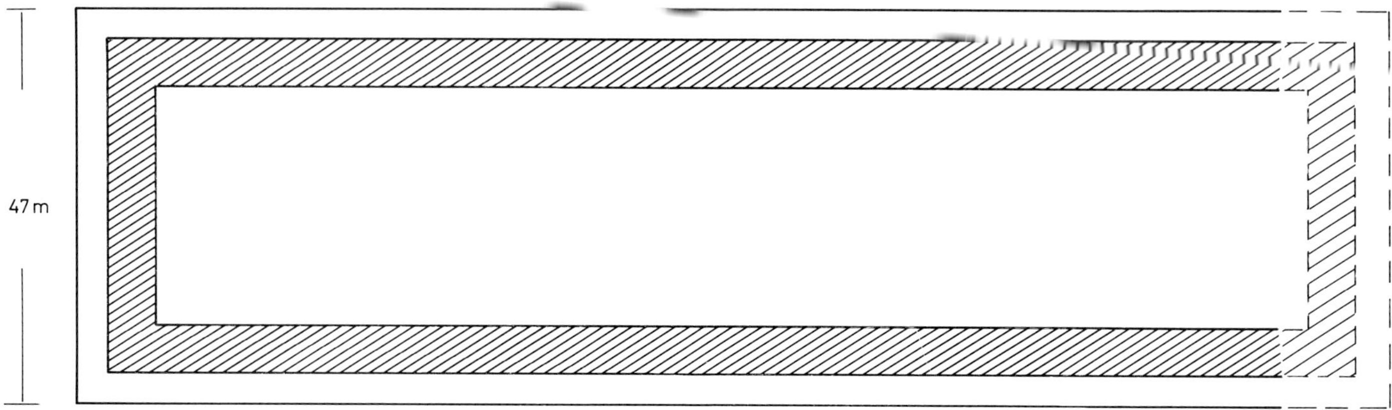

Abb. 3.   Unteransicht des Sarkophagdeckels, Abb. 1a, in schematischer Ergänzung.

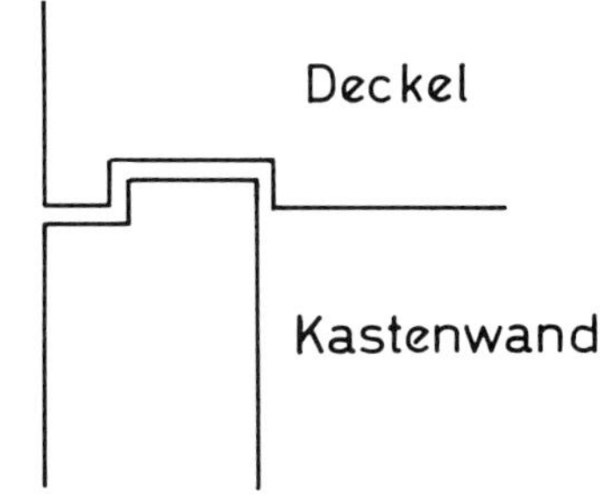

Abb. 4.   Schema des Sarkophagverschlusses.

aber es ist auch manches andere denkbar. Ähnliche Gedanken sind bei Bücheler Nr. 1188. 1302. 1303 formuliert.[8] Üblicherweise geht eine normale Grabinschrift voraus, wenn der Name im Epigramm nicht genannt wird. Doch der Name konnte durchaus noch in Vers zwei gestanden haben oder anderswo auf dem Sarkophag oder auf dem Titulus über dem Mausoleum.

Der erhaltene Hexameter rühmt die Schönheit der Verstorbenen. Eine Allegorie derselben Aussage trifft der kleine Eros, welcher von der Rückenlehne auf sie herabblickt. Auf den Klinenmonumenten der beiden ersten Jahrhunderte gesellen sich Eroten nicht zu Männern, die stets weit aufgerichtet mit einem Becher beim Gelage liegen oder mit der Buchrolle auf ihre Bildung hinweisen. Dagegen ist die Wiedergabe Amors bei Frauen und Kindern geläufig.[9] Vor der Mitte des 2. Jhs. bieten Grabaltäre und Aschenurnen denselben Befund.[10] Er erklärt sich durch die aphrodisischen Konnotationen, die sich bei der Gegenwart des verführerisch schönen

8. F. Buecheler, *Carmina Latina Epigraphica* I, II (1895, 1897).
9. Verf., 1981, 115f.
10. Verf., 1981, 115 mit Anm. 84.
11. Vgl. nur G. M. A. Richter, *AJA* 47 (1943), 365ff., Abb. 1ff. und

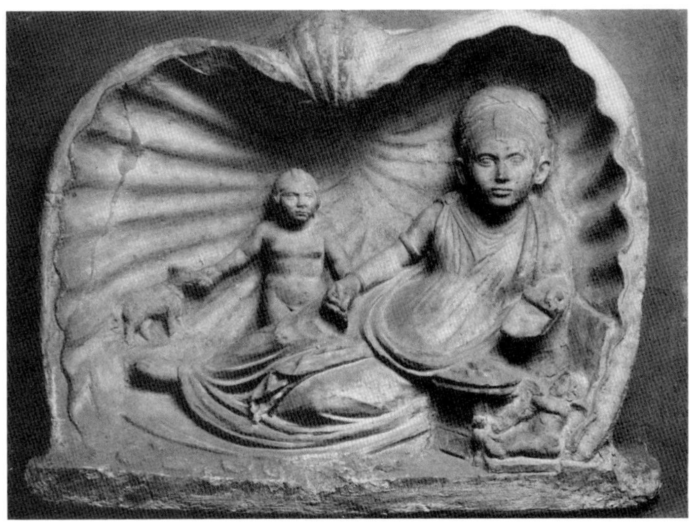

Abb. 5. Muschelförmiges Grabrelief hadrianischer Zeit.
H: 0,42 m (16½ in.). Photo: Rom, Villa Albani
Nr. 179. EA3586.

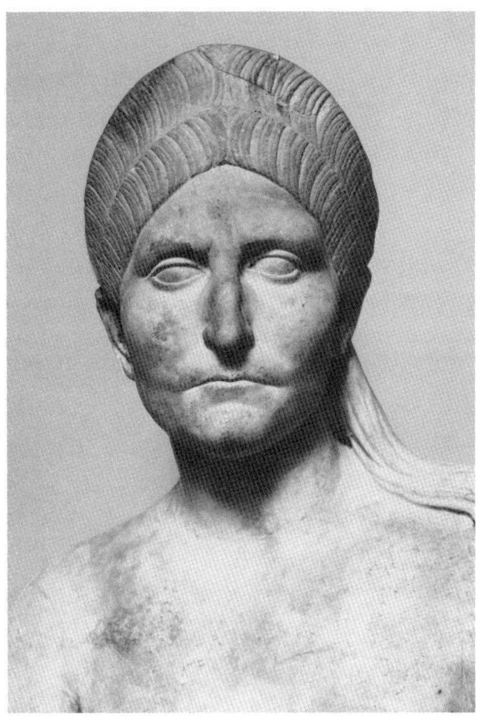

Abb. 6. Porträtkopf einer Venusstatuette trajanischer
Zeit. H: 1,17 m (46 in.) Musei Vaticani, Ma
gazzino Nr. 267. Photo: Vatikan, Archivio
Fotografico XXXII 13.17.

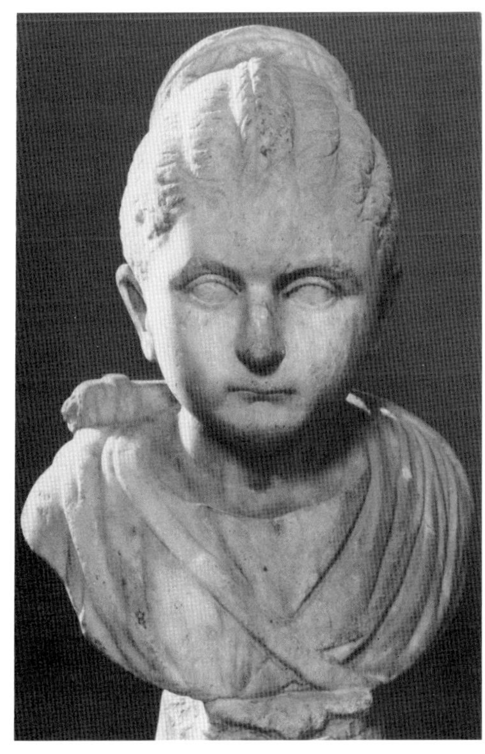

Abb. 7. Porträtbuste frühantoninischer Zeit eines
Mädchens als Diana. Rom, Museo Torlonia
Nr. 6. Photo: Rom, Gabinetto Fotografico
Nazionale E36768.

Sohnes der Liebesgöttin einstellen. Amor weist auf Anmut und Schönheit der Verstorbenen hin, also auf private und körperliche Eigenschaften, die nicht zum
Tugendkanon herangereifter Männer gehorten.

Unter der figürlichen Verwendung eines weit ver-
breiteten späthellenistischen Statuentypus[11] beschreibt
der Eros in seiner ruhenden Pose zugleich den Todes-
schlaf. Entsprechend wird seine Gestalt inschriftlich als
Somnus Aeternus bezeichnet und spätestens seit dem
ausgehenden 1. Jh. insbesondere bei Kindern zur trö-
stenden Umschreibung ihres Zustandes nach dem Tode
verwendet, hierbei mehrfach auch mit Porträtzügen aus-
gestattet.[12] Die Worte *hic species et forma iacet* faßt das
kleine Figürchen demnach bildlich. Da es die Gestalt
eines unsterblichen Gottes hat, deutet es zugleich vage
ein Fortleben an und übertrifft mit dieser symbolischen
Aussage den knappen Text. Der römische Mann ist auch
noch im Tode an einem aktiveren Lebensbild gemessen
worden. Daher gab ihn die Grabkunst gewöhnlich nicht
schlafend wieder und verwendete auch die Allegorie des
ruhenden Eros nicht für ihn.

Mit seinen liebsten Spielgefährten hat sich das Mädchen ausruhend niedergelegt. Es streichelt seinen Hund
und blickt zu seinen Puppen hinüber. Die Gelassenheit
des Zustandes teilt sich dem Gesicht (Abb. 1b) aber
nicht mit. Eher widerspricht ihr der fest geschlossene
Mund mit seinen schmalen Lippen. Die Nasolabialfalten muten fast sorgenvoll an und die großen Augen

die Zusammenstellung bei Verf., *Consecratio*, 127f., Anm. 33.

12. Verf., *Consecratio*, 127ff., 198, Nr. 7; 201ff., Nr. 16, 17, 29, 31,
32, 34, Taf. 4,4; 5,1–3.

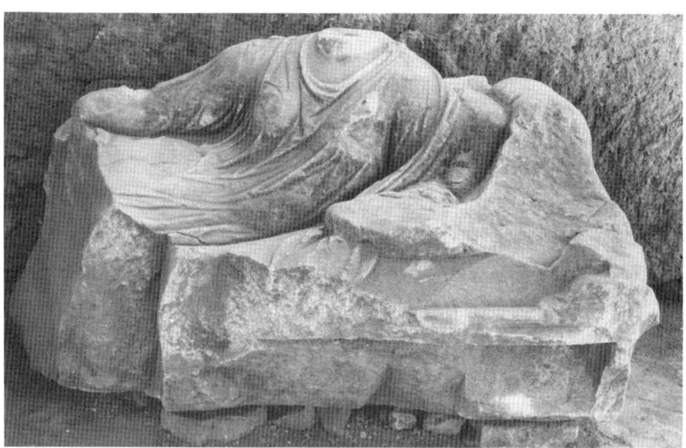

Abb. 8.   Klinenmonument des 3. Viertels des 1. Jahrhunderts. L: 1,19 m (46⅞ in.). Rom, Via Casilina, Azienda Vivaistica Romana. Photo:
Verfasser.

scheinen ernst zu blicken. Der frühreife, fast ältliche Ausdruck widerspricht unserer Vorstellung von einem blühend schönen Kind. Der abrupte Gegensatz zu dem Kopf des kleinen Eros, zu den bildlichen und textlichen Aussagen über Schönheit, über unbelastete und verspielte Kindheit bedarf der Erklärung. Offensichtlich galt das Kinderbildnis nur bedingt als eigene Porträtform, wurden die allgemeinen Züge des Kindergesichts, seine niedliche Anmut und sein Charme um der individuellen Merkmale willen zurückgedrängt. Anscheinend ist es gerade dort nach den Normen des Erwachsenenporträts geformt worden, wo der Tod eines Kindes das schmerzvolle Bewußtsein der Hinterbliebenen auf die ausgelöschte Individualität konzentrierte.

Von den genannten Gegensätzen wird eine Mädchenbüste im Museo Torlonia (Abb. 7)[13] noch unmittelbarer geprägt. Die vollen Wangen bezeichnen ein jüngeres Kind. Es trägt einen Köcher und ist daher als Diana dargestellt. Wiederum treffen wir auf große, ernst blickende Augen und auf einen fest verschlossenen, fast lippenlosen Mund. Die Ikonographie widerlegt auch hier den Versuch, eine Krankheit oder das Wissen um ein unentrinnbares Todesschicksal aus den Zügen abzulesen. Das kleine Mädchen ist ja der Göttin als dem verbindlichen Exempel für mädchenhafte Schönheit gleichgesetzt.[14] Sein Äußeres stand dazu offensichtlich

nicht im Widerspruch. Es wurde nicht als kränklich, frühreif oder in anderer Weise negativ empfunden, was auch dem Charakter der Grabplastik als einem privaten "Ehrenmonument" widersprochen hätte. Der Ernst dieser Kinderbildnisse umkleidet die Dargestellten mit feierlicher Würde. Die Physiognomie ist dem gleichzeitigen Zeitgesicht erwachsener Matronen angeglichen (Abb. 6).[15] Betont sind demnach die Tugenden, die das Kind bereits andeutete, die zu entwickeln der Tod aber verweigerte. Der Charakter des Kindes hat den Normen genügt. Die gealterte und über die Jahre hinaus individualisierte Wiedergabe des Kindes begründet im Verein mit der Betonung seiner vortrefflichen Eigenschaften den Schmerz der Hinterbliebenen und ihr Bedürfnis, der Verstorbenen ein Monument des Gedenkens zu setzen, sie im privaten Bereich auf ähnliche Weise zu ehren wie verdiente Personen der Öffentlichkeit. Daher rührt auch der Vergleich der Kinder mit Göttern. Er deutet an, sie wären fähig gewesen, den höchsten und allgemein gültigen Normen zu genügen.

Zur Bestätigung sei noch ein weiteres Denkmal herangezogen, eine hadrianische Muschel aus Marmor, die einst als Aufsatz gedient haben dürfte (Abb. 5).[16] Die Muschel hinterfängt ein Mädchen, das auf einer durch Fuß- und Kopfende angedeuteten Kline liegt. Es richtet sich höher auf, entspricht sonst aber weitgehend dem Mädchen des Getty Museums. Vor ihm steht ein mit Blumen bestreuter Tisch, und andere Blumen bedecken den Grund vor seinem Mantel. Am Kopfende hat auf separatem Platz ein geflügelter kleiner Amor mit ausgestreckten Beinen Platz genommen. Hierin gleicht er den Puppen der Kline in Malibu. Also ist nicht eindeutig zu entscheiden, inwiefern der kleine Gott leibhaftig oder nur in der Form eines Spielzeugs zugegen ist. Auf ähnliche Weise waren die Grenzen bei der Grabskulptur in Malibu durch die gemeinsame Größe der Zusatzfiguren verwischt. Hinter der Toten zieht ein nacktes, kaum vierjähriges Mädchen sein Hündchen zum Spiel herbei. Der Kopf der Liegenden mit seinem wiederum offiziös ernsten Gesicht ist für den Körper zu groß, welchen Eindruck insbesondere die große Turbanfrisur auf dem Scheitel erweckt. Wichtiger als eine proportionale Harmonie, als eine ideale Vorstellung von der menschlichen Gestalt, war abermals die aus einzelnen Aspekten zusammengesetzte Dar-

<hr>

13. Verf., *Consecratio*, 224, Nr. 86, Taf. 10,1.

14. Zu dieser Form der Vergöttlichung Verf., *Consecratio*, 79, 109, 222ff., Nr. 82f., Taf. 10ff.

15. Verglichen ist das Porträt einer als Venus dargestellten Matrone aus der Maniliergruft im Vatikan: G. Kaschnitz–Weinberg, *Le sculture del Magazzino del Museo Vaticano* (1936/37), 125, Nr. 267, Taf. 56; Verf., *RM* 78 (1971), 144, 158, Nr. 2, Taf. 86,2; 87,2. Von der Gleichsetzung

mit Venus wird das trajanische Porträt nicht berührt, das die Allegorie also mit weiteren Aussagen ergänzt. Die Mundpartie ist dem Mädchen von Malibu vergleichbar. Sie verdeutlicht daher, welche fraulichen Tugenden in dieses projiziert wurden.

16. EA3583. L. Hahl, *BJb* 160 (1960), Nr. 42, Taf. 5,3; P. Hommel, *IstMitt* 7 (1957), 25, Anm. 65; V. v. Gonzenbach, *BCH* 93 (1969), 888f., 938f., Nr. 7, Abb. 3.

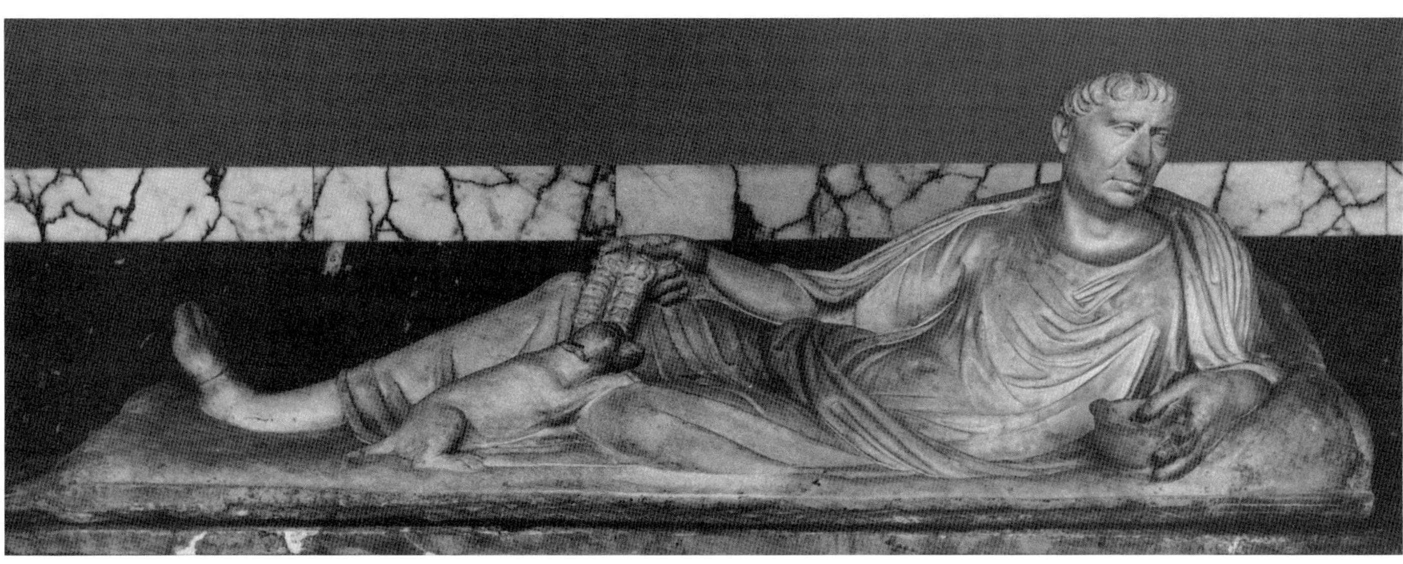

Abb. 9.   Trajanisches Klinenmonument. L: 1,45 m (57 in.). Kopenhagen, Ny Carlsberg Glyptotek Sc. 777. Photo: G. Koch.

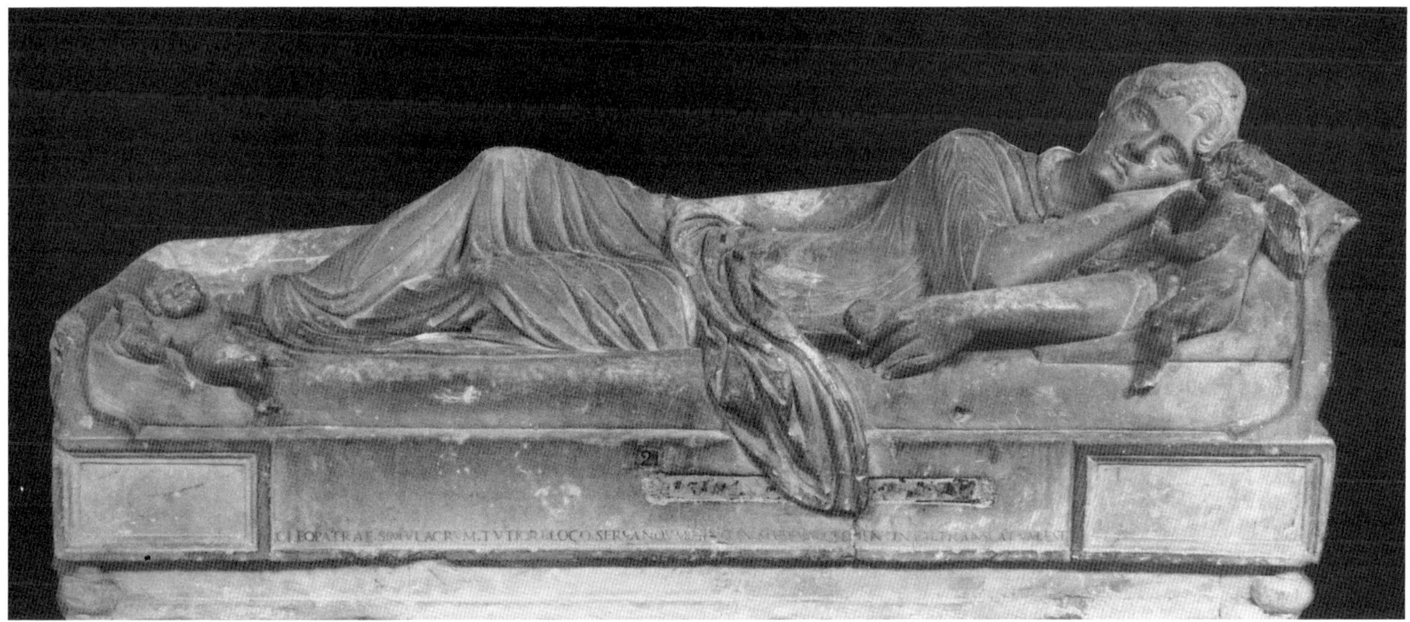

Abb. 10.   Frühantoninisches Klinenmonument. L: 1,70 m (67 in.). Musei Vaticani, Museo Chiaramonti 1365. Photo. Forschungsarchiv für römische Plastik, Köln, Neg. 45/1953/11.

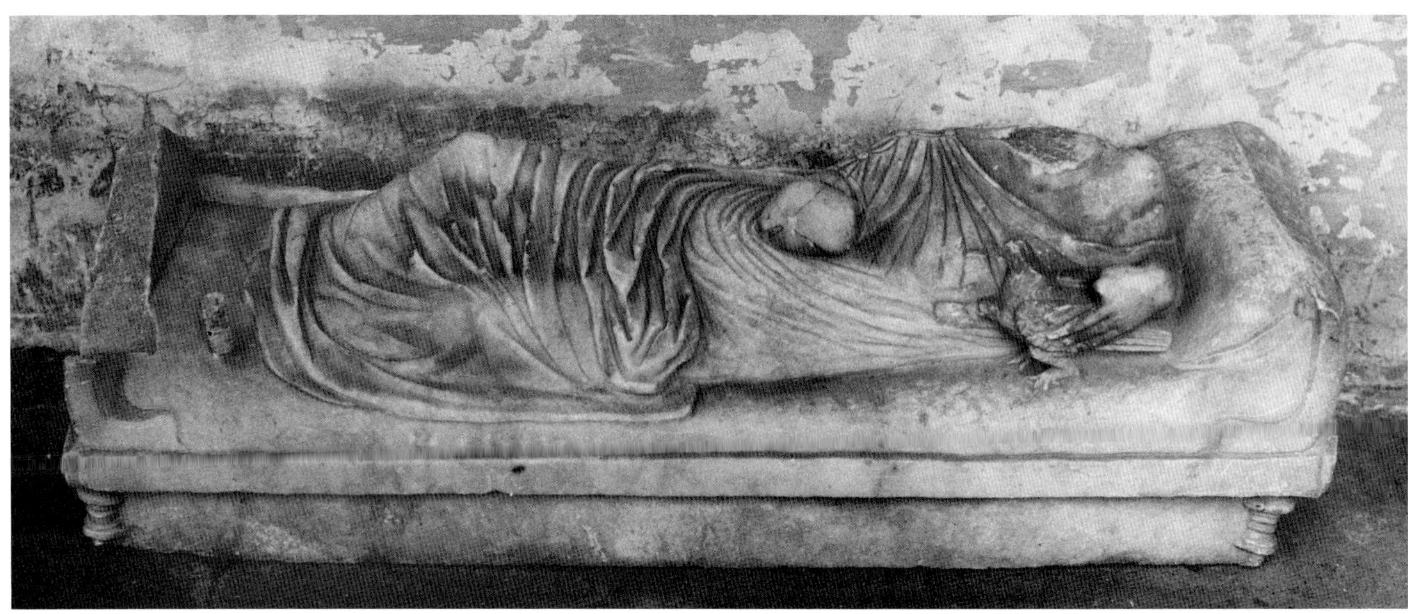

Abb. 11.   Antoninisches Klinenmonument. L: 0,97 m (38¼ in.). Ariccia, Villa Chigi. Photo: DAI Inst. Neg. Rom 74.330.

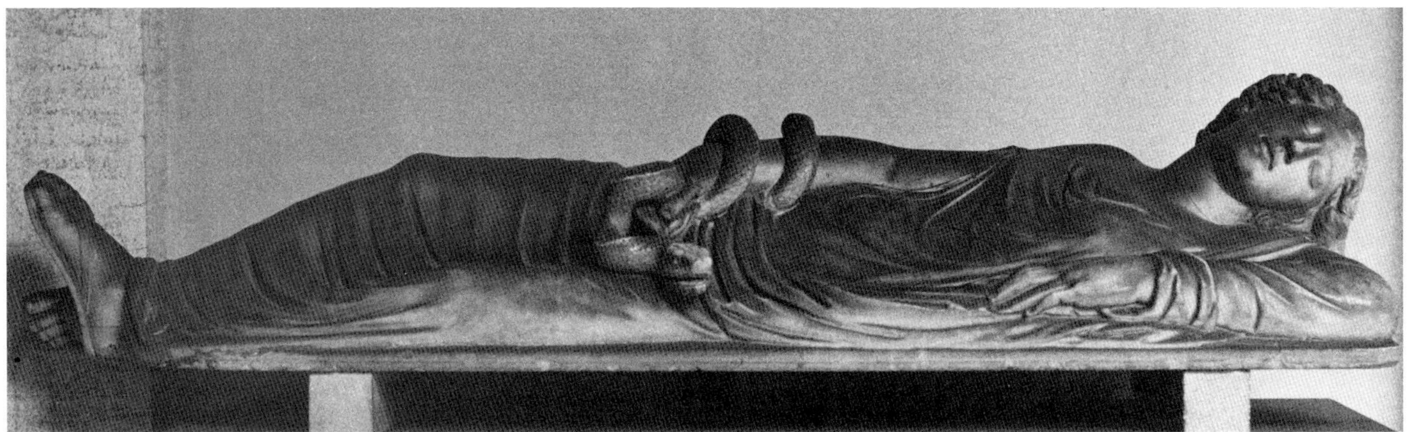

Abb. 12.   Als Kleopatra überarbeiteter Sarkophagdeckel frühantoninischer Zeit. L: 1,84 m (72½ in.). Musei Vaticani, Cortile del Belvedere 891. Photo: Verfasser.

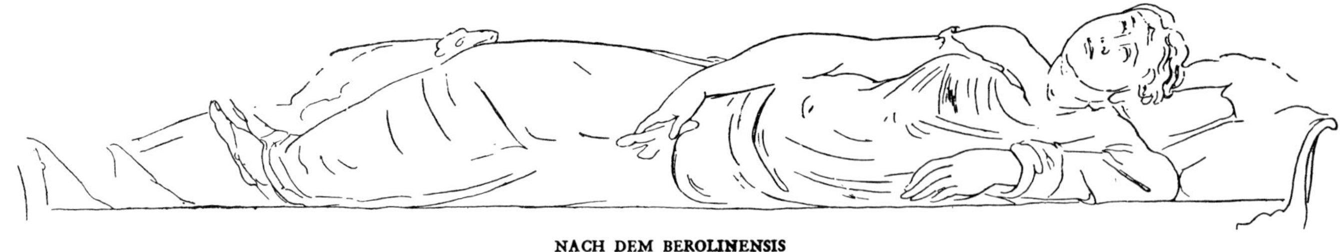

Abb. 13.   Verschollener Sarkophagdeckel der Andia Mellissa. Zeichnung G. Dosios. Berlin, Staatsbibliothek Preußischer Kultur-besitz. Nach Ms.lat.fol.61 C (Codex Pighianus) bei Robert Anm. 37.

stellung der Eigenschaften. Die Frisur, der das kindliche Alter bezeichnende Scheitelzopf mit seinem Gehänge und die Armreifen umschreiben den Wohlstand. Die Muschel der schaumgeborenen Venus deutet *species* und *forma* an. Die Schriftrolle und der Stilus beziehen sich auf Bildung und Erziehung. Ganz unterschiedliche Aussagen treffen die Blumen. Sie lassen sich als Blumen des Elysiums oder als Rosen der Aphrodite verstehen, dem lateinischen *flos* entsprechend als bildliche Chiffren für Jugend und Fülle deuten. Vielleicht sind es aber auch nur die üblichen Gaben der Hinterbliebenen. Bei Amor, Muschel und aphrodisischer Nacktheit der Spielgefährtin ist eine göttliche Sphäre beschworen. In dem frühreifen Ausdruck des Porträts spiegelt sie sich nicht. Das abermals erwachsene Gesicht hebt auch dieses tote Kind in den Bereich der eines Bildnisses würdigen Frauen empor. Die attributiv dargestellten Eigenschaften begründen diese Auszeichnung.

Die Klinenfigur in Malibu trägt eine glatt und schlicht wiedergegebene Mädchenfrisur (Abb. 1b–d). Neben den fleischlosen Lippen begründet gerade sie den Eindruck von anspruchsloser Einfachheit und von einer herben und spröden, da noch nicht erschlossenen Weiblichkeit. Vom Mittelscheitel aus ist das lange Haar geradlinig zurückgenommen und am Hinterkopf in einer runden Schleife aus übereinandergelegten Zöpfen aufgesteckt. Die verglichenen Monumente in den römischen Sammlungen Torlonia und Albani zeigen eine ähnliche Haartracht. Da die Büste des mit Diana gleichgesetzten kleinen Mädchens (Abb. 7) schon wegen seiner gebohrten Augen später entstanden sein muß[17] als die Skulpturen der Liegenden, handelt es sich also nicht eigentlich um eine Modefrisur. Entsprechend ist sie in variierter Form schon bei späthellenistischen Frauenporträts nachzuweisen,[18] also in einer Zeit, die noch keine eigentlichen Modefrisuren kannte. Ihre einfache Form war gerade bei Mädchen und jungen Frauen praktisch, weswegen sie trotz modisch bedingter Variationen eng mit diesem Trägerkreis verbunden blieb.[19] Nach der Mode richtete sich bei unserem Monument die

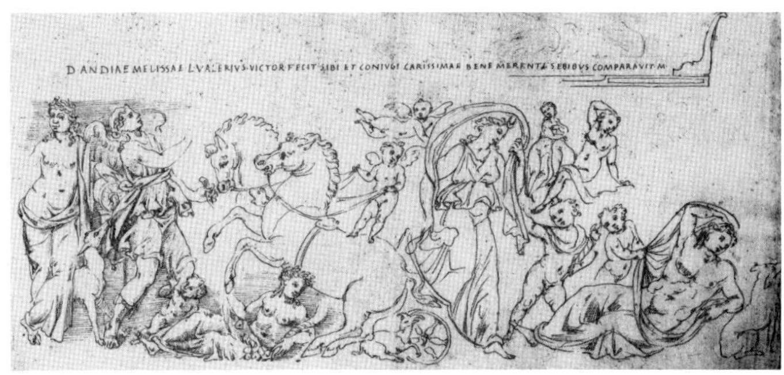

Abb. 14a. Sarkophagdeckel wie Abb. 13 und verschollener Endymionsarkophag. Zeichnung G. Dosios. Berlin, Staatsbibliothek Preußischer Kulturbesitz. Nach Ms.lat.fol.61 C (Codex Pighianus) bei Robert Anm. 37.

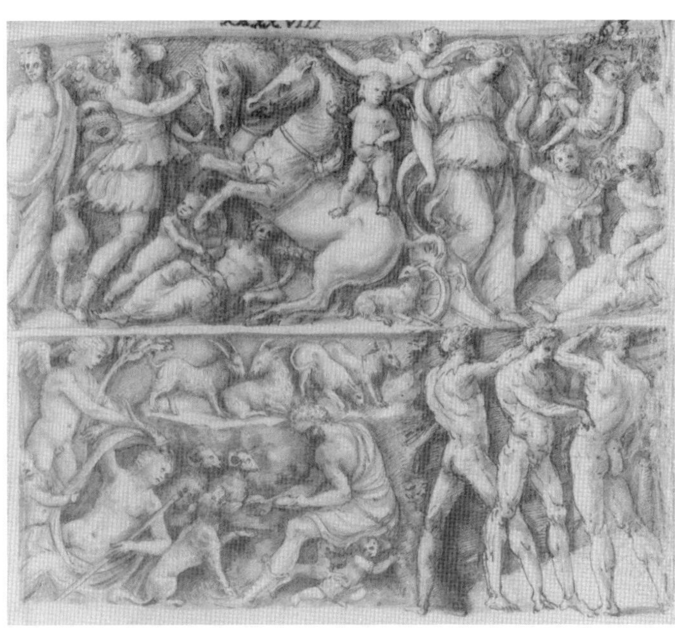

Abb. 14b. Verschollener Endymionsarkophag wie Abb. 14a. Zeichnung des Ripanda–Skizzenbuchs. Oxford, Ashmolean Museum. Photo: Ashmolean Museum.

---

17. Zur Datierung: Verf., *Consecratio*, 224, Nr. 86.

18. Sog. Kleopatra des British Museum: G. M. A. Richter, *The Portraits of the Greeks* III (1965), 269, Abb. 1862; W. Trillmich, "Das Torlonia–Mädchen," *AbhGöttingen* 3. F. 99 (1976), 60, Taf. 19,3–4, s. auch die dort Anm. 203 genannten Parallelen und H. Jucker in: *Das römisch–byzantinische Ägypten. Aegyptiaca Treverensia* 2 (1963), 143f., Taf. 8f.

19. Heranziehen ließen sich etwa die Jugendbildnisse von Faustina II. und Lucilla: K. Fittschen, "Die Bildnistypen der Faustina minor und die Fecunditas Augustae," *AbhGöttingen* 3. F. 126, 1982, 44ff., 75ff., Taf. 8–13, 44–48; H. v. Heintze in: *Pro Arte Antiqua. Festschrift für H. Kenner* (1982), 170ff., Taf. 45–49.

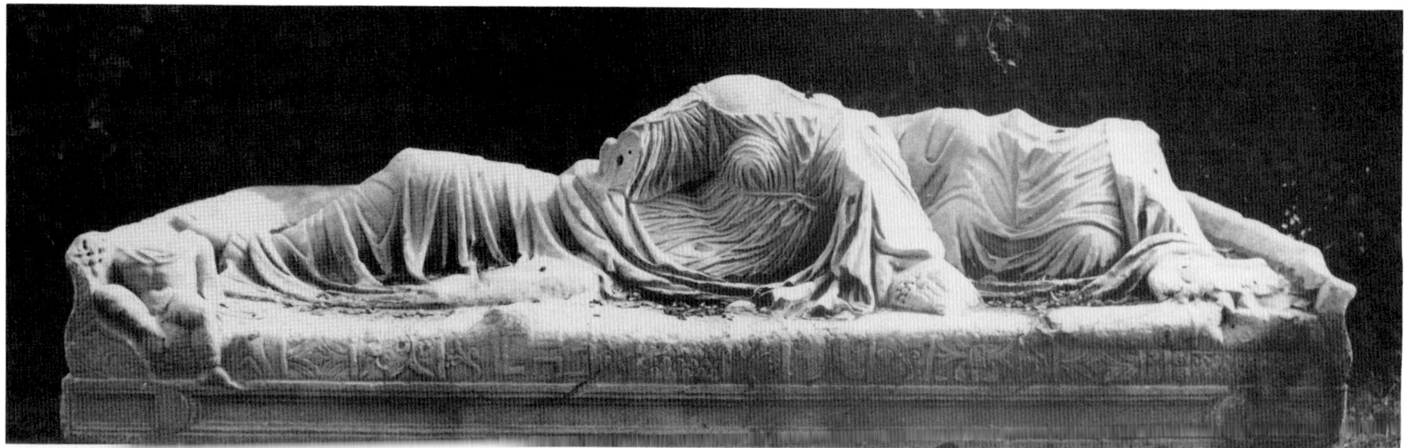

Abb. 15.   Severischer Sarkophagdeckel. L: 2,22 m (87³/₈ in.). Rom, Villa Aldobrandini. Photo: DAI Inst. Neg. Rom 69.2837.

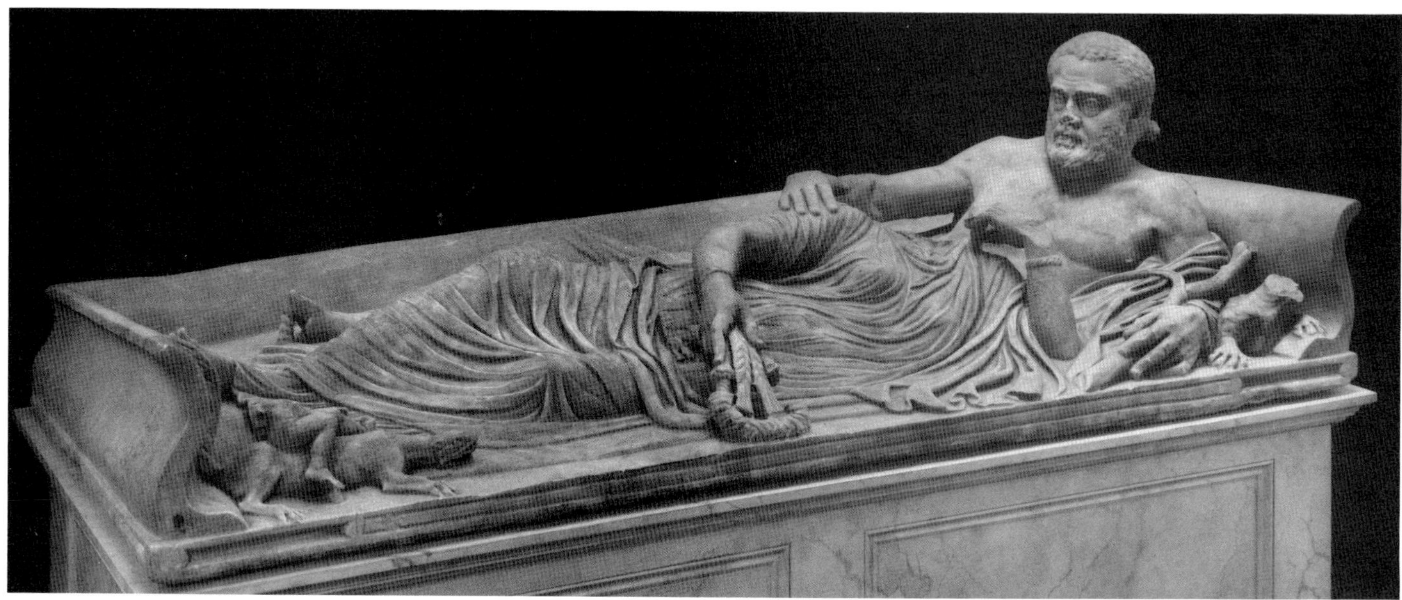

Abb. 16.   Als Brunnenskulptur verwendeter Sarkophagdeckel spätseverischer Zeit. L: 2,31 m (90 in.). London, Privatbesitz. Photo: Ch. A. Fransella, Surbiton (Surrey).

nestartige Schleife. Sie sitzt weit hinten und bleibt daher bei Frontalansicht (Abb. 1b) unsichtbar, tritt als Schmuckmotiv also nur bedingt in Erscheinung. Da sie später auf den Scheitel emporsteigt und schließlich zur Stirne vorgezogen wird, handelt es sich um einen kennzeichnenden Trachtbestandteil trajanischer Zeit.[20] Wie bei den Bildnissen des Kaisers Trajan, dem auch der schmale Mund und die betonten Nasolabialfalten vergleichbar sind, besitzt das Haar unseres Mädchenbildnisses keine Kopf und Mimik ergänzende Selbständigkeit, sondern ordnet sich ihnen unter und betont hierdurch noch stär-

ker die Wirkung der Gesichtszüge. Das Porträt setzt sich aus wenigen großflächigen Formen zusammen, die bei Mund, breiten Lidern, gratigen Brauen und vor allem auch bei der feinteiligen Untergliederung des Haares linear bestimmt sind. Darin äußern sich charakteristische Stilmerkmale der trajanischen Zeit. Das Gewand der Klinenfigur in Malibu liegt dem Körper an und die Zahl seiner Falten tendiert zu einer Beschränkung auf das notwendigste. Das entspricht dem Stil des Porträts, kennzeichnet aber auch noch das spätestens um 130 n.Chr. entstandene Klinenmonument

20. Vgl. K. Fittschen und P. Zanker, *Katalog der römischen Porträts in den Capitolinischen Museen und den anderen kommunalen Sammlungen der Stadt Rom* III (1983), 60, Nr. 80.

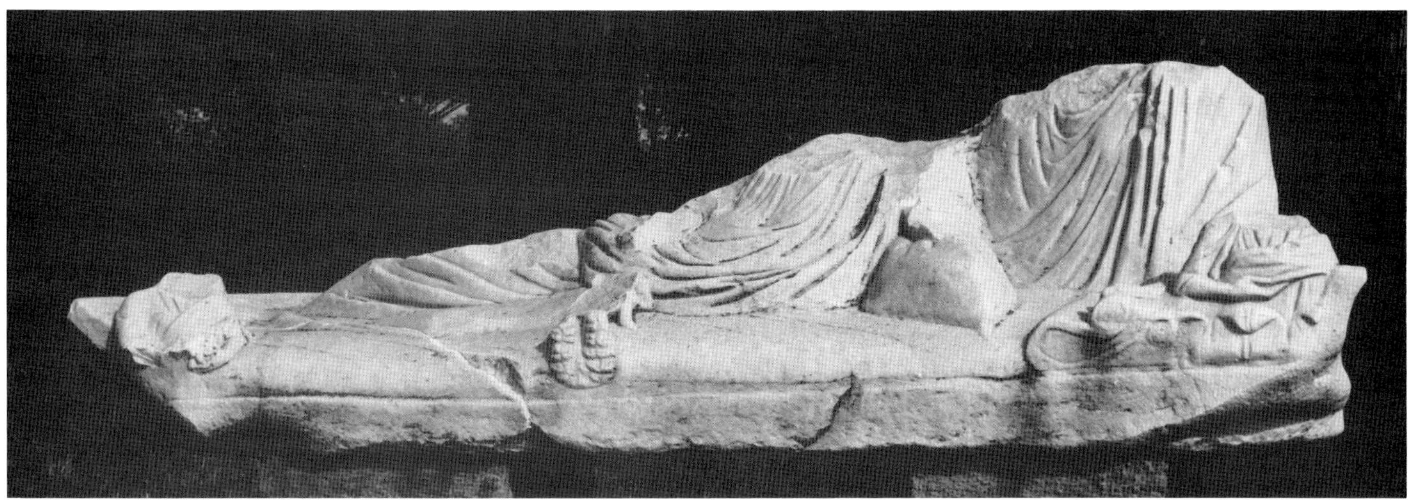

Abb. 17.   Deckel einer Lenos, 230–250 n.Chr. L: 2,25 m (88½ in.). Ostia Antica, Scavi bei Porta Romana. Photo: DAI Inst. Neg. Rom 38.666.

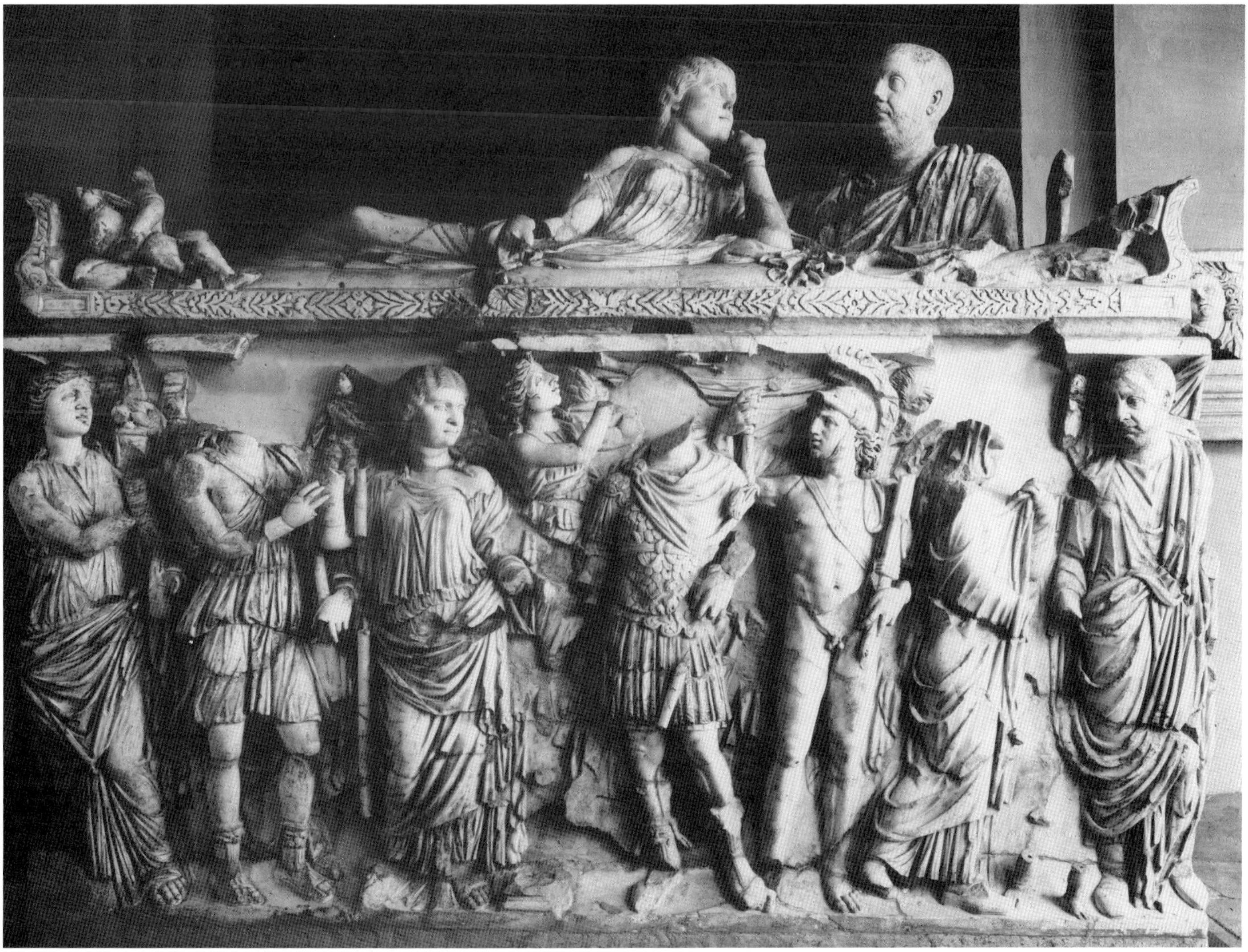

Abb. 18.   ''Balbinus''–Sarkophag, um 240 n.Chr. L: 2,32 m (91⅓ in.). Rom, Catacombe di Pretestato. Photo: DAI Inst. Neg. Rom 76.2195.

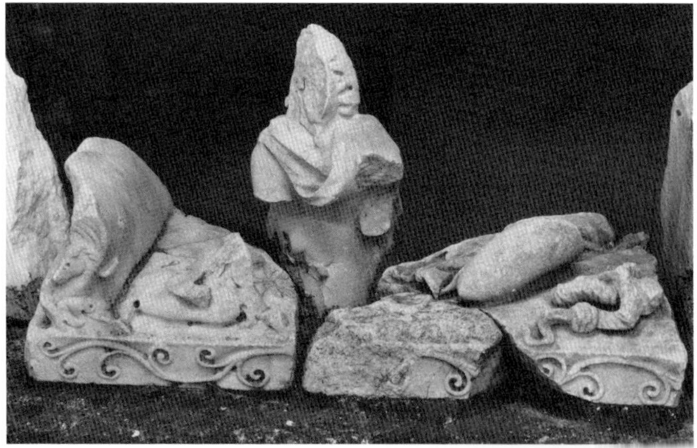

Abb. 19.   Deckelfragmente eines Kindersarkophages, 225–250 n.Chr. Rom, Catacombe di Pretestato. Photo: DAI Inst. Neg. Rom 33.795.

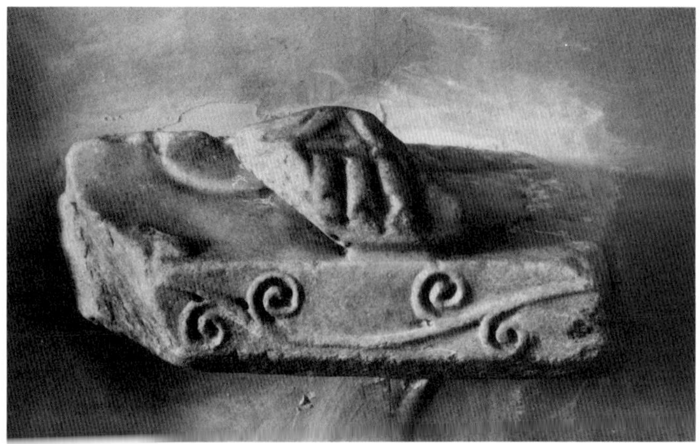

Abb. 20.   Deckelfragment eines Kindersarkophages des 3. Jahrhunderts. L: 0,29 m (11½ in.). Albano, Museo Communale. Photo: Verfasser.

der Claudia Semne.[21] Doch hier sind die Faltenrücken kantiger und also auch linearer bestimmt als dort, was eher mit einem großen spätflavischen Klinenmonument im Thermenmuseum[22] zusammengeht, aber auch noch mit dem spättrajanischen Klinenmonument in Kopenhagen (Abb. 9). Zufolge aller Indizien ist das Klinendenkmal in Malibu im zweiten Jahrzehnt des 2. Jhs. entstanden.

Doch um welche Art von Monument handelt es sich überhaupt? Die Frage läßt sich unter Hinweis auf eine 1 cm tiefe und im Abstand von 4 cm von den Außenkanten etwa 6 cm breite Nut in der Unterseite der Standplatte (Abb. 3) beantworten. Deren Bruch am Kopfende schneidet sie. Also ist sie dort einst ebenso umgelaufen wie am Fußende und folglich ist rechts der Kopflehne ein Vorsprung der Standplatte von der gleichen Ausdehnung zu ergänzen, wie er sich gegenüber erhalten hat (Abb. 2). Diese Nut hat zum Einklinken eines Kastens gedient, dessen Oberkante einen aufragenden Falz besaß (Abb. 4). Demnach ist der Deckel eines Klinensarkophages gegeben. Die gleichlautende Bezeichnung durch das Museum ist völlig korrekt. Die Höhlung des Kastens hatte einen Querschnitt von etwa 1,21 m x 0,27 m, besaß also der Kline entsprechende und für Kindersarkophage durchaus übliche Maße. Das Mädchen ist etwa lebensgroß wiedergegeben.

Im Gegensatz zu attischen Sarkophagen war die Verbindung durch einen Falz bei stadtrömischen Sarkophagen der mittleren Kaiserzeit unüblich. Dagegen

kennzeichnet sie römische Sarkophage des ausgehenden 1. Jhs. v. und des 1. n.Chr., deren Deckel dazu, wie bei dem Sarkophag in Malibu, aus einer einfachen Platte besteht.[23] Die Standplatte unserer Kline setzt daher die Tradition früher römischer Flachdeckel mit Nut fort. Sie bildet den Sarkophagdeckel und nicht die ihr in der Mitte angearbeitete Kline, die einen nur dekorativen, keinen funktionalen Zweck erfüllt. Die Verbindung der beiden ursprünglich selbständigen Monumenttypen erklärt sich fugenlos aus der Verwendung der stadtrömischen Klinenmonumente.

Die seit der augusteischen Zeit belegte Gattung der römischen Klinenmonumente schließt zeitlich an die etruskischen Klinensarkophage an,[24] nimmt die Funktion der Sarkophagdeckel jedoch nicht auf, sondern wurde als statuarischer Monumenttypus verwendet, was wiederum auf etruskische Klinenskulpturen zurückzuführen ist. Dennoch läßt die völlige Abkehr von der Verwendung als Sarkophagdeckel auf eine römische Umdeutung des Denkmaltypus schließen, zumal an der Sarkophagbestattung, wenn auch auf quantitativ reduziertem Niveau, festgehalten wurde. Für die römische Umdeutung der Klinenskulpturen und damit auch für deren Akzeptation war der auf einem Prachtbett aufgebahrte Scheinleib des Toten bei der *pompa funebris* ausschlaggebend.[25] Während der Feierlichkeit trat er für den in verschlossener Truhe liegenden Verstorbenen ein.[26] In der Zeit des Augustus ist dieser Scheinleib das Vorbild für eine goldene Klinenskulptur des Princeps

21. Verf., *RM* 78 (1971), 131ff., Nr. 8, Taf. 78,2.

22. D. Faccenna, *BullCom* 73 (1949/50), 215ff.; ders., *NSc* (1951), 114ff; L. Berczelly, *ActaAArtHist* 8 (1978), 49ff., Taf. 1f; Verf., 1977, 410, Abb. 66f.; Koch, *Hdb.* 59, 108, Anm. 15, Abb. 62.

23. H. Brandenburg, *JdI* 93 (1978), 277ff., 284, 289f., 291, 293ff., 305, Anm. 50, Abb. 1, 2, 5, 6, 13, 16, 19–26, 34–35.

24. Zum Folgenden: Verf., 1977, 395ff.

25. Siehe H. Drerup, *RM* 87, (1980), 81ff., 111ff.

26. Dio 56, 34, 1ff.

27. Dio 56, 46, 4.

28. Verf., 1977, 405f., Abb. 79–85.

29. Verf., 1977, 413f., Abb. 102; Koch, *Hdb.* 60, Anm. 23, Abb. 63.

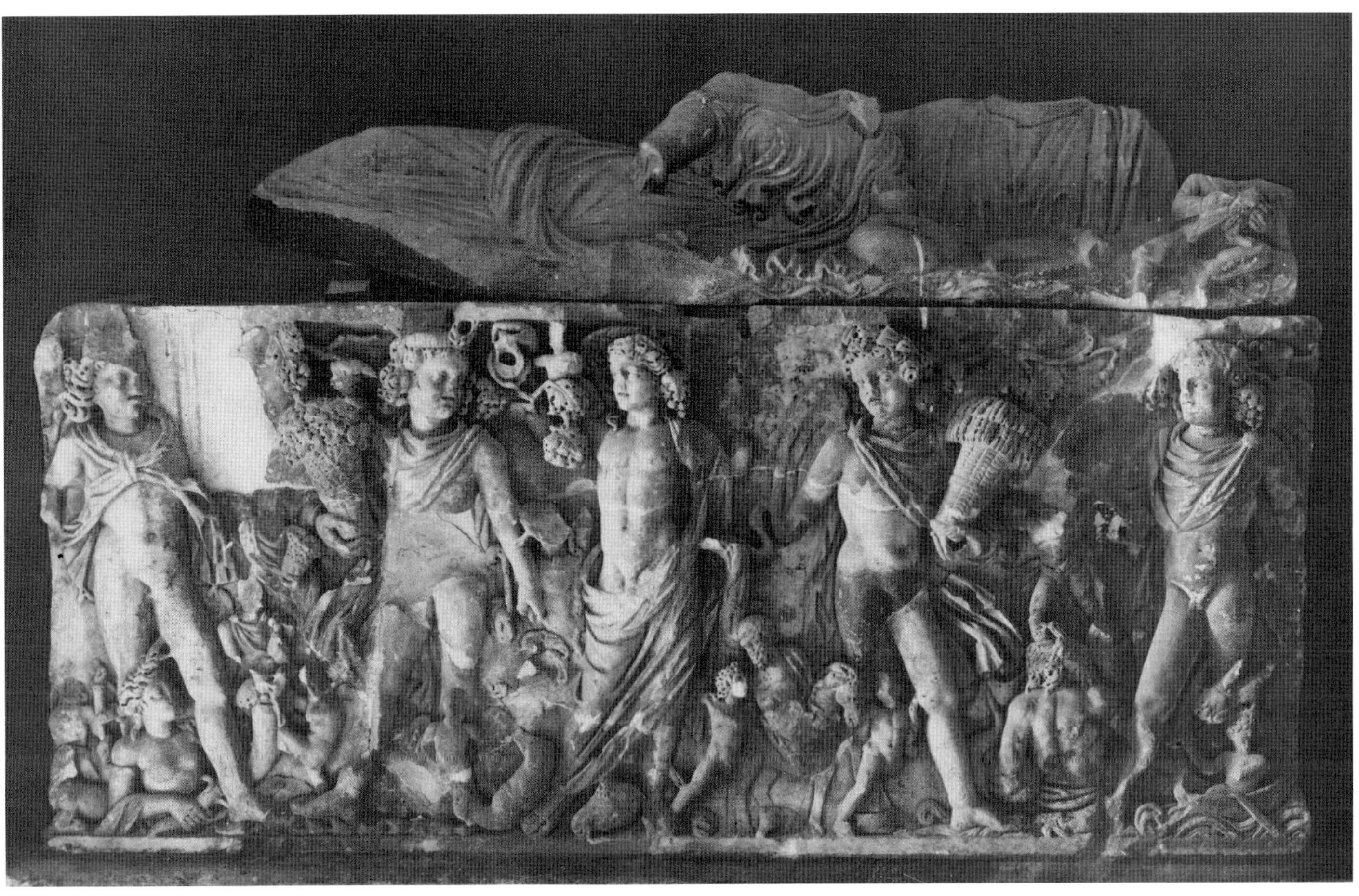

Abb. 21.   Jahreszeitensarkophag von Tourmous' aya, 240–250 n.Chr. L: 2,36 m (93 in.). Jerusalem, Rockefeller Museum 235. Photo: DAI Inst. Neg. Rom 70.4013.

gewesen, die als Kultbild des Divinisierten diente.[27] Die Gattung der Klinenmonumente ist kaum zufällig seit etwa dieser Zeit belegt. Wie der Scheinleib so war auch das Klinenmonument unabhängig vom Körper der Verstorbenen, von seinen verbrannten oder auch bestatteten Resten. Die Herleitung stützt sich zugleich auf Klinenmonumente des römischen Mittelstandes, welche noch in flavischer und trajanischer Zeit von den Büsten der nächsten Verwandten umgeben werden und den monumentalisierten "Scheinleib" also mit in Marmorbildnisse verwandelte *imagines maiorum* umgeben.[28]

War er nicht an die sterblichen Reste der Verstorbenen gebunden, so ließ sich der Aufstellungsort der Klinenmonumente im Grabzusammenhang frei wählen. Erhielten sie eine mitunter hohe Basis, wie etwa ein Beispiel des mittleren 2. Jhs. n.Chr. im Vatikan (Abb. 10)[29]

oder ein noch unveröffentlichtes Fragment frühflavischer Zeit in der Azienda Vivaistica Romana an der römischen Via Casilina (Abb. 8),[30] so sind sie vermutlich auf den Boden gestellt worden. Teilweise waren sie aber auch in dieser Form Aufsätze auf geschlossenen Grablegen. So hat das Klinenmonument des Flavius Agricola in Indianapolis im Mausoleum R der vatikanischen Nekropole unter St. Peter auf einem aufgemauerten Arkosolgrab gestanden.[31] In ähnlicher Weise war ein neronisches Klinenmonument im Thermenmuseum plaziert, dem Basis und Klinenrahmen fehlen. Es war dem sonst unverzierten Flachdeckel eines der seltenen römischen Sarkophage des 1. Jhs. aufgesetzt.[32] Bei seiner Anfertigung ist anscheinend bereits mit einer solchen Verwendung gerechnet worden. Also läßt sich erwägen, daß diejenigen Klinenmonumente auf Aschenbehältern oder

30. Einst Villa del Grande, dann Villa Cellere: Matz und Duhn II 481, Nr. 3420. L: 1,19 m; H: 0,69 m; T: 0,68 m. Das Denkmal ist unten nicht ausgehöhlt, hier allerdings auch nur grob bearbeitet und ohne Anathyrose, weswegen es nicht als Aufsatz gedient haben kann. Seine zeitliche Einordnung ergibt sich aus dem Vergleich mit dem Klinenmonument von der Via Portuense des Thermenmuseums (Inv. 39501:

Verf., 1981, 92, 95, Abb. 8) und einer flavischen Klinenskulptur im römischen Privatbesitz (Verf., 1981, 89ff., Abb. 4ff.). Für die Publikationsgenehmigung danke ich U. M. Fasola.

31. S. o. (Anm. 5).

32. 114906. G. Annibaldi, *NSc* (1941), 191, Abb. 8; B. M. Felletti Maj, *I ritratti* (1953), Nr. 122 mit Abb; Verf., 1977, 399f., Abb. 75.

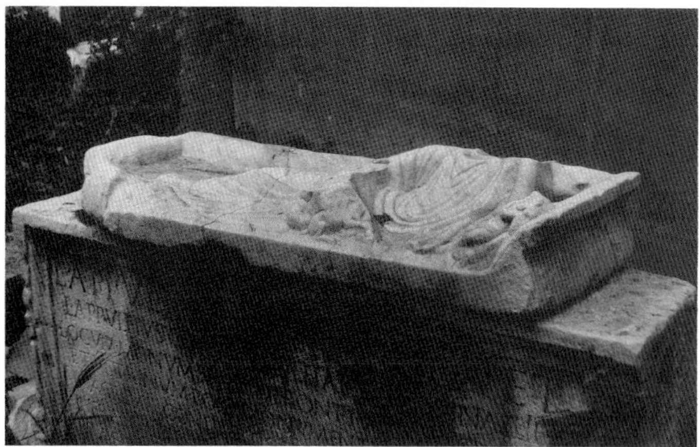

Abb. 22.   Deckel eines Kindersarkophages des ausgehenden 3. Jahrhunderts. L: 0,96 m (37¾ in.).
Rom, Antiquario del Celio. Photo: Verfasser.

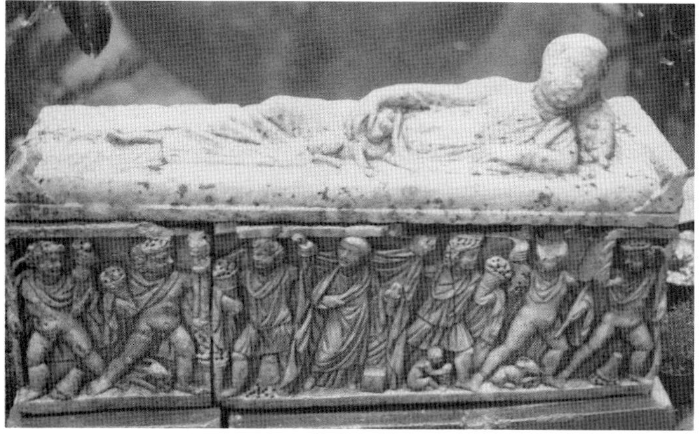

Abb. 24.   Klinensarkophag tetrarchischer Zeit mit Jah-
reszeitendekor. Gloucester, Mass., Hammond
Museum. Photo: Hammond Museum.

Sarkophagen stehen sollten, denen die Beine fehlen.

Der neronische Fundkomplex begründet die Zweiteiligkeit des Deckels in Malibu. Dessen Neuerung besteht nur in der festen Verbindung des Flachdeckels mit
der Kline, was diese zugleich auf seine Mitte fixiert.
Hierdurch ist schon in trajanischer Zeit der älteste nach-
weisbare Klinensarkophag der Kaiserzeit entstanden.
Die Zahl der antiken Sarkophage, welche seinem Beispiel folgten, ist unüberschaubar groß. Vermutlich ist
mit tausend erhaltenen Exemplaren zu rechnen, wenn
nicht mit mehr.

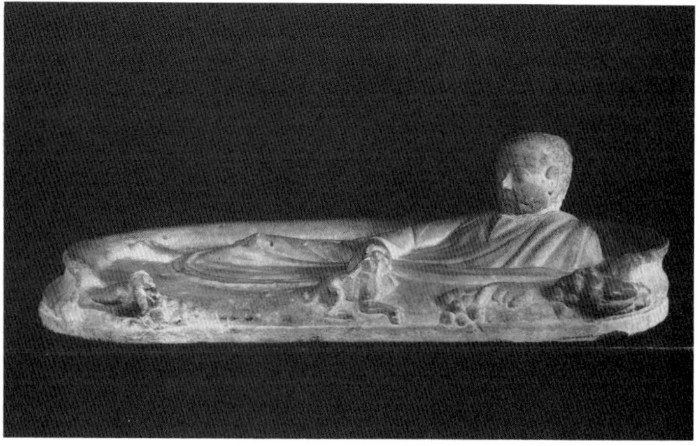

Abb. 23.   Wannenförmiger Klinendeckel des ausgehen-
den 3. Jahrhunderts. L: 0,97 m (38 in.). Rom,
Musei Vaticani, Collezione Ebraica. Photo:
Vatikan, Archivio Fotografico XXXII 45.2.

WEITERE STADTRÖMISCHE KLINENSARKOPHAGE DES 2. JHS.

Der schon mehrfach angesprochenen Klinenskulptur
in Kopenhagen (Abb. 9)[33] fehlen die Beine. Der modern
überarbeitete Bettrahmen ist außerordentlich schmal.
Beides entspricht den späteren Klinensarkophagen
Roms. Gegen eine Interpretation als Sarkophagdeckel
spricht die geringe Länge des Denkmals von 1,45 m. Wie
mir L. Henningsen und J. Stubbe Ostergaard mitteilen,
ist das am Fußende beschädigte und wohl auch
geringfügig überarbeitete Monument in der Antike
nicht erheblich länger gewesen. Das bestätigt seine Deutung als ein Klinenmonument durch L. Berczelly[34] und
G. Koch.[35] Bei fehlenden Beinen und schmalem Rahmen ist dennoch gerade seine Form vorbildlich für die
Klinensarkophage der antoninischen Zeit gewesen.

Bei dem Klinendeckel in Malibu sind Klinenmonument und Sarkophagdeckel zwar miteinander verbunden, aber noch nicht zu einer gemeinsamen Form
verschmolzen. Dies konnte erst geschehen, als sich
die Kline auf die Kastenlänge vergrößerte. Die verein-
heitlichte Form des Klinendeckels ist in Rom für die Mitte
des 2. Jhs. belegt. Zu nennen sind der modern in eine
sterbende Kleopatra verwandelte Deckel im Cortile del
Belvedere des Vatikans (Abb. 12),[36] der verschollene
Deckel vom Sarkophag der Andia Melissa (Abb. 13, 14a)[37]
und ein von B. Cavaceppi ergänzter Deckel im Museo
Torlonia.[38] Weitgehend entsprechen sie einander bei der

---

33. Sc.777. E. Dyggve, *From the Collections of the Ny Carlsberg Glyptotek* III (1942), 225ff.; R. Calza, *Scavi di Ostia* V (1964), 70, Nr. 112,
Taf. 65; Verf., 1977, 415f., Abb. 94.

34. Berczelly, *ActaAArtHist* 8 (1978), 51f., Taf. 4c.

35. Koch, *Hdb.* 60f., Taf. 65.

36. Amelung, *Vat. Kat.* II 179f., Nr. 73; F. Cumont, *Recherches sur le*

symbolisme funéraire (1942), 392 Taf., 41,2; Verf., 1977, 417f., Abb. 109.

37. CIL VI 34390. Robert, *ASR* III 1, 107f., Nr. 86, Abb. 86, Taf. 25;
Ch. Hülsen, *Das Skizzenbuch des Giovannantonio Dosio* (1933), 7, Nr.
22, Taf. 12; Verf., 1977, 419f., Abb. 111f.

38. *Raccolta d'antiche statue, busti. . .B. Cavaceppi III* (1772), Taf. 10
oben; C. L. Visconti, *Les monuments de sculpture antique du Musée*

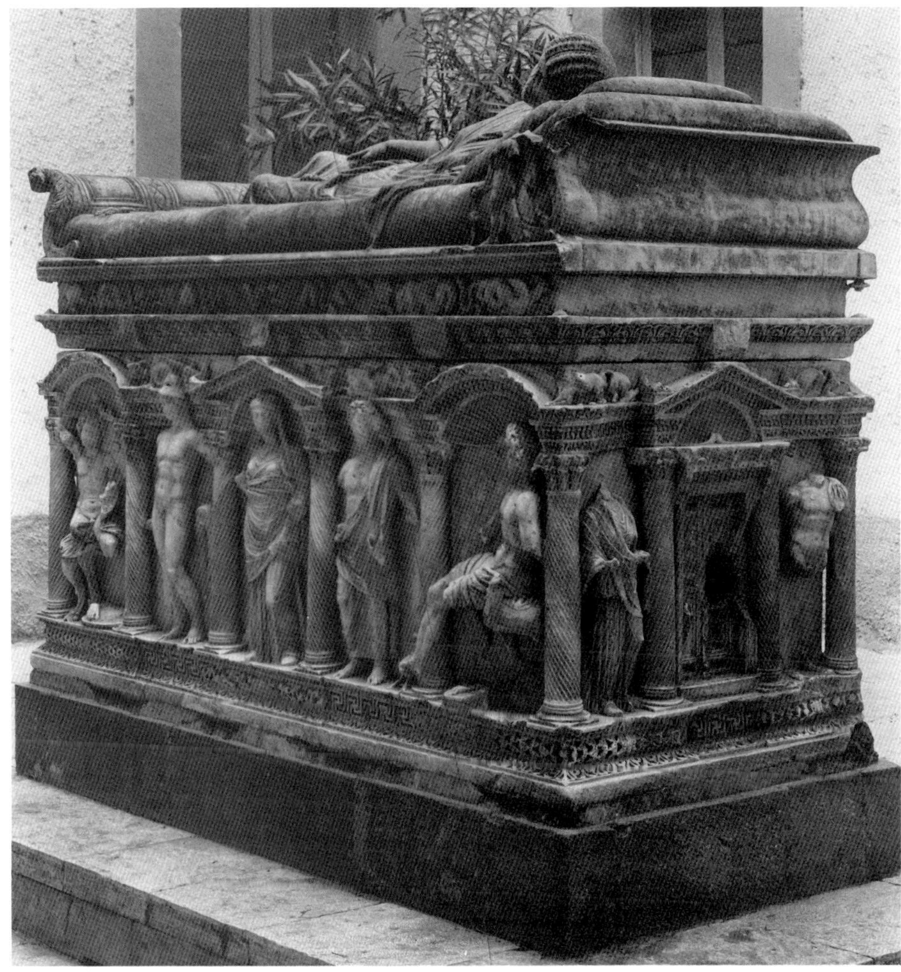

Abb. 25. Dokimenischer Klinensarkophag mittelantoninischer Zeit. L: 2,64 m (104 in.). Melfi, Castello. Photo: DAI Inst. Neg. Rom 5836.

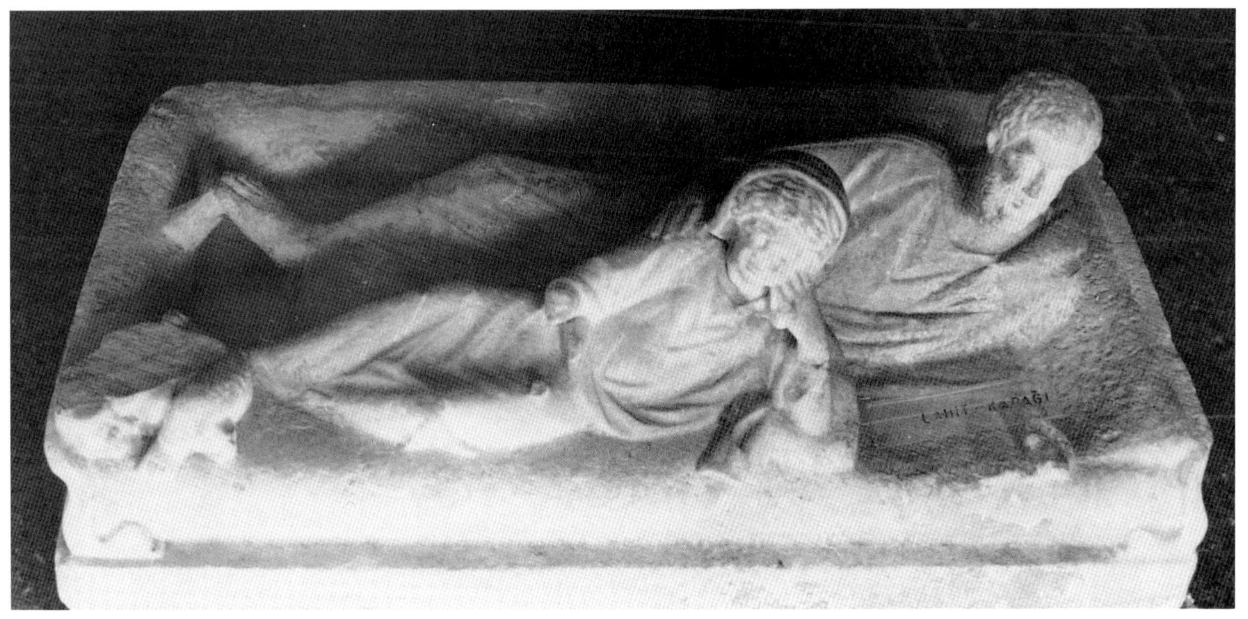

Abb. 26. Spätantoninische Ostothek. L: 0,70 m (27½ in.). Burdur, Museum 5100. Photo: M. Donderer.

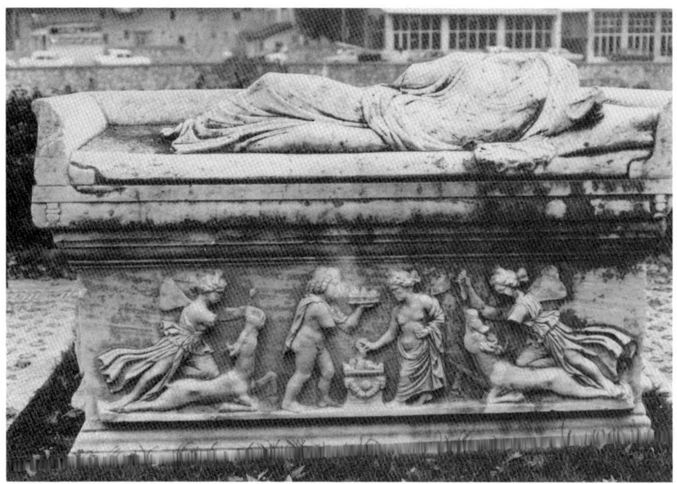

Abb. 27.   Attischer   Postamentsarkophag   frühantoninischer Zeit. L: 2,33 m (91¾ in.). Antakya,
Museum 9576. Photo: M. Donderer.

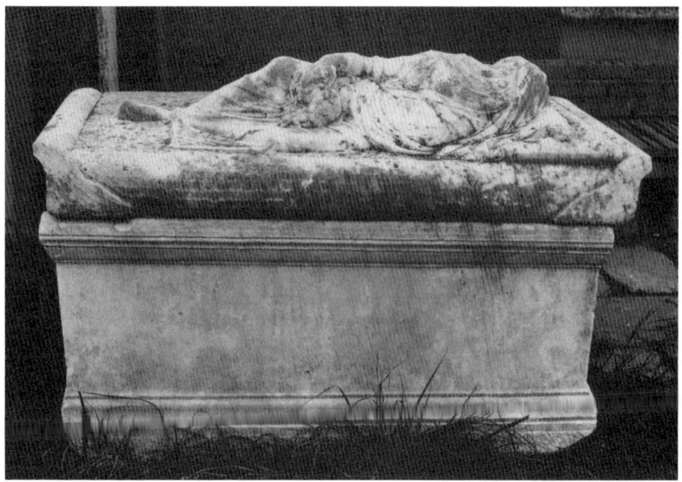

Abb. 28.   Attischer   Kindersarkophag   severischer   Zeit
des   Postamenttypus.   Korinth,   Museum
S777/8. Photo: M. Donderer.

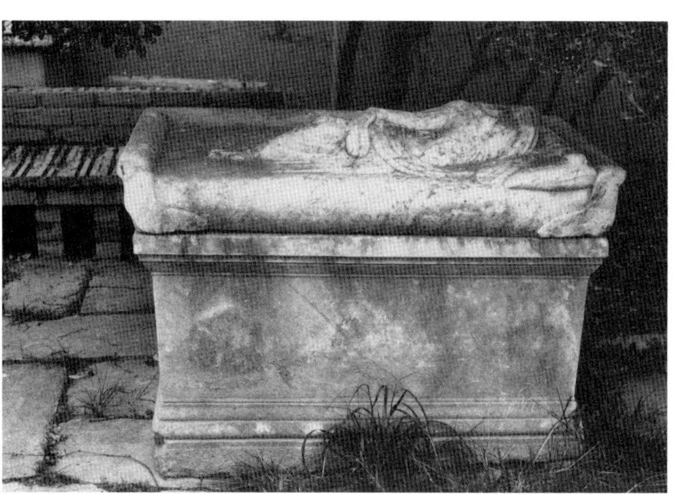

Abb. 29.   Attischer   Kindersarkophag   des   Postamenttypus. 2. Viertel des 3. Jahrhunderts. Korinth,
Museum 775/6. Photo: M. Donderer.

Pose der hingestreckten weiblichen Deckelfigur und beim
Faltenwurf der Tunica. Darüber hinaus stehen sie sich
auch stilistisch so nahe, daß die Vermutung nahe liegt,
bei der falschen Kleopatra des Vatikans handele es sich
um den zusätzlich überarbeiteten Sarkophagdeckel der
Andia Melissa. Nur bei der Kline des Museo Torlonia
hat sich der frühantoninische Porträtkopf erhalten. Das
von ihm verbürgte Datum bestätigt ein modern be-
schnittener Deckel im Louvre, dessen abermals weibliche Gelagerte sich bei der allgemeinen Anlage ihrer
Frisur am Vorbild der älteren Faustina orientiert.[39]

Trotz der modernen Verkürzungen ist die Skulptur
des Louvre 1,75 m lang. Da alle Seiten der Lehnen und
der Bettrahmen abgearbeitet wurden, ist mit einer
einstigen Länge von etwa 2 m zu rechnen. Noch
weitgehender waren die modernen Eingriffe bei der
"Kleopatra" (Abb. 12), deren Kopf und Füße ebenso
modern sind wie die Schlange. Von dem Bettrahmen
blieb nur eine kleine Partie unter dem linken Arm
erhalten. Das schmale Rechteckfeld kehrt ähnlich bei
dem Sarkophagdeckel Torlonia und bei dem spättrajanischen Klinenmonument in Kopenhagen (Abb. 9)
wieder. Ist hierdurch ein Bettrahmen für die Kleopatra
gesichert, so sind auch Lehnen vorauszusetzen, mit denen die heute 1,84 m lange Skulptur wiederum 2 m
erreicht haben dürfte. Nahezu vollständig erhalten ist
die Kline bei dem 2,05 m langen Sarkophagdeckel
Torlonia. Cavaceppis Überarbeitung muß in erster Linie
das Fußende betroffen haben, wo das Fulcrum fehlt und
die Liegende ebensolche Sandalen trägt, wie sie bei der
"Kleopatra" (Abb. 12) ergänzt wurden. In der Antike hat
man sich aber nicht beschuht auf den lectus gelegt.

Alle Denkmäler der antoninischen Gruppe sind um 2
m lang gewesen, welches Maß die weitaus größte Zahl
aller Klinenmonumente übertrifft,[40] dagegen gut zu
Sarkophagdeckeln paßt. Inschriftlich ist eine solche
Funktion für das Grabdenkmal der Andia Melissa (Abb.
13, 14a) gesichert. L. Valerius Victor ließ es für seine
verstorbene Frau und noch zu seiner Lebenszeit für sich
selbst aufstellen. Da nur Andia Melissa dargestellt ist,
ergibt dies bei einem Klinenmonument keinen Sinn. Also

Torlonia (1884), 134f., Nr. 192 mit Abb.; Verf., *AA* 1977, 417f., 424,
Abb. 110; C. Gasparri, *Materiali per servire allo studio del Museo Torlonia
di Scultura Antica. MemAccLinc* Ser. 8, 24, 1980, 179, Nr. 192.

39. Verf., 1977, 420f., Abb. 113.
40. Eine Ausnahme bildet allein das große Klinenmonument des
Thermenmuseums o. Anm. 22.

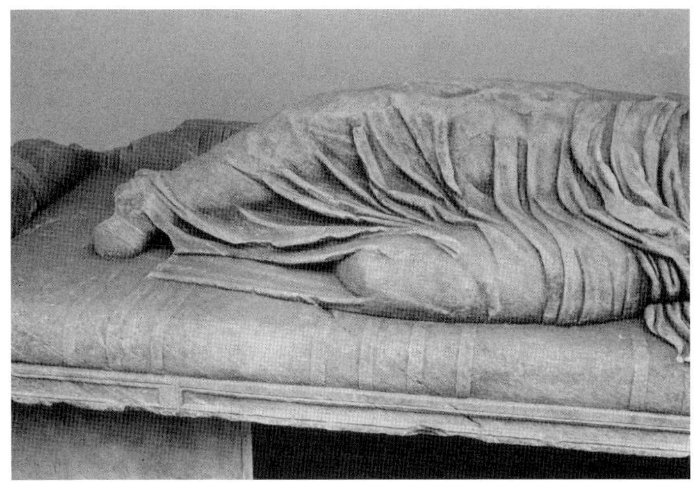

Abb. 30a. Attischer Sarkophagdeckel frühantoninischer Zeit. Linke Hälfte. Marathon, Museum L127. Photo: A. Linfert.

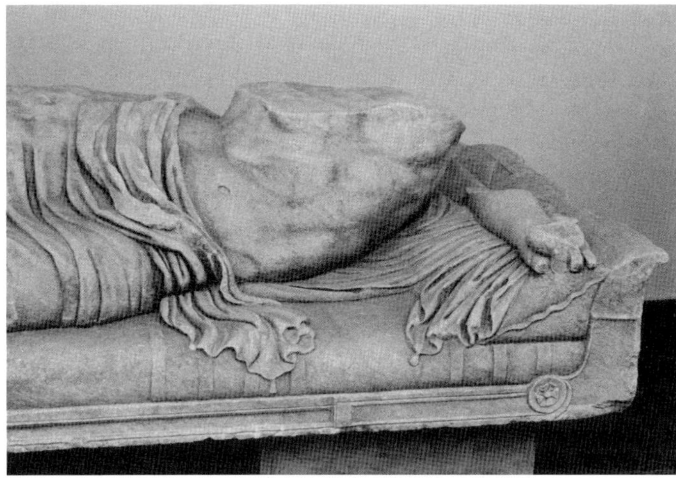

Abb. 30b. Attischer Sarkophagdeckel wie Abb. 30a. Rechte Hälfte. Photo: A. Linfert.

war der Deckel eines Sarkophages gegeben, in den auch der Mann beigesetzt zu werden wünschte. Außerdem folgt, daß Sarkophagdeckel mit der Wiedergabe eines liegenden Paares zu dieser Zeit in Rom noch unbekannt oder zumindest doch wenig verbreitet waren. Anderenfalls hätte Valerius Victor diesen erweiterten Typus gewählt. Damit beweist die Inschrift zugleich, daß auch die weiteren gleichgroßen Skulpturen vereinzelt liegender Matronen als Sarkophagdeckel dienten.

Einen definitiven Beweis für die Existenz frühantoninischer stadtrömischer Klinensarkophage bietet endlich ein nur aus Zeichnungen des 16. Jhs. bekanntes Beispiel, das Ulisse Aldrovandi im Frühjahr 1550 im Haus Ruffini sah, wo es vermutlich die antike Herkunft des Geschlechts verbürgen sollte. Eine Zeichnung Dosios, ihre Kopie im Florentiner Codex BNCF NA 1159 und deren Kopie des Jacopo Strada in der Wiener Nationalbibliothek[41] zeigen einen Sarkophag, welchen die Mutter Sempronia Rufina ihrem verstorbenen Sohn und noch zu ihrer Lebenszeit augenscheinlich auch sich selbst setzen ließ. Denn auf dem Deckel ist nur sie liegend wiedergegeben und zwar in genau derselben Haltung wie die zuvor genannten Verstorbenen und mit einer an der älteren Faustina orientierten Modefrisur, die eine Datierung um oder vor 150 n.Chr. verbürgt. Da sich die Inschrift des Deckels auf dem sonst unverzierten Kasten fortsetzt und beide miteinander durch Schwalbenschwanzklammern verbunden sind, gehörten sie bereits in der Antike zueinander. Daher ist hier der einzige vollständige Klinensarkophag stadtrömischer Produk-

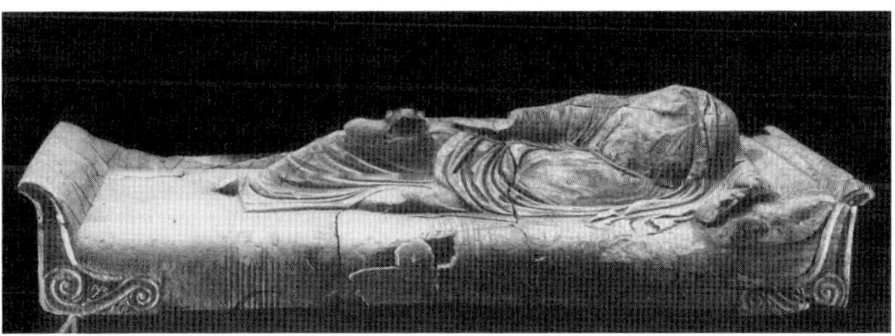

Abb. 31. Hochantoninischer Deckel des attischen Unterwelt—bzw. Orestessarkophages aus Tyros. L: 2,40m (94½ in.). Beirut, Nationalmuseum. Photo: G. Fittschen Badura.

tion des 2. Jhs. n.Chr. überliefert.

Die Unterschiede zu dem Klinendeckel in Malibu sind groß. Bei der antoninischen Gruppe kamen die Klinenbeine nicht mehr zur Darstellung und lassen sich auch hinfort bei den stadtrömischen Sarkophagdeckeln dieses Typus nicht mehr nachweisen. Die flache Deckelplatte ist durch den Bettrahmen ersetzt, der sich nun über die gesamte Länge des Sarkophages erstreckt. Unten haben die antoninischen Deckel keine Falz zum Einrasten des Kastens, sondern innerhalb des rechteckigen Auflagers eine gewöhnlich 2 cm tiefe Aushöhlung. Auch hierin gleichen sie den späteren Klinensarkophagen. Als Vorbild haben eher Klinenmonumente von der Form der trajanischen Skulptur in Kopenhagen (Abb. 9) gedient als der gattungsgleiche Deckel in Malibu (Abb 1). Daneben ist mit Zwischenstufen zu rechnen, bevor sich die fortan kanonische Form der antoni-

---

41. G. Tedeschi Grisanti, *BdA* 6. Ser. 18, 1983, 91fol. 27v a. R. Olitsky Rubinstein in: *Antikenzeichnung und Antikenstudium in Renaissance und Fruhbarock. Akten des Symposiums 1986 in Coburg* (Coburg, 1989), 210f, Abb. 28—30, vgl. CIL VI 15775.

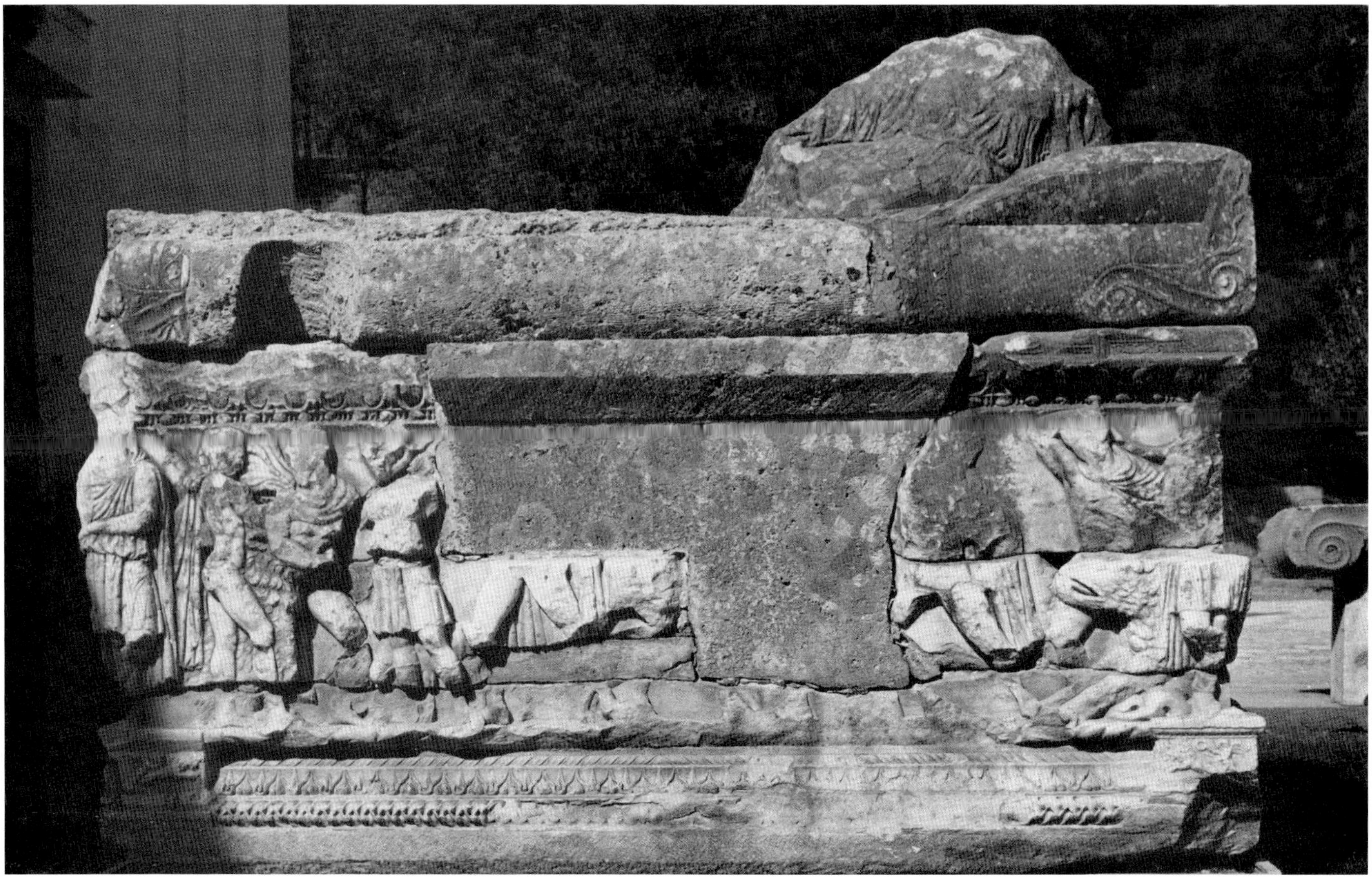

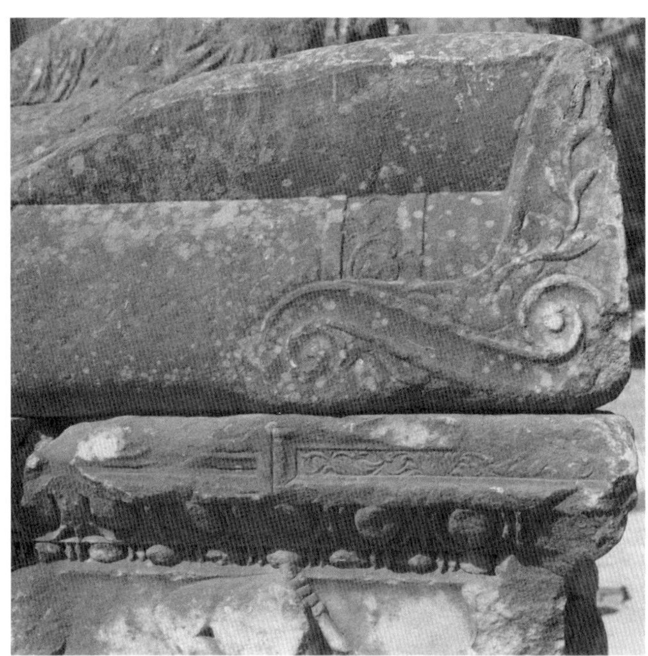

Abb. 32a   Attischer Meleagersarkophag spätantoninischer Zeit. L: 2,26 m (89 in.). Delphi, Museum. Photo: DAI Inst. Neg. Rom 61.2951.

Abb. 32b.   Ausschnitt mit Kopfende und Fulcrum des Deckels von Abb. 32a. Photo: DAI Inst. Neg. Rom 58.2271.

nischen Gruppe herausbildete. Die Gewichtigste hat offenbar an der Form des Deckels in Malibu angeschlossen, die Kline aber auf die Größe des Sarkophagkastens gebracht. Die Beine standen dann über den Kastenecken und nutzten dessen oberes Abschlußprofil als Auflager. Zu datieren ist diese bisher nicht nachgewiesene Form in die dreißiger und vierziger Jahre des 2. Jhs. Zurückzuerschließen ist sie auch aus den attischen und kleinasiatischen Sarkophagen.[42] Also war sie für die Ausbreitung der stadtrömischen Sarkophage des Klinentypus von entscheidender Bedeutung.

Den Deckel der Andia Melissa hat U. Aldrovandi im Jahr 1550 im Besitz der Livia Colonna bei Ss. Apostoli gesehen.[43] Dort wird er schon über dem Kasten mit der Darstellung des Endymionmythos gelegen haben, den Giovannantonio Dosio unter dem Deckel wiedergab

42. S. u. S. 41, 42.

43. U. Aldrovandi, "Delle statue antiche," in L. Mauro, *Le antichità della città di Roma* (1562), 266.

44. S. Robert a.O.

45. K. T. Parker, *Catalogue of the Collection of Drawings in the Ashmolean Museum* (1956), 359, Fol. 50 recto.

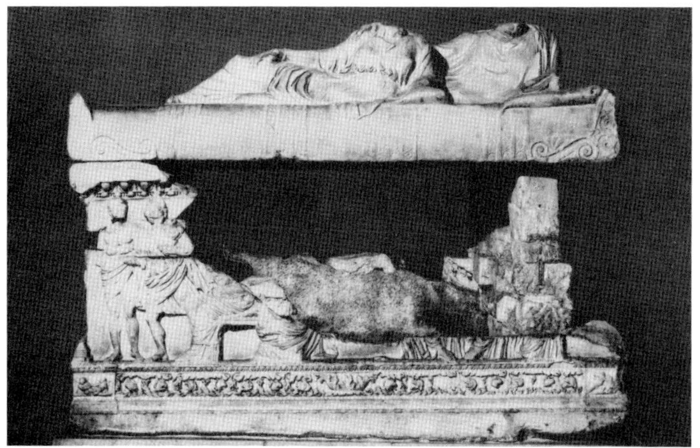

Abb. 33.   Attischer Achilleussarkophag spätantoninischer Zeit. L: 2,68 m (105½ in.). Leningrad, Ermitage P1834.110. Photo nach Saverkina Anm. 100.

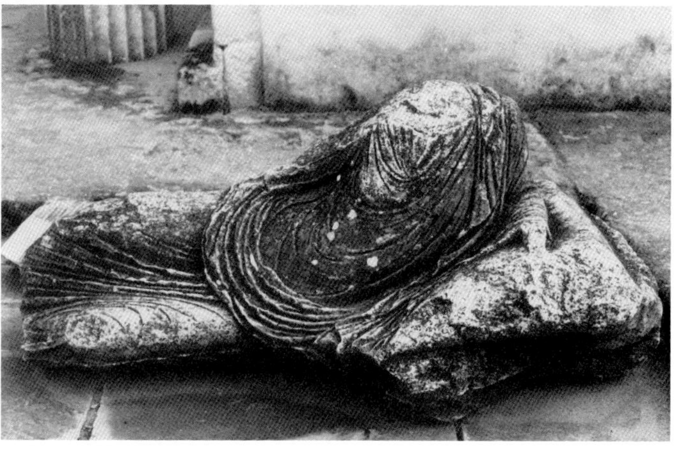

Abb. 34.   Fragment eines attischen Sarkophages spätantoninischer Zeit. Epidauros. Photo: M. Donderer.

(Abb. 14a) und den noch der jüngere Verdier nach 1584 sah.[44] Eine Zeichnung des Ripanda–Skizzenbuches in Oxford (Abb. 14b)[45] stellt das Kastenrelief vollständiger dar, da hier auch der von Dosio nur angedeutete Hypnos und die Hirtenszene am rechten Ende hinzugefügt sind. Angesichts des vollständigeren Reliefs bewähren sich die Datierung von G. Koch[46] und seine Einordnung in die ikonographische Entwicklung. Der antoninische Deckel der Andia Melissa hat in der Renaissance über einem Kasten der spät- oder nachseverischen Zeit gelegen.[47] In der Antike gehörten beide nicht zusammen.

ZU DEN STADTRÖMISCHEN KLINENSARKOPHAGEN DES 3. JHS.

Mit Kästen verbundene Klinendeckel stadtrömischer Werkstätten des 2. Jhs. haben sich nicht erhalten. Für die ungleich zahlreicheren Typusvertreter gleicher Herkunft des 3. Jhs. fehlt bisher jede Zusammenstellung.[48] Ja, in die wissenschaftliche Diskussion ist diese römische Gattung überhaupt noch nicht eingeführt, obwohl die römischen Klinenmonumente über lange Zeit als Sarkophagdeckel gegolten hatten.[49] Die Unsicherheit spiegelt sich etwa in dem Versuch Kochs, die oben besprochene antoninische Gruppe als Klinenmonumente umzudeuten.[50] Sie charakterisiert auch die wenigen Sätze, welche der Gattung im neuen Sarkophag Handbuch gewidmet sind:

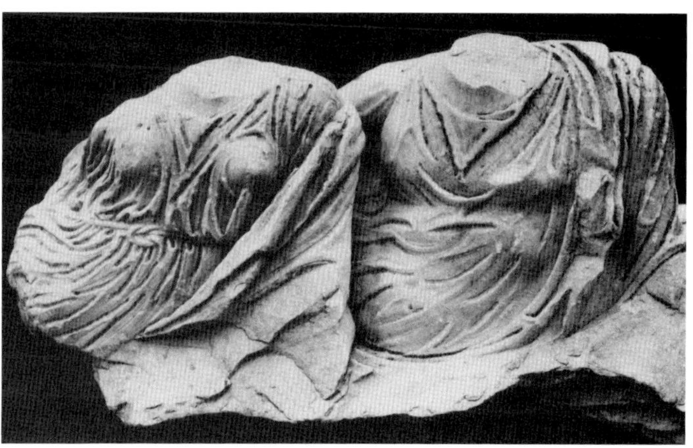

Abb. 35.   Fragment eines attischen Sarkophagdeckels spätantoninischer Zeit. Athen, beim Hephaisteion. Photo: A. Linfert.

Außerhalb der architektonischen Form halten sich (im 2. Jh.) auch die Deckel in Klinenform mit dem oder den gelagerten Verstorbenen…noch einige Zeit, waren aber wohl nie sehr zahlreich und verschwanden noch vor dem Ende des 2. Jhs. n.Chr. völlig. Sie erscheinen erst im späteren 3. Jh. n.Chr. wieder, wahrscheinlich unter kleinasiatischem Einfluß und bedeckten dann häufig große Prunksarkophage; bekanntes Beispiel ist der Sarkophag des Kaisers Balbinus.[51]

Die einzelnen Aussagen gilt es später zu diskutieren. Hervorhebenswerter ist zunächst das Fehlen aller Beleg-

46. Koch, *GettyMusJ* 8 (1980), 137; ders., *Hdb.* 60.
47. Die nächste ikonographische Parallele erbringt der Endymionsarkophag von Assisi: Verf., *Consecratio*, 266, Nr. 187. Für die rechts angeordnete Hirtenszene ist ein Sarkophag in Genua zu vergleichen: Sichtermann, *Hdb.*, 145, Abb. 160.
48. S. vorläufig Verf., 1984, 105–107.

49. S. etwa G. Rodenwaldt, *JdI* 45 (1930), 138f., Abb. 17f.
50. Koch, *Hdb.*, 60f.
51. Sichtermann, *Hdb.* 66. Die Nachweise a.O. Anm. 9 unterscheiden nicht zwischen Sarkophagen römischer Ateliers und römisch–östlicher Mischproduktion.

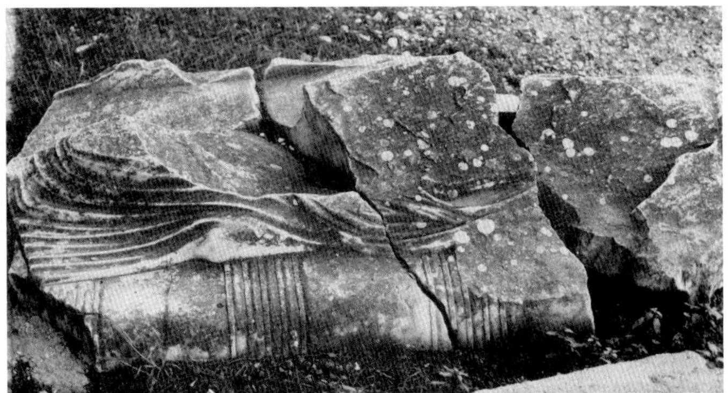

Abb. 36.   Fragment eines attischen Sarkophagdeckels. Korinth, Museum Nr. 52. Photo: M. Donderer.

verweise und, damit verbunden, jeder Definition, wie eigentlich der stadtrömische Klinensarkophag im Unterschied zu seinen attischen und kleinasiatischen Verwandten aussehe. Bereits sie hätte nicht erlaubt, den Balbinussarkophag (Abb. 18)[52] für ein römisch–kleinasiatisches Mischprodukt zu halten, obwohl ihm alle östlichen Merkmale fehlen. Dem Mangel sollen die beiden nachstehenden Listen[53] abhelfen, in denen alle diejenigen Denkmäler zusammengefaßt sind, die sich als Klinensarkophage rein römischer Fabrikation des 3. Jhs. ansprechen lassen.

Um Mißverständnissen vorzubeugen, sind in die Listen nur die Denkmäler einbezogen, die ausschließlich oder weitestgehend stadtrömisch geprägt sind. Mischsarkophage stadtrömischer Produktion mit geringen oder großen attischen bzw. kleinasiatischen Anteilen blieben unberücksichtigt. Die geringe Zahl der bei Deckel und Kasten komplett erhaltenen Klinensarkophage in Liste A verdeutlicht die Schwierigkeiten, die dem Nachweis dieses Sarkophagtypus entgegenstehen. Da Deckel und Kasten weder ikonographisch noch formal aufeinander abgestimmt sind, bieten sich nur wenige Indizien, die Gruppe aus getrennt überlieferten Einzelteilen zu vervollständigen. Zu diesen gehören zunächst nur die mit Klammerlöchern versehenen Klinendeckel der Liste B. Solche Klammerlöcher fehlen den eindeutigen Klinenmonumenten des 1. und 2. Jhs., da sie in ihrer Aufstellung nicht weiter fixiert zu werden brauchten. Zu verstehen sind sie also nur aus der geplanten und überwiegend zweifellos auch vollzogenen Verbindung mit einem Sarkophagkasten. Wie hierdurch angedeutet, heißt das nicht, daß sämtliche Klinenskulpturen ohne Wiedergabe der Bettbeine und mit Klammerlöchern Sarkophagdeckel waren. Bei einigen wenigen Beispielen ist trotz offensichtlich gut beobachteter Fundumstände und trotz dieser Einarbeitungen kein Kasten gefunden worden.[54] Daher dienten sie wahrscheinlich als selbständige Klinenmonumente.[55] Entscheidender ist die Folgerung, daß die Form dieser Klinenmonumente des 3. Jhs. bei fehlenden Beinen, mehrfach wannenförmigem Umriß, Klammerlöchern und allen Details der liegenden Skulptur von stadtrömischen Klinendeckeln bestimmt wurde. Als die geläufigeren Produkte des 3. Jhs. bestimmten sie das Aussehen der späten Klinenmonumente, die also nur noch als verselbständigte Klinendeckel anzusprechen sind. Dieser Schluß gestattet dann auch, den hier nicht mehr verfolgten Weg einzuschlagen und alle Klinenskulpturen des 3. Jhs. für die Entwicklungsgeschichte der römischen Klinensarkophage zu nutzen.

Die relativ geringe Quantität stadtrömischer Klinensarkophage ist zutreffend beurteilt worden. Allerdings steht eine Begründung aus. Nützlich ist in dieser Hinsicht ein kurzer Überblick über die Beispiele des 3. Jhs., die durch Inschrift, Ikonographie, Maße oder Qualität eine ungefähre Vorstellung von den einstigen Käufern vermitteln. Hierbei wird in diesem Zusammenhang keine Vollständigkeit angestrebt und ist auch nicht zwischen östlicher und westlicher Herstellung zu unterscheiden. Bei dem Balbinus–Sarkophag (Abb. 18) weist das Kastenrelief einen hochgestellten Verstorbenen aus, ob die Verbindung mit dem Senatskaiser des Jahres 238 nun zu Recht erfolgte oder nicht. Der formal weitestgehend kleinasiatisch bestimmte, vermutlich aber bereits in Italien hergestellte Sarkophagdeckel des L. Valerius Valerianus in Pozzuoli diente in den siebziger Jahren des 3. Jhs. der Bestattung eines Präfekten von Mesopotamien und Osroene.[56] Der gleichfalls kleinasiatisch geprägte Klinensarkophag des Christen Aurelius Theodorus in der Villa Ada (Savoia) nahm in spät– oder nachgallienischer Zeit einen *praefectus praetorio* auf, also den zweitmächtigsten Mann seiner Zeit, und er war von einer Frau senatorischen Ranges gesetzt worden.[57] Der gewaltige Grabhügel, in dem der berühmte Achilleussarkophag attischer Produktion im Kapitol[58] gefunden wurde, ist von ähnlicher Aufwendigkeit geprägt wie dieses Monument vorgallienischer

---

52. S. u. S.38, Nr. 3.

53. S.36ff.

54. S. u. Nr. 16 und die folgende Anm.

55. Das Klinenmonument eines tetrarchischen Archigallus in Ostia verdeutlicht einerseits, wie spät noch mit dieser Gattung zu rechnen ist, ist andererseits aber gänzlich von der Gattung

wannenförmiger Sarkophagdeckel geprägt: G. Calza, *La necropoli del Porto di Roma nell'Isola Sacra* (1940), 205ff., Abb. 108ff., *Helbig*[4] IV 3003 (E. Simon); M. Bergmann, *Studien zum römischen Porträt des 3. Jhs. n.Chr.* (1977), 140f.; Koch, *Hdb.* 60.

56. Strocka, 1971, 63ff., Abb. 1ff.

57. CIL VI 31953. F. W. Deichmann, G. Bovini und H. Branden-

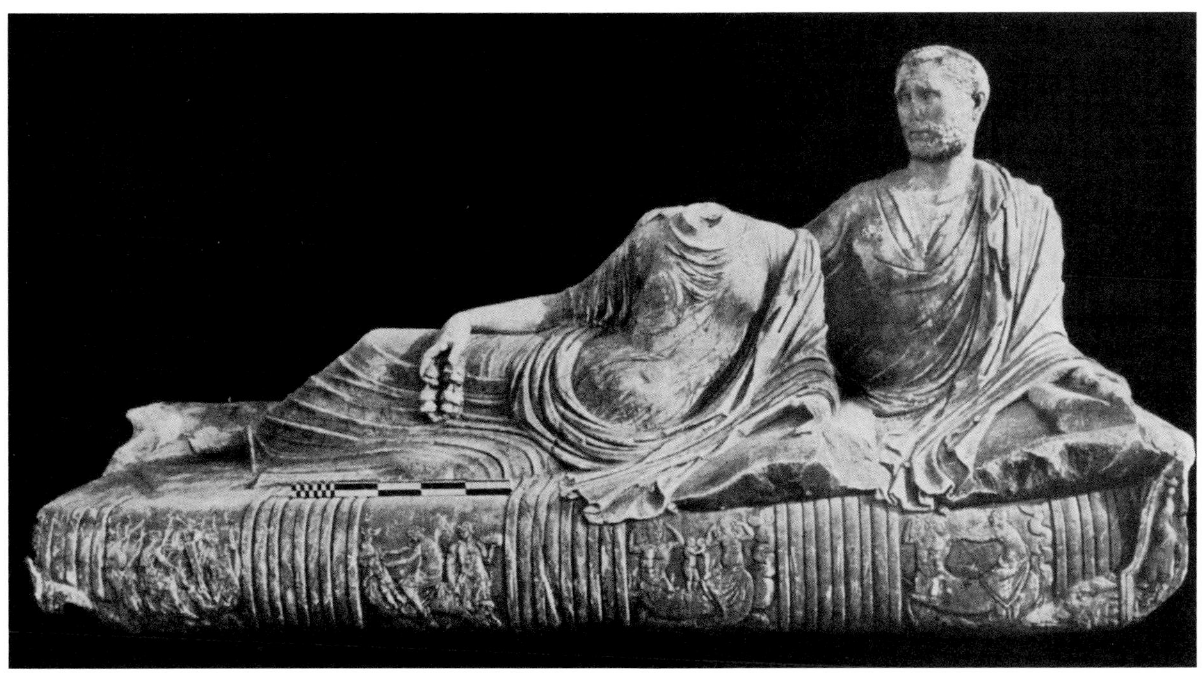

Abb. 37.   Hochseverischer Deckel des attischen Sarkophages des Q. Aemilius Aristides. Izmir, Basmane Nr. 34. Photo nach Aziz Anm. 89.

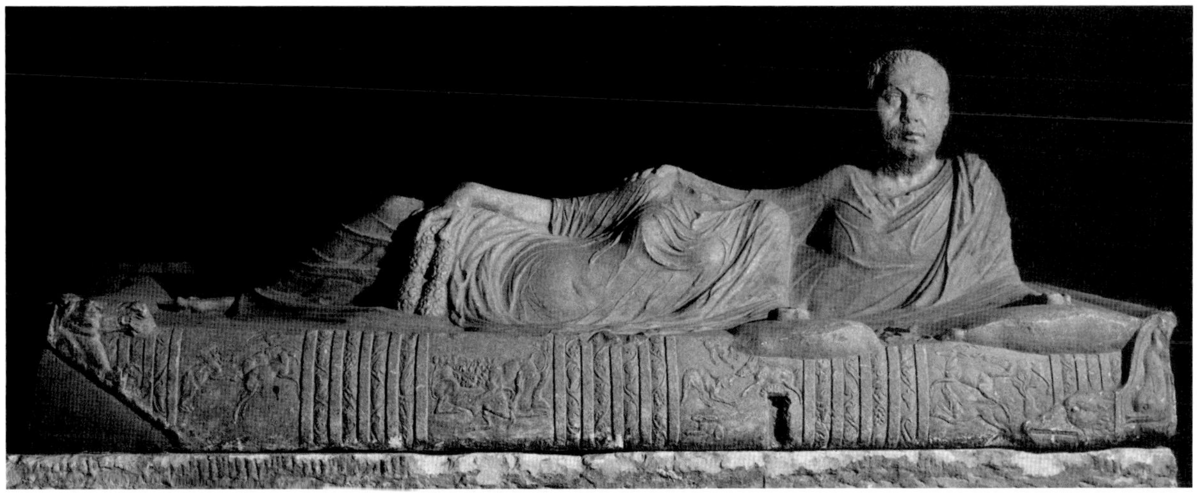

Abb. 38.   Attischer Klinensarkophag, 230–240 n.Chr. L: 2,11 m (83 in.). Athen, Nationalmuseum 3580. Photo: DAI Inst. Neg. Athen.

Zeit selbst. Der severischen Zeit entstammt der prachtvollste Klinendeckel der stadtrömischen Produktion, ein prunkvolles und bisher unveröffentlichtes Exemplar in der Villa Aldobrandini (Abb. 15).[59] Für den Ort der Herstellung bezeichnend, sind die hohen Beschlagfelder

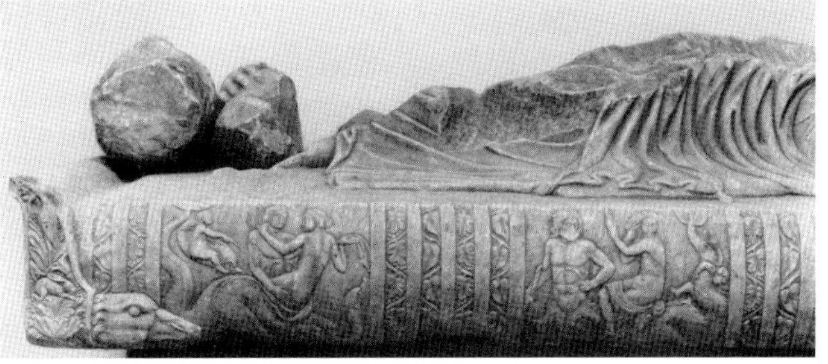

Abb. 39.   Fussende eines fragmentierten attischen Sarkophagdeckels, 230–240 n.Chr. Kyrene, Museum. Photo: DAI Inst. Neg. Rom 58.2271.

burg, *Repertorium der christlich–antiken Sarkophage* I (1967), Nr. 918, Taf. 145; B. Brenk, *IstMitt* 18 (1968), 255f., Taf. 82; Sichtermann, *Hdb.*, 104, 106.

58. S. u. Anm. 91.

59. Matz und Duhn III, Nr. 3413; Verf., *Consecratio*, 247 unter Nr. 139.

des Bettrahmens unter den Fulcra. Sie kehren bei einem gallienischen Klinendeckel des Palazzo Farnese wieder, dessen Porträts die vorgeschlagene Datierung begründen.[60] Von dem auf ihm liegenden Paar ist der Mann als Hercules dargestellt. Die deifizierende Ikonographie begegnet an verwandten Denkmälern bereits vor 220 n. Chr. bei einer von Klinendeckeln in gleicher Werkstatt abgeleiteten Brunnenskulptur aus Bacucco[61] wieder. Sie bezeichnet den liegenden Mann als Fluß— oder Quellgott, wobei aus anderen Überlegungen hervorgeht, daß er der Stifter des großen Thermengebäudes gewesen ist, aus dem der Fund geborgen wurde. Seine nächste Parallele hat das Werk bei einer heute in englischem Privatbesitz befindlichen Klinenskulptur aus der Zeit des Macrinus (Abb. 16), die aus einem Grabhügel vom Braccianer See stammen soll.[62] Das wiederum ungewöhnlich qualitätvolle Denkmal gibt den Mann mit einem Schilfrohr zwischen Frosch und Lurch und folglich gleichfalls als Wassergott, die Frau aber mit Ähren und also vermutlich als Tellus wieder. Alle aufgezählten Denkmäler stimmen bei ihrer Aufwendigkeit überein, die sich durch eine ungewöhnliche Größe oder Qualität äußert, durch einen hervorgehobenen Fundort oder eine außerordentliche Ikonographie mitteilt. Es ist vermutlich die Aufwendigkeit dieser Prachtsarkophage des Klinentypus gewesen, die ihrer weiten Verbreitung entgegenstand. Da sich die römischen Beispiele untereinander ikonographisch stark unterscheiden, ist diese Aufwendigkeit in der Metropole nicht durch spezialisierte Arbeitsgänge aufgefangen worden wie in Athen und Kleinasien. Bei der Abwanderung der östlichen Werkstätten nach Rom konnte dieser Vorteil daher nicht aufgefangen werden.

Wie die nachstehenden Listen verdeutlichen, ist hinsichtlich des späten 2., frühen und mittleren 3. Jhs. von einer kontinuierlichen Produktion stadtrömischer Ateliers auszugehen.[63] Spätestens um oder kurz nach 200 stellten sie sich bei erwachsenen Verstorbenen auf die Darstellung eines auf dem Deckel liegenden Paares ein, mithin auf eine den attischen und kleinasiatischen Klinensarkophagen gleicher Zeit (Abb. 26, 33, 35, 37, 38) entsprechende Formlösung. Erst aus dem letzten Drittel des 3. Jhs. stehen rein stadtrömische Klinensarkophage von Erwachsenen aus. Bei diesen aufwendigeren Produkten wurden die einheimischen Werkstätten von den östlichen Immigranten verdrängt. Fortan

mußten sie sich mit der weniger einträglichen Herstellung von Kindersarkophagen gleichen Typs begnügen.[64]

Dieses Ergebnis paßt zu der Aussage, die oben bezüglich Verbreitung, qualitativem Anspruch und Kosten gemacht wurde. Es können nur die besten kleinasiatischen und attischen Werkstätten gewesen sein, die im letzten Drittel des 3. Jhs. die Heimat verließen. In Athen und Kleinasien setzte sich nämlich die Produktion von Klinensarkophagen noch bis in die Zeit der Tetrarchie fort, allerdings bei qualitativ nachlassenden Werken und in reduzierter Quantität. Die wirtschaftliche Krise des ausgehenden 3. Jhs. bot für anspruchsvolle Produkte einen florierenden Markt nur noch in Rom selbst. Ihn bezeugt vor allem die große Zahl der Mischsarkophage aus dem endenden 3. und dem frühen 4. Jh.[65] Deren römischer Anteil läßt einmal darauf schließen, daß sich die östlichen Werkstätten in der Hauptstadt den dortigen Bedingungen bei Sarkophagtypen, Ikonographie und deren symbolischer Aussage anzupassen suchten. Dabei ist es offensichtlich aber zugleich auch zu einem gegenseitigen Austausch von Steinmetzen gekommen. In erster Linie zurückgedrängt wurden also nur die konservativen Ateliers, die in Rom, in Athen und Kleinasien in den traditionellen Formen fortproduzierten.

KATALOG

A. Klinensarkophage römischer Produktion mit erhaltenen Kästen.

> 1. Rom, Villa Borghese. Sarkophag des M. Aurelius Aug. 1. Prosenes a cubiculo. 217 n.Chr. CIL VI 8498.
>
> Deichmann, Bovini und Brandenburg, *Repertorium der christlich—antiken Sarkophage* I (1967), 387f., Nr. 929, Taf. 148; N. Himmelmann, *JbAChr* 15 (1972), 179, Anm. 1; H. Herdejürgen, *ASR* VIII 2, 38, Anm. 95; Koch, *ASR* XII 6, 23; ders., *Hdb.,* 273, Anm. 13, 277, 293.

KOMMENTAR: Die Maße von Kasten (L: 2,68 m) und Deckel (L: 2,83 m) weichen nicht unerheblich voneinander ab. An ihrer Zusammengehörigkeit ist dennoch kaum zu zweifeln. Die Eroten der Akrotere und seitlich der Inschrifttafel entsprechen sich in Typus und Stil. In provinzieller Weise verbinden sich am Deckel Haus— und Klinenform miteinander (vgl.

---

60. S. u. Nr. 12.

61. Verf., 1981, 118ff., Abb. 30, 36—39. Meine dort gegebene Datierung ist angesichts des Denkmals im englischen Privatbesitz Abb. 16 um ein Jahrzehnt zu spät. Damit rückt auch die um diese Skulptur geordnete Gruppe zeitlich geringfügig hinauf.

62. Für die Publikationserlaubnis bin ich I. und B. McAlpine, für

entscheidende Auskünfte C. F. Leon zu Dank verpflichtet. Eine eingehende Besprechung ist an anderem Ort geplant.

63. S. auch Verf., 1984, 106f. und die vorige Anm.

64. Verf., 1984, 106f.

65. Koch, *ASR* XII 6, 22ff; ders., *AA* (1979), 236ff; ders., *Hdb.,* 275.

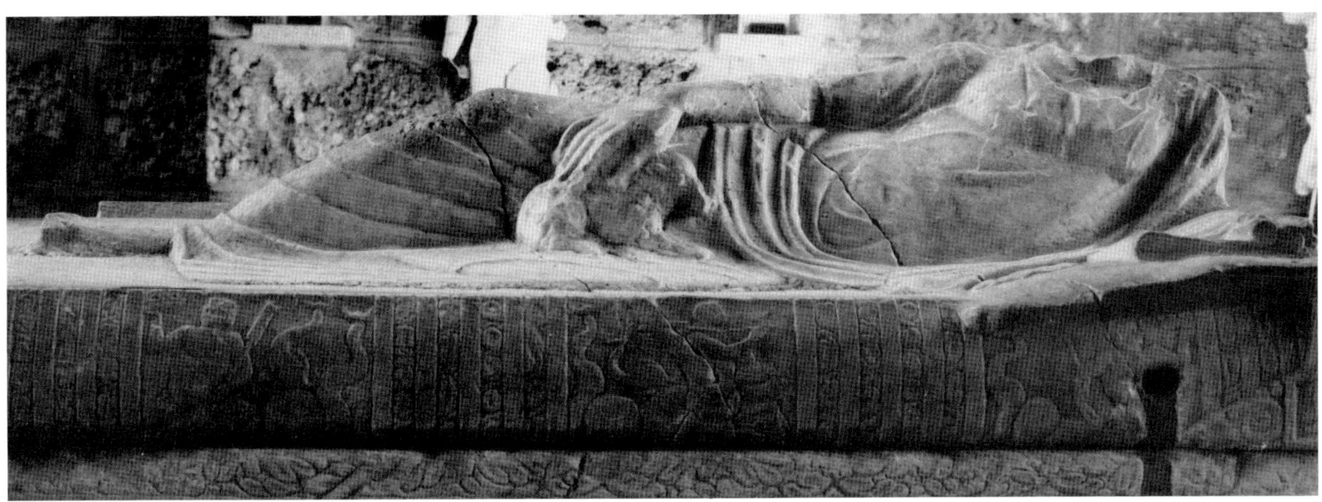

Abb. 40. Deckel eines attischen Kindersarkophages mit Erotenkomos, um 240 n.Chr. L: 1,72 m (67³/₄ in.). Side, Museum Nr. 109. Photo: J. Nollé.

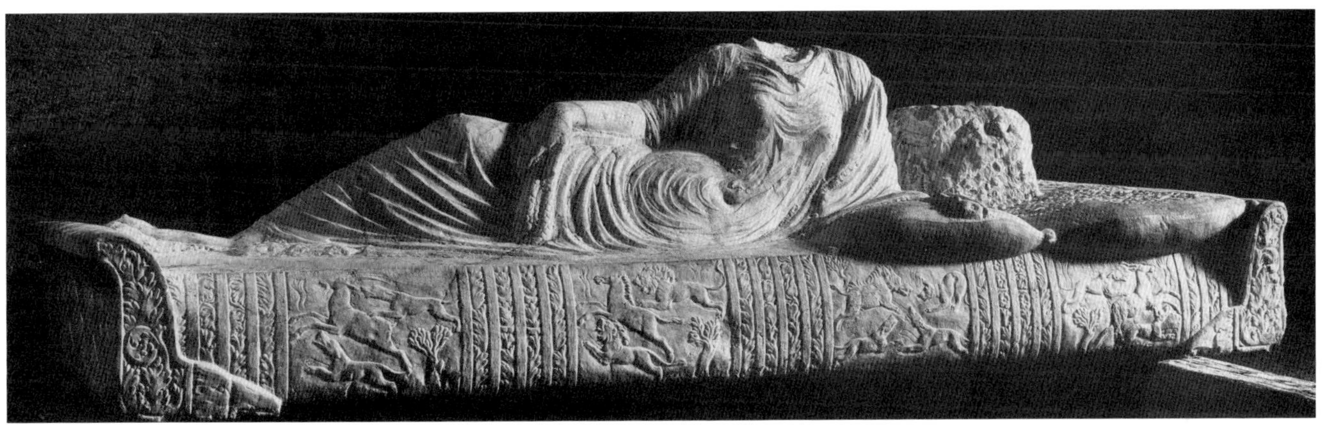

Abb. 41a. Attischer Sarkophagdeckel aus der Mitte des 3. Jahrhunderts. Rom, Catacombe di Pretestato, Spelunca Magna. Photo: Vatikan, Pontificia Commissione di Archeologia Sacra Pre S 302.

Verf., *Consecratio* 212, Nr. 57, 303f., Nr. 287). Abermals provinziell, vermutungsweise campanisch, ist die einfache Dekoration der Kastenfront. Dazu kommt der gemeinsame Fundort. Die Annahme einer Zweitbenutzung des Sarkophages für Prosenes (Repertorium) stützt sich auf keinen ausreichenden Befund und widerspricht der Inschrift *(liberti ... sarcophagum de suo adornaverunt ... scripsit Ampelius lib.).* Das Todesjahr des Prosenes ist der *terminus ad hoc,* kein *terminus ante.* Gegeben ist zwar kein stadtrömisches Werk, aber ein Monument, das sich nur durch den Einfluß stadtrömischer Klinensarkophage verstehen läßt.

2. Stuttgart, Württembergisches Landesmuseum. Wannenförmiger Kindersarkophag. L: 1,05 m; T: 0,41 m. 220–230 n.Chr.

K. Schauenburg, *JdI* 81 (1966), 268ff., Abb.

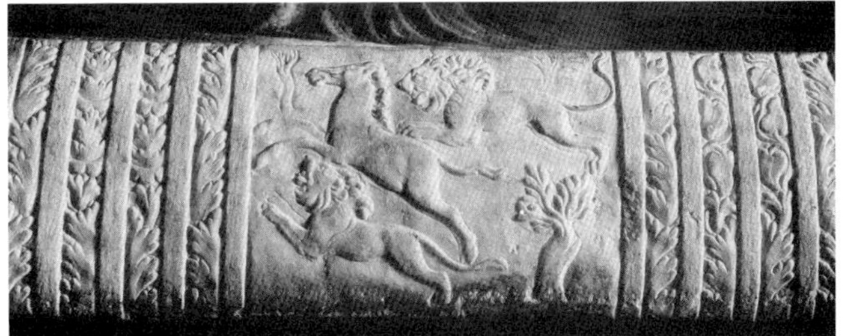

Abb. 41b. Detail des Matratzenschmucks auf dem Deckel, Abb. 41a. Photo: Vatikan, Pontificia Commissione di Archeologia Sacra Pre S 306.

19ff.; C. Dulière, *Lupa Romana* (1979), 50f., Nr. 129, Abb. 308; Koch und Sichtermann, *Hdb.* 113, 185, 260, 604, Abb. 112.

KOMMENTAR: Der Deckel—ein einfaches Stibadium mit übereinander gelegten Kissen, wie es nicht in der östlichen Sarkophagplastik, bei römischen Klinenmonumenten dagegen mehrfach vorkommt—ist für die Lenos etwas zu kurz. Wie insbesondere Kopf und Körper des auf den Kissen thronenden Eros im Vergleich mit den Figuren des Kastenreliefs verdeutlichen, ist der Stil einheitlich. Ich halte die Zusammengehörigkeit für gegeben, zumal Kopf— und Fußende nur je ein Klammerloch aufweisen, die bei Kasten und Deckel übereinander liegen. Es war durchaus möglich, eine oben schräg geschlagene Klammer zu benutzen, um den Distanzunterschied zu überbrücken. Daher sitzt das obere Loch für den Klammerhaken nicht horizontal.

3. Rom, Praetextat—Katakombe. "Balbinus"—Sarkophag (Abb. 18). 240 n.Chr.

    M. Gütschow, "Das Museum der Prätextatkatakombe," *MemPontAcc* 4, 2 (1938), 77ff., Taf. 10—17; H. Jucker, *AA* (1966), 501ff., Verf. (1981), 121f. mit Anm. 106, Abb. 35; Andreae, *ASR* I 2, 24, 28ff.; Koch und Sichtermann, *Hdb.* 22, 66, 87f., 101ff., 256f., 274, Anm. 33, 507, Abb. 100.

KOMMENTAR: Ist auch die Gleichzeitigkeit von Dekkel und Kasten unzweifelhaft und das Kastenrelief nach Ikonographie und Stil ausschließlich stadtrömisch geprägt, so galt der Deckel wegen seines Klinentypus doch stets für kleinasiatisch beeinflußt. Das gründete nur auf der Nichtbeachtung der entsprechenden römischen Gattung. Nun fehlt aber nicht nur das kleinasiatische "Zwischengeschoß," sondern bei Rahmendekor, Fulcra, Matratzenhöhe, liegendem Paar und kleinfigurigem Schmuck auch jede östliche Detailform, wohingegen sich stadtrömische Parallelen erbringen lassen.

4. Jerusalem, Rockefeller Museum. Jahreszeitensarkophag aus einem Grab von Tourmous'aya (Abb. 21). 240—250 n.Chr.

    F. Matz, "Ein römisches Meisterwerk: Der Jahreszeitensarkophag Badminton und New York", *JdI Ergh.* 19 (1958), 129, Nr. 7, 156, 168, Nr. Da Taf. 21b; ders., *ASR* IV 4, Nr. 249; P. Kranz, *ASR* V 4, 217f., Nr. 129, Taf. 54,3; 55,3,4.

KOMMENTAR: Obwohl Deckel und Kasten miteinander gefunden worden sind und der Kasten zutreffend als stadtrömische Arbeit beurteilt wurde, stand "aus typologischen Gründen" in Zweifel, daß sie "ursprünglich" zueinander gehörten. Offensichtlich liegt abermals die Vorstellung zugrunde, daß ein Klinendeckel attisch oder kleinasiatisch beeinflußt

sein müsse. Nun fehlen dem Deckel sowohl das kleinasiatische "Zwischengeschoß" wie auch die hohe attische Matratze, mit ihnen die gewichtigsten östlichen Typusmerkmale. Die dem Rahmen aufgelegte Ranke ist den östlichen Werkstätten unbekannt, hingegen dem vegetabilen Rahmenornament des Balbinus—Sarkophages (Abb. 18) vergleichbar und findet die nächsten Parallelen bei den unter Nr. 8, 10 genannten stadtrömischen Klinendeckeln des zweiten Viertels des 3. Jhs. Die gelagerte Frau trägt einen gegürteten Chiton mit Überfall. Die Tracht ist auf kleinasiatischen Sarkophagen bisher nicht nachzuweisen, auf attischen nur in der zweiten Hälfte des 2. Jhs. und um 200 n.Chr. (s.u. S. 45 und Abb. 32a, 33). Ein großes Deckelfragment in Genf belegt sie in Rom für die zweite Hälfte des 3. Jhs.: W. Deonna, *RA* (1919), I, 118, Abb. 23; ders., *Catalogue des sculptures antiques* (1924), 128, Nr. 162. Die durch kreisförmige Falten betonte Brust gleicht den stadtrömischen Klinendeckeln im Palazzo Farnese (Nr. 12) und in der Villa Aldobrandini (Abb. 15). Der am Kopfende sitzende Eros mit dem Vogel begegnet detailgetreu auf dem Deckel des Prometheussarkophages im Kapitolinischen Museum (Nr. 11) wieder. Die hierdurch erzielte Datierung um oder kurz nach 240 entspricht der Einordnung des Kastenreliefs.

5. Vatikan, Galleria degli Candelabri 2422. Musensarkophag eines Kindes (L: 1,22; T: 0,40 m). 270—280 n.Chr.

    G. Lippold, *Vat. Kat.* III 2, 116ff., Nr. 20, Taf. 54; H. v. Heintze, *RM* 66 (1959), 184, Nr. 25, 186, Taf. 48,1; *Helbig*[4] I Nr. 514 (B. Andreae); ders., *ASR* I 2, 103, Anm. 509; 106 Anm. 520; M. Wegner, *ASR* V 3, 58, Nr. 139; 129, 142ff., 155f., Taf. 59, 69; E. Simon, *JdI* 85 (1970), 203f. mit Anm. 17, 209, 212f., Abb. 11; K. Fittschen, *Gnomon* 44 (1972), 494; Koch und Sichtermann, *Hdb.* 66f., Anm. 9, 108, Anm. 10, 200.

6. Gloucester, Mass., Hammond Museum. Kindersarkophag, Kasten mit Jahreszeiten—Dekor. Einst Rom, Vigna Sassi (Abb. 24). 290—310 n.Chr.

    Foto Parker 2654; Matz und Duhn II 300, Nr. 3011. G. M. A. Hanfmann, *The Season Sarcophagus in Dumbarton Oaks* II (1951), 188 A—16; ders., *Gnomon* 31 (1959), 539.; C. C. Vermeule in: *Festschrift für F. Matz* (1962), 102, Nr. 1.; P. Kranz, *ASR* V 4, 207, Nr. 78, Taf. 50,2; Auskunft und Aufnahmen verdanke ich P. Kranz und N. Kline.

KOMMENTAR: Die Maße von Kasten und Deckel entsprechen einander weitgehend. Beide sind seit der zweiten Hälfte des vorigen Jahrhunderts miteinander verbunden. Wieso der Deckel "offenbar nicht zugehörig sei" (P. Kranz), wäre vor solchem Schluß erst zu begründen. Stilistisch bildet er gemeinsam mit Nr. 14–17 eine Gruppe tetrarchischer Kindersarkophage, wobei vor allem Nr. 14 nahe steht, bezeichnenderweise auch bei den Formen des Kastenreliefs. Nur ist die Bohrung dort bei Kasten und Deckel gleich zurückhaltend, während sich beide hier diesbezüglich unterscheiden. Der Unterschied spiegelt aber nur einen abweichenden Grad der Vollendung.

7. Vatikan, Museo Chiaramonti.

    E. Q. Visconti bei C. Fea, *Miscellanea filologica critica e antiquaria* II (1836), 69f.; Robert, *ASR* II 53f., Nr. 40, Taf. 20; Amelung, *Vat. Kat.* I (1903), 761f., Nr. 663, Taf. 82.

    Zusammen mit dem Fragment eines stadtrömischen Säulensarkophages, das Achill auf Skyros darstellt, wurde ein wahrscheinlich zugehöriger und heute verschollener Sarkophagdeckel 1793 bei S. Sebastiano gefunden. Auf dem Deckel lag ein Paar.

B. Klinendeckel stadtrömischer Werkstätten mit Klammerlöchern.

8. Rom, Praetextat–Katakombe. Drei Deckelfragmente eines Kindersarkophages (Abb. 19). 225–250 n.Chr.

    Inst.Neg. Rom 76.2195/96.

    Von der Figur des verstorbenen Kindes hat sich nur ein Teil des linken Unterarms und der über den Oberarm fallende Mantelzipfel erhalten. Die geringen Reste erlauben dennoch den Schluß, daß es flach ausgestreckt lag und den linken Arm zum Kopf emporhob. Der figürliche Typus hat Nr. 11 geähnelt, allerdings trug das Kind keine Ärmeltunica. Den Rahmen schmückt eine Ranke, die ihre nächste Parallele auf den Schmalseiten von Nr. 10 hat. Wie dort saßen auch hier am Fuß– und Kopfende kleine Eroten auf Kissen. In die linke Schmalseite ragt ein Klammerloch. Zugehörig ist vielleicht ein Deckelrest im Museo Communale von Albano (Abb. 20). Er ließe sich nur zwischen den beiden linken Fragmenten einordnen.

9. Ostia Antica, Scavi (nahe Porta Romana). Klinendeckel mit liegendem Paar (Abb. 17). 230–260 n.Chr.

    Inst. Neg. Rom 64.1695; 69.2837.

KOMMENTAR: Da die Standleiste an beiden Schmalseiten bogenförmig einkurvt, handelt es sich um den Deckel einer Lenos. Beide Seiten weisen Klammerlochpaare auf. Aus Blätterkelchen wachsen neben den Fulcra heute kopflose Kinderbüsten empor, die die kontabulierte Toga tragen. Drapierungsschema und Faltenstil ähneln einem weiteren Deckelfragment in Ostia (Verf., 1981, 123f., Abb. 34), sind hier aber von späterer Ausprägung. Der auf dem Rist liegende linke Fuß ist nicht mehr dargestellt worden, der linke Oberschenkel nur noch schwach angedeutet. Auch hieraus ergibt sich eine nachseverische Datierung.

10. Verona, Museo Maffeiano. Deckel eines Kindersarkophages (L: 1,17 m; T: 0,34 m). Um 240 n.Chr.

    Sc. Maffei, *Museum Veronense* (1749), 137, Abb. 2; Dütschke IV (1880), 229f., Nr. 519; F. Poulsen, *Porträtstudien in norditalienischen Provinzmuseen* (1928), 74f., Nr. 1, Taf. 108, 172f.

KOMMENTAR: Zwischen balusterartigen Eckstützen verziert eine Ranke den Bettrahmen an beiden Schmalseiten. Das Ornament wird von zwei senkrechten Gipsleisten durchbrochen, mit denen Klammerlöcher zugesetzt wurden.

11. Rom, Kapitolinisches Museum, Sala delle Colombe 329. Deckel mit liegendem Knaben, Kasten mit Darstellung des Prometheus–Mythos. 240–250 n.Chr.

    Robert, *ASR* III 3, 441ff., Nr. 355, Taf. 117; H. v. Schoenebeck, *RM* 51 (1936), 239ff., 264ff., Taf. 35f.; *Helbig*[4] II 109f., Nr. 1257 (Andreae); Sichtermann, *RM* 77 (1970), 116ff; Sichtermann und Koch, 1975, 63f., Nr. 68, Taf. 165–167; Himmelmann, *Typologische Untersuchungen an röm. Sarkophagen des 3. und 4. Jhs. n.Chr.* (1973), 4, Anm. 4, 19; ders., "Das Hypogäum der Aurelier am Viale Manzoni," *AbhMainz* (1975), Nr. 7, 11f., Taf. 22b; H. Brandenburg, *Atti del 9 Congresso InternazArchCrist.*, Rom, 1975, I (1978), 466, Anm. 8.

KOMMENTAR: Die Maße von Deckel (L: 1,19 m; T: 0,43 m) und Kasten (L: 1,175 m; T: 0,435 m) stimmen miteinander überein. In die Schmalseiten des Deckels greift je ein Paar von Klammerlöchern ein, welche bei dem Trog keine Entsprechung finden. Der Deckel ist über das Knabenporträt, über die Gestalt des Verstorbenen, durch die kleinen Schmuckfiguren und den Stil in die Mitte des 3. Jhs. zu datieren. In ihr und nicht in der Tetrarchie ist m. E. auch das Kastenrelief hergestellt worden. Deckel und Trog waren ursprünglich zwar nicht füreinander bestimmt, könnten aber schon sehr bald nach ihrer Entstehung miteinander verbunden worden sein. Die ursprünglich als Mädchen geplante Deckelfigur ist erst bei der Ausführung der Porträts in einen Knaben verwandelt worden.

12. Rom, Palazzo Farnese. Deckel mit gelagertem Paar (L: 2,01 m; H: 0,47 m; T: 0,595 m rechts; 0,575 m links). 250–260 n. Chr.

C. Vermeule, *Transact AmerPhilSoc* 56 (1966), 36, Nr. 8541, Abb. 132 (Zeichnung Codex dal Pozzo); Matz und Duhn II Nr. 3411; J. Bayet, *MEFR* 39 (1922), 219ff., Taf. 7; F. Cumont, *Recherches sur le symbolisme funéraire des Romains* (Paris, 1942) 416f., Taf. 43,1; H. Sichtermann, *Späte Endymionsarkophage* (1906), 23, Anm. 21; 30 Abb. 10; K. Stemmer, *AA* 86 (1971), 564 Abb. 1; Verf., *Consecratio*, 247f., Nr. 139.

KOMMENTAR: Deckel und heute unter ihm befindlicher Striegelsarkophag gehören nicht zusammen. Der Deckel ist zu kurz und die Klammerlöcher in seinen profilierten Beschlagfeldern finden auf dem Kasten keine Entsprechung.

13. Vatikan, Museo Gregoriano Profano 7308. Deckel eines wannenförmigen Kindersarkophages (L: 1,28 m; T: 0,56 m; H: 0,53 m). Um 280 n. Chr.

Reinach, *RepStat* III 280,8; Amelung, *Vat. Kat.* I 853f., Nr. 121, Taf. 103; *Helbig*⁴ I Nr. 1011 (v. Heintze).

KOMMENTAR: Von der einstigen Verbindung mit dem Trog rühren die Spuren zweier Klammerhaken in der rechten Seitenlehne.

14. Rom, Thermenmuseum 65200. Klinendeckel eines Mädchens, Kasten mit Verstorbener und Eroten beim Hahnenkampf (Deckel: L: 0,965 m; T: 0,325 m; Kasten: L: 0,963 m; T: 0,34 m). 280–290 n. Chr.

R. Paribeni, *Le Terme di Diocleziano e il Museo Nazionale Romano*² (1932), 156, Nr. 376; K. Schauenburg in: *Eikones: Festschrift H. Jucker. AntK Beih.* 12 (1980), 154, Taf. 52, 1.2.

KOMMENTAR: In beide Nebenseiten des Kastens greifen dicht unter der Oberkante Klammerlöcher ein. Am Deckel haben sie keine Entsprechung, findet sich rechts eine Klammerspur an versetztem Ort. In dieser Hinsicht passen Kasten und Deckel also nicht zusammen, eher hinsichtlich ihres Stils (s. o. unter Nr. 6).

15. Rom, Palazzo Mattei (Loggia Coperta). Klinendeckel eines wannenförmigen Kindersarkophages (L: 0,89 m; T: 0,35 m). 280–310 n. Chr.

C. Vermeule, *TransActAmerPhilSoc* 56 (1966), 36, Fol. 63, Nr. 8547, Abb. 135 (Zeichnung Codex dal Pozzo); Matz und Duhn II 480, Nr. 3418; F. Carinci in: L. Guerrini, *Palazzo Mattei di Giove. Le antichità* (1982), 278f., Nr. 116, Taf. 78.

KOMMENTAR: In beiden Schmalseiten befinden sich je zwei Klammerlöcher. Der Aufstellungsort verhinderte bisher Anblick und Aufnahmen von vorn. Faltenstil und Drapierung erinnern an Nr. 16.

16. Vatikan, Collezione Ebraica. Wannenförmiger Klinendeckel eines Kindes von Monteverde (L: 0,975 m; T: 0,33 m) (Abb. 23). 280–310 n. Chr.

N. Müller, *Die jüdische Katakombe am Monteverde zu Rom* (Leipzig, 1912), 39; J. B. Frey, *Corpus Inscriptionum Iudaicarum* I (Città del Vaticano, 1936), CCXXVf. mit Abb. und weiterer Lit; F. Cumont, *Recherches sur le symbolisme funéraire des Romains* (Paris, 1942), 497f., Abb. 105; A. Konikoff, *Sarcophagi from the Jewish Catacombs of Ancient Rome* (1986), 61ff., Taf. 16.

KOMMENTAR: Über die Fundumstände teilt N. Müller mit: "Es kam nämlich bloß der marmorne Deckel eines Kindersarkophages . . . zum Vorschein . . . . Für den Kopf des Kindes verwendete der Bildhauer nicht den mit einzelnen schwarzen Streifen gesprenkelten weißen Marmor, aus dem er das Hauptstück herstellte, sondern völlig weißen Marmor und verband beide Teile mittels eines kurzen eisernen Dübels. Zu diesem Zweck arbeitete er im Kopf ein Loch von 0,014 m Durchmesser ein." Die seltene Form der Stückung spricht für eine Zusammengehörigkeit und erklärt, wieso der Kopf neben dem Deckel gefunden wurde. Bei der Trennung ging der Hals vermutlich verloren, mit ihm das vorauszusetzende andere Stiftloch. Paarweise Klammerlöcher befinden sich in beiden Seiten. Die großen vorquellenden Augen, das gezerrte Inkarnat um den mürrischen Mund, wenige und unregelmäßige Haarpickungen bei nicht präziserter Haarkontur vermitteln einen tetrarchischen Eindruck.

17. Rom, Antiquario del Celio. Deckel eines Kin-

dersarkophages (L: 0,955 m; T: 0,352 m) (Abb. 22). 280–310 n.Chr.

Unveröffentlicht. Die Publikationsgenehmigung verdanke ich E. La Rocca.

KOMMENTAR: Die verlorene rechte Hand des liegenden Knaben (der Kopf fehlt) spielte mit einer kleinfigurigen Gruppe von Eros und Hund. Gegen das rechte Kopfende lehnt sich ein weiterer Eros mit einer Fackel. Das linke Bein des Liegenden kam nicht zur Darstellung. Die sehr flüchtige und schematische Arbeit ist Nr. 6 und 16 vergleichbar. Fast identisch sind insbesondere die Hunde unter der rechten Hand. Die rechte Schmalseite zeigt ein Klammerloch.

18.   Rom, Praetextat–Katakombe, Museo. Fragment vom Kopfende eines Sarkophagdeckels mit liegendem Mann.

Inst. Neg. Rom 76.2190; 76.2191.

KOMMENTAR: Von dem Verstorbenen hat sich nur die linke Hand mit der Buchrolle erhalten. Vor dem Fulcrum liegt ein schlafender Eros auf einem Kissen. Unter der Buchrolle sitzt ein Klammerloch, das also wie bei Nr. 12 in die Vorderseite eingeschlagen ist.

FRÜHE KLINENSARKOPHAGE ATHENS UND KLEINASIENS

Hat sich oben eine, wenn auch unvollständige Vorstellung von der Entwicklung der römischen Klinensarkophage des 2. Jhs. ergeben, so gilt die Frage nun dem Zeitpunkt und der Form ihrer Übertragung in den Osten.

Zu den kleinasiatischen Beispielen des 2. Jhs. sind seit den letzten Studien[66] der Deckel einer spätantoninischen Ostothek in Burdur[67] (Abb. 26) und eine vollständige dokimenische Ostothek derselben Zeit in Kassel[68] hinzugekommen. Sie bereichern das zuvor gewonnene Bild nicht grundsätzlich. Wie der berühmte dokimenische Prachtsarkophag in Melfi (Abb. 25)[69] verdeutlicht, war die kanonische Form bereits in den sechziger Jahren des 2. Jhs. gefunden. Den dreiteiligen Aufbau bestimmen a) die Kline mit dem liegenden Verstorbenen, b) ein Fries zwischen den Klinenbeinen

und c) das Kastengesims mit seinen eigenartigen Balkenköpfen. Eindeutig älter ist ein Fragment in Leningrad, bei dem sich nur noch das Porträt der liegenden Verstorbenen erhalten hat.[70] Sein Bildnistypus leitet sich vom Typus Dresden der älteren Faustina[71] her. Demnach hat es kleinasiatische Klinensarkophage bereits in der Mitte des 2. Jhs. gegeben. Noch älter ist ein provinziell anmutender Deckel in Yali Balaat.[72] Obwohl inschriftlich als Sarkophag der K. Ioulitte und des K. Kelsos bezeichnet, ist nur die Frau wiedergegeben. Wie bei dem fast gleichzeitigen stadtrömischen Deckel der Andia Melissa und des L. Valerius Victor (Abb. 13, 14a)[73] erklärt sich der Widerspruch aus dem weiteren Text der Inschrift. Der für das Denkmal sorgende Mann lebte zur Zeit seiner Aufstellung noch und ließ sich daher nicht darstellen, die Larnax aber bereits als seine zukünftige Grablege beschriften. Da die kleinasiatischen und stadtrömischen Sarkophagdeckel des 3. Jhs. ein vergleichbares Vorgehen nicht mehr kennen, sondern stets ein kaum je zum selben Datum verstorbenes Paar wiedergeben, folgt weiter, daß der Deckeltypus mit liegendem Paar zur Zeit des Sarkophages in Yali Balaat noch nicht existierte. Tatsächlich begegnet er uns zuerst in spätantoninischer Zeit, um 170 n.Chr., bei einem Klinendeckel in Izmir,[74] dann bei dem bereits oben genannten Deckel in Burdur (Abb. 26).

Flach hingestreckt hat K. Ioulitte ihre linke Hand zum Kopf erhoben. Hierin entspricht sie den frühsten kleinasiatischen Klinenfiguren in Leningrad, Melfi (Abb. 25) und Izmir. Der über den Kopf gezogene Mantel ist ein weiteres Kennzeichen der frühen Gruppe, findet sich bei der Ostothek in Burdur (Abb. 26) und dem Sarkophag der Claudia Antonia Sabina in Istanbul wieder, der wegen seiner Porträts gleichfalls noch der spätantoninischen Zeit angehört.[75] Die Mittelscheitelfrisur der K. Ioulitte untergliedert sich jedoch nicht in voneinander abgesetzten Wellen, und ihre Strähnen sind auch nicht vom Scheitel diagonal zu den Ohren herabgestrichen, wie in antoninischer Zeit üblich. Vielmehr sind sie horizontal nach außen gekämmt und lassen die Ohren also zumindest teilweise unbedeckt. Die Frisur entspricht eher der Mode der Sabina und bietet daher ein gewichtiges Indiz für eine Frühdatierung. Der Bild-

66.   Strocka, 1971, 62ff., 69ff; Verf., 1977, 430.
67.   Museum 5100. *The Anatolian Civilisation* II (Ausstellungskatalog, Istanbul, 1983), 133 B 366 mit Abb.
68.   B. Andreae in: P. Gercke, *Funde aus der Antike. Sammlung P. Dierichs*, Kassel (1981), 177ff., Nr. 82.
69.   R. Delbrück, *JdI* 28 (1913), 277ff; Wiegartz, 1965, 161f.; Strocka, 1971, 69f., Nr. 1; ders., *MarbWPr* (1984), 228ff.; R. Brilliant, *RM* 82 (1975), 137, Taf. 31, 1–2.
70.   A. Vostchinina, *Le portrait romain. Musée de l'Ermitage* (1974), 172f., Nr. 50, Taf. 69.

71.   M. Wegner, *Die Herrscherbildnisse in antoninischer Zeit* (1939), 30ff, 155, 280, Taf. 12.
72.   H. S. Cronin, *JHS* 22 (1902), 373, Nr. 147; W. Calder und J. M. R. Cormack, *MAMA* 8 (1962), 42, Nr. 234, Taf. 10; Verf. a.O.
73.   S. o. S.28.
74.   Basmane Museum 9; Wiegartz, 1965, 161, Taf. 36; Himmelmann, "Der 'Sarkophag' aus Megiste," *AbhMainz* (1970), Nr. 1, 16, Anm. 2, Taf. 5; Strocka, 1971, 70, Nr. 2.
75.   C. R. Morey, *Sardis* V 1 (1924), passim, Abb. 3, 7; Wiegartz, 1965, 158; Strocka, 1971, 70, Nr. 4.

hauer scheint für seine Aufgabe noch wenig geschult gewesen zu sein. Flach auf dem Rücken ausgestreckt, hebt sich der Kopf der Verstorbenen dem Betrachter nicht entgegen, wie bei allen weiteren Klinensarkophagen, sondern er blickt, fest mit seiner Unterlage verbunden, nach oben. Da sich auch die Beine nicht überkreuzen, wirkt die Figur trotz des vorgezogenen rechten Arms wie eine niedergelegte Statue. Bisher ohne Parallele sind die zweite Decke über der Matratze, das walzenförmige Kissen, die Ranke im Fries zwischen den Klinenbeinen und das gänzliche Fehlen von allem kleinfigurigen Beiwerk. Zumal offensichtlich ein Frühwerk seines Typus gegeben ist, läßt sich die Vielzahl der Eigenheiten nicht ausschließlich als provinzielle Sonderform erklären. Vielmehr läßt der Deckel auf eine Phase der experimentellen Auseinandersetzung mit dem neuen Typus des Klinensarkophages zurückschließen. Sie folgte seiner Übertragung nach Kleinasien und ging der kanonischen Lösung des Prachtsarkophages in Melfi und der anderen dokimenischen Säulensarkophage voran.

In diesem Zusammenhang ist das Fehlen des Kastengesimses von Bedeutung. Es fehlt auch dem um 170 n.Chr. entstandenen Deckel in Izmir und den beiden Ostotheken in Burdur (Abb. 26) und Kassel. Nun ist dieser unterste Teil kleinasiatischer Klinensarkophage aus Kranzgesims und Balkenköpfen augenscheinlich von kleinasiatischen Haussarkophagen mit Dachdeckel übernommen. Vor dem Aufkommen der kanonischen kleinasiatischen Klinensarkophage zeigen ihn Girlandensarkophage in Karien und Aphrodisias,[76] um 160 n.Chr. etwa auch der dokimenische Friessarkophag in Providence.[77] Also darf er als ein Merkmal der Aneignung gelten, welches dem ungewohnten römischen Klinendeckel zur Anpassung an die heimische Formenwelt und insbesondere auch an die Produktionsweise mit Vorfabrikaten hinzugefügt wurde.

Mit den stadtrömischen Klinensarkophagen stimmen die ersten Beispiele Kleinasiens bei der Gestalt der nicht allzu hohen und kräftig gebogenen Lehne überein, ferner bei einem relativ niedrigen Bettrahmen mit sehr schmalen seitlichen Rechteckfeldern und einem Rundstab dazwischen. Die delphinförmige Gestalt der unteren Hälfte des Fulcrum entspricht sich. Oben endet das Fulcrum im Rom des 2. Jhs. aber nicht in Maultier- oder Pferdeköpfen,[78] sondern ist hier so unverziert wie bei der Ostothek in Burdur (Abb. 26). Auf dem Deckel liegt im Osten wie im Westen zunächst nur ein Verstorbener, bei allen erhaltenen Beispielen eine flach hingestreckte Frau.[79] Die Matratzen der kleinasiatischen Klinen sind aber höher. Und von großer Bedeutung ist die Abweichung bei den Klinenbeinen. Für den kanonischen dokimenischen Klinensarkophag des 2. und frühen 3. Jhs. ist ihre Darstellung an den Ecken unverzichtbar, da der versenkte Fries über dem Kastengesims nur von ihnen gerechtfertigt wird. Die Entwicklungsstufe stadtrömischer Klinensarkophage, welche auf die kleinasiatischen Werkstätten einwirkte, hat demnach zwischen den Formen des Deckels in Malibu (Abb. 1) und der antoninischen Gruppe (Abb. 12, 13) gelegen. Sie war mit den bisher nicht nachweisbaren und oben[80] daher nur theoretisch erschlossenen römischen Klinensarkophagen der dreißiger und vierziger Jahr des 2. Jhs. identisch. Deren einstige Existenz wird von den kleinasiatischen Denkmälern erneut vorausgesetzt.

Eine willkommene Bestätigung dieser Vermutung bietet das frühste attische Exemplar, der aus Aydi stammende postament- oder truhenförmige Sarkophag in Antakya, dessen unverzierte Profile an Kastenunter- und Kastenoberkante eine relativ frühe Zeitstellung zu erkennen geben (Abb. 27).[81] Gruppen von Hirsche tötenden Niken sind auf der Vorderseite um das Paar von Amor und Psyche geordnet; für diese figürliche Darstellung ist ein schmaler Basisstreifen über den unteren Profilen eingeführt. Übereinstimmend ist der Kasten stets in die Frühzeit attischer Sarkophage mit figürlichem Schmuck datiert worden, wobei als Daten 150 n.Chr. bzw. die fünfziger Jahre genannt wurden. Kaum zufällig schließt der Deckel zeitlich an den Typus stadtrömischer Klinensarkophage der dreißiger und vierziger Jahre an, der oben unbelegt vorausgesetzt wurde und dem der Klinendeckel in Antakya in allen Einzelheiten entspricht. Zusätzlich stimmt er auch mit der Kline in Malibu (Abb. 1) überein, so daß eine gemeinsame Formentradition vorauszusetzen ist und sich

---

76. N. Asgari, *AA* (1977), 343ff., Abb. 28, 38–39; F. Isik, *OJh* 53 (1981/82), Beiblatt 34ff. Abb. 1, 2, 24, 37; ders., *MarbWPr* (1984), 256ff., Abb. 26, 28, 30–37; Koch, *Hdb.*, 494ff., Abb. 15–16.

77. Strocka, *MarbWpr* (1984), 223ff., Abb. 24ff.

78. Bei stadtrömischen Marmorklinen begegnen sie gelegentlich im 3. Jh., s. o. Abb. 19.

79. Das erste in dieser Hinsicht abweichende Beispiel bietet die Ostothek in Kassel. Mit früheren Beispielen ist zu rechnen.

80. S. S.28–33.

81. Museum 9576. L: am oberen Klinenrand 2,33 m; A. Borbein, *Campanareliefs. RM Ergh.* 14 (1968), 91, Anm. 442; Himmelmann, "Sarkophage in Antakya," *AbhMainz* (1970), Nr. 9, 15ff., Taf. 11–14, Abb. 12–13; Wiegartz, 1975, 182f.; Giuliano und Palma, 1975/76, 13, 58, Taf. 2,3; Koch, *Hdb.*, 425, 427, 431, Nr. 37, 443f., zur chronologischen Stellung: Wiegartz, 1975, 171ff; Koch, *Hdb.*, 369.

82. Verf., 1977, 413ff., Abb. 99, 106, 107.

83. Himmelmann a.O., 15f.

84. Wiegartz in: *Mélanges M. Mansel* I (1974), 362; ders., 1975, 188f., 219; ders., *AA* (1977), 386; Koch, *Hdb.*, 371, dagegen bereits Verf., 1977, 427f.

85. Das folgend Ausgeführte erörterte ich mit H. Wiegartz. Bezüglich der frühen attischen Klinensarkophage konnte weitge-

die Möglichkeit einer Vordatierung in die vierziger Jahre erwägen läßt. Die Matratze ist hier wie dort verhältnismäßig flach und ihre Schmuckstreifen sind nicht angedeutet. Die Lehnen mit den nicht eindeutig abgehobenen Fulcra krümmen sich in vergleichbaren Bögen. Ihre Höhe übersteigt Matratzen und Kissen, bleibt bei dem Sarkophag in Antakya allerdings hinter dem Vergleichsstück zurück. In diesem Detail stehen stadtrömische Klinenmonumente der trajanischen bis mittelantoninischen Zeit[82] näher, bei denen sich auch der Schmuck der Beine aus Scheiben und Kugeln findet. Auf dem Deckel liegt abermals nur ein einziger Verstorbener. Wie in Kleinasien und Rom besteht keine Beziehung zwischen den Dekorationen des Kastens und des Deckels.

Der für seinen Kasten geringfügig zu große und daher möglicherweise "aus dem Vorrat"[83] hinzugezogene, in jedem Fall aber gleichzeitige Deckel (Abb. 27) widerlegt die verbreitete Vorstellung vom späten Aufkommen attischer Klinensarkophage um 180 n.Chr.[84] Denn der Sarkophage von Antakya hat in der attischen Sarkophagplastik keinen isolierten Platz, sondern bezeugt das Einsetzen eines Typus, der sich in Korinth bis in das spätere 2. Jh., wahrscheinlich sogar bis in die spät- oder nachserverische Zeit verfolgen läßt.[85] Dort sind zwei weitere Postamentkästen mit abermals einfachem Profildekor und Klinendeckel gefunden worden (Abb. 28, 29). Der Ältere (Abb. 28) folgt[86] hinsichtlich der Gewanddrapierung des wiederum allein auf dem Bett liegenden Verstorbenen der Klinenfigur in Antakya bei jeder Falte. Gerade wegen dieser Typentreue hat sich in der Ausführung eine starke Schematisierung eingestellt, hinter der die plastische Form zurückbleibt. Die Unterschneidungen und Bohrungen wirken so unstofflich wie bei allen attischen Deckelfiguren seit der hochseverischen Zeit. Die Falten sind linear und substanzlos. Charakteristisch ist das der Matratze aufliegende Manteldreieck vor dem zurückgezogenen linken Bein, das abstrakt erdacht zu sein scheint. In substantieller Weise unterscheidet sich die Kline. Mit den Beinen fehlt zugleich der ganze Bettrahmen. Die Matratze ist ungleich höher und füllt die

Lehnen bis auf einen geringen Rest. Sind ihre Schmuckbänder abermals nicht dargestellt, liegt doch insgesamt eine Klinenform vor, wie sie der überwiegenden Zahl attischer Klinensarkophage (Abb. 31—33, 36—41b) eigen ist und ihre spezifische Form charakterisiert.

Bei Schematisierung und Abstraktion hat der Deckel des zweiten korinthischen Kindersarkophages (Abb. 29)[87] einen weiteren Schritt der Entwicklung zurückgelegt. Die gewichtigsten Faltenzüge des Oberkörpers begleiten die Rumpfwendung des Toten nicht mehr horizontal, sondern sind wie zerstörte Spinnweben diagonal und vertikal über Brust und Unterleib gestreut. Der Mantelbausch über der Hüfte addiert sich aus parallelen Faltenbögen und die Spannfalten zu rechtem Knie und Unterschenkel sind dünn gezogene Grate. Der linke Oberschenkel und das ganze eingewinkelt zurückgezogene Bein sind kaum mehr angedeutet. An ihrer Stelle hat sich das plan auf dem Polster aufliegende Manteldreieck noch weiteren Raum erobert. Hinsichtlich aller Details entspricht nun der Deckel eines Erotensarkophages in Side (Abb. 40),[88] der m.E. bereits im zweiten Viertel des 3. Jhs. entstanden ist.

Seine Matratze zeigt den oben vermißten Deckenschmuck. Ein Meerwesenzug aus einzelnen Paaren von Nereiden und Tritonen wird durch Borten unterteilt, die ihrerseits mit Wein- und Efeuranken, dazu mit Blüten verziert sind. Der vegetabile Dekor fehlt noch dem Sarkophag des Q. Aemilius Aristides aus Ephesos (Abb. 37)[89] mit seinem mittelseverischen Porträt. Bei fest datierten Denkmälern ist er erstmals an dem Klinendeckel 3580 des Athener Nationalmuseums anzutreffen, dessen männliches Porträt den Bildnissen des Kaisers Balbinus vergleichbar ist und also schon den dreißiger Jahren des 3. Jhs. angehören dürfte (Abb. 38).[90] Doch auch hier ist das einzelne Wein- oder Efeublatt noch viel prägnanter umrissen, sind die Ranken dazu einer gewölbten Oberfläche aufgelegt, wie sie sich von den unverzierten Gurten am hochseverischen Sarkophag des Aemilius Aristides (Abb. 37) herleiten. Demnach ist der Erotensarkophag in Side um 240 n.Chr. entstanden und leitet zu der Stufe des berühmten Achillessarkophages im Capitolinischen Museum[91] über, die hier durch

---

hendes Einverständuis erziehlt werden. Die Entwicklung im 3. Jh. wurde kontrovers beurteilt. Ich danke für seine Kritik und die Vervollständigung meiner Materialgrundlage.

86. F. P. Johnson, *Corinth* IX (1931), 112, Nr. 239; Giuliano, 1962, Nr. 63; C. E. de Grazia, "The Roman Portrait Sculpture. Excavations of the American School at Corinth" (Diss., New York, 1973), 380.

87. Johnson a.O., 211, Nr. 238. Giuliano, 1962, Nr. 62.

88. A. M. Mansel, *Side* (1978), 295f., Abb. 33; Koch, *Hdb.*, 428, 430, Nr. 24, Abb. 459 mit weiterer Lit.; J. Nollé bin ich für die von ihm zur Verfügung gestellten Aufnahmen zu Dank verpflichtet.

89. Izmir, Basmane 34; J. Keil, *ÖJh* 25 (1929), Beiblatt 46, Abb. 26; ders., a.O., 26, 1930, Beiblatt 7ff.; A. Aziz, *Guide du Musée de Smyrne* (1933), 31, Nr. 34 mit Abb.; Giuliano, 1962, Nr. 249; Giuliano und Palma, 1975/76, 36, Nr. 3, Taf. 36, 89; Wiegartz, *Gnomon* 37 (1965), 614; Fittschen, *GGA* 225 (1973), 64 unter Nr. 233; Koch, *Hdb.*, 457. Eine Neupublikation ist von E. Rudolf zu erwarten.

90. *Deltion* 9, 1924/25, Parart. 29, 32, Abb. 29; Reinach, *Rep. Stat.* VI, 134,1; Rodenwaldt, *JdI* 45 (1930), 123f., Abb. 3. Nicht völlig ausgeschlossen erscheint mir eine Datierung in die zwanziger Jahre. Das zöge den Erotensarkophag von Side in die dreißiger Jahre hinauf.

91. Giuliano, *ArchCl 14,* (1962), 240ff., Taf. 107f; Giuliano und Palma, 1974/75, 46, Nr. 2, Taf. 49, 119—121. *Helbig*[4] II, Nr. 1222 (An-

einen unpublizierten Klinendeckel der Praetextatkatakombe (Abb. 41a–b)[92] vertreten sei. Bestimmend wird nun ein unräumlicheres und flacheres Relief, eine überwuchernde Ausbreitung des Blattwerks und dessen zunehmende Akanthisierung, die dem Weinblatt den Vorzug gibt, Efeu und Blüten aber auf Reststrecken verdrängt. Analog vereinfacht sich der Dekor der Fulcra (Abb. 41a) auf die ausschließliche Wiedergabe des Akanthus, in dem die vielen Tiere der voraufgehenden Zeit (Abb. 39)[93] nicht mehr vorkommen.

Verteilen sich die oben besprochenen Postamentsarkophage (Abb. 27–29) bei einer vorauszusetzenden Zugehörigkeit ihrer Deckel demnach über den großen Zeitraum von fast hundert Jahren, so verwundert nicht mehr, daß sich die korinthischen von dem frühen Beispiel in Antakya bei der Kline so stark unterscheiden. Hand in Hand mit der Umbildung ging eine Umdeutung des gemeinsamen Typus. Er war ursprünglich für die Wiedergabe von Erwachsenen vorgesehen, konnte sich im 3. Jh. nach der längst vollzogenen Erfindung der Deckel mit liegendem Paar, aber nur noch bei Kindern behaupten. Die abweichenden Klinenformen leiten sich nicht direkt voneinander her. Vielmehr sind Übergangsstufen vorauszusetzen. Bei der ersten von ihnen müssen die Klinenbeine fortgefallen sein. Anschließend ist der Rahmen auf den Kasten übertragen worden, bis auch dort auf seine Wiedergabe verzichtet wurde.

Die genannten Stufen sind belegt, allerdings bei attischen Sarkophagen aus möglicherweise abweichender Werkstätte. Auf einem in Marathon gefundenen Deckel (Abb. 30a–b)[94] liegt in der die Frühzeit der Gattung bezeichnenden Weise wiederum nur eine Person. Ikonographisch ist sie eng mit den stadtrömischen Klinendenkmälern verknüpft. Denn der Oberkörper des jungen Mannes ist nackt und seine Linke umfaßt eine Schale. Zugrunde liegt die römische Vorstellung von der Teilnahme der männlichen Klinenfigur an einem Symposion, die den übrigen attischen Klinensarkophagen fremd ist und nur durch den nach Italien ausgeführten Erotensarkophag in Ostia aus dem zweiten Viertel des 3. Jhs. aufgegriffen wird.[95] Zu dem marathonischen

Fund erbringen überraschend römische Klinenmonumente und nicht die typusverwandten attischen Denkmäler die nächsten stilistischen Parallelen. Hinsichtlich des Gegeneinanders von Körper und Gewand, der Art, wie die teils gratigen, teils breiten und in sich stets wieder differenzierten Falten tief unterschnitten wurden und wie sie gegenüber dem Körper zu einem eigenen Ausdruck finden, sind ein mittelantoninisches Klinenmonument in Ariccia (Abb. 11)[96] und ein weiteres im Museo Chiaramonti des Vatikan (Abb. 10)[97] vergleichbar, das um oder kurz nach 150 n.Chr. entstanden ist. Wie schon bei dem Sarkophag in Antkaya (Abb. 27) sind auch das flache Polster und die relativ hohen Lehnen römisch beeinflußt. Dagegen ist der nach innen gerichtete Dekor der Plutei dem kleinasiatischen Sarkophag in Melfi (Abb. 25) vergleichbar. Andere Parallelen finden sich in der attischen Sarkophagplastik (Abb. 31), für deren Frühzeit er anscheinend charakteristisch gewesen ist. Die breiten gurtartigen Schmuckborten der Matratze erbringen ein weiteres attisches Merkmal. Hier bilden die äußeren Streifenpaare einen Rahmen für die breiteren Bänder der Mitte mit jeweils drei Faszien. Dem verhältnismäßig hohen Rahmen fehlt der Rundstab. Zwei wenig erhöhte Längsrechtecke flankieren ein breites Mittelfeld. Diese Einteilung wiederholt sich bei einem Klinenmonument in Ostia.[98] Hingegen ist die Bildung der Lehnenstirnen singulär. Die gewinkelten Fulcra sitzen nicht über dem Rahmen, sondern verbinden ihn anscheinend steif mit den Plutei. Von Rosetten geschmückte Rundbeschläge markieren den Übergang. Einerseits ist die marathonische Skulptur also von römischen Einflüssen geprägt und setzt wohl auch die dortige Entwicklungsstufe des beinlosen Klinendeckels voraus, andererseits leitet sie zu der ersten ausschließlich attisch geprägten Sarkophaggruppe über. Schließlich zeigt sie singuläre Motive. Auch sie ist also ein typisches Beispiel der Experimentierphase, die an die Aufnahme des römischen Klinendeckels anschloß.

Die erste formal einheitliche Gruppe attischer Klinensarkophage ist längst erkannt[99] und nur hinsichtlich

---

dreae). Sichtermann und Koch, 1975, 16f., Nr. 3, Taf. 5–7; M. Bergmann, *Studien zum römischen Porträt des 3. Jhs. n.Chr.* (1977), 80, Anm. 308, 85, 89; Koch, *Hdb.*, 7f., 366, Anm. 1, 373, Anm. 68, 383ff. Wahrscheinlich erscheint mir eine Datierung um 250 n.Chr., die auch die Zufügung eines gallienischen Frauenporträts zu verstehen hilft.

92. Fundort ist die Spelunca Magna. Bemerkenswert erscheint die zeitliche Nähe zum Balbinussarkophag (Abb. 18). Eine ausführliche Besprechung soll an anderem Ort erfolgen. Die Publikationsgenehmigung verdanke ich U. M. Fasola.

93. Zu dem als Beispiel herangezogenen Klinendeckel in Kyrene: J. B. Ward Perkins, *JRS* 46 (1956), 12ff., Taf. 3,3–4.

94. S. Marinatos, *Praktika* 1972, 7, Taf. 3c; Verf., 1977, 427, Anm. 265; Koch, *Hdb.*, 61, Anm. 35, 359, 372, Anm. 58, 62.

95. G. Calza, *La necropoli del Porto di Roma nell'Isola Sacra* (1940), 211ff., Abb. 113. H. Thylander, *Inscriptions du Port d'Ostie* (1952), 48f., A 41, Taf. 16; F. Matz, *Ein römisches Meisterwerk* (1958), 84f. *Helbig*[4] IV, Nr. 3130 (Andreae). B. Palma, *Il sarcofago attico con tiaso di fanciulli dall'Isola Sacra.* Documenti Ostiensi (1974). Palma und Giuliano, 1975/76, 30ff., Nr. 59, Taf. 24, 60; 25, 61; Koch, *Hdb.*, 61, Anm. 38, 367, Anm. 20, 424ff., Nr. 22, 438, Anm. 15, 459.

96. Verf., 1977, 413, Abb. 99.

97. Verf., 1977, 413f., Abb. 102.

98. Verf., 1977, 412, Abb. 97.

99. Vgl. Wiegartz, 1975, 188f., Anm. 161.

100. Robert, *ASR* II Nr. 21; I. I. Saverkina, *Römische Sarkophage in der Ermitage* (1979), 17ff., Nr. 2, Taf. 6–8; Koch, *Hdb.*, 382ff., 435ff.,

ihrer Datierung strittig. Der bei Kertsch gefundene Achilleussarkophag der Ermitage (Abb. 33),[100] der ebenso stark beschädigte Meleagersarkophag in Delphi (Abb. 32a)[101] und der Unterweltssarkophag in Beirut (Abb. 31)[102] bilden ihre gewichtigsten Glieder. Der Helena–Leda–Sarkophag aus dem Grab in Kephissia, von dessen Deckel nur das Fragment einer weiblichen Klinenfigur erhalten ist,[103] und der Amazonensarkophag aus Thessaloniki im Louvre[104] schließen sich an, sind wegen ihres schlechten Erhaltungszustandes oder mangelnder Ausführung aber nicht von derselben Aussagekraft. Hinzu kommen Sarkophagkästen, deren obere Leiste noch deutlich auf die verlorenen Klinendeckel Bezug nimmt.[105] Gegenüber der Kline in Marathon erbringt der Bettrahmen den gewichtigsten Unterschied. Er wurde bei allen Beispielen auf den Kasten übertragen. Von der römischen und der kleinasiatischen Gattung abweichend, herrscht vorübergehend die Tendenz vor, Kasten und Deckel als formale Einheit zu verstehen. Unter den seitlichen Rechteckfeldern des Rahmens erscheinen Stützfiguren auf eigenen Basen (Kephissia) bzw. vorspringenden Sockelkonsolen, welche mit einer Hand und auch Mütze oder Polos den Bettrahmen tragen (Kephissia, Beirut, Thessaloniki, Delphi). Die Klinenbeine können wenig später auch durch Eckpfeiler ersetzt sein (Leningrad).[106]

Der Rahmen ist wie bei der marathonischen Kline gegliedert. Auch die Matratzengurte sind wieder in Einheiten zu drei breiten Streifen mit ihrer jeweiligen Rahmung zusammengefaßt. Neu ist aber das Ornament aus Wein- und Efeuranken (Abb. 32a–b). Der Unterweltssarkophag in Beirut (Abb. 31) schließt durch den Innenschmuck seiner Plutei an den Deckel in Marathon an. Er wurde nur für eine einzige Verstorbene hergestellt, was ihn gleichfalls den frühen Klinensarkophagen zuordnet. Zusätzlich ähnelt er der Klinenfigur in Antakya (Abb. 27) bei Manteldrapierung und Stil. Gewichtige Neuerungen erbringen die Fulcra. Der untere Teil hat nun die einheitliche Gestalt S–förmig miteinander verbundener Voluten mit ansitzenden Halbpalmetten. Dieses Ornament architektonischer

Herkunft entspricht keiner Möbelform, sondern ist dem Repertoire der Werkstätten entnommen. Seine in die klassische Zeit zurückgehende Tradition ist an Altarseiten, Giebeln, Marmortischen und neuattischen Marmorkrateren zu verfolgen.[107] Wie künstlich der zusammengehörige Dekor der beiden Fulcra halbiert wurde, verdeutlichen attische Sarkophage, auf deren Seiten die gegenständigen S–Voluten als bekrönendes Ornament vereint sind.[108] In Beirut stellt ein umlaufender Rand die Einheit des Fulcrum her (Abb. 31). Bei den Sarkophagen in Delphi (Abb. 32a–b) und Leningrad (Abb. 33) heften sich die S–Voluten dem dreieckig aufsteigenden Teil des Beschlages nur künstlich an. Damit ist die Zweiteiligkeit eingeführt, die für die späteren Sarkophage bestimmend bleibt (Abb. 37–41a). Noch folgenreicher sind die Neuerungen bei der Höhe der vorne vorgerundeten Matratze und bei der Wiedergabe eines liegenden Paares.

Bei den Figurenpaaren der Deckel sind Bekleidungsform und Stil von Gewicht. Der Mann des Achilleussarkophages in Leningrad (Abb. 33) greift auf denselben Typus zurück, den schon der Klinensarkophag von Antakya (Abb. 27) verwandte. Er gab auch die Vorlage für Unterkörper und Mantelmotiv der vorne liegenden Frau. Den Oberkörper bekleidet stets ein gegürteter Chiton (Abb. 31, 32a, 33), den nur die Frau der Beiruter Kline (Abb. 31) ohne Überfall trägt. Bei den Klinenfiguren des 3. Jhs. ist er nicht mehr belegt. Daher bietet er die Möglichkeit, zwei Deckelfragmente mit liegenden Paaren in Tolmeta[109] und Athen (Abb. 35)[110] anzuschließen. Die Matratze des afrikanischen Klinenrests zeigt noch keine Schmuckreliefs und auch ihre Gurte besitzen jene frühe Aufteilung in Bänder, die keinen zusätzlichen Dekor vorsehen und am Unterweltssarkophag in Beirut (Abb. 31) zuerst belegt sind.

Den Stil kennzeichnen tiefe Bohrfurchen, welche die Falten bei den Deckelfiguren in Beirut (Abb. 31), Delphi (Abb. 32a), Tolmeta und Athen (Abb. 35), weniger ausgeprägt auch bei der Frau in Leningrad (Abb. 33) markieren oder hinterfangen. Diese Technik äußert sich in den Kastenreliefs bei der tiefen Unterhöhlung der

Nr. 39, 443, 458f., 558.

101. Koch, *ASR* XII 6, 64, 66ff., 76, 80, 140f., Nr. 166, Taf. 131a–c; ders., *Hdb.*, 359, Anm. 12, 369 Anm. 4, 399ff., 458.

102. E. Will, *BMusBeyr* 8 (1946/48), 109ff., Taf. 2; G. Hafner, *BWPr* 113 (1958), 18, Abb. 9b, 10; N. Jidejian, *Tyre through the Ages* (1969), Abb. 72–74; Himmelman, *Sarkophage in Antakya. AbhMainz* (1970), Nr. 8, 19; Koch, *Hdb.* 372, 379ff., 417f., 426, Anm. 16, 435ff., Nr. 37, 459, Abb. 436.

103. Robert, *ASR* II 9f., Nr. 9 mit Textabb., Taf. 3; Giuliano, 1962, Nr. 74; H. Wiegartz, *Gnomon* 37 (1965), 616; ders., 1975, 173, Anm. 66, 178, 183; ders., *Boreas* 6 (1983), 170ff., Abb. 1, Taf. 24,1; Koch, *Hdb.*, 371, 415, 422, 460f.

104. Wiegartz, *Gnomon* 1965, 616; Himmelmann a.O., 19, Taf. 22ff.; Giuliano und Palma, 1975/76, 22, Nr. 1, Taf. 16f.; Bergmann, *Studien zum römischen Porträt des 3. Jhs. n.Chr.* (1977), 82, Anm. 322.

105. Vgl. Wiegartz, 1975, 188f., Anm. 158.

106. Etwa auch bei L. Budde in: *Festschrift E. v. Mercklin* (1964), 9ff., Taf. 1–4, 14

107. Rodenwaldt, *JdI* 45 (1930), 140; G. Sauron, *MEFRA* 91 (1979), I, 190ff.; H. v. Hesberg, *AA* (1980), 422ff.

108. G. Koch, *JbBerlinerMus* 25 (1983), 19, Abb. 10.

109. A. L. Pietrogrande, *AfrIt* 3 (1930), 112, Nr. 3, Abb. 6; Giuliano, 1962, Nr. 335.

110. Giuliano, 1962, Nr. 175; Inst. Neg. Athen 2493. Beim Hephaisteion.

Ornamente und bei Gewändern, die von harten Furchen zerklüftet werden. Es handelt sich um ein Äquivalent für das römische Phänomen des antoninischen Stilwandels. Der hat auch ein Deckelfragment in Epidauros (Abb. 34)[111] erfaßt, das seine vergleichsweise frühe Zeitstellung durch die Beschränkung auf eine einzige Klinenfigur und durch die noch plastische Darstellung des später vernachlässigten linken Beines zu erkennen gibt. Die Unterschiede zu den beiden Sarkophagen (Abb. 37)[112] aus dem ephesischen Grabbau der Claudia Antonia Tatiane vom Jahr 204 sind unübersehbar. Dort und bei allen späteren Klinensarkophagen attischer Werkstätten (Abb. 38, 40, 41a) beschränken sich die Bohrungen auf die Manteluberwürfe an Hüfte und aufgestütztem linken Arm, d.h. auf die vom Körper gelösten Gewandpartien. Seit der hochseverischen Zeit werden alle eingreifenden Bohrungen über dem Körper vermieden (Abb. 37–38, 40–41a), bei den nun stets in den ungegürteten Chiton gekleideten Frauen durch erhabene Schräg– und Horizontalfalten ersetzt. Sie kontrastieren mit den Partien des dünnen Stoffes, die dem Körper dicht anliegen und seine Formen betonen. Die Unterschiede zu den attischen Klinensarkophagen antoninischer Zeit sind so groß, daß diese sich nicht sämtlich auf die beiden letzten Jahrzehnte des 2. Jhs. und die ersten Jahre des folgenden eingrenzen lassen, da sie auch ihrerseits unterschiedlichen Stilstufen angehören.

Die attischen Klinensarkophage setzen in frühantoninischer Zeit, möglicherweise bereits in den vierziger Jahren, mit den Vertretern in Antakya (Abb. 27) und später in Marathon (Abb. 30a–b) ein, bei denen der Bettrahmen noch dem Deckel zugehört. Auf sie folgen im dritten Viertel des 2. Jhs. die noch stärker klassizistisch bestimmten und also noch mittelantoninischen Sarkophage in Kephissia und in Beirut (Abb. 31). Der Klinendeckel hat nun die hohe Matratze und der Rahmen ist auf den Kasten übertragen. In die Zeit des Stilwandels leiten die Sarkophage in Delphi (Abb. 32a) und Leningrad (Abb. 33) über, deren Verstorbene als Paar gegeben sind, deren Fulcra und Matratzengurte zusätzlichen vegetabilen Dekor aufweisen und bei denen unter den Rechteckfeldern des Rahmens schon eingezogene Ornamentfriese die gemeinsame Klinenform von Kasten und Deckel zu sprengen beginnen. Als eindeutig spätantoninisch schließen hier die stark gebohrten Klinenfiguren in Tolmeta, Athen (Abb. 35) und Epidauros (Abb. 34) im Ausgang des Jahrhunderts an, auf die dann die beruhigte Formensprache der hoch-

severischen Werke in Ephesos (Abb. 37) antwortet.

Eine Detailveränderung geht parallel. Nach dem heutigen Befund führt der Unterweltssarkophag in Beirut eine neue Form von Matratzengurten ein, bei denen die ältere mit drei breiten Zierstreifen und ihren schmalen Säumen auf vier mit den hinzukommenden Randborten erweitert wird (Abb. 36).[113] Da der zur Verfügung stehende Raum konstant bleibt, geht dies zu Lasten der Streifenbreite. Dafür runden sich die Bänder nun plastisch vor. Obwohl ursprünglich daher nicht dekoriert und eher wirklichen Gurten als eingewebten Mustern entsprechend, wird diese Neuerung im 3. Jahrhundert kanonisch auch nach der Rückkehr zum vegetabilen Dekor in hoch– oder spätseverischer Zeit (Abb. 38–41a–b). Spätestens zur Zeit des spätantoninischen Deckels in Tolmeta erscheint eine neue Form des zweigeteilten Fulcrum. Der Kopf eines Ketos und ein herabstürzender Delphin bilden seinen Dekor und leiten motivisch zu einem Matratzenschmuck aus Meerwesen (Abb. 37) über, die wohl wie die römischen Meerwesensarkophage symbolisch zu deuten sind.

Dieser Überblick hat ergeben, daß die kleinasiatischen und die attischen Klinensarkophage kurz vor der Mitte des 2. Jhs. unabhängig voneinander aufkamen. Beide gehen von einer Entwicklungsstufe römischer Klinensarkophage aus, die uns bisher nicht überliefert ist, für die dreißiger und vierziger Jahre aber vorausgesetzt werden kann. Die entsprechenden römischen Sarkophage glichen der Kline in Malibu, allerdings erstreckte sich das Bett mit anhaftenden Beinen über die ganze Kastenlänge.

Universität Köln

SUMMARY IN ENGLISH

The author presents the earliest known kline-sarcophagus lid. Drawing on parallels for the young girl's hair style, the overly mature portrait, and the setting with pet dog and children's toys, a date in the second decade of the second century A.D. is proposed. The monument type is shown to be a sarcophagus lid by the groove under the platform, cut to receive the top of the sarcophagus chest. The author provides a list of other examples, made in Rome in the second and third centuries, which can be shown to be sarcophagus lids. The development of the type in Rome is discussed. Finally, a discussion of the kline-sarcophagi in Athens and Asia Minor points out distinguishing traits of the eastern types.

---

111. Aufnahmen hat mir freundlicherweise M. Donderer zur Verfügung gestellt.
112. Vgl. Keil, *ÖJh* 25 (1929), Beiblatt 48f., Abb. 28; Giuliano, 1962, Nr. 252.
113. Zur Verdeutlichung wird hier ein Fragment in Korinth (Nr. 52) herangezogen (Giuliano, 1962, Nr. 65).

Un sarcophage d'enfant au J. Paul Getty Museum

Anne F. Eberle

Le musée a acheté dans le commerce d'art un sarcophage de l'époque d'Hadrien, dont le motif sur la façade n'a pas de parallèle connu (figs. 1a—d).[1]

La façade nous montre en son centre le portrait en buste d'un garçon de l'âge d'environ dix ans porté par deux Erotes représentés de trois-quarts. A gauche et à droite de ce groupe central, nous voyons un Eros occupé à abreuver un griffon à tête de lion, avec une barbiche et des cornes de bouc. L'Amour tient dans sa main tendue une coupe dans laquelle il verse du liquide contenu dans une oinochoé qu'il tient dans l'autre main levée. Le griffon se tient devant l'Eros en position de profil; il lève une patte antérieure et la pose sur la coupe qu'on lui présente. Cette scène nous rappelle dans ses moindres détails les reliefs des plaques provenant de la frise du portique sud du forum de Trajan,[2] avec la différence qu'ici les Amours se tiennent debout et bien droits sur la pointe des pieds, que leurs ailes, par manque de place, ne sont pas coquillées, et que le cratère contenant du vin placé entre les groupes du monument trajanéen a été omis, probablement pour la même raison.

Les petits côtés présentent chacun un Eros abreuvant un griffon passant à tête aquiline: l'Amour a toujours la même attitude, si l'on excepte le fait que celui qui est sur le petit côté droit lève le bras tenant l'oinochoé d'un mouvement archaïsant, comme les Erotes de la frise du forum de Trajan, tandis que tous les autres ont le bras levé en dessous de leur visage.

Les encoignures du caisson, sur le devant en bas, sont décorées d'une feuille. Sur le petit côté gauche, à son extrémité postérieure, est représentée une torche allumée.

Le couvercle, caractéristique du début du IIe siècle ap.J-C., comme nous le verrons plus bas, est en forme de toit à double pente avec une plaque frontale décorée en son milieu de deux Amours affrontés dont le bas du corps se termine en feuilles d'acanthe, avec une torche debout entre eux; aux extrémités de la plaque, nous voyons un griffon à tête aquiline de profil, tourné vers

Abréviations

Daltrop, *Privatbildnisse:* — G. Daltrop, *Die stadtrömischen männlichen Privatbildnisse trajanischer und hadrianischer Zeit* (Münster, 1958).

Delplace, *Griffon:* — Ch. Delplace, *Le Griffon de l'Archaïsme à l'Époque impériale in: Etudes de Philologie, d'Archéologie et d'Histoire*, Institut historique belge de Rome 20 (1980).

Flagge, *Greif* — I. Flagge, *Untersuchungen zur Bedeutung des Greifen* (Sankt Augustin, 1975).

Jucker, *Bildnis:* — H. Jucker, *Das Bildnis im Blätterkelch*. Geschichte und Bedeutung einer römischen Porträtform (Olten, 1961).

Koch-Sichtermann, *Sarkophage:* — G. Koch et H. Sichtermann, *Römische Sarkophage* (München, 1982).

Lehmann-Hartleben/Olsen, *Sarcophagi:* — K. Lehmann-Hartleben—F. C. Olsen, *Dionysiac Sarcophagi in Baltimore* (Baltimore, 1942).

Spinazzola, *Arti:* — V. Spinazzola, *Le arti decorative in Pompei e nel Museo nazionale di Napoli* (Milano, 1928).

Wegner, *Hadrian:* — M. Wegner, *Hadrian. Das römische Herrscherbild* I, 3 (Berlin, 1956).

Wrede, *Consecratio:* — H. Wrede, *Consecratio in formam deorum. Vergöttlichung Privatpersonen in der römischen Kaiserzeit* (Mainz, 1981).

1. Cet article constitue la reprise d'un travail de diplôme écrit sous la direction de feu le Professeur H. Jucker, dont je ne peux oublier l'aide précieuse et infatigable.

Toute ma reconnaissance va à J. Frel qui m'a permis de publier cet objet et a fait photographier le sarcophage à mon intention. No. d'inv. 74.AA.25. J. Frel, *Antiquities in the J. Paul Getty Museum, A Checklist II* (1979), 22, no. V 30; *Recent Acquisitions of Ancient Art in the J. Paul Getty Museum* (Washington: State University Museum of Art, 1974), no. 13 avec photo; J. Frel, *Roman Portraits in the Getty Museum* (1981), p. 63, no. 49.

Description de l'objet: H. de la façade: 0,325 m; H. de la plaque frontale: 0,125 m; L. du caisson: 1,16 m; Larg: 0,415 m; L. du couvercle: 1,17 m; H. du petit côté droit du couvercle: 0,085 m; H. de l'autre côté endommagé: 0,045 m; H. du couvercle au niveau de l'arête: 0,083 m; H. du buste au centre de la façade: 0,157 m. Marbre cristallin gris. Surface non polie. Face postérieure du caisson non décorée. A l'intérieur du caisson, le long du petit côté droit: coussin sculpté dans la pierre avec un renfoncement au milieu pour y appuyer la tête du défunt.

2. M. E. Bertoldi, *StMisc* 3 (1960/61), pp. 18sq., pl. 18, 1.2; Ch. Leon, *Die Bauornamentik des Trajansforums* (Wien, 1971), p. 67sq., pl. 11,1; P. Zanker, *AA* (1970), p. 513, fig. 22.

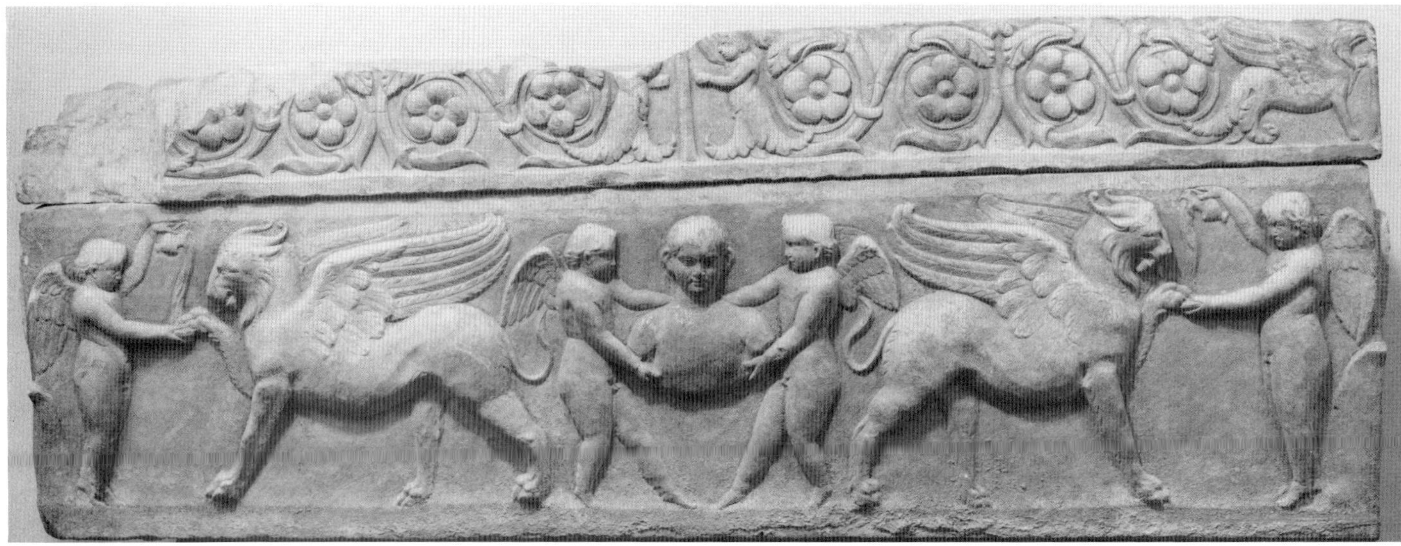

Fig. 1a. Façade du sarcophage d'enfant. J. Paul Getty Museum, Malibu 74. A A.25.

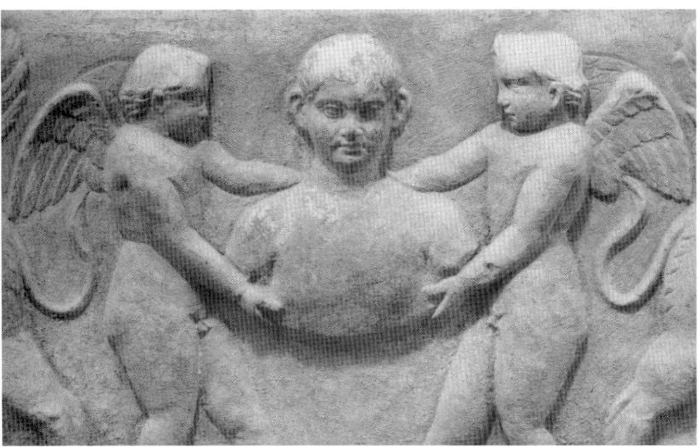

Fig. 1b. Détail: buste du jeune défunt porté par deux
Erotes. Photo: H. Jucker.

l'extérieur, se terminant également en rinceau de feuille d'acanthe. Les tympans du toit sont décorés d'une rosette et de feuillage. Les quatre coins du couvercle étaient munis d'acrotères; les coins antérieurs formaient un ensemble unique avec la plaque frontale, dont la surface postérieure s'arrondit pour suivre le profil latéral de ceux-ci et forme ainsi un bourrelet aux pieds de la pente antérieure du couvercle. Le petit côté gauche possède encore à son angle postérieur un acrotère plus petit dé-

coré également d'une feuille. L'angle postérieur du petit côté droit était certainement lui aussi muni d'un acrotère aujourd'hui perdu; on lissa par la suite cette partie ébréchée et on fit disparaître en même temps la torche représentée en dessous sur le caisson, en émoussant l'angle de ce dernier. On perça aussi un trou dans le petit côté gauche du caisson, probablement parce que, jusqu'à récemment, le sarcophage était exposé en plein air.

Tous les reliefs conservés sont en bon état. Les petits côtés du caisson sont presque aussi soigneusement sculptés que la façade.

Le portrait du jeune défunt au centre de la façade ne présente pas de restes d'ébauche: il a donc été réalisé en même temps que le reste de la décoration du sarcophage. Le buste du jeune garçon présente la naissance des bras et s'étend largement en-dessous des seins. Ses formes sont fermes et précises. Les muscles des bras ainsi que les pectoraux sont bien formés. Les mamelons ne sont pas gravés, ils étaient probablement peints.

Le visage présente un mélange de traits reflétant d'une part une tendance réaliste (les grandes oreilles écartées, le nez long aux ailes larges, le menton proéminent, le front bas avec un bourrelet au-dessus des arcades sourcilières) et d'autre part une tentative d'idéaliser cette tête (contour harmonieux du visage, coupe en amande des yeux, petite bouche aux bords réguliers, coiffure sage).

---

3. Rome, Musée Capitolin, Imperatori 32: Wegner, *Hadrian,* p. 107, pls. 9a, 22b, 23; Daltrop, *Privatbildnisse,* p. 71sq.

4. *Cf.* Daltrop, *Privatbildnisse,* p. 34.

5. A) London, British Museum, no. 1897: Wegner, *Hadrian,* p. 101. Ed. H. B. Walters, *British Museum Marbles and Bronzes*[3] (London, 1928), pl. 38; b) Vatican, Sala dei Busti, no. 283: Wegner, *Hadrian,* p. 110, pls. 9d, 27, 28a.

6. Munich, Glyptothèque, no. 400: W. Clairmont, *Bildnisse des Antinous* (Neuchâtel, 1966), p. 42, no. 12, pl. 12; b) Vatican, Sala Rotonda: *idem,* p. 54, no. 47, pl. 6.

7. P. ex.: la liste des bustes *in:* Daltrop, *Privatbildnisse,* p. 36sq.

8. P. ex.: a) Ince Bundell Hall, Pantheon, no. 195: F. Poulsen, *Greek and Roman Portraits in English Country Houses* (Oxford, 1923), p. 74, no. 56 avec fig.; b) Rome, Musée des Thermes, no. d'inv. 124498:

Le nez et le menton sont reliés par deux légers sillons. La bouche a des lèvres fines et bien ourlées, ainsi que des fossettes aux commissures. De longues mèches raides tombent sur le front par groupes. Les yeux enfoncés sous les vastes arcades sourcilières ont des paupières très marquées. L'iris et la pupille sont indiqués par un arc de cercle légèrement gravé et un trou. Une fine ligne en relief indique les sourcils. Ces deux détails nous permettent de dater notre portrait de l'époque d'Hadrien et de le situer plus précisément après le portrait de l'empereur exécuté lors du dixième anniversaire de son règne, qui présente pour la première fois la pupille et l'iris gravés.[3]

La forme du buste confirme cette datation. Nous savons en effet que rares sont les bustes nus d'Hadrien empereur,[4] les deux seuls qu'on connaisse, celui du British Museum et celui du Musée du Vatican, dans la Sala dei Busti, sont très grands;[5] comme dans le cas de notre relief, le buste se termine largement en dessous des seins et les bras sont formés jusqu'à la naissance des biceps. Nombreux sont par contre les portraits de particuliers présentant un buste nu de l'époque d'Hadrien, en particulier quelques-uns d'Antinoüs;[6] en général, ils ont le même format que ceux de l'empereur.[7]

Quant à la tête du relief en question, comme nous ne connaissons pas de portraits de jeunes princes de l'époque d'Hadrien, nous la comparerons à des portraits privés de jeunes garçons de cette époque. Remarquons au préalable que de nombreux portraits d'enfants de l'époque d'Hadrien[8] n'adoptent pas la coiffure bouclée en vogue auprès des adultes, à l'image de celle de l'empereur. Les mèches de cheveux de notre garçonnet sont modelées par de légers traits de ciseau: ce traitement de la chevelure est caractéristique des têtes enfantines de l'époque de Trajan,[9] mais on le rencontre encore sous le règne de son successeur;[10] en général, lorsque les cheveux des portraits de garçons de l'époque d'Hadrien sont lisses, les mèches sont séparées les unes des autres par de pesants traits de foret qui produisent un contraste d'ombre et de lumière entre les creux et les reliefs.[11]

Le contour des yeux ainsi que le dessin des sourcils et de la bouche nous rappellent un portrait dans lequel M. Wegner croyait reconnaître Hadrien[12] et qui est situé sur l'attique de l'arc de Trajan à Bénévent que l'on date généralement encore du règne de Trajan, avant l'inauguration en 114 ap.J.-C. de ce monument, mais qui porte déjà

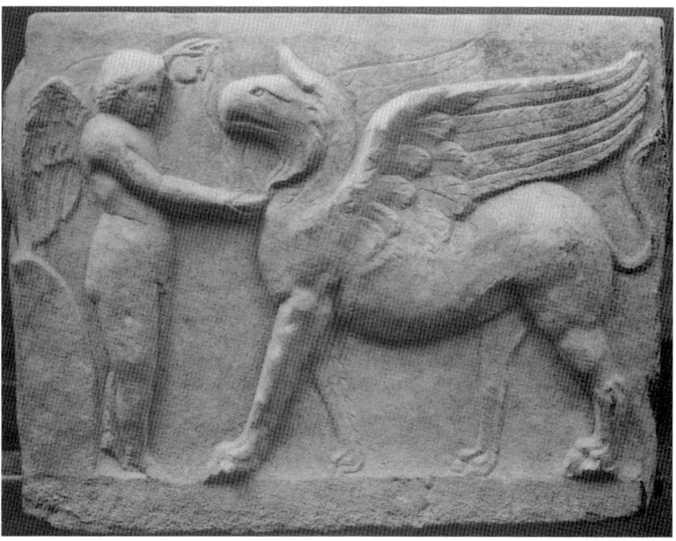

Fig. 1c. Détail: petit côté droit: Amour abreuvant un griffon. Photo: H. Jucker.

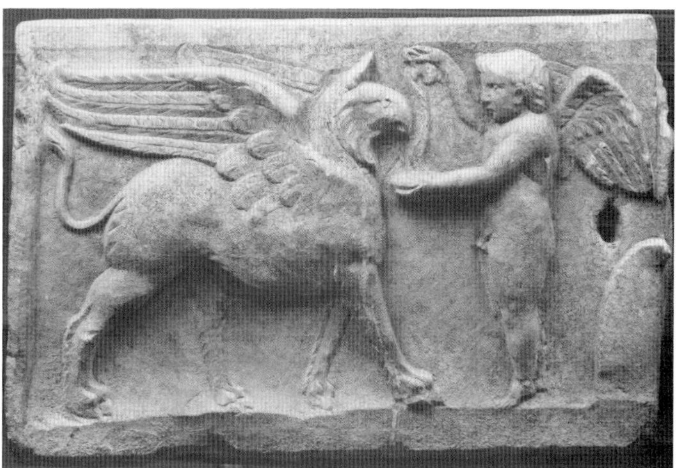

Fig. 1d. Détail: petit côté gauche: Amour abreuvant un griffon. Photo: H. Jucker.

tous les signes distinctifs de l'art du règne d'Hadrien, sauf pour l'indication des pupilles.[13] Nous notons la même arcade sourcilière qui débute en biais au-dessus des coins internes des yeux; les mêmes paupières marquées dont l'épaisseur ne varie pas d'un coin à l'autre des yeux; la même lèvre inférieure plus épaisse que la supérieure. Le front aussi est le même: il est bas et large.

B. Felletti-Maj, *Museo nazionale romano. I ritratti* (Roma, 1953), p. 126, no. 249; c) *Ibid.,* no. d'inv. 4197: *idem,* p. 126, no. 250; d) Aquileia, Musée, no. d'inv. 66: F. Poulsen, *Porträtstudien in norditalienischen Provinzmuseen* (Kopenhagen, 1928), p. 10, no. 5, figs. 10sq.

9. P. ex.: a) Vatican, Galleria Chiaramonti, no. 417: Amelung, *Vat. Kat.* I (Berlin et Leipzig, 1903), p. 582, no. 417, pl. 61; b) no. d'inv. 419: *idem,* p. 583, no. 419, pl. 61.

10. P. ex.: a) *cf.* note 8c; b) *cf.* note 8b.

11. P. ex.: a) *cf.* note 8a; b) *cf.* note 8d.

12. Relief de droite, côté campagne: Wegner, *Hadrian,* p. 94, pl. 1 à dr.; F. J. Hassel, *Der Trajansbogen in Benevent* (Mainz, 1966), p. 18, pl. 16.2; K. Fittschen, *AA* (1972), pp. 762sq., fig. 20; *cf.* W. Gauer, *JdI* 89 (1974), p. 313sq.

13. Gauer (note 12), p. 334.

Nous pouvons grouper quelques portraits d'enfants de l'époque d'Hadrien autour du nôtre: par exemple la tête d'un petit garçon à Berlin, aux Staatliche Museen,[14] dont le dessin de la bouche et les rides descendant des ailes du nez vers le menton sont semblables; rappelons encore une tête masculine au Musée d'Aquîleia,[15] ou deux bustes de garçons à Paris, au Louvre[16] et à New York, au Metropolitan Museum;[17] tous ces portraits ont en commun le dessin des yeux et de l'arcade sourcilière ainsi que l'indication très discrète des pupilles, des iris et des caroncules.

Nous avons parlé plus haut d'un mélange de tendances réalistes et idéaiistes dans le style de notre portrait: le caractère classique qui est prédominant s'accorde très bien avec le style également classique des Erotes abreuvant les griffons qui l'entourent.

Le buste en question est de très bonne qualité, si l'on songe à ses dimensions réduites (0,157 m) qui rendent difficile la représentation des traits individuels du portrait dans la pierre.

Quant au motif de l'Eros abreuvant un griffon, nous ne connaissons pas de monument officiel daté du règne d'Hadrien présentant ce sujet; il eut un grand succès surtout à l'époque de Trajan.[18]

Les putti se terminant en rinceaux sur la plaque frontale du couvercle en question ont la même attitude que les Amours occupés à entretenir la flamme d'un *thymiaterion* sur un fragment de frise conservé à la Villa Albani à Rome et provenant du deuxième temple de Vénus Genitrix au Forum de César[19] dont la datation est généralement située sous Trajan.[20]

Les enfants sur notre couvercle sont aptères, il s'agit donc de putti.

Nous trouvons une certaine affinité stylistique entre les Erotes du caisson et ceux représentés dans une attitude similaire sur la plaque de la Villa Albani ou ceux figurés exactement dans la même position sur les reliefs du forum de Trajan au Vatican, cités plus haut, qui nous rappellent à leur tour leurs prototypes hellénistiques.[21] Cet air de parenté est dû au fait que le style des Amours de ces deux frises architectoniques a influencé en grande partie l'aspect des Erotes sur les caissons des sarcophages de l'époque d'Hadrien, en particulier de ceux qui sont ornés de guirlandes. Certains de ceux-ci[22] représentent même les Amours occupés aux mêmes tâches que ceux qui se trouvent sur les frises du forum de Trajan ou du temple de Vénus Genitrix avec Erotes porteurs de guirlandes.[23]

Nous pouvons comparer le style des Erotes sur le caisson de Malibu avec celui des Amours guirlandophores d'un sarcophage datable, grâce aux marques de fabrique de briques trouvées ensemble, avant 132–134 ap.J.-C., se trouvant aujourd'hui au Vatican, au Museo Gregoriano Profano et provenant d'une tombe près de la Porta Viminalis.[24] Ajoutons encore un exemplaire avec des guirlandes provenant du même atelier romain, conservé à Pise, au Camposanto,[25] dans lequel était inhumé un consul de 87 ap.J.-C., C. Bellicus Natalis Tebanius, mort probablement vers 120–125, dont les petits côtés présentent une guirlande soutenue à l'une de ses extrémités par un putto et dont l'encarpe contient une tête de Méduse.

Les Amours sur le caisson en question et ceux des sarcophages du Vatican et de Pise ont en commun le profil rebondi du visage, la bouche pulpeuse, le front haut, le nez court, les joues pesantes, les yeux petits et ronds, les cheveux formant des mèches légèrement torsadées retombant vers les tempes et la nuque, les chairs potelées du corps, les contours linéaires ne laissant pas deviner l'ossature. Nous notons que les formes des Erotes sur les deux sarcophages cités sont plus soigneusement travaillées que celles des Amours de notre fragment: le jeu des muscles se devine sous la peau des enfants sur ces deux exemplaires, tandis qu'il est inexistant chez les nôtres; les mèches de cheveux des porteurs de guirlandes sur le sarcophage du Vatican présentent un relief plus haut et se chevauchent en partie. Ce manque de minutie dans l'exécution des détails des enfants sur le caisson de Malibu est dû à une question de qualité et peut-être aussi au désir de mettre en relief le portrait du jeune défunt qui, lui, a bénéficié d'un travail plus détaillé.

14. Blümel, Kat. Berlin, *Römische Bildnisse*: ein Bauwerk des römischen Senats (Berlin, 1933), p. 22 R 51, pl. 48.

15. *Cf.* note 8d.

16. No. d'inv. MA 1002: Jucker, *Bildnis*, p. 85, St 28, pl. 30 (bibl.); Wrede, *Consecratio*, p. 278sq.

17. No. d'inv. 18. 145.11: Daltrop, *Privatbildnisse*, p. 119, fig. 60.

18. A) *cf.* note 2; b) note 41; c) note 42; d) note 43; e) note 44; f) note 36a.

19. M. Floriani-Squarciapino, *MemAcLinc* Ser. VIII 2 (1950), p. 76, fig. 8. *EA*, no. 4134.

20. *Cf.* la discussion chez Floriani-Squarciapino (note 19), pp. 105sq. *Cf.* Helbig II,4 (Tübingen, 1966), no. 1672. M. Wegner écrit que certaines parties de la décoration architectonique du temple (en particulier, certaines bases de colonnes et un *soffitto*) sont de la fin du règne de Domitien, tandis que d'autres parties (en particulier la frise avec les Amours qui portent les armes de Mars avec son *soffitto*) sont de l'époque de Trajan: M. Wegner, *Ornamente kaiserlicher Bauten Roms*, (Köln et Graz, 1957), p. 17sq., fig. 12b. *Id., Schmuckbasen des antiken Rom* (Münster, 1965), p. 43, fig. 10a. Il ne parle pas du relief avec les Erotes ornant un *thymiaterion. Cf.* aussi Ch. Leon, *Die Bauornamentik des Trajansforums* (Wien, 1971), p. 67sq., type G.

21. *Cf.* note 81.

22. *Cf.* les exemples des notes 24, 41–43.

23. M. Honroth, *Römische Girlanden* (Wien, 1971), p. 488; Floriani-Squarciapino, (note 19), p. 78, no. 23, fig. 7d. Notons que ce genre de frise est déjà présent dans l'Aula Regia de Domitien au Palatin: en particulier, Erotes flanquant un candélabre: P. H. von Blanckenhagen, *Flavische Architektur und ihre Dekoration* (1940),

Une confrontation entre les Amours du caisson de Malibu et les Amours porteurs de guirlandes sur des sarcophages de l'époque des Antonins[26] nous permet de remarquer que ces derniers sont très différents: leurs corps sont d'aspect plus athlétique, lourds et anguleux, leurs visages poupins sont sans expression, encadrés de boucles en tire-bouchon et surmontés d'un *krobylos*.

Nous remarquons que le corps du griffon de droite sur la façade du sarcophage en question est légèrement plus court que celui du monstre de gauche: cela est dû au fait que le putto de droite et la feuille se trouvant derrière lui possèdent de plus grandes dimensions que leurs pendants de gauche et que, par conséquent, la place réservée au griffon est plus limitée ici que là.

Nous pouvons aussi comparer le style des griffons à tête léonine sur le caisson du Musée J. Paul Getty avec celui du fragment de frise du Vatican, cité plus haut. Le corps du griffon sur la plaque du Vatican est plus musclé; nos monstres ont été représentés de manière plus simple, bien que tous les détails tels que la crinière, les cornes et les longs poils sur l'arrière-train et sur les pattes propres à l'animal du Vatican n'aient pas été omis chez les nôtres. Les cornes de nos griffons sont plus petites, leurs ailes sont moins courbées, plus rigides et leur relief est moins accusé; tout l'animal a l'air moins sauvage et prêt à bondir; toutes ces faiblesses dans l'exécution de nos monstres sont dues au fait que le relief en question appartient à un monument privé sans prétention, destiné à être placé à hauteur d'homme dans un édifice funéraire, tandis que les frises du forum de Trajan—un monument public—étaient situées à une hauteur respectable et devaient donc être de plus grandes dimensions et d'un travail plus élaboré, oeuvre d'un maître habile, pour remplir leurs fonctions de symbole des pompes officielles; ces faiblesses donc ne peuvent être attribuées à une datation sensiblement différente par rapport au fragment de frise du Vatican. Nous savons d'ailleurs que la grande vogue des frises décorées de griffons, qui débute sous Trajan, décline à l'époque des Antonins.[27] Nos griffons ne peuvent donc pas être situés à une date plus tardive. Il est d'ailleurs hors de question de les mettre en parallèle avec les griffons à tête aquiline représentés sur la frise du temple d'Antonin et de Faustine au Forum romain,[28] construit après la mort de cette dernière en 141 ap.J.-C.: ces monstres ont des formes beaucoup plus allongées et une attitude beaucoup plus hiératique.

Nous pouvons comparer les griffons à tête aquiline sur les petits côtés du sarcophage d'enfant à Malibu avec les monstres qui, en position antithétique, entourent un vase sur d'autres fragments de frise provenant du forum de Trajan conservés *in situ*, à Paris, au Louvre, et dans les dépôts de l'antiquarium du Forum:[29] le style en est le même.

Quant au rinceau de feuilles d'acanthe avec des rosettes dans les spirales, nous lui trouvons aussi des parallèles stylistiques à l'époque d'Hadrien. Les feuilles enveloppant les tiges peuvent être comparées avec celles que l'on trouve sur la base d'un pilier provenant de la reconstruction sous Trajan du temple de Vénus Genitrix, *in situ*;[30] mais nous notons que ses feuilles reflètent encore le naturalisme luxuriant de l'époque flavienne: les feuilles enveloppant les tiges sont charnues et en même temps minces et presque détachées du fond du relief.

Les rinceaux ainsi que les feuilles d'acanthe d'où émergent des Erotes et des griffons sur le couvercle en question ressemblent plutôt à ceux, malheureusement très abîmés, qui ornent les piliers de l'arc de Trajan à Bénévent:[31] mêmes feuilles enflées et pâteuses enveloppant des tiges aux contours presque sans découpures, collées au fond du relief: mêmes tiges au relief peu marqué; mêmes calices lourds et aplatis. Notons que le rinceau de feuilles d'acanthe sur la plaque frontale de Malibu n'atteint pas la rigidité et la pauvreté du feuillage entourant des *thymiateria* sur la frise du temple d'Antonin et de Faustine.

Quant à la forme du couvercle du sarcophage de Malibu, elle est caractéristique de la première moitié du IIe siècle; ce genre de couvercle a été décrit par G. Rodenwaldt[32] à propos du sarcophage de l'époque d'Hadrien conservé à New York, au Metropolitan Museum,[33] présentant des Saisons sur sa plaque frontale.

p. 65 I 1)c pl. 19, 56.57; p. 66 3)a; pp. 75sq., pl. 22, 65; pl. 23, 66; A. H. Borbein, 14. *Ergh. RM* (1968), p. 100.

24. No. d'inv. 10443, Koch-Sichtermann, *Sarkophage*, pp. 229, 233, no. 80, pl. 268.

25. P. E. Arias, E. Cristiani—E. Gabba, *Camposanto monumentale di Pisa* (Pisa, 1977), pp. 117–119. B4 est pl. 59, 122; pl. 60, 123–125 (bibli.); Koch-Sichtermann, *Sarkophage*, pp. 229, 232.

26. P. ex.: a) Koch-Sichtermann, *Sarkophage*, pp. 226, 228, 230, 232, no. 29; b) *idem*, pp. 224, 226, 230, 232, no. 28; c) *idem*, pp. 224, 226, 230, 231, no. 5.

27. *Cf.* Ch. Simonett, *Die geflügelten Löwen aus Augst* (Basel, 1944), pp. 46sq.; pl. 53; Delplace, *Griffon*, pp. 287sq.; 292–294. Nous verrons plus loin que les sarcophages romains représentant des griffons sur leur façade sont tous datables de la première moitié du IIe siècle. Exception: *Ienos* pour enfant à la catacombe de Prétextat à Rome, de la fin du IIIe siècle: M. Gütschow, *MemAccPont* Serie III 4, 2 (1938), p. 127sq., pl. 38,1.

28. P. Gusman, *L'art décoratif de Rome, vol. III* (Paris, 1914), p. 23, pl. 173; E. Nash, *Pictorial Dictionary of Ancient Rome I*[3] (Tübingen, 1981), p. 26sq., fig. 17.

29. Leon (note 20), p 68, pl. 11, 2; pl. 12, 1–3.

30. H. Kähler, *RM* 52 (1937), p. 108, fig. 1; M. Wegner, *Schmuckbasen des antiken Rom* (Münster, 1965), p. 43, fig. 10a.

31. Hassel (note 12), p. 29, pl. 35,1.

32. G. Rodenwaldt, *JdI* 45 (1930), p. 143.

33. A. McCann, *Roman Sarcophagi in the Metropolitan Museum of Art* (New York, 1978), pp. 25–29, figs. 11, 15–20.

En conclusion, le sarcophage du J. Paul Getty Museum appartient au début du règne d'Hadrien, à une époque où nous trouvons plusieurs autres exemplaires représentant des griffons sur leur façade, comme nous le verrons plus loin.

Nous avons noté que la représentation des Erotes abreuvant des griffons sur les plaques provenant de la frise du portique sud du forum de Trajan ainsi que celle sur la façade du caisson en question sont construites de manière absolument symétrique. Le relief du sarcophage et celui de la frise du forum de Trajan ont donc un prototype commun que nous ne connaissons malheureusement pas.[34] A. H. Borbein[35] nous signale un casque, provenant de Pompéi, conservé au Musée de Naples, dont le cimier porte cette décoration sur les deux faces. Ici, la symétrie n'a pas été parfaitement respectée, néanmoins nous observons que le motif ne suit pas l'arrondi du casque, mais qu'il repose sur une ligne droite tracée en relief tout au long du cimier. Nous avons donc l'impression que cette décoration a été créée pour une frise architectonique et qu'elle a été reprise dans des contextes différents qui s'y prêtaient plus ou moins bien.[36]

Notons que le motif était déjà connu sous d'autres formes, moins rigides, sans symétrie, comme le prouvent les deux *lagonae* du trésor de Boscoreale de l'époque d'Auguste,[37] dont le col présente sur chaque côté un Eros tenant un griffon à tête léonine par les cornes et tendant une coupe dans laquelle celui-ci boit. Le griffon a une des pattes antérieures levée. Le monstre ainsi que l'Eros ont le bas du corps se terminant par des rinceaux de feuilles d'acanthe. Nous ne pensons pas que le motif de l'Eros abreuvant un griffon sur notre caisson ait été copié d'un relief décorant un objet en métal, comme c'est le cas pour de nombreux sarcophages avec frise mythologique traités récemment par H. Froning.[38]

Les ateliers romains de sarcophages, dans la première moitié du IIe siècle, fabriquaient généralement des caissons avec des figures en relief formant une frise. Nous avons ici un des premiers témoignages du goût de ces manufactures pour une représentation symétrique axée sur un motif central,[39] en l'occurrence le portrait porté par des Erotes, qui reprend à son compte les motifs se répétant régulièrement sur une frise architectonique qui leur sert de modèle, comme l'a bien vu I. Flagge.[40]

Nous connaissons d'ailleurs d'autres sarcophages de l'époque de Trajan et d'Hadrien et dont certains sont malheureusement aujourd'hui disparus, qui représentaient aussi sur leur façade un motif central flanqué symétriquement d'un Eros abreuvant un griffon:
—un fragment jadis à Ardea;[41]
—un sarcophage jadis à Rome, au palais Circi, avec un motif indéterminé au centre et des Erotes se terminant en rinceaux de feuilles d'acanthe;[42]
—un sarcophage jadis à Rome, au palais Giustiniani, que G. Koch et H. Sichtermann identifient avec un exemplaire aujourd'hui au Musée national de Varsovie, présentant au centre un bétyle couronné d'une fleur de lotus, daté par P. Parandowski vers 140 ap.J.-C.;[43]
—un fragment à Rome, au Musée des Thermes, difficilement datable, sur lequel nous voyons un petit homme barbu offrant une coupe à un griffon.[44]

A ceux-là s'ajoutent les sarcophages datés de l'époque de Trajan à celle d'Antonin le Pieux, dont la façade présente des griffons passants, placés antithétiquement autour d'un motif central, qui eux aussi empruntent leur décoration aux reliefs architectoniques où des groupes symétriques se suivent,[45] comme c'est le cas pour des frises décorant le portique du forum de Trajan, la basilique Ulpia, ainsi que le sanctuaire d'Antonin le Pieux et de Faustine, cités plus haut: un sarcophage au Vatican,

---

34. Le motif, très proche du point de vue iconographique, du dieu maîtrisant un ou deux griffons à ses côtés, est connu depuis l'époque Mitanni: *cf.* Jucker, *Bildnis*, pp. 171–178; Delplace, *Griffon*, pp. 295–297. Dans l'art funéraire romain, nous rencontrons, dans le rôle de maître des griffons, Dionysos-Sabazios, un dieu âgé, barbu, vêtu d'un long *chiton*, parfois ailé, dont les vêtements, souvent, se terminent en feuilles d'acanthe (p. ex. Jucker, *Bildnis*, p. 174, fig. 65; Flagge, *Greif*, p. 88, fig. 94). Le jeune Dionysos-Dusares, qui est généralement nu et dont le bas du corps se termine en rinceaux, remplit aussi cette fonction (p. ex. Jucker, *Bildnis*, p. 174, fig. 64; Flagge, *Greif*, p. 89, fig. 95). Sabazios et Dusares sont des dieux de la végétation; *cf.* pour Sabazios: Ch. Picard, *RA* (1961), pp. 129sq.; *cf.* pour Dusares: Roscher *ML* I[1] (Leipzig, 1884), p. 1206sq., s.v. Dusares (Meyer). Dans l'art funéraire, ces deux parèdres de Dionysos, dans leur rôle de maître des griffons, symbolisent la croissance et la mort de la végétation et expriment donc l'espoir du défunt en une victoire sur la mort: *cf.* Flagge, *Greif*, pp. 88–93. Sabazios est parfois représenté aussi en train d'abreuver des griffons: *cf.* des plaques Campana: a) Rohde-Winnefeld IV,1 (Berlin, 1911), p. 166, fig. 320; b) *idem*, p. 167, fig. 322; c) Palladion,

Basel, Catalogue 1976, no. 99 avec fig. Némésis peut aussi abreuver des griffons; elle porte un long *péplos* ceinturé et est généralement ailée, ex: Jucker, *Bildnis*, p. 197sq. En outre: *Pompeji*, Catal. de l'exposition de Zurich (Recklinghausen, 1974), p. 212, no. 367, avec pl.

35. Borbein (note 23), p. 99; Delplace, *Griffon*, p. 282, fig. 277 (Amour se terminant en feuillage).

36. Ex.: a) deux plaques Campana: Borbein (note 23), p. 98, notes 484–485, pl. 121,2; Delplace, *Griffon*, p. 262, fig. 264 (Amour se terminant en feuillage); b) reliefs en pierre: 1. Flagge, *Greif*, p. 100, note 149; Esperandieu, *Recueil* II (Paris, 1908), no. 1667; 2. Flagge, *Greif, ibidem;* Esperandieu, *Recueil* I (Paris, 1907), no. 658 (Amour se terminant en feuillage); c) relief pompéien en stuc: Spinazzola, *Arti*, pl. 175; Borbein (note 23), p. 99, note 492.

37. Ces *lagonae* sont datées généralement de l'époque d'Auguste: *cf.* A. H. Borbein, (note 23), pp. 78–80 (bibli.); R. Bianchi-Bandinelli, *Rome: le centre du pouvoir* (Paris, 1969), pp. 204–208, figs. 223, 224.

38. H. Froning, *JdI* 95 (1980), pp. 327–341.

39. Borbein (note 23), p. 198sq.; M. Wegner *in: Festschrift G. Kleiner* (Tübingen, 1976), pp. 153, 175.

jadis à la Galleria lapidaria, aujourd'hui dans la scala Simonetti;[46] un exemplaire au Fitzwilliam Museum de Cambridge;[47] un sarcophage à Baltimore, à la Walters Art Gallery;[48] un autre aujourd'hui disparu représenté sur un tableau de Bartolomeo Bonasia à Modène, figurant une descente de croix;[49] le sarcophage de Ostorius Ostorianus à Ostie,[50] dans le jardin devant l'entrée du Musée, provenant de l'Isola sacra (fig.2); un caisson fragmentaire à Rome, au Musée des Thermes.[51] Tous ces sarcophages, sauf les deux derniers, sont pourvus d'un couvercle; ce couvercle a la même forme que celui de notre sarcophage.

Il est important de remarquer que tous les sarcophages avec griffons sur leur façade, sauf celui du Vatican, ainsi que le nôtre, sont de petites dimensions: ils ont donc été employés pour des sépultures d'enfants; celui qui est orné d'Erotes et de griffons (jadis au Palais Circi), dont nous ne possédons pas les mesures, était destiné à un garçon de dix-sept ans.

Nous avons vu plus haut que l'image d'Eros abreuvant un griffon est attestée à partir de l'époque d'Auguste et qu'elle a été adaptée pour servir de décoration à une frise architectonique.

E. Simon[52] a voulu démontrer que les Erotes de la frise du portique sud du forum de Trajan sont des parèdres de la déesse vengeresse Némésis. Cet archéologue a tenté aussi de démontrer que le griffon est une personnification de la déesse, elle-même un symbole de la puissance dominatrice de Rome; nous savons en effet que Némésis est souvent remplacée par son traban à tête aquiline ou léonine.[53]

Il serait plus simple de voir dans cette représentation du Forum de Trajan l'Amour[54] tendant à un griffon symbolisant l'Orient un breuvage dionysiaque puisé dans un cratère décoré de motifs bacchiques placé à son côté. Rappelons que, dès le début du IVe siècle av.J.-C., le

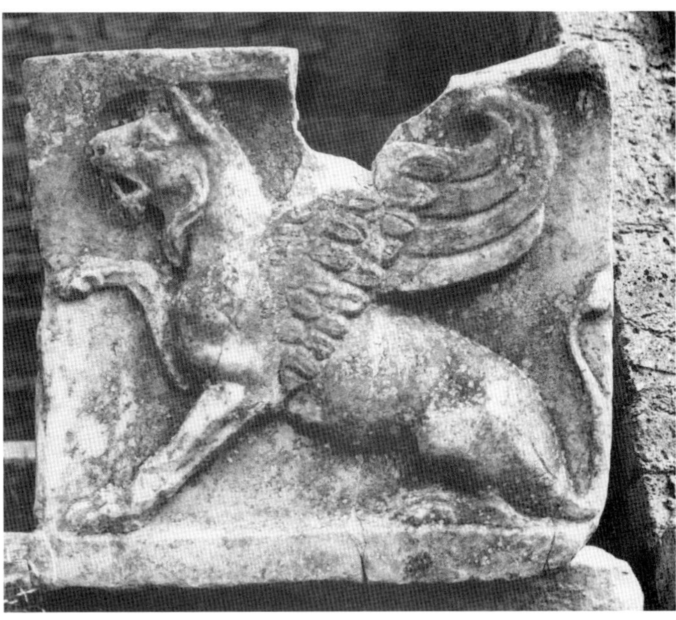

Fig. 2. Petit côté droit du sarcophage de Ostorius Ostorianus à Ostie, devant l'entrée du Musée. Photo de l'auteur, 1978/4, no. 5. Courtoisie V.S.M. Scrinari

griffon venait traditionellement de l'Orient car, grâce à Ktesias,[55] s'était répandue l'histoire des griffons gardiens de mines d'or aux Indes. La boisson enivrante que le monstre sur la frise du forum de Trajan reçoit des mains de l'Eros devrait l'amadouer;[56] cette scène doit donc, à notre avis, symboliser la volonté de paix de Rome, après l'assujettissement de ses ennemis. Nous savons en effet que le forum de Trajan, ainsi que la basilique Ulpia furent inaugurés le 1er janvier 112,[57] donc peu avant la campagne de l'empereur contre les Parthes. E. Simon explique avec raison la présence du cratère dionysiaque sur la frise par le fait que, depuis l'expédition militaire d'Alexandre le Grand en Asie,[58] Dionysios qui, d'après

40. Flagge, *Greif,* p. 100.

41. Borbein (note 23), p. 99, note 492.

42. Koch-Sichtermann, *Sarkophage,* p. 236, note 7; Matz-Duhn II (Leipzig, 1881), no. 2446; *MonInst* 8 (1864/65), pl. 15, 3.

43. No. d'inv. 143217; Matz-Duhn II (Leipzig, 1881), no. 2447; P. Parandowski, *RoczMusWarsz* 14 (1970), pp. 235sq., figs. 1–3; Koch-Sichtermann, *Sarkophage,* p. 236, note 6.

44. K. Schauenburg, *AA* (1975), p. 291, note 59. *DAI* Rom Neg. 64′ 862.

45. *Cf.* N. Himmelmann, *AnnPisa* Ser. III 4, 1 (1974), p. 145sq.

46. Nr. 166. Amelung, *Vat. Kat.* I (Berlin–Leipzig, 1903), p. 256, no. 126, pl. 26. Koch Sichtermann, *Sarkophage,* pp. 235, 237, 265, pl. 278.

47. No. d'inv. GR 7. 1920; L. Budde–R. Nichols, *Catalogue of Greek and Roman Sculpture in the Fitzwilliam Museum* (Cambridge, 1964), p. 98, no. 160, pl. 52; Koch-Sichtermann, *Sarkophage,* pp. 237, 265.

48. No. d'inv. 2335. Lehmann-Hartleben/Olsen, *Sarcophagi,* pp. 17 sq., 63, figs. 16–18; Koch-Sichtermann, *Sarkophage,* pp. 236 sq., 265,

629.

49. Lehmann-Hartleben/Olsen, *Sarcophagi,* p. 63, note 191; NotSc 1928, p. 166, fig. 22.

50. *CIL* XIV, no. 5050; Flagge, *Greif,* p. 82, fig. 82 (fig. 82: erreur: ne représente pas un petit côté du sarcophage; petits côtés: un lion accroupi avec patte antérieure levée: *cf.* fig. 2).

51. No. d'inv. 135928; V. Santa Maria Scrinari, *BdA* 57 (1972), p. 66sq., figs. 6–8.; Koch-Sichtermann, *Sarkophage,* p. 235.

52. E. Simon, *Latomus* 21 (1962), pp. 772–779.

53. Flagge, *Greif,* pp. 106–121; Delplace, *Griffon,* pp. 399–413.

54. *Cf.* Delplace, *Griffon,* pp. 416.

55. Ktesias apud Aelianum, *De nat. an.* IV 24 = Jacoby, *F. Gr. Hist.* III c no. 688, p. 494sq., fragm. 45h.

56. *Cf.* M. Renard, *Le Pays Gaumais* 24/25 (1963/64), p. 156.

57. *Cf.* note 2.

58. H. Jeanmaire, *Dionysos* (Paris, 1951), p. 352sq.

la légende, conquit les Indes, servait de modèle aux souverains, particulièrement aux conquérants de l'Orient.

La représentation d'une pompe bacchique faisant suite à la campagne de Dionysios aux Indes est très fréquente sur des reliefs de l'époque des Antonins et débute à celle de Trajan.[59] Notons d'ailleurs qu'une légende persane raconte l'enlèvement d'Alexandre par des griffons.[60]

En conclusion, tous les éléments de la représentation du forum de Trajan appartiennent à l'imagerie "orientale" et constituent un message politique de Rome, avant sa campagne de "pacification" en Orient.

Quant au symbolisme du motif décorant des objets à partir de l'époque d'Auguste, nous nous rallions à la thèse de A. H. Borbein[61] qui écrit que la représentation d'Eros abreuvant un griffon apparaît tout d'abord comme représentation purement décorative dans l'art romain pour ensuite assumer une signification politique sous Trajan, lorsqu'il figure sur un monument officiel.

Nous adoptons aussi la thèse de I. Flagge,[62] qui pense que les reliefs funéraires du début du IIe siècle avec Erotes abreuvant un griffon reprennent ce motif des monuments officiels. Toutefois, nous considérons que cette représentation sur les sarcophages ne reprend pas le symbolisme politique de ses modèles mais en crée un nouveau.

C'est ainsi que nous reprenons la thèse de Ch. Delplace,[63] qui postule que la représentation d'Eros abreuvant un griffon, dans un contexte funéraire, symboliserait l'amadouement de ces monstres à la fois psychopompes[64] et gardiens des Enfers,[65] par le liquide dionysiaque contenu dans la coupe. En effet, F. Matz et F. von Duhn, dans leur description du sarcophage Circi,[66] croient reconnaître un vase placé entre l'Eros et le griffon du groupe de gauche; il s'agirait donc, dans le cas du sarcophage du palais Circi, d'une copie reproduisant en désordre tous les éléments des reliefs du forum de Trajan, tandis que notre représentation et celle sur le sarcophage du Musée national de Varsovie doivent être

un version raccourcie de cette même scène. Sur les reliefs du forum de Trajan, il est évident que l'Eros a puisé avec son oinochoé dans le cratère contenant du vin.

Quant à la supposition de Ch. Delplace et de P. Parandowski[67] selon laquelle le défunt aurait été initié aux mystères dionysiaques, elle ne peut guère être prise en considération, car les sarcophages présentant la scène en question ou tout simplement des griffons affrontés, sont en général de petites dimensions et ont donc servi de sépulture à des enfants qui n'avaient pas l'âge d'être initiés.

Il n'est pas non plus permis d'extrapoler, comme le fait Ch. Delplace, qui croit reconnaître en la coupe ou l'oinochoé dans les mains de l'Eros le canthare qui contenait de l'eau, source de vie éternelle et auquel venaient s'abreuver des colombes, motif représenté dans l'art funéraire à partir du IVe siècle av.J.-C.; ces colombes symbolisent l'âme du défunt assoiffée d'immortalité.[68] En effet, les Romains eux-mêmes faisaient la différence: sur les reliefs du temple d'Antonin et de Faustine, nous voyons des griffons affrontés gardiens du feu éternel et entourés de cratères remplis d'eau source de vie,[69] tandis que les reliefs du forum de Trajan nous présentent des cratères ornés de motifs dionysiaques, donc contenant une boisson enivrante[70] destinée à amadouer les griffons.

Quant au fait que les Erotes sur le sarcophage de Malibu abreuvent tantôt un griffon à tête aquiline, tantôt un monstre à tête léonine, notons que cette alternance existe aussi dans la décoration du casque provenant de Pompéi cité plus haut[71] et qu'elle n'a probablement aucune signification particulière.

Les deux putti affrontés de part et d'autre d'une torche allumée sur la plaque frontale du couvercle en question nous rappellent la représentation semblable sur la plaque provenant du temple de Vénus Genitrix citée plus haut,[72] ainsi que celle qu'on trouve sur des fragments de frise provenant de la Domus Aurea de Domitien au Palatin,[73] où nous voyons deux Erotes entourant

59.   En général: R. Turcan, "Les Sarcophages Romains à Représentations Dionysiaques," *BEFAR* 210 (1966), pp. 371, 442sq. (bibl.).

60.   Jucker, *Bildnis*, p. 172, note 1.

61.   Borbein (note 23), p. 101sq.

62.   Flagge, *Greif*, p. 100.

63.   Delplace, *Griffon*, p. 416.

64.   E. Simon (note 52), p. 771; Flagge, *Greif*, pp. 101sq.; Delplace, *Griffon*, pp. 417sq.

65.   Flagge, *Greif*, pp. 28sq; 34sq.; *cf.* p. 40sq.; p. 42sq.; *cf.* B. Lunn, *Latomus* 22 (1963), p. 257.

66.   *Cf.* note 42.

67.   Delplace, *Griffon*, p. 416; P. Parandowski (note 43), p. 246.

68.   Delplace, *Griffon*, p. 416.

69.   Jucker, *Bildnis*, p. 175; Flagge, *Greif*, pp. 94sq.

70.   Daremberg-Saglio (Paris sans date), p. 1690, s.v. Cyceion (Lenormant); F. Cumont, *Lux perpetua* (Paris, 1949), p. 418.

71.   *Cf.* note 35.

72.   *Cf.* note 19.

73.   *Cf.* note 23.

74.   Plut. qu. rom. 2: τὸ φῶς λευεσεωζ ἐστι σημεῖον.

75.   S. Eitrem, *Opferritus und Voropfer der Griechen und Römer in: Skrifter utgit av Videnskapsselskapet I, Kristiania* (1914), II. Historik-Filosofhik Klasse I. Bind, p. 155.; *cf.* aussi F. Cumont (note 70), pp. 48sq.

76.   H. Wrede, *RM* 85 (1978), pp. 416, 419 (bibl.), pl. 136,2; *cf.* McN. Rushforth, *JRS* 5 (1915), pp. 149–164.

77.   G. Rodenwaldt, 83. *BWPr* (1925), p. 11 F. Matz, *Gnomon* 21 (1949), p. 13sq.

78.   *Cf.* note 36.

79.   M. Floriani-Squarciapino, *MemAccLinc* Ser. VIII 2 (1950), pp. 89sq.

80.   R. Stuveras, *Coll. Latomus* 99 (1969), p. 78sq.

81.   Borbein (note 23), pp. 26–27; p. 100sq.

82.   Ch. Simonett (note 27), p. 33, fig. 7.

un candélabre flamboyant.

Les Anciens disaient: la lumière est signe de vie.[74] C'est la lumière qui conserve la vie aux âmes ou les éveille à la vie.[75]

Plusieurs monuments funéraires d'époque impériale représentent un candélabre ou une torche allumés aux pieds d'un lit funéraire, par exemple un relief de la tombe des Haterii.[76]

La flamme est aussi un symbole de la vie éternelle, de l'au-delà, c'est pourquoi nous voyons souvent des torches et des candélabres représentés sur les sarcophages romains des IIe et IIIe siècles ap.J.-C.[77] C'est le cas justement du caisson en question, qui présente une torche allumée sur son petit côté gauche, à son extrémité postérieure.

Quant aux putti dont le corps se termine en feuilles d'acanthe et aux griffons dont l'arrière-train finit en rinceaux de feuillage sur le couvercle de Malibu, ils sont eux aussi à mettre en parallèle avec certaines décorations architectoniques. Nous en avons déjà rencontré quelques-uns parmi les exemples d'Erotes abreuvant un griffon.[78]

M. Floriani-Squarciapino,[79] R. Stuveras[80] et A. H. Borbein[81] ont fait l'historique du putto dont le bas du corps se termine en rinceaux de feuilles d'acanthe et situent les débuts de ce motif vers la fin de l'hellénisme. L'élément végétal envahit en général les cuisses des Erotes, parfois il recouvre même les hanches des Amours.

Ch. Simonett[82] et Ch. Delplace[83] ont rassemblé les premières représentations de griffons se terminant en volutes et situent les débuts de ce motif au IIe siècle av.J.-C. Parfois seule la queue de l'animal se transforme en feuillage.[84] F. von Lorentz[85] et C. C. van Essen[86] ont cité plusieurs exemples dans la toreutique et la peinture pariétale, parmi les plaques Campana et les sarcophages d'époque impériale.

Les Erotes et les griffons se terminant en volutes de feuilles d'acanthe sur les monuments d'époque impé-riale, ainsi que toutes les protomes humaines finissant en feuillage ou naissant d'un calice de feuilles n'ont aucune valeur symbolique en soi.[87] Nous trouvons la confirmation de cette thèse dans un passage de Vitruve, *De architectura* VII,5, où il parle des représentations architectoniques dans la peinture murale. Dans ce texte sur la décoration architectonique, Vitruve ne parle que du manque de réalisme dans la représentation de ces protomes humaines ou animales qui naissent de calices de feuillage ou qui se terminent en rinceaux et ne leur donne nullement une valeur symbolique.

Les rinceaux de feuilles d'acanthe munis de rosettes dans les noyaux de leurs spirales trouvent leurs prototypes sur les monuments grecs à partir du IV[er] siècle av.J.-C.[88] Pendant la période hellénistique, on les rencontre aussi[89] et ils sont très prisés dans l'art romain du Ier siècle ap.J.-C.[90] ainsi que vers le début du IIe siècle ap.J.-C.[91]

Plusieurs autels funéraires du 1er siècle nous présentent sur leur façade une *tabula inscriptionis* entourée d'un rinceau de feuilles d'acanthe, avec parfois des rosettes dans les noyaux des spirales;[92] d'autres autels funéraires nous montrent une frise décorée de rinceaux contenant des Amours ou des animaux ou leurs protomes, donc un "peopled scroll," placée le long du bord supérieur de la façade, qui, elle, est flanquée de deux colonnes ou de deux piliers.[93]

Les plaques frontales des sarcophages peuvent aussi être décorées de volutes de feuilles d'acanthe, par exemple: un couvercle posé sur un caisson à sujet bacchique à Rome, au Musée des Thermes, Aula V, de l'époque d'Hadrien, qui n'appartient pas à ce caisson;[94] deux frises, les plaques latérales d'un couvercle en forme de toit, murées au-dessus des petits côtés de leur caisson et présentant une centauromachie, daté vers 170–180 ap.J.-C. par G. Koch,[95] probablement l'oeuvre d'un maître asiatique, à Rome, au Vatican, Sala delle Muse: ces frises

---

83. Delplace, *Griffon*, p. 146, fig. 167; p. 163, note 722; p. 165, note 732.

84. P. ex.: a) La frise en marbre de l'époque de Trajan conservée jadis au Latran, maintenant au Vatican: P. Gusman, *L'Art Décoratif de Rome*, vol. II (Paris, 1914), pl. 117, no. 178; b) *cf.* note 46.

85. F. von Lorentz, *RM* 52 (1937), p. 180.

86. C. C. van Essen, *Oudeheikundige Medel. uit's Rijksmuseum* N.S. 13 (1932), pp. 67sq.

87. Sur la fonction des "peopled scrolls." *cf.* Ch. Picard, *RA* (1963), pp. 113–187; J. M. C. Toynbee–J. B. Ward-Perkins, *BSR* 5 (1950), pp. 1–43; R. Stuveras (note 80), p. 76.

88. H. Berve–G. Gruben, *Griechische Tempel und Heiligtümer*, (München, 1961), pp. 158–160. P. ex. a) H. Möbius, *Die Ornamente der griechischen Grabstelen klassischer und nachklassischer zeit 2* (München, 1968), p. 37, pl. 22a; b) *Ibid.*, p. 37, pl. 22b; c) *Ibid.*, p. 44, pl. 30a.

89. P. ex.: a) Möbius (note 88), p. 53, note 15, pl. 50c; b) *Ibid.*, p. 77., note 34, pl. 50d; Th. Kraus, *Die Ranken der Ara Pacis* (Berlin, 1953), p. 54, pl. 13.

90. P. ex.: a) H. Mielsch, *21. Ergh. RM* (1975), p. 137sq., no. 46c, pl. 43; *cf. ibid.*, p. 199, s.v. Indices, C. Motive, Ornament; b) Spinazzola, *Arti*, pl. 275.

91. P. ex.: a) M. Wegner, *Schmuckbasen des antiken Rom* (Münster, 1965), pp. 52–53, fig. 11a; b) *Ibid.*, p. 43, fig. 10a; c) F. Magi, *RendPontAcc* 46 (1973/74), pp. 63–77, figs. 6, 17, 19; d) Hassel (note 12), p. 29, pl. 34,1; e) *Ibid.*, pl. 35, 1,2.

92. P. ex.: a) B. Candida, "Altari e cippi nel museo nazionale romano," *Archaeologica* 10 (1979), pp. 37–39, no. 12, pl. 14; b) *Ibid.*, pp. 39–41, no. 13, pl. 15; c) *Ibid.*, pp 41–44, no. 14, pl. 16.

93. P. ex.: a) Candida (note 92), p. 63, no. 26, pl. 23; Toynbee et Ward-Perkins (note 87), p. 16, pl. 14, 2; b) *Ibid.*, p. 16, pl. 14,3.

94. Caisson: no. d'inv. 1303; Koch-Sichtermann, *Sarkophage*, p. 192, pl. 221 (bibli.).

95. No. d'inv. 290; G. Koch, *BJb* 180 (1980), pp. 88–93, figs. 36, 37; Koch-Sichtermann, *Sarkophage*, pp. 155, 269, 274, 502, 557, 634.

montrent en leur milieu une palmette avec des rinceaux et deux griffons affrontés dont la queue se termine en feuillage, entourant respectivement un candélabre et un cratère à gauche et à droite du motif central; nous observons des "peopled scrolls" sur les rebords de la *lénos* que P. S. Bartoli prétendait localiser dans la tombe de Cecilia Metella, aujourd'hui dans la cour du palais Farnèse,[96] datée du début du IIIe siècle et sur celui d'une cuve asiatique à Tripoli.[97]

Parmi les sarcophages d'époque impériale, nous voyons un rinceau de feuilles d'acanthe sur quelques caissons isolés[98] qui n'ont pas fait école.

En conclusion, la composition sur la plaque frontale du couvercle en question a été tirée d'une décoration architectonique.[99] Les Erotes font fonction de gardiens de la torche, symbole de vie éternelle. L'Amour et les griffons n'ont par eux-mêmes aucune valeur symbolique. Notons que le sarcophage du Vatican, Scala Simonetti, et celui du Fitzwilliam Museum de Cambridge, cités plus haut, qui représentent des objets servant au culte placés dans les encarpes de guirlandes portées par des Amours ou des bucranes, nous rappellent par exemple la frise de l'entablement du temple de Vespasien conservée au Tabularium à Rome.[100]

Le motif central de la façade du sarcophage de Malibu, le portrait du jeune défunt porté par deux Amours, dérive aussi de la décoration architectonique.

Les empereurs romains, tout d'abord uniquement dans les provinces,[101] furent représentés sous la forme d'un buste portant leurs traits qui était placé à un endroit élevé bien en vue, par exemple dans un tympan ou à la hauteur de l'architrave d'un édifice financé par la caisse impériale ou dédié au culte du souverain.[102]

Dans le domaine funéraire, nous trouvons en Italie et à Rome, dès l'époque flavienne, des monuments ornés du buste du défunt dans un tympan. Par exemple:
—le portrait de Claudia Semne porté par deux Erotes dans un tympan provenant de la façade de son mausolée, aujourd'hui au Vatican, Museo Gregoriano profano, que H. Wrede date dans la troisième décennie du IIe siècle;[103]
—le buste de femme dans un tympan d'un temple fu-

néraire sur un relief appartenant à la tombe des Haterii,[104] conservé au même endroit: quatre aigles placés à la hauteur de l'architrave nous donnent l'impression de vouloir emporter le tympan dans leur vol; ce monument funéraire est daté du début du règne d'Hadrien;
—un relief quadrangulaire, aujourd'hui au Buccleus Garden à Richmond, en Angleterre, nous montre le buste de la défunte porté par deux Amours debout; cette plaque ornait, en compagnie de trois autres reliefs, les parois d'une chambre funéraire; ils imitaient la décoration de temples funéraires plus luxueux; les quatre plaques se trouvaient au XVIe siècle dans le palais du collectionneur Stefano dal Bufalo à Rome. H. Wrede les date d'environ 140 ap.J.-C.;[105]
—un fronton ayant appartenu au monument funéraire du jeune garçon L. Otacilius Flavius, autrefois à Rome, se trouve au Antikenmuseum de Bâle; il nous présente le buste du jeune défunt enlevé par deux Erotes en vol dans un cadre architectonique très richement décoré (fig. 3). K. Schefold[106] le date d'environ 235 ap.J-C.

Le couronnement des stèles funéraires ou bien la partie supérieure de la façade des autels funéraires romains d'époque impériale nous présente parfois le buste du défunt dans un tympan, par exemple:
—la plaque réemployée appartenant à un autel daté du Ier siècle ap.J.-C., au Musée archéologique de Pérouse,[107] qui représente la façade d'un temple funéraire avec le buste de la défunte dans un tympan; deux Amours munis de parasols volent au-dessus du *geison* oblique;
—l'édicule d'Atia Iucunda au Musée des Thermes à Rome, surmonté d'une plaque rectangulaire contenant un fronton;[108] le buste de la défunte à l'intérieur du tympan, qui est coiffée selon la mode en honneur sous Trajan, est enlevé par deux Erotes en vol.

A partir de l'époque des Flaviens et jusqu'à celle de Trajan, les autels, les urnes ainsi que les stèles funéraires sont surmontés de petits frontons de forme triangulaire ou semi-circulaire présentant le portrait du défunt parfois contenu dans une coquille.[109] Parmi ces *imagines*, nous n'en connaissons aucune soulevée par des Amours. Il n'existe pas, à notre connaissance, d'autels, d'urnes ou

96. P. Gusman, *L'Art Décoratif de Rome* (Paris, 1914), vol. I, pl. 40; Toynbee et Ward-Perkins (note 87), p. 33, pl. 21,1 (détail du couvercle); Koch-Sichtermann, *Sarkophage*, pp. 7, 274.

97. Toynbee et Ward-Perkins (note 87), pp. 33, 40, pl. 21,3 (détail du couvercle).

98. *Cf.* Koch-Sichtermann, *Sarkophage*, p. 235sq., pl. 10 (bibli.).

99. *Cf.* H. Wiegartz, *IstForsch* 30 (1975), p. 185sq.

100. Bianchi-Bandinelli (note 37), p. 173, fig. 189.

101. Défense de diviniser les empereurs de leur vivant, au début de l'empire: *cf.* E. Meyer, *Römischer Staat und Staatsgedanke* (Zürich-München, 1975), p. 405sq. p. 435sq.

102. *Cf.* Jucker, *Bildnis*, p. 102sq., St. 52; *Ibid.*, p. 149, pl. 42 (bibli.).

103. No. d'inv. 10528; H. Wrede, *RM* 78 (1971), p. 127sq., pls. 11, 77, 79; H. Wrede, *RM* 85 (1978), p. 414, pl. 135,1.

104. No. d'inv. 9998; H. Wrede, *RM* 78 (1971), pp. 416, 419 (bibli.), pl. 136,2; *cf.* aussi H. G. Frenz, "Untersuchungen zu den frühen römischen Grabreliefs" (Diss., Frankfurt/M, 1977), p. 100sq.

105. H. Wrede, *RM* 85 (1978), p. 411sq., pls. 132,2; 134,1.3.

106. No. d'inv. Zü 606; K. Schefold, *AntK* 12 (1969), pp. 114—118, pl. 51,1.; *CIL* VI 3 no. 23610; F. Matz, *AA* (1971), p. 108.

107. No. d'inv. 470; P. Kranz, *RM* 84 (1977), p. 361, pl. 164,3 (bibli.).

108. No. d'inv. 52694; *CIL* VI 2 no. 12688; Candida (note 92), pp. 89—91, no. 37, pls. 31—33.

de stèles funéraires présentant sur leur façade le buste du défunt enlevé par des Erotes; en général, ce portrait porté par des génies est contenu dans une coquille ou un *clipeus*.[110] Une urne conservée au Cleveland Museum of Art présente sous une *tabula* une guirlande placée entre deux Erotes debout porteurs de torches: dans l'encarpe, nous voyons le buste d'un garçon et de deux fillettes.[111] Un autel au Vatican, à la Galleria Chiaramonti,[112] d'époque flavienne, présente sur sa face principale, dans l'encarpe d'une guirlande, le buste endommagé de la défunte. Ce motif sera repris par les sarcophages à guirlandes des IIe et IIIe siècles ap.J.-C.[113] Les autels, les urnes ainsi que les stèles funéraires sont parfois décorés sur leur façade du buste du défunt sans porteurs; ce portrait se trouve toujours, à l'exception des deux exemplaires cités plus haut, enfermé dans une niche[114] qui est flanquée souvent de deux colonnes de façon à ce que la façade principale du monument imite un édicule.[115]

Nous avons ainsi démontré que le buste soulevé par deux Erotes sur notre sarcophage trouve des parallèles dans la décoration des frontons de monuments funéraires ainsi que d'édifices dédiés au culte ou d'usage profane. Les génies dans les tympans sont représentés en vol, tandis que les nôtres ont emprunté la position debout des Amours aux frises architectoniques; leurs pieds toutefois ne se terminent pas en rinceaux de feuillage, ils nous rappellent donc les Erotes dans les tympans.

D'autres sarcophages romains nous présentent sur leur façade un buste porté par des êtres mythiques: K. Schauenburg a publié une plaque en relief, provenant d'un mausolée, conservée aujourd'hui au Liebighaus de Francfort, et que B. Andreae[116] avait qualifiée de fragment de sarcophage. Ce relief nous présente un buste féminin dans un calice de feuilles d'acanthe porté par deux ménades et flanqué d'un *thiasos* bacchique; la forme de la coiffure de la défunte permet à K. Schauenburg de la dater d'environ 200 ap.J.-C. K. Schauenburg cite dans cette même publication un fragment de sarcophage conservé à San Sebastiano à Rome,[117] qui nous montre deux Erotes en vol soutenant un portrait féminin qui reposait probablement sur un calice de feuilles d'acanthe

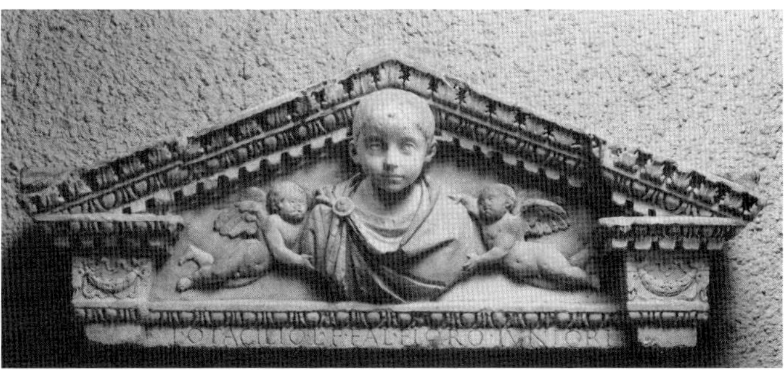

Fig. 3. Fronton du monument funéraire de L. Otacilius Flavius. Antikenmuseum, Bâle. Photo: D. Widmer, Bâle, AM 431.

(relief très endommagé); ce travail grossier a été daté par cet archéologue de la fin du IIIe siècle.

Ces deux derniers exemples n'ont pas le même prototype que notre représentation: en effet, ils ont été exécutés à une époque postérieure à l'introduction de l'*imago clipeata* portée par des génies, placée au centre de la façade du caisson et flanquée d'un cortège de figures mythiques.

Nous voudrions maintenant parler du symbolisme de notre motif. Celui-ci est une manifestation artistique que les archéologues, à la suite de F. Matz,[118] appellent "Privatapotheose"; ils entendent par là l'élévation au ciel parmi les immortels des défunts dans les représentations de l'art funéraire d'époque impériale. Le choix de ce terme n'est pas très heureux.[119] H. Wrede[120] en a étudié les premiers témoignages archéologiques; ceux-ci n'ont pas de précédents à l'époque républicaine.

Presque tous les temples funéraires qui nous sont parvenus ont été construits en l'honneur d'une femme ou d'un enfant.[121] Ces constructions présentent en général la représentation de l'apothéose du défunt sur un relief ainsi que la déification de celui-ci sous forme de relief ou de statue, sous les traits d'un dieu ou d'une allégorie, en général d'après un modèle célèbre; le visage est souvent le portrait du défunt. Le mausolée de Claudia Semne et celui d'où proviennent les plaques dal Bufalo citées plus haut appartiennent à ces types.

---

109. *Cf.* Jucker, *Bildnis*, p. 149, note 6 (bibli.).

110. P. ex.: a) W. Altmann, *Die römischen Grabaltäre der Kaiserzeit*, (Berlin, 1905), p. 87, no. 52, fig. 72; b) *Ibid.*, p. 164, no. 206, fig. 133; l'autel funéraire de Q. Pomponius et sa femme, au Vatican, nous montre sur un petit côté, le buste de l'époux enlevé par un aigle et sur l'autre celui de son épouse enlevé par un paon: *Ibid.*, pp. 278–280, fig. 207a,b.

111. K. Schauenburg, *GettyMusJ* 2 (1975), p. 70, fig. 10. *Cf.* Koch-Sichtermann, *Sarkophage*, p. 228, note 29.

112. Altmann (note 110), p. 63, no. 6, fig. 57.

113. P. ex.: a) Koch-Sichtermann, *Sarkophage*, p. 230sq., no. 4, pl. 274; b) Lehmann-Hartleben/Olsen, *Sarcophagi*, p. 69, figs. 23, 26; Honroth

(note 23), p. 60, notes 218, 219 (portrait d'enfant).

114. P. ex.: a) Altmann (note 110), p. 122, no. 130, fig. 98; b) *Ibid.*, p. 210sq., no. 270, fig. 168.

115. P. ex.: a) Altmann (note 110), p. 214, no. 276, fig. 173, b) *Ibid.*, p. 216sq., no. 279, fig. 176.

116. K. Schauenburg, *StädelJb* 1 (1967), pp. 45–63, figs. 1,2. *DAI* Rom Neg. 63'2116; B. Andreae, *Gnomon* 37 (1965), p. 509.

117. Schauenburg (note 116), p. 53, fig. 14. *DAI* Rom. Neg. 66'43.

118. F. Matz, *19. Ergh. JdI* (1958), pp. 127, 130, 142.

119. Wrede, *Consecratio*, p. 2sq.

120. H. Wrede, *RM* 78 (1971), p. 153.

121. Wrede, *Consecratio*, p. 87.

C'est le luxe et la multiplication des représentations déifiées du défunt qui procurent une consolation à ses proches et fait naître en ces derniers l'espoir que le mort jouira de la vie éternelle. C'est justement pour représenter concrètement ce voeu que le buste du défunt est soit représenté dans un tympan, symbole du ciel,[122] comme dans le cas du temple funéraire sur le relief des Haterii ou du fronton du monument de Claudia Semne, soit enlevé par des génies, comme sur le dernier exemple ou sur une des plaques rectangulaires dal Bufalo. Seuls les Erotes, les Saisons ou les êtres mythiques marins, représentés de manière très discrète sur les monuments funéraires depuis la fin de l'époque flavienne jusqu'au milieu de l'époque des Antonins, évoquent les joies de l'au-delà.

F. Matz[123] écrit que "l'apothéose privée" fait son apparition très discrètement après l'introduction du culte des empereurs. Cette habitude ne se répandra vraiment qu'à partir de la moitié du IIᵉ siècle, avec l'introduction des *imagines clipeatae* des défunts sur les sarcophages.

Ce sont les membres de la nouvelle bourgeoisie, souvent des affranchis fonctionnaires de l'empereur, qui, dans la décoration de leurs monuments funéraires, reprennent à partir de l'époque flavienne les formes artistiques créées pour le culte impérial. Ces pratiques sont ridiculisées par les familles de la vieille noblesse républicaine déchue de son pouvoir mais toujours fidèle à ses principes. Celles-ci s'opposent aux déifications et aux tentatives d'immortalisation[124] qui sont toutefois tolérées par les empereurs. Notre représentation de l'élévation au ciel d'un jeune défunt appartient donc aux premières manifestations de ce genre.

Les autels, les stèles et les urnes funéraires qu'on peut dater du règne des Flaviens jusqu'à celui des Antonins, avec le buste du défunt dans un fronton, sont donc aussi les premiers témoignages des débuts de cette pratique.

En résumé, la façade du sarcophage du J. Paul Getty Museum présente au centre une "Privatapotheose" entourée d'Amours amadouant des griffons psychopompes et gardiens de l'au-delà. Non seulement la disposition de ces images nous rappelle celle des représentations que l'on retrouve sur la façade du sarcophage de Varsovie, mais le contenu de ces dernières correspond, d'après l'interprétation de P. Parandowski,[125] aux nôtres: en effet, cet archéologue voit dans les griffons abreuvés par les Erotes entourant un chandelier-bétyle couronné d'une fleur de lotus, les gardiens de l'arbre de vie symbole d'immortalité.

Nous nous trouvons donc en présence d'un sarcophage d'enfant de facture très soignée, un des plus anciens exemplaires de ceux qui furent produits dans les ateliers romains sous l'empire. Les reliefs qui le décorent, comme c'est le cas pour la majorité des sarcophages du premier quart du IIᵉ siècle, ont pour sujet des motifs éminemment décoratifs.

Luzern

SUMMARY IN ENGLISH

In the first full discussion of this infant sarcophagus the author addresses questions of date and interpretation. Considering the combination of realistic and idealizing tendencies in the portrait and the Erotes, the engraving of pupil and iris of the portrait, the form of the bust, and the type and style of Erotes, griffins, and ranceaux, a date early in the reign of Hadrian is proposed. It is shown that the iconography occurs elsewhere on funerary monuments, and that all sarcophagi with similar decoration are small, and thus likely intended for children. The decorative motifs are seen to have originated on Imperial architectural monuments with specific political meanings. With an early second-century date, this is among the earliest of such sarcophagi.

---

122. P. Hommel, *Studien zu den römischen Figuralgiebeln der Kaiserzeit* (Berlin, 1954); Jucker, *Bildnis*, pp. 147–150.

123. F. Matz, *AA* 1971, p. 110.

124. *Cf.* Pétrone, 29; Wrede, *Consecratio*, p. 103.

125. Parandowski (note 43), p. 247.

Ein dekorativer Sarkophag mit Scherengitter in der Henry E. Huntington Library and Art Gallery, San Marino

Guntram Koch

In der *porte cochère* der Henry E. Huntington Library and Art Gallery in San Marino wird ein Sarkophag aufbewahrt, der unter allen kaiserzeitlichen Exemplaren, ein Einzelstück ist und deshalb besonderes Interesse beansprucht (Abb. 1a–d, 3a–e).[1] Wie Darstellung und Stil zeigen, dürfte er in Rom gearbeitet worden sein. Im Mittelfeld ist oben ein Stück aus der vorspringenden Leiste herausgebrochen; sonst finden sich nur kleinere Bestoßungen. Die Rückseite ist nur grob behauen: die rechte Nebenseite ist dagegen sorgfältig abgesägt, nur ein schmaler Streifen zur Rückseite hin ist unregelmäßig gebrochen. Auf der linken Nebenseite ist in flachem Relief ein stehender Greif mit Löwenkopf abgebildet, der seine Hinterläufe leicht eingeknickt hat, während die vorderen gerade stehen (Abb. 1b). Greifen oder auch Sphingen begegnen relativ häufig bei stadtrömischen Sarkophagen auf den Nebenseiten,[2] die Greifen haben aber meistens Adlerköpfe[3] und nicht ein derartig unsicheres Standmotiv.[4]

Auf dem Kasten liegt die vordere Leiste eines Deckels auf, dessen flache Platte neuzeitlich abgesägt ist (Abb. 1a, 1c–d). Die Leiste trägt in der Mitte eine rechteckige Tabula; eine Inschrift ist nicht eingemeißelt, war also vielleicht gemalt. In den seitlichen Feldern sind jeweils zwei Bögen mit dicken Girlanden vorhanden, in die Blüten und Früchte eingebunden sind, sie hängen an

kleinen Stierschädeln. Im Bogen links außen und in dem rechts der Tabula finden sich kleine Blüten, während die beiden anderen leer sind. Links ist die Leiste unregelmäßig etwa senkrecht gebrochen, während rechts unten noch ein kleines Stück, wohl bis zum ursprünglichen Abschluß erhalten ist. Die Teile rechts oben sind herausgemeißelt. Es wird deutlich, daß kein Kopf als Akroter vorhanden war, sondern der Fries rechts mit einer Blüte endete. Ein durchlaufender Fries, ohne Eckakrotere, auf den Deckeln begegnet bei einigen frühen stadtrömischen Sarkophagen[5] und ist bei späten, zu denen der vorliegende gehört, relativ häufig.[6] Der Schmuck von Deckelleisten durch eine Tabula und Girlanden ist bei stadtrömischen Sarkophagen geläufig.[7] Hier ist die Frage, ob der Deckel ursprünglich zum Kasten gehörte; da das Material übereinstimmt und sich in der Ausarbeitung keine entscheidenden Unterschiede feststellen lassen, wäre das denkbar. Allerdings wird der Deckel noch etwas länger gewesen sein, da links eine Blüte zu ergänzen ist. Er würde dann über den Kasten seitlich herausragen, so daß man wohl annehmen darf, daß er nicht für den Kasten geschaffen worden ist.

Die Vorderseite ist in fünf Teile gegliedert: in der Mitte findet sich ein schmales Feld mit einer Gestalt, daneben breite Felder mit einer Dekoration und außen wiederum Felder mit Figuren. Diese Gliederung ist bei

---

Der Verfasser möchte auch an dieser Stelle Faya Causey und Jiří Frel für den gemeinsamen Besuch und die Diskussion vor dem Original im Frühjahr 1982 danken.

Abkürzungen

ASR: *Die antiken Sarkophagreliefs* (Berlin, 1890ff.).

K–S: G. Koch und H. Sichtermann, *Römische Sarkophage* (München, 1982).

1. Literatur: P. Kranz, *ASR* V 4 (Berlin, 1984), 182, Taf. 74,5. Als zusätzliche Abkürzung wird verwandt: *Rep.* I: F. W. Deichmann (Hrsg.), *Repertorium der christlich–antiken Sarkophage* I (Wiesbaden, 1967); zitiert werden ohne weitere Angaben die Nummer des Stückes sowie die Tafel.

2. K–S 64 (mit Beispielen in Anm. 9 und 10).

3. Fast alle Beispiele, die K–S 64, Anm. 9 genannt werden, haben

Greifenköpfe; dazu z.B. *Rep.* I, 929, Taf. 148; *ASR* V 4, 36, 160, Taf. 85,5–6.

4. In der Regel sitzen sie (auf fast allen in Anm. 3 genannten Stücken); auf dem auch sonst ungewöhnlichen Sarkophag der Tomba di Nerone sind sie in Bewegung: E. Equini Schneider, *La "Tomba di Nerone" sulla Via Cassia* (Rom, 1984), Taf. 5.

5. Z.B. K–S, Taf. 181, 186, 191, 219, 221, 224, 268, 282; *ASR* V 4, 1, Taf. 1,1; 90.

6. Z.B. *Rep.* I 2, Taf. 1; 6, Taf. 2; 11, Taf. 4; 28, Taf. 9 und viele andere; K–S, Taf. 86, 92, 233, 252, 277, 285; *ASR* V 4, 123, Taf. 22,3; 35, Taf. 41,1; 104, Taf. 62,1; 112, Taf. 62,4; 162, Taf. 68,5; 335, Taf. 95,3; 333, Taf. 95,6.

7. Z.B. K–S, 227, Taf. 195, 231, 278, 282, 290; A. Giuliano, *Museo Nazionale Romano: Le Sculture* I, 7 (Rom, 1985), 551–552, Nr. XI, 5.

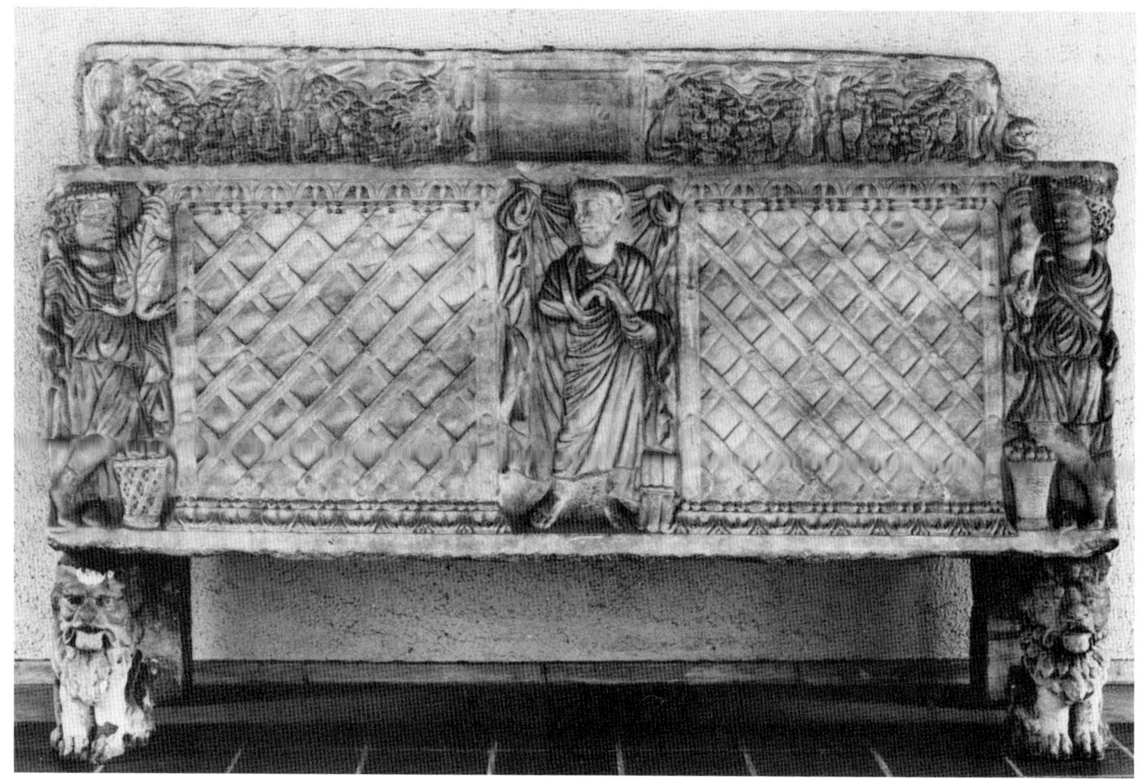

Abb. 1a.   Kaiserzeitlicher Sarkophag mit Scherengitter und stehenden Figuren. H: 0,75 m (29¹/₂ in.); L: 2,05 m (80³/₄ in.); T: 0,70 m (27¹/₂ in.); Deckel H: 0,28 m (11 in.); L: 2,05 m (80³/₄ in.); Dicke: 0,10 m (4 in.). Recht grobkörniger grauer Marmor mit dunklen Streifen, vielleicht von Prokonnesos. San Marino, The Henry E. Huntington Library and Art Gallery 22.6. Photo: Verfasser.

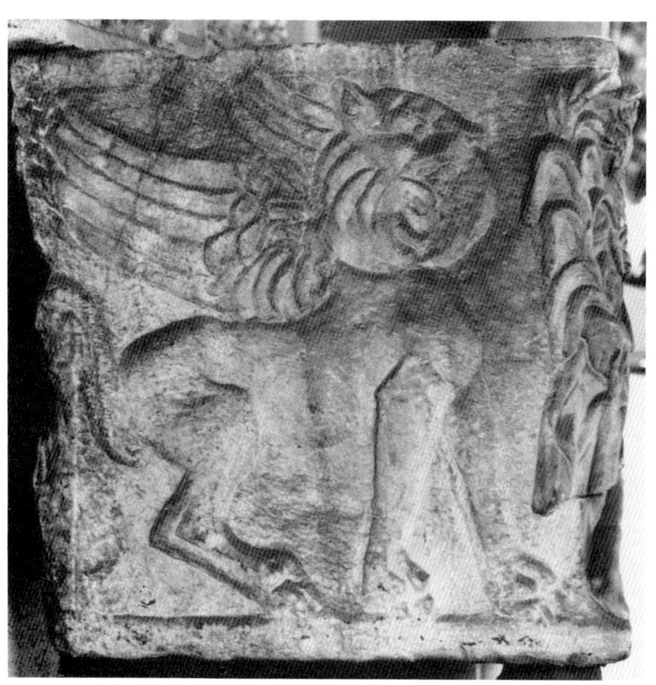

Abb. 1b.   Sarkophag der Henry E. Huntington Library and Art Gallery. Linke Nebenseite von Abb. 1a. Stehender Greif mit Löwenkopf. Photo: Verfasser.

einer großen Anzahl stadtrömischer Riefelsarkophage vorhanden,[8] beim Sarkophag der Henry E. Huntington Library and Art Gallery sind nun aber keine S–förmig geschwungenen oder senkrecht verlaufenden Riefel ausgemeißelt, sondern eine andere und ungewöhnliche Dekoration. Oben und unten laufen profilierte Leisten entlang, die mit einem lesbischen Kymation und einem Perlstab versehen sind. In der Ausarbeitung setzt sich das Kymation im rechten Feld unten von dem übrigen ab; die kleinen Teile sind bei ihm in den Zwickeln durch Bohrrillen von den bogenförmigen Motiven abgesetzt und sind durch gebohrte Striche und Punkte belebt, während in den übrigen Feldern nur mit dem Meißel gearbeitet ist. Bei den Riefelsarkophagen sind oben und unten—sowie auch seitlich—meistens Profile vorhanden, die die Zonen mit den Riefeln begleiten.[9] In einer nicht sehr großen Anzahl tragen die Profile Ornamente; meist ist allerdings auch die obere schmale Leiste geschmückt, die beim Sarkophag in San Marino glatt ist, seltener

8. Zur Typologie der Riefelsarkophage: K–S, 73–76, Abb. 2.
9. Z.B. K–S, Taf. 162, 164, 182, 209, 290–295; *ASR* V 4, Taf. 66–77.

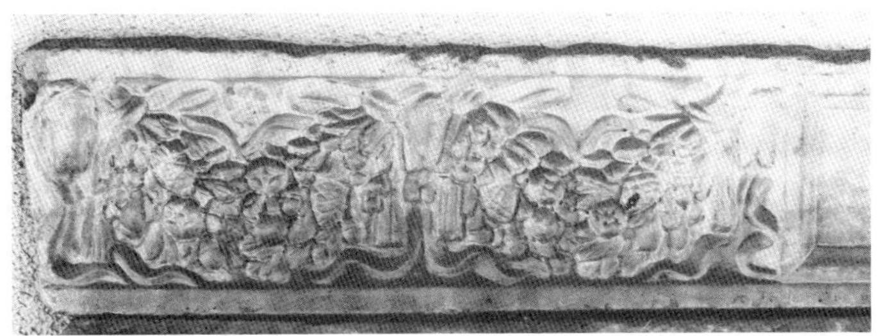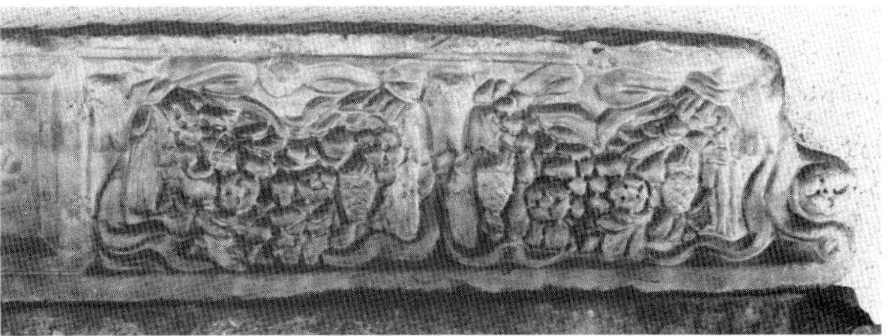

Abb. 1c–d. Sarkophag der Henry E. Huntington Library and Art Gallery. Links: Linker Teil der Deckelleiste von Abb. 1a mit Girlanden. Rechts: Rechter Teil von Abb. 1a. Photos: Verfasser.

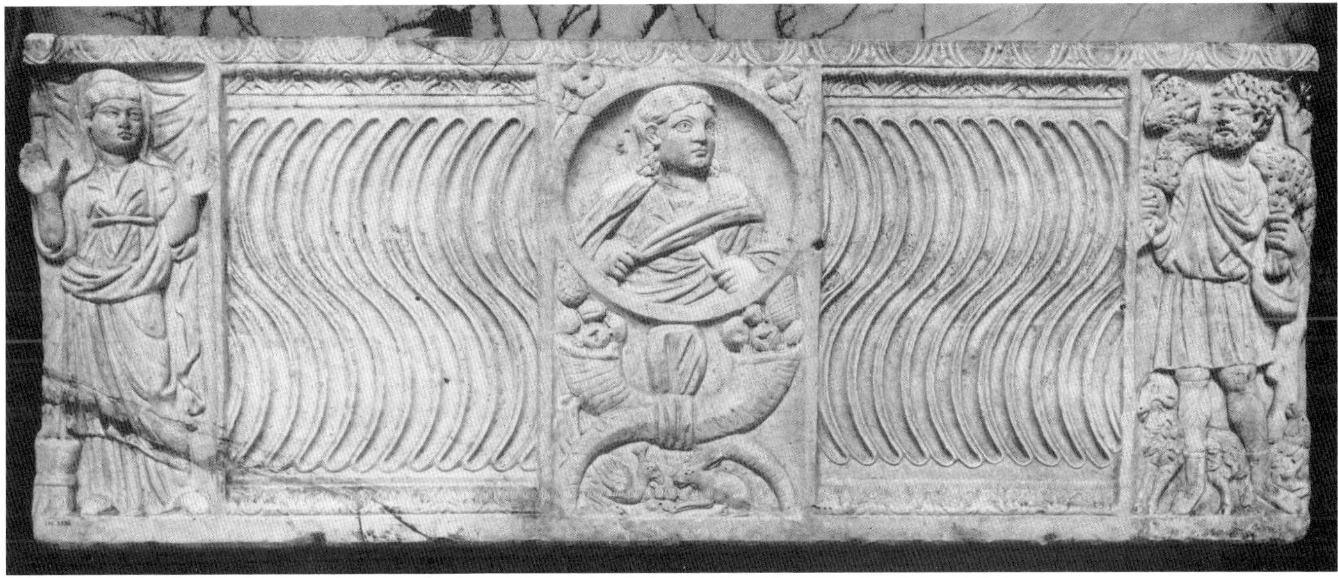

Abb. 2. Kaiserzeitlicher Sarkophag mit Riefeln, Tondo und seitlichen stehenden Figuren. Kopenhagen, Ny Carlsberg Glyptotek. Photo: Verfasser.

auch noch die untere.[10] Ein Beispiel ist ein Riefelsarkophag in Kopenhagen (Abb. 2),[11] der aus dem letzten Viertel des 3. Jhs. n.Chr. stammt und eine ähnliche Gliederung wie das Exemplar in San Marino zeigt. Er trägt auf der oberen Leiste in flachem Relief einen Eierstab; das lesbische Kyma ist nur zart mit dem Meißel ausgearbeitet, der Perlstab fehlt.

Statt der Riefel, die man in den Feldern erwarten würde, ist beim Sarkophag in San Marino sehr sorgfältig und mit allen Details ein Scherengitter ausgemeißelt (Abb. 3a–b). Es ist zu vermuten, daß es sich früher durch die Bemalung noch stärker vom Untergrund absetzte. Außen scheinen die senkrechten Leisten befestigt zu sein; innen laufen sie auf großen Rädern. Die Gitterstäbe werden oben, in der Mitte und unten durch Nieten zusammengehalten. In den Leisten sind je zwei Nieten eingelassen, von denen die oberen Führungen haben. Wenn man sich aber das Gitter in Metall gearbeitet vorstellt, dürfte es allerdings nicht zusammenzuschieben sein, da die Führungen oben nicht richtig gebildet sind und unten überhaupt fehlen. In den seitlichen Feldern steht jeweils ein Jahreszeiten–Genius (Abb. 3c–d).[12] Die Gestalten wenden sich leicht zur Mitte und entsprechen sich in der Haltung und Kleidung. Sie schlagen das eine Bein über das andere, tragen Stiefel, einen kurzen gegürteten Chiton und eine Chlamys, die auf der rechten Schulter genestelt ist. Der linke, der den Winter verkörpert (Abb. 3c), hat einen Kranz aus Pinienzweigen im Haar und hält in der gesenkten Rechten eine Schilfstaude, die an seiner

<hr>

10. Z.B. *Rep.* I, 71, Taf. 22; 77, Taf. 23; 851, Taf. 137; *ASR* V 4, 169, Taf. 72,4; 184, Taf. 75,1.

11. F. Poulsen, *Catalogue of Ancient Sculpture in the Ny Carlsberg Glyp-*

totek (Copenhagen, 1951), 588–589, Nr. 830a; *Rep.* I, 947, Taf. 152.

12. Zu den Jahreszeiten und ihrer Benennung: *ASR* V 4, 118–127.

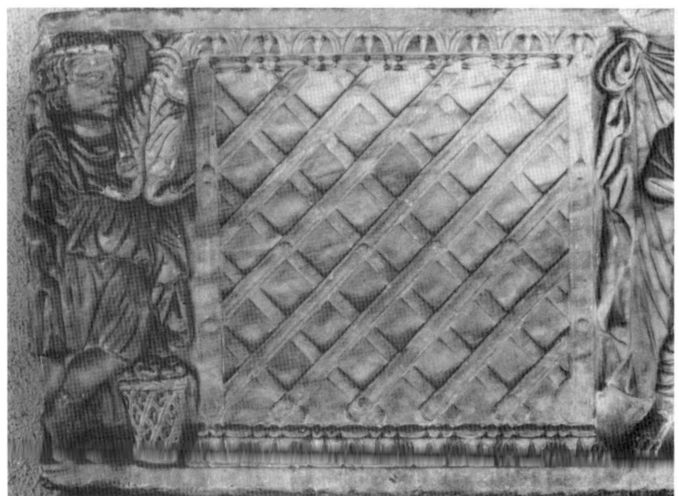

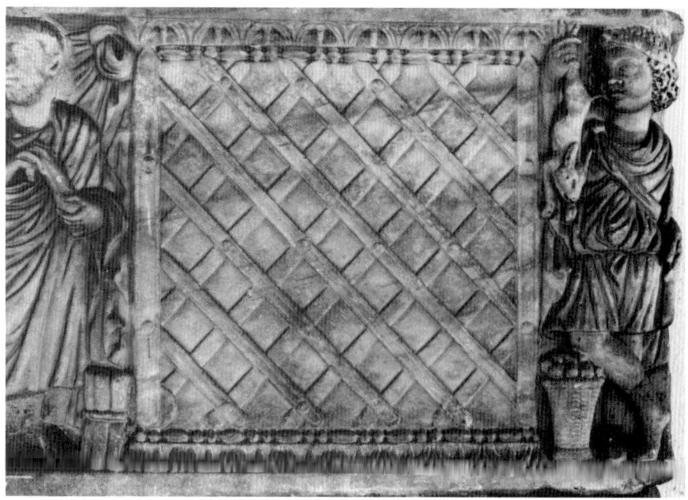

Abb. 3a.   Sarkophag der Henry E. Huntington Library and Art Gallery. Linker Teil von Abb. 1a mit Scherengitter und Putto als Winter. Photo: Verfasser.

Abb. 3b.   Sarkophag der Henry E. Huntington Library and Art Gallery. Rechter Teil von Abb. 1a mit Scherengitter und Putto als Herbst. Photo: Verfasser.

rechten Seite bis zum oberen Rand reicht, sowie in der erhobenen Linken zwei Enten. Am Boden steht ein Korb mit Früchten (Oliven?). Der rechte, der den Herbst darstellt (Abb. 3d), hat eine kleine Girlande im Haar, in die Blüten eingeflochten sind, und hält in der Linken ein Lagobolon sowie in der Rechten einen Hasen. Neben ihm steht auch ein Korb mit Früchten. Die Genien haben kindliche Gesichtszüge und lange Haare, die unter dem Kopfschmuck hervorquellen.

Im mittleren Feld (Abb. 3e) ist ein Parapetasma aufgehängt, das oben an den Seiten angebracht ist und links unten von einem Gewicht beschwert wird. Vor dem Tuch steht eine Gestalt. Sie trägt ein Untergewand (Tunica) und darüber einen Mantel (Palla); das Untergewand kommt allerdings unten nicht hervor, der untere Teil der Unterschenkel liegt frei. In der linken Hand hält die Gestalt eine Buchrolle, zu der sie mit der rechten Hand faßt. Am Boden befindet sich rechts ein Bündel mit Buchrollen. Der Kopf ist mit flüchtigen Meißelhieben zu dem Porträt eines Mannes ausgearbeitet (Abb. 8). Das ist allerdings nicht der beabsichtigte Zustand; vorgesehen war eine Frau, wie sich an mehreren Details ablesen läßt. Offensichtlich reichte das Untergewand ursprünglich bis auf die Füße (Abb. 3f). Wie die Spuren des Meißels an dieser Stelle zeigen, wurde es unterhalb des unteren Randes der Palla weggearbeitet, und aus der Steinmasse wurden die recht unförmigen Unterschenkel und die hinteren Teile der

Füße gebildet. Eine kleine Bahn der Tunica ist jedoch dicht am Bündel mit Buchrollen stehengeblieben. Sie zeigt ebenso wie die Palla, das Parapetasma, der Reliefgrund sowie die Flächen mit dem Gitterwerk und die Jahreszeiten—Genien in den Außenfeldern eine sorgfältige Politur, die in scharfem Gegensatz zu den veränderten Teilen steht, an denen die einzelnen Meißelhiebe stehengeblieben sind. Bei der Umgestaltung wurde auch die Angabe der Zehen vorgenommen. Die Gestalt hatte wahrscheinlich ursprünglich Schuhe an, der Mann trägt jetzt Sandalen, die teilweise gemalt gewesen sein werden; ein Streifen liegt in Relief auf, der nach vorn zwischen den großen Zeh und zweite Zehe führt.

Viele Beispiele können zeigen, wie Tunica und Füße ursprünglich ausgesehen haben;[13] einige sollen angeführt werden. Bei einem Riefelsarkophag in Rom, Rampa di Sebastianello (Abb. 4),[14] hat die Frau ein ähnliches Standmotiv und eine vergleichbare Kleidung; die Palla endet lediglich ein klein wenig höher als beim Sarkophag in San Marino. Sie trägt geschlossene Schuhe, wie sie auch beim behandelten Exemplar vorauszusetzen sind. Ähnlich ist auch die Frau im linken Feld eines Riefelsarkophages in Rom, Museo Capitolino (Abb. 5),[15] bei der neben ihrem linken Unterschenkel ein kleiner Streifen des Untergewandes auf dem Reliefgrund aufliegt. Beim Sarkophag in San Marino ist er etwas breiter und noch durch eine Falte unterteilt. Ähnlich ist die Frau im Mittelfeld des Riefelsarkophages

---

13. G. Wilpert, *I sarcofagi cristiani antichi* I (Rom, 1929), 90, 134, Taf. 118,4; II (Rom, 1932), 9★, 338, Taf. 257,7; 215,8; *Rep.* I 74, Taf. 23; 221, Taf. 50; 396, Taf. 70; 744, Taf. 117; 985, Taf. 158; 1003, Taf. 161; 1022,

Taf. 164; *ASR* V 4, 185, Taf. 75,2; 175, Taf. 75,3.

14. *Rep.* I, 1004, Taf. 161.

15. *Helbig*[4] II, 1191 (B. Andreae).

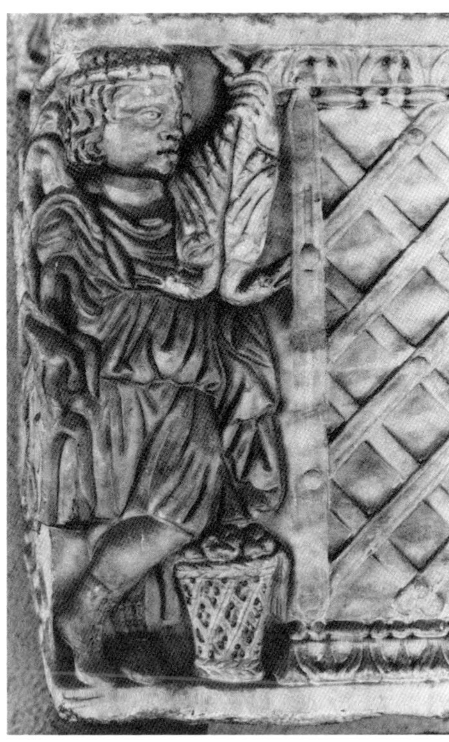

Abb. 3c. Sarkophag der Henry E. Huntington Library and Art Gallery. Putto im linken Feld von Abb. 1a, den Winter verkörpernd. Photo: Verfasser.

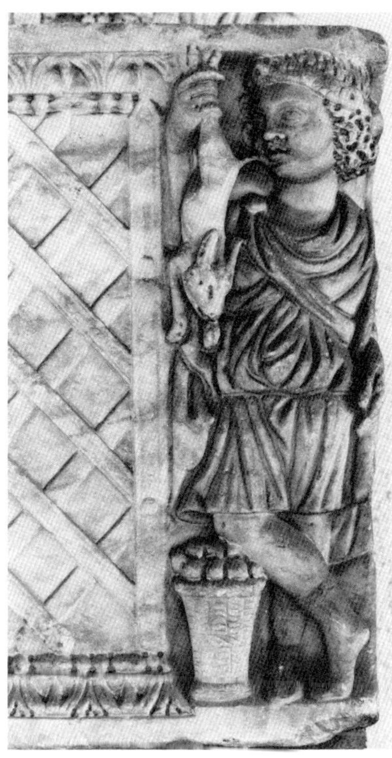

Abb. 3d. Sarkophag der Henry E. Huntington Library and Art Gallery. Putto im rechten Feld von Abb. 1a, den Herbst verkörpernd. Photo: Verfasser.

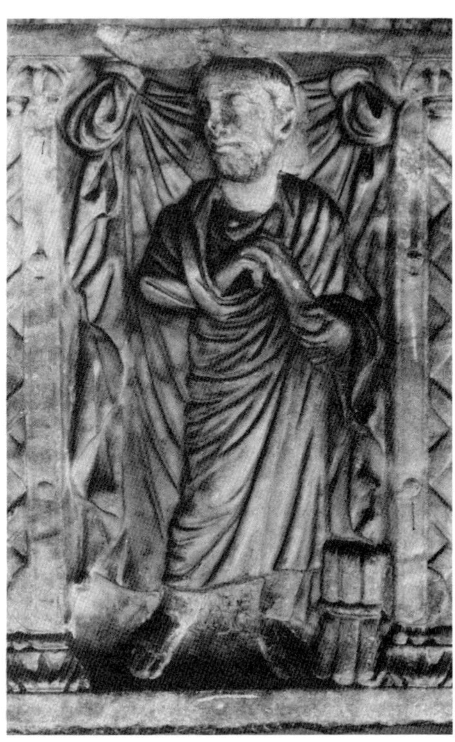

Abb. 3e. Sarkophag der Henry E. Huntington Library and Art Gallery. Stehender Mann vor Parapetasma im Mittelfeld von Abb. 1a. Photo: Verfasser.

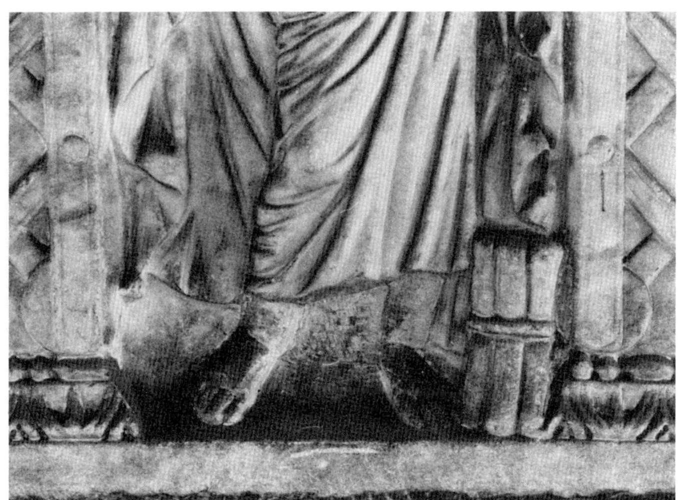

Abb. 3f. Sarkophag der Henry E. Huntington Library and Art Gallery. Unterer Teil des stehenden Mannes im Mittelfeld von Abb. 1a. Das Gewand reichte ursprünglich bis auf die Füße und wurde abgemeißelt. Photo: Verfasser.

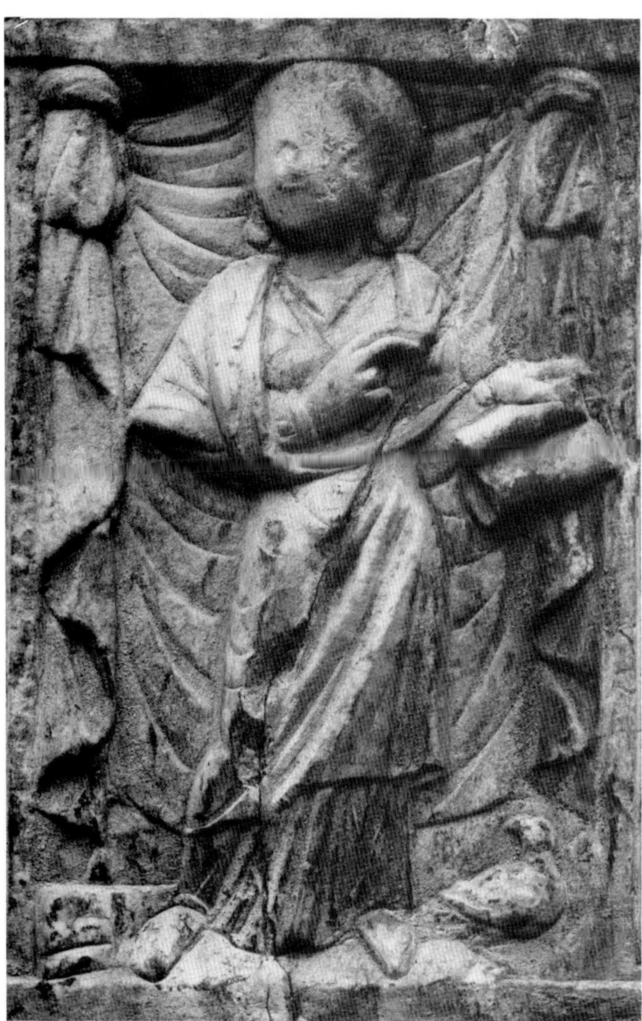

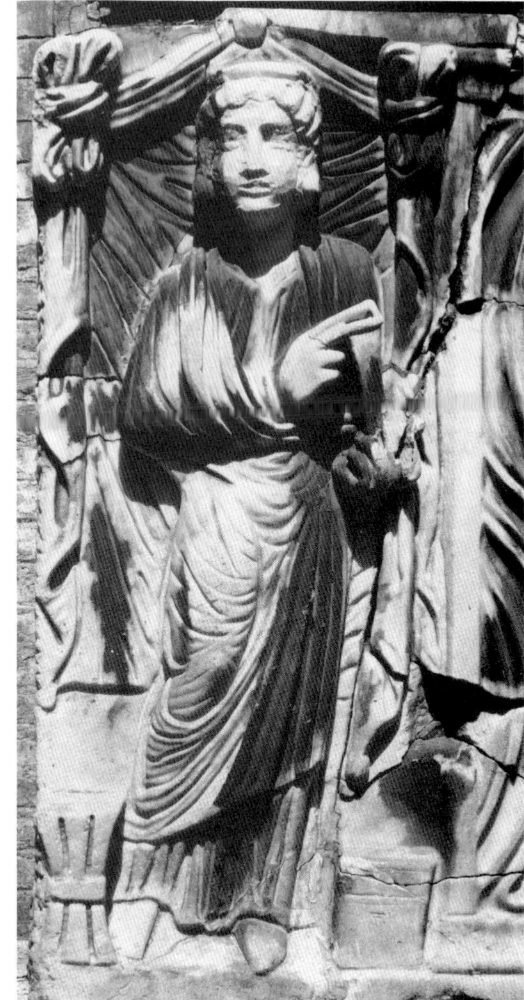

Abb. 4.   Mittelteil eines Riefelsarkophages mit stehender Frau; Kopf nicht ausgearbeitet. Rom, Rampa di Sebastianello. Photo: DAI Rom, Inst. Neg. 69.3218.

Abb. 5.   Linkes Feld eines Riefelsarkophages mit stehender Frau. Rom, Museo Capitolino. Photo: DAI Rom, Inst. Neg. 71.2059.

in Rom, San Pietro (Abb. 6), wiedergegeben.[16] Auch sie hat einen abbozzierten Kopf, hält eine Rolle in der linken Hand und hat zu ihrer Linken ein Bündel mit Buchrollen stehen. Das Gewand endet ein klein wenig höher, als es bei dem Stück in San Marino vorauszusetzen ist. Schließlich soll noch der Riefelsarkophag in Rom, Cimitero di S. Callisto (Abb. 7), angeführt werden.[17] Das Untergewand der Frau fällt lang herab und berührt zwischen ihren Füßen den Boden; ein Bündel mit Buchrollen und dazu ein Kasten sind vorhanden. Die Haltung der beiden Hände mit dem kleinen Bündel an Buchrollen entspricht dem Ex-

emplar in San Marino. Bei dem abbozzierten Kopf ist eine weibliche Haartracht angelegt.

Bei mehreren Sarkophagen mit einer vergleichbaren Darstellung und Gliederung hat die Gestalt im mittleren Feld, meist eine Frau, einen Kopf, der in Bosse steht und als Porträt ausgearbeitet werden sollte.[18] Auch beim Exemplar in San Marino war ursprünglich eine Bosse vorhanden, wie auf dem Parapetasma und unter dem oberen vorspringenden Rand an einem Streifen zu sehen ist, der nur grob behauen ist; er gibt den Umriß der Bosse an (Abb. 8). Der Hals ist schon geglättet und poliert. Die Bosse für die Haare saß nicht auf den

16. *ASR* V 4, 185, Taf. 75,2.

17. *Rep.* I, 396, Taf. 70.

18. Z.B. G. Wilpert, *I sarcofagi cristiani antichi* II (Rom, 1932), 2★, 8★, Taf. 263,5; 338, Taf. 215,8; III (Rom, 1936), 2, 7, Taf. 272,4; 12, Taf. 267,1; *ASR* V 4, 166, 157, 164, Taf. 70,2–4; 159, Taf. 72,2; 168, 171, 161,

Taf. 73,1.3.4; 179, 178, 183, 181, Taf. 74,1.4.6.7; 185, 175, Taf. 75,2.3; vgl. auch z.B. *ASR* V 4, 62, Taf. 34,3; 35,1; 42, Taf. 38,1; 34, 48, Taf. 39,3.4; 64, Taf. 43,2; 74, Taf. 44,3; 93, Taf. 48,5; 78, Taf. 50,2; 121, Taf. 52,8. Viele Exemplare zeigen, daß eine Bosse vorhanden war, die in einer zweiten Phase zu einem Porträt ausgearbeitet wurde.

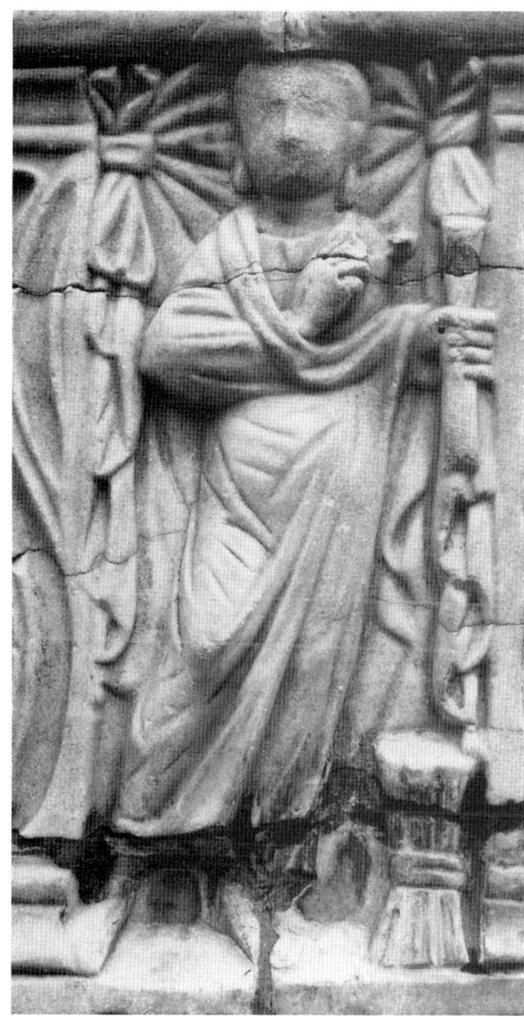

Abb. 6. Mittelteil eines Riefelsarkophages mit stehender Frau; Kopf nicht ausgearbeitet. Rom, San Pietro. Photo: DAI Rom, Inst. Neg. 71.997.

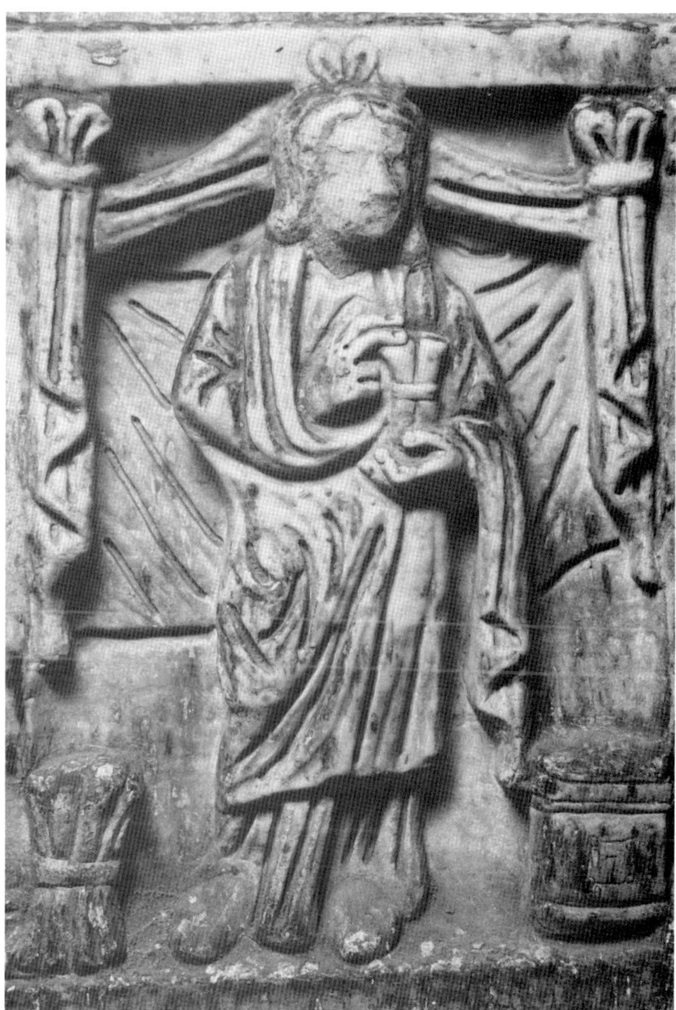

Abb. 7. Mittelteil eines Riefelsarkophages mit stehender Frau; Kopf nicht ausgearbeitet. Rom, Cimitero di San Callisto. Photo: DAI Rom, Inst. Neg. 58.1262.

Schultern auf, sondern sie muß dicht darüber geendet haben, da das Gewand oben geglättet und poliert ist. Es ist also eine Frisur anzunehmen, wie sie beispielsweise die Damen auf den Sarkophagen in Rom, Rampa di Sebastianello (Abb. 4) und Museo Capitolino (Abb. 5), tragen. Die Steinmasse, die für den Scheitelzopf erforderlich war, scheint oben unmittelbar unterhalb der vorspringenden Leiste vorhanden gewesen zu sein.

Der Sarkophag war also offensichtlich in einer Werkstatt auf Vorrat gearbeitet[19] und für eine Frau bestimmt. Bei vielen anderen Exemplaren mit vergleichbarer Gliederung der Vorderseite und ähnlicher

Darstellung, allerdings mit Riefelfeldern, ist das auch der Fall. Das Stück ist dann aber zur Beisetzung eines Mannes erworben worden. Die Käufer haben durch einen Steinmetzen den unteren Teil der Tunica wegnehmen und Unterschenkel sowie Füße mit Zehen ausarbeiten und ferner mit groben Meißelhieben ein Porträt des Verstorbenen ausführen lassen. Vergleichbare Veränderungen kommen häufiger vor. Ein Beispiel ist der Jahreszeitensarkophag im Vatikan, bei dem als Mittelfigur ebenfalls eine Frau vorgesehen war (Abb. 9a–b);[20] der bossierte Kopf ist dann nach dem Kauf zu dem eines Mannes ausgearbeitet worden, und zwar sogar viel

19. Zur Frage, ob Sarkophage auf Vorrat für den Verkauf oder nur auf besonderen Auftrag hin gearbeitet worden sind, zuletzt: B. Andreae, *MarbWPr* (1984), 109–128 (mit weiterer Literatur).

20. K–S, 221, Taf. 225; *ASR* V 4, 90, Taf. 48,4. Für derartige Umarbeitungen vgl. auch: G. Wilpert, *I sarcofagi cristiani antichi* III (Rom,

1936), 11–12, Taf. 267,2 (Riefelsarkophag in Rom, S. Sebastiano); M. Wegner, *ASR* V 3 (Berlin, 1966), 165, Taf. 54b (Musensarkophag in Rom, Palazzo Giustiniani); K. Fittschen, *MarbWPr* (1984), 136–137, Abb. 23 (Girlandensarkophag in Rom, S. Maria in Aracoeli); 159, Anm. 38, Nr. b (Musensarkophag in Palermo); K–S, 111 mit Anm. 21,

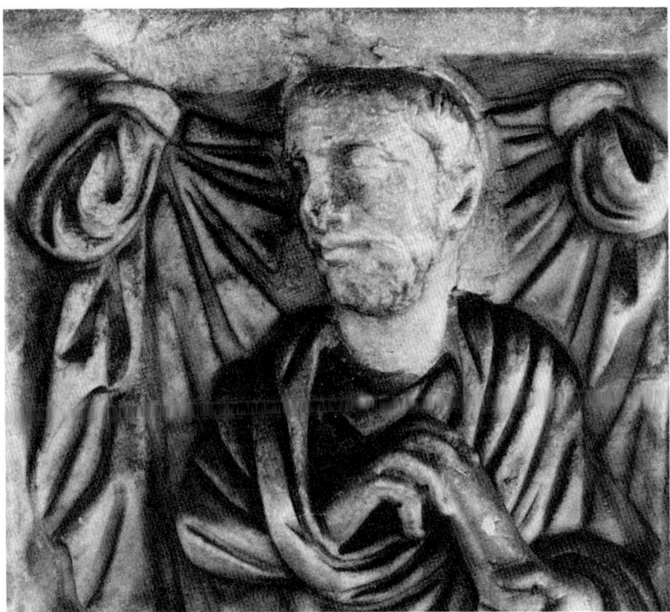

Abb. 8.   Porträt des Mannes, aus dem nicht ausgear-
beiteten Kopf einer Frau gemeißelt. Siehe
Abb. 1a und 3e. Photo: Verfasser.

sorgfältiger als beim Sarkophag in San Marino; das
Gewand hat man aber nicht verändert. Bei einem Jahreszeitensarkophag in Rom, Museo Nazionale (Abb.
10a–b),[21] ist die Lage etwas anders. In der Mitte halten
zwei Eroten einen Tondo mit einer Büste; um den Kopf
herum ist auf dem Reliefgrund eine nur grob behauene
Zone, die die Ausdehnung der ehemals vorhandenen
Bosse angibt. Nach seiner Größe—die Länge beträgt nur
1,01 m—kann der Sarkophag nur für ein Kind bestimmt
gewesen sein. Aus der Bosse ist der Kopf eines Jungen
mit einer Isislocke ausgearbeitet worden. Andere Beispiele ließen sich anführen. Man kann also feststellen,
daß es neben Sarkophagen, die auf besonderen Auftrag
hin gearbeitet worden sind, auch welche gegeben hat,
die in den Werkstätten auf Vorrat hergestellt wurden.

Beim Exemplar in San Marino verwundert es nur,
daß die singuläre Dekoration mit Scherengittern statt
der Riefeln eine Erfindung der Werkstatt und nicht ein
besonderer Auftrag gewesen sein soll. Es liegt aber kein
Grund für die Annahme vor, es seien erst Riefeln
vorhanden gewesen, die zu einem Scherengitter umgearbeitet worden seien, da die Flächen dann sehr viel
tiefer liegen müßten. Sie werden auch nicht, wie das bei

wenigen Exemplaren erhalten ist,[22] bossiert gewesen
und erst beim Kauf ausgearbeitet worden sein. Denn
man hätte nicht allergrößte Sorgfalt auf die Scheren gitter und die ornamentierten Profile aufgewandt, bei der
Hauptfigur dagegen die Abänderungen nur recht grob
vornehmen lassen. Wir müssen also annehmen, daß vergleichbare Sarkophage mit Scherengitter häufiger angefertigt worden sind, durch einen Zufall jedoch nur das
vorhandene Exemplar erhalten geblieben ist.

Der Sarkophag in San Marino läßt sich zeitlich relativ
gut einordnen. Für die Gewänder ist charakteristisch
daß sie dick und füllig sind sowie von verhältnismäßig
harten Rillen durchfahren werden, die die Körperfor-
men nur teilweise nachzeichnen, teilweise aber auch ein
Eigenleben führen; zwischen ihnen wölben sich die
Falten gerundet heraus. In den kindlich aufgedunsenen
Gesichtern der Jahreszeiten—Genien fallen die einge-
tieften Linien auf, die die Brauen betonen (Abb. 11a–b).
Die Innenwinkel der Augen, die Nasenlöcher und die
Mundwinkel werden durch recht dicke, die Nasen—
Lippen—Furche und die Pupillen durch zurückhal-
tendere punktförmige Bohrungen betont. In den eng
anliegenden Haaren oben auf dem Kopf sind mit dem
Bohrer kurze Striche eingerissen; in den Teilen, die unter
den Kränzen hervorquellen, sind längere und schärfere
Rillen und große Punkte vorhanden.

Alle diese Zügen verweisen in die tetrarchische Zeit,
und zwar in die frühe Phase.[23] Als Parallelen sind die
Sockel eines Triumphbogens im Boboligarten in Florenz
heranzuziehen, die 293/94 n.Chr. entstanden sein dürften, allerdings als ein offizielles Denkmal der Staats-
kunst bessere Qualität haben.[24] Von den Jagdsarkophagen
lassen sich beispielsweise Exemplare im Camposanto
in Pisa, in S. Sebastiano in Rom und in Privatbesitz
heranziehen.[25] Das Stück in der Nekropole unter St. Peter
in Rom ist früher,[26] die in Siena und Spoleto sind später
entstanden.[27] Bei den Jahreszeitensarkophagen sind
Stücke wie die im Vatikan (Abb. 9a–b)[28] früher entstanden, da die Gewänder noch stärker belebt sind, die
Falten einen größeren Reichtum im Detail haben und
auch die Haare lebendiger fallen. Etwas später ist
hingegen ein Säulensarkophag im Vatikan,[29] erheblich
später ein Friessarkophag in Rom, Museo Nazionale.[30]
Etwa dieselbe Zeitstufe wie das Exemplar in San Marino, bei allerdings viel flacherem Relief und einfacherer

Taf. 109 (Sarkophag mit Totem auf Kline im Vatikan); 146, Anm. 13
("Endymion"—Sarkophag in London).

21. A. Giuliano, *Museo Nazionale Romano: Le Sculture* I, 2 (Rom,
1981), 100–102, Nr. 11; *ASR* V 4, 46, Taf. 38.2.

22. Vgl. das Stück in Rom, S. Sebastiano: *Rep.* I, 222, Taf. 50. Dazu:
Rep. I, 401, Taf. 71; vielleicht auch 653, Taf. 99.

23. Zu dieser Phase: K–S, 258–259.

24. H. Kähler, "Zwei Sockel eines Triumphbogens im Boboligar-

ten zu Florenz," 96. *BWPr* (1936), vor allem Abb. 2–5 und Taf. 2–4;
T. Kraus, *Das römische Weltreich* (Berlin, 1967), 242, Taf. 248; B. Andreae,
ASR I 2 (Berlin, 1980), 92, 102, Taf. 69,2.

25. *ASR* I 2, 69, Taf. 68, 69,1.3; 149, Taf. 52,2; 57,4–9; 59; 74, Taf.
74,1; 115,7.

26. *ASR* I 2, 40, Taf. 44,2; 46–47.

27. *ASR* I 2, 206, Taf. 54,1; 60–61; 208, Taf. 54,2; 62.

28. Siehe oben (Anm. 20).

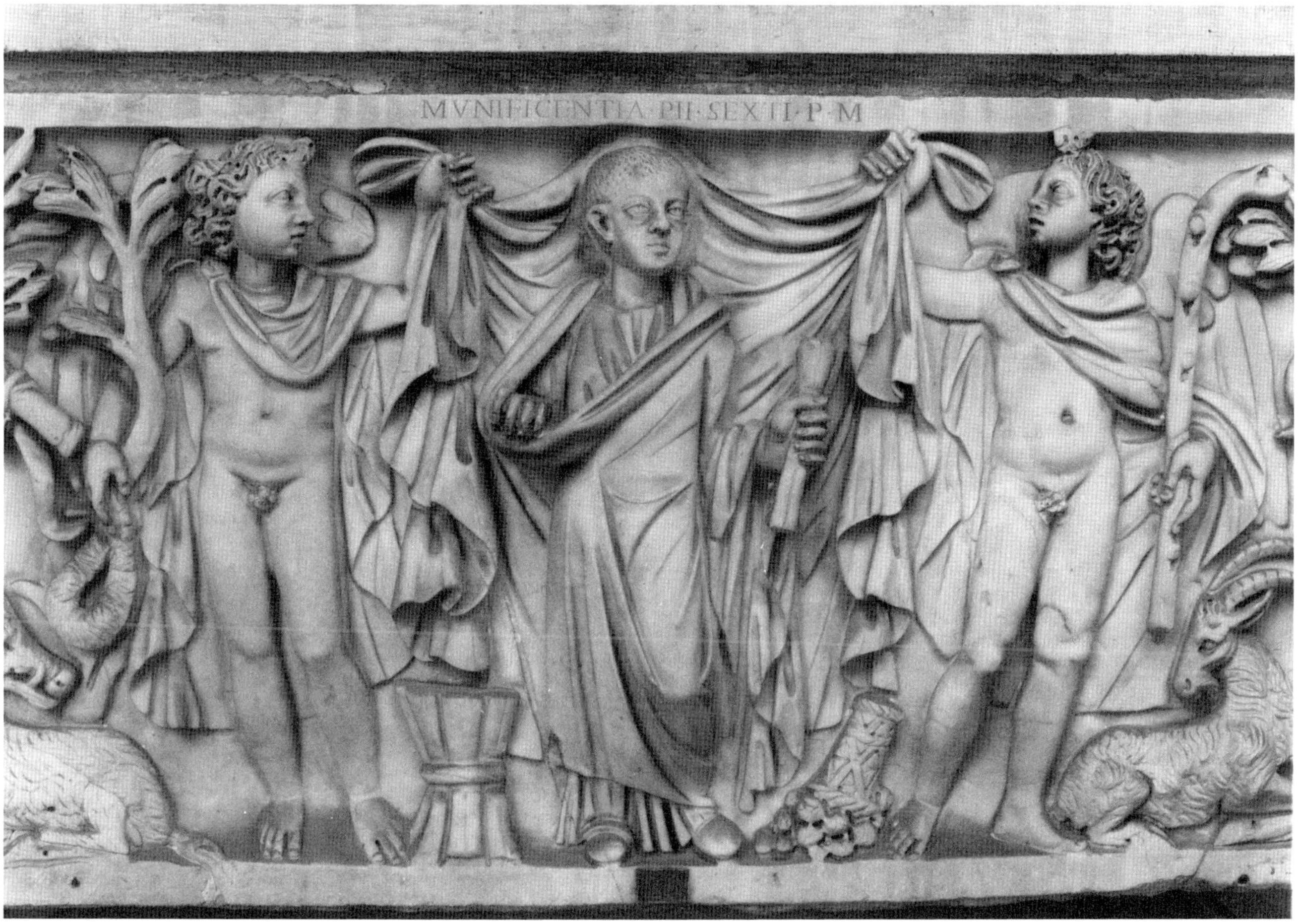

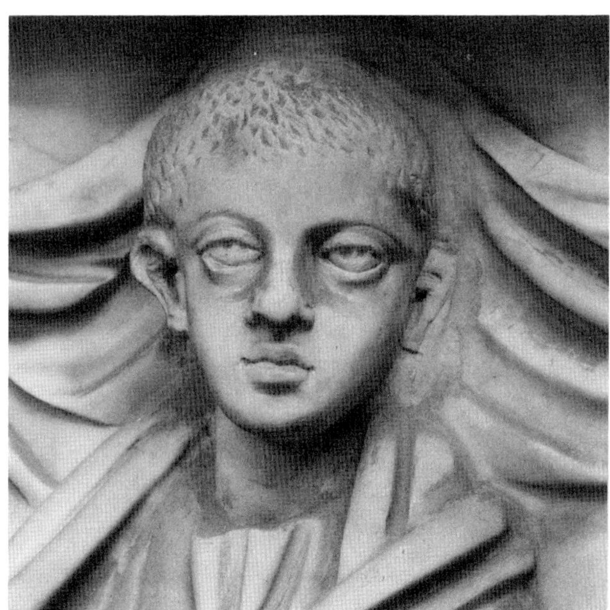

Abb. 9a. Mittlerer Teil eines Jahreszeitensarkophages, die Frau in der Mitte nachträglich als junger Mann ausgearbeitet. Vatikan. Photo: DAI Rom, Inst. Neg. 80.1600.

Ausführung, zeigt beispielsweise ein Stück in Rom Palazzo dei Conservatori.[31] Für den Sarkophag der Henry E. Huntington Library and Art Gallery lassen sich also die Jahre um 290 n.Chr. vorschlagen. Es handelt sich damit um einen der frühesten Vertreter mit einer in fünf Teile gegliederten Langseite, bei der im mittleren Feld eine Gestalt vor einem Parapetasma steht.[32]

Der Porträtkopf (Abb. 8) ist zwar nur flüchtig ausgearbeitet, läßt aber doch einige Züge erkennen, die eine Einordnung ermöglichen. Die Stirn springt mächtig vor, die Augen liegen tief. Haare und Bart sind als dickere Masse auf dem Kopf angegeben und durch Meißelungen gegliedert. Man kommt damit in die Zeit nach Gallien und vor Konstantin,[33] vielleicht auch vor die reali-

Abb. 9b. Kopf des Mannes von Abb. 9a, aus dem einer Frau ausgearbeitet. Photo: DAI Rom, Inst. Neg. 80.1603.

29. *ASR* V 4, 24, Taf. 5,4; 13; 14,2.
30. *ASR* V 4, 133, Taf. 57,5; 58,1; 59,1.
31. *ASR* V 4, 104, Taf. 62,1.
32. *ASR* V 4, 65, Anm. 376.
33. M. Bergmann, *Studien zum römischen Porträt des 3. Jahrhunderts v.Chr.* (Bonn, 1977), 104–133, Taf. 32–39; M. Wegner, *Gordianus III bis Carinus* (Berlin, 1979), 135–164, Taf. 52–61; dies., in: *Spätantike und frühes Christentum* (Frankfurt, 1983), 49–50, Abb. 28–30.

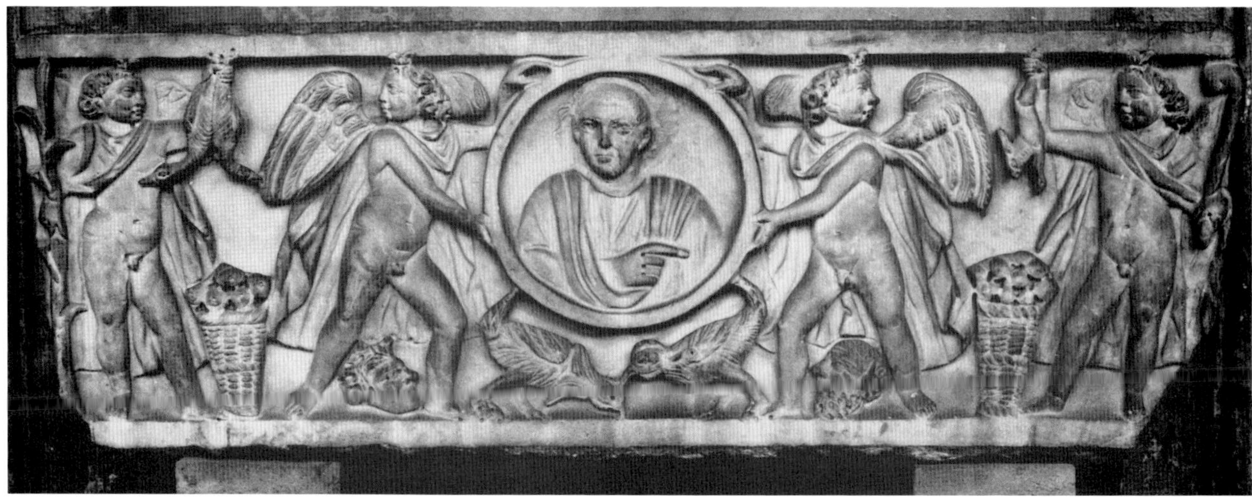

Abb. 10a.   Jahreszeitensarkophag mit Tondo in der Mitte; Porträt des Mannes aus dem einer Frau umgearbeitet. Rom, Museo Nazionale Romano. Photo: Verfasser.

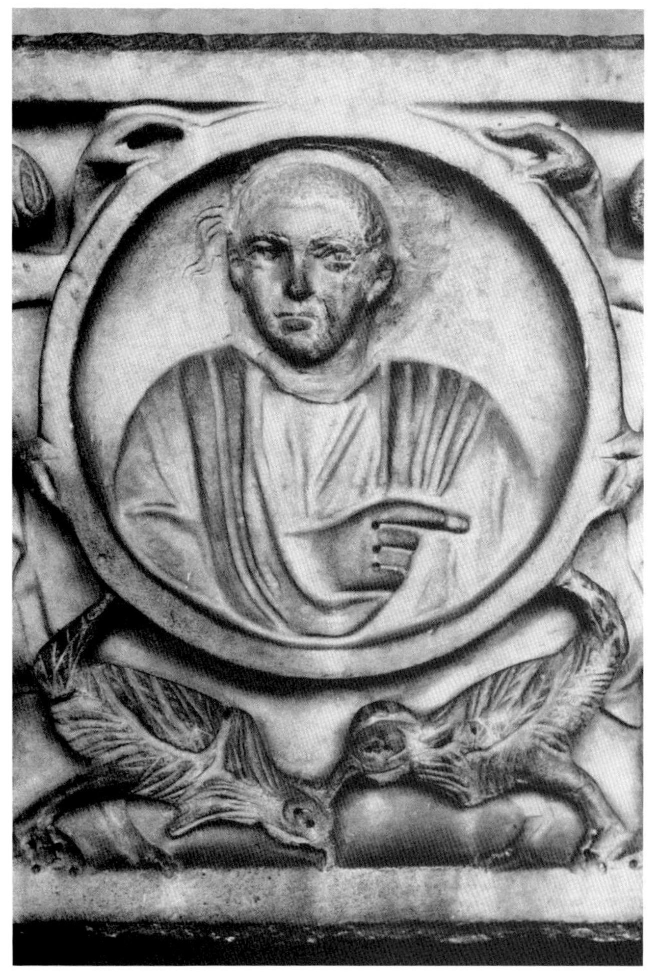

Abb. 10b.   Kopf des Mannes von Abb. 10a, der aus dem einer Frau umgearbeitet ist. Photo: Verfasser.

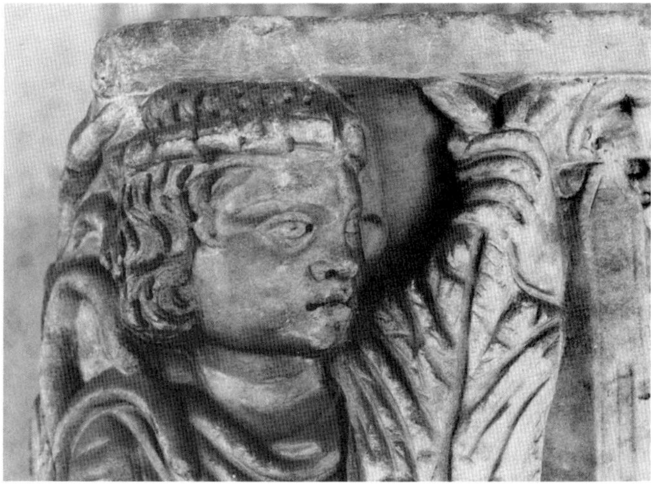

Abb. 11a.   Kopf des Winters im linken Feld. Siehe Abb. 1a und 3c. Photo: Verfasser.

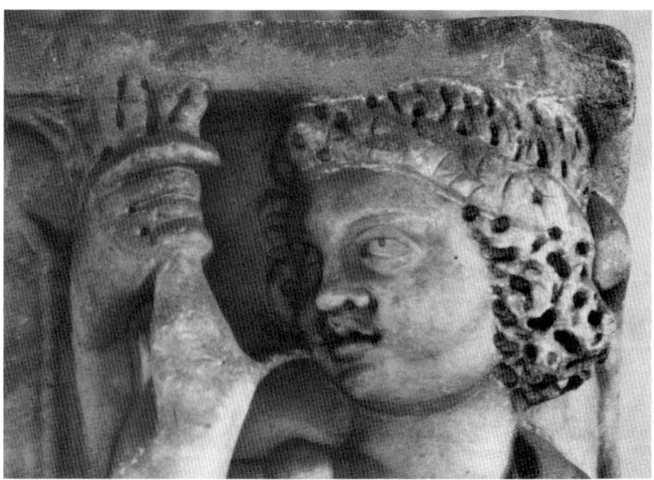

Abb. 11b.   Kopf des Herbstes im rechten Feld. Siehe Abb. 1a und 3d. Photo: Verfasser.

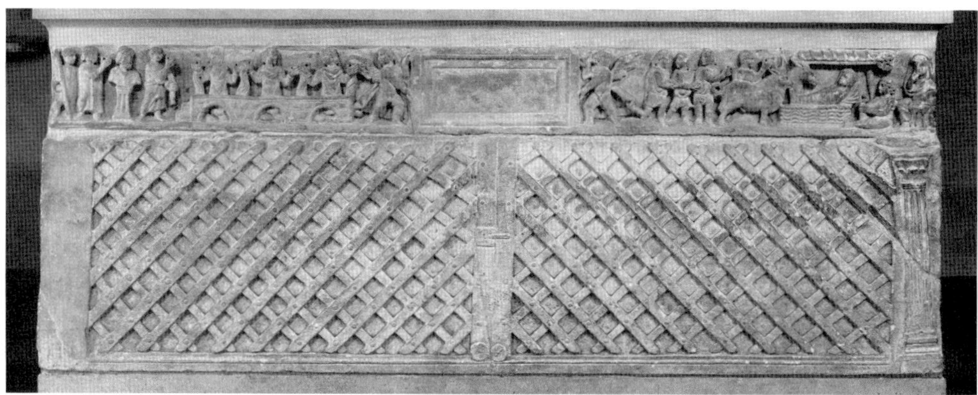

Abb. 12. Sarkophag mit Scherengitter und Deckel mit christlichen Darstellungen. Boville Ernica, bei Frosinone. S. Pedro Espano. Photo: DAI Rom, Inst. Neg. 60.1363.

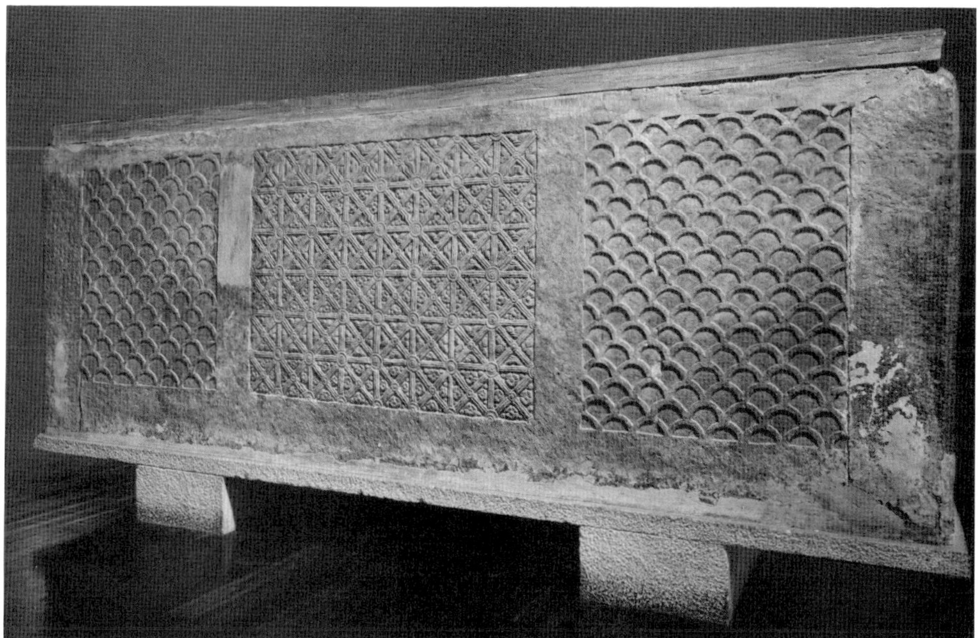

Abb. 13. Rückseite eines Sarkophages mit Weinlese, geschmückt mit verschiedenartigem Gitterwerk. Vatikan. Photo: DAI Rom, Inst. Neg. 80.1661.

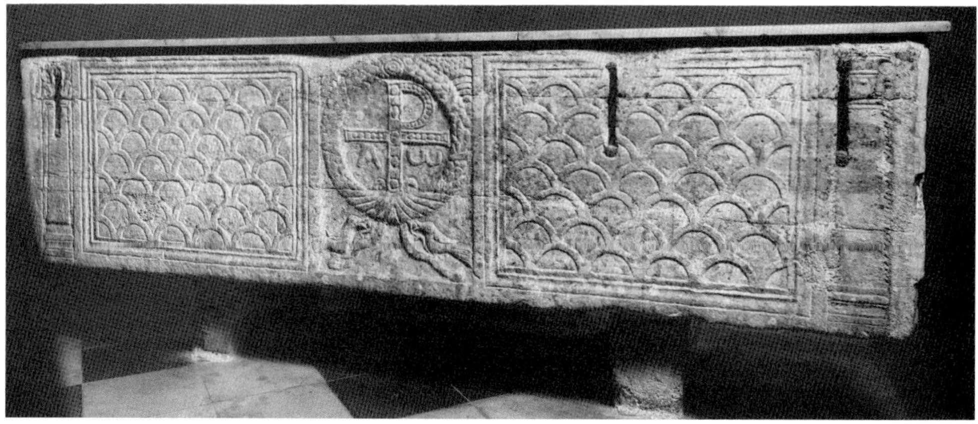

Abb. 14. Sarkophag mit einem Kreuz im Lorbeerkranz, Feldern mit Gitterwerk und seitlichen Pilastern. Rom, Campo Santo Teutonico. Photo: DAI Rom, Inst. Neg. 57.54.

stischen Bildnisse der spättetrarchischen Zeit.[34] Vergleichen läßt sich von den Kaiserporträts etwa das Bildnis des Carinus,[35] ohne daß daraus allerdings genauere Schlüsse gezogen werden können. Es ergibt sich nur, daß das Porträt nicht wesentlich später als der übrige Sarkophag gearbeitet worden ist. Es fällt bei ihm auf, daß die Käufer einen—für seine Zeit und Gattung—verhältnismäßig qualitätsvollen und in seiner Dekoration ganz ungewöhnlichen Sarkophag erworben haben, dann das Porträt aber von einem unbeholfenen Steinmetzen haben ausführen lassen.

Für das Scherengitter auf dem Sarkophag in San Marino ist bisher eine einzige Parallele bekannt, ein Exemplar in der Kirche in Boville Ernica (Abb. 12).[36] Es scheint nicht in Rom, sondern in einer lokalen Werkstatt gearbeitet worden zu sein.[37] Felder mit Figuren finden sich jedoch nicht. An den Seiten waren Pilaster vorhanden (der linke ist möglicherweise nachträglich abgemeißelt worden), und in der Mitte ist der Verschluß des Gitters deutlich wiedergegeben. Derartige Abschrankungen werden in Grabbezirken vorgekommen sein, und man hat sie in diesen beiden Fällen auf Sarkophage übernommen. Auf einigen anderen Grabmonumenten ist ein Gitter wiedergegeben, das nicht beweglich, sondern feststehend sein soll. Es läßt sich eines der Reliefs aus Neumagen nennen, das auf der Rückseite derartigen Schmuck trägt.[38] Die Rhomben sind durch Blüten gefüllt, die man sich beim geschmiedeten Vorbild wohl auch aus Eisen gearbeitet vorstellen darf. Einen ähnlichen Schmuck trägt der mittlere Teil der

Rückseite eines theodosianischen Sarkophages mit Weinlese im Vatikan (Abb. 13).[39] Die Gitterstäbe, die sie verbindenden runden Platten und die Füllungen der einzelnen Felder, die bei diesem Stück dreieckig sind, sind besonders sorgfältig gearbeitet. Durch die seitlichen Felder wird deutlich, daß es sich um die Abschrankung eines Grabbezirkes handeln soll, die auf dem Sarkophag nachgeahmt ist; denn die Bogenformen, die jeweils versetzt aufeinandergefügt sind, begegnen auch auf Schrankenplatten als Schmuckmotiv.[40] Einige andere Sarkophage haben einen derartigen Schmuck sogar auf der Vorderseite (Abb. 14),[41] und bei einem weiteren Exemplar, das allerdings erheblich später entstanden sein dürfte, ist die gesamte Vorderseite als Templon einer Kirche gestaltet.[42]

Philipps—Universität
Marburg

SUMMARY IN ENGLISH

A Roman sarcophagus in the Huntington Library and Art Gallery with three standing figures and panels of lattice decoration is presented as a unique example of late Imperial sarcophagi. The central figure, with personifications of Winter to the left and Autumn to the right, was reworked from a female to a male portrait. The drapery style and facial features of the Seasons place the work at the end of the third century A.D. The portrait type is not very much later.

34. Bergmann a.O., 138–154, Taf. 40–43; *Spätantike* a.O. 49–50, Abb. 31–32; 414–417, Nr. 32–34.

35. Bergmann a.O., 118, Taf. 34,3; Wegner a.O. (siehe oben [Anm. 33], 157–159, Taf. 60–61); *Spätantike* a.O., 49, 56, Abb. 30; K. Fittschen u. P. Zanker, *Katalog der römischen Porträts in den Capitolinischen Museen* I (Mainz, 1985), 142–143, Nr. 117, Taf. 145–146.

36. Boville Ernica (östlich von Frosinone), S. Pedro Espano: bisher, soweit es scheint, nur von P. Kranz, *ASR* V 4, s 229, unter Nr. 182 angeführt.

37. Zu lokalen Sarkophagen im westlichen Italien: K–S, 276–281, Taf. 117, 132, 296–299.

38. W. von Massow, *Die Grabmäler von Neumagen* (Berlin, 1932), 219–220, Nr. 309, Taf. 60.

39. *Rep.* I 29, Taf. 10; K–S, 119, Taf. 120.

40. Z.B. A. K. Orlandou, *He xylostegos palaiochristianike basilike tes mesogeiakes lekanes* (Athen, 1954), 514, Abb. 475,2; 515, Abb. 476b; 518, Abb. 480; 526, Abb. 491; 527, Abb. 492, 534, Abb. 500.

41. *Rep.* I 219, Taf. 49; 859, Taf. 138 (hier Abb. 14); ferner auf der Nebenseite von 243, Taf. 55; anderes Muster auf dem kleinen Fragment 406, Taf. 71.

42. *Rep.* I, 775, Taf. 123.

Fragment d'un sarcophage avec monstres marins au J. Paul Getty Museum

Anne F. Eberle

En 1973, le musée J. Paul Getty acheta dans le commerce d'art un gros fragment d'un sarcophage romain en marbre de l'époque impériale (figs. 1a–f, 2).[1]

Il s'agit d'une partie de la façade d'un sarcophage[2] du type à monstres marins et à portrait dans une coquille au milieu, soulevée au-dessus des eaux par deux tritons ou deux centaures marins, plus rarement par des néréides.[3]

Le fragment présente une partie du rebord supérieur de la façade, tandis que celui qui devait limiter le relief par-dessous ne nous a pas été conservé.

Le relief nous montre la face antérieure de la valve d'une coquille de l'espèce *cardium* avec sa charnière tournée vers le bas, contenant le buste d'un homme âgé portant la barbe. Nous voyons encore les restes de l'ébauche initiale près de son oreille gauche, le long du côté droit du visage et au-dessus de sa chevelure; son cou n'est guère formé, bien que l'espace destiné au modelage de son relief soit disponible. Le défunt en question tient un *rotulus* dans sa main gauche fermée, tandis que la droite décrit un geste oratoire.[4] Les deux Erotes qui en-tourent notre portrait sont représentés de trois-quarts; le bas de leur corps disparaît dans les profondeurs de la coquille. Ils soulèvent le bras qui est le plus proche de la coquille en l'air et posent l'autre sur les épaules du dé-funt; des deux porteurs de la coquille, il ne reste que leurs mains représentées de profil, qui soutiennent la valve; on n'y voit pas de trous de foret. Sous la charnière de la coquille, nous distinguons la tête d'un petit per-sonnage, le bras droit levé derrière celle-ci, à la longue chevelure en désordre, imberbe. A côté de la main droite du porteur de gauche, nous voyons une partie d'un objet d'aspect soyeux. A gauche de la coquille, nous apercevons les restes d'un relief.

Le *pallium* du défunt ne nous permet pas de dater avec exactitude son exécution.[5] Le défunt en question porte la coiffure et la barbe courtes qui font leur apparition à l'époque d'Alexandre Sévère, mais qui sont remplacées pour peu de temps sous Volusien et Gallien par une coupe plus longue, pour réapparaître ensuite sous le règne de Probe et de ses successeurs.[6]

Abréviations

Bergmann, *Studien*: M. Bergmann, *Studien zum römischen Porträt des 3. Jhs n.Ch.* in 3. Reihe Antiquitas XVIII (Bonn, 1977).

DBB: F. W. Deichmann, H. Brandenburg-G. Bovini: *Repertorium der christlich-antiken Sarkophage*, vol. I (Wiesbaden, 1967).

Engemann, *Sepulkralsymbolik*: J. Engemann, *Untersuchungen zur Sepulkralsymbolik der späteren römischen Kaiserzeit*, 2. Ergbd. JAChr (Münster, 1973).

Himmelmann, *Untersuchungen*: N. Himmelmann, *Typologische Untersuchungen an römischen Sarkophagreliefs des 3. u. 4. Jhs n.Chr.* (Mainz, 1973).

Wrede, *Meerwesen*: H. Wrede, *Lebenssymbole und Bildnisse zwischen Meerwesen in: Festschrift G. Kleiner* (Tubingen, 1976), pp. 147–178.

1. No. d'inv. 73.AA.48. J. Frel, *Antiquities in the J. Paul Getty Museum, A Checklist* II (1979), p. 26, no. V 42. *Art of Ancient Italy. Etruscans, Greeks and Romans*, no. 92 avec photo.

Cet article constitue la reprise d'un travail de diplôme rédigé sous la direction de feu le Prof. H. Jucker de Berne. Je remercie J. Frel de m'avoir permis de publier ce fragment.

2. Description du fragment: Hauteur: 0,435 m; longueur maximale: 0,445 m; épaisseur: 0,09 m à la hauteur du bord supérieur. Marbre blanc d'Asie Mineure avec quelques cristaux de taille plus importante que les autres. De nombreux sarcophages ont été fabriqués en Italie avec du marbre provenant d'Asie Mineure: un chargement de sarcophages à l'état d'ébauche découvert au large de S. Pietro in Bevagna près de Tarente confirme ce fait: *cf.* F. Wiegartz *in: Mélanges Mansel* I (Ankara, 1974), pp. 346sq. (bibl.). Surface polie, à l'exception de la tête du dé-funt. Surface postérieure lissée à l'époque moderne. Pointe du nez et index de la main gauche du défunt: perdus. Bras au premier plan des Erotes, ainsi que des parties du bord de la coquille: fortement endom-magés. Main droite et avant-corps du putto de droite: effacés lors de la finition du portrait. Tout le corps du petit personnage sous la coquille, sauf sa tête et son bras droit: perdus.

3. *Cf.* A. Rumpf, *ASR* V 1 (Berlin, 1939), nos 67–90. Ajouter: H. Sichtermann, *AA* (1970), p. 217, no. 2, figs. 4–6; Wrede, *Meerwesen*, p. 177, no. 9; H. Sichtermann, *RM* 86 (1979), p. 365, note 123, pl. 102, 1; M. Bouchenaki, *Fouilles de la nécropole occidentale de Tipasa* (Alger, 1975), pp. 74–79, figs. 174–179; D. Strong, *Connoisseur* (April 1965), p. 219, no. 6; p. 223, fig. 16; p. 219, no. 5; p. 222, fig. 15; H. Jung, *JdI* 93 (1978), pp. 338sq., figs. 6, 7.

4. *Cf.* le même geste sur d'autres sarcophages, p. ex.: *DBB*, no. 756, pl. 119; *ibid.*, no. 1003, pl. 161; no. 838, pl. 135; no. 381, pl. 68; F. Matz, *ASR* IV, 4 (Berlin, 1975), no. 256.

5. *Cf. RE* XVIII, 3 (Stuttgart, 1949), pp. 251–252, s.v. *Pallium* (Kreis–v. Schaewen).

6. Alexandre Sévère: *RIC* IV,2 (London, 1938), pl. 8; Volusien: *RIC* IV,3 (London, 1949), pl. 14; Gallien: *RIC* V,1 (London, 1927), pl. 1, 14; pl. 15, 2. 3; Probe: *RIC* V,2 (London, 1933), pls. 1–5.

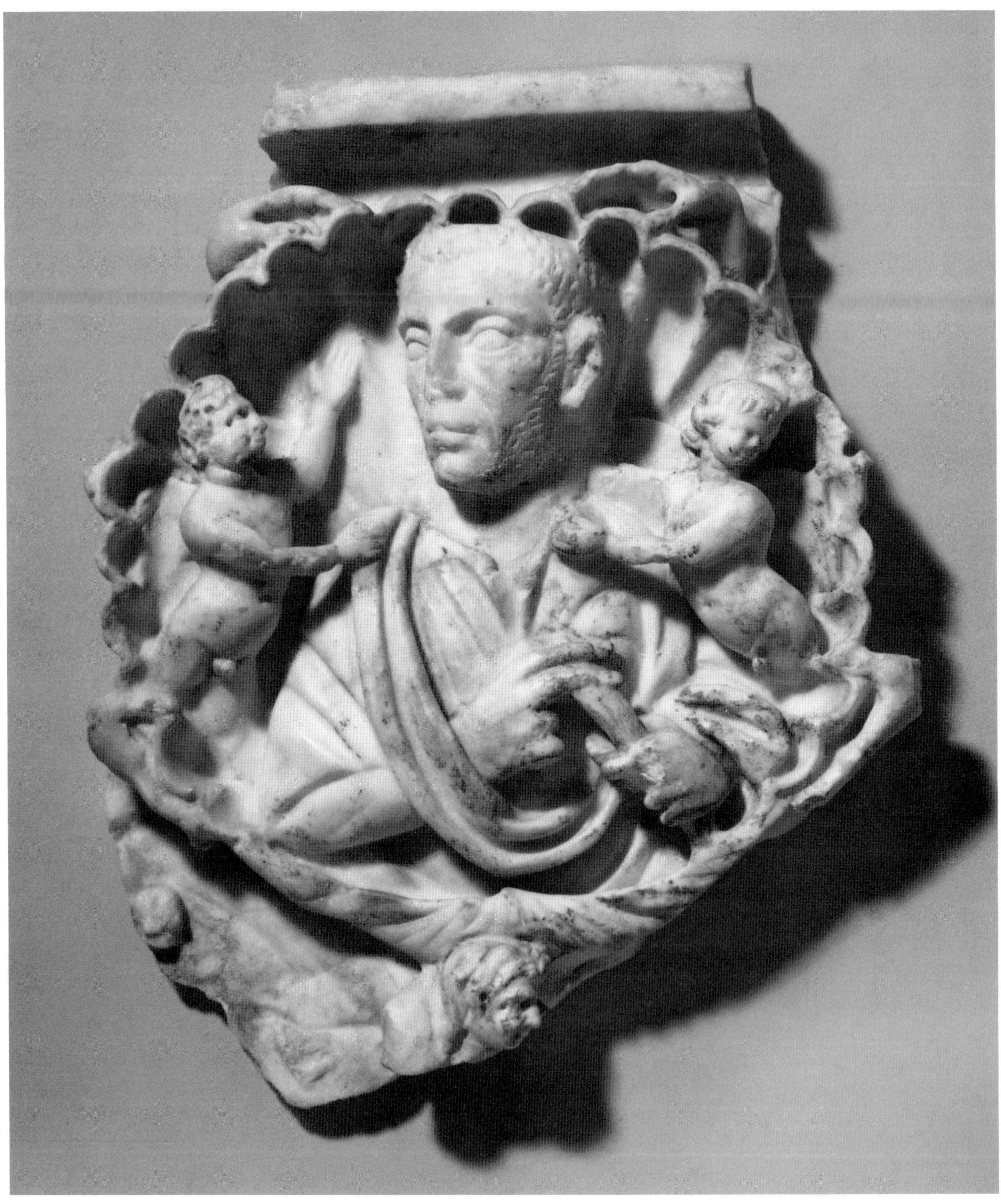

Fig. 1a. Fragment de sarcophage à monstres marins. Malibu, J. Paul Getty Museum 73. AA.48.

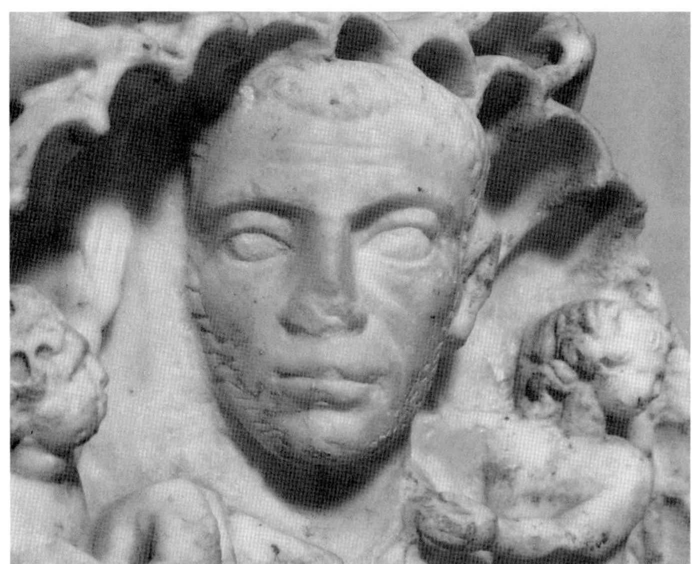

Fig. 1b. Détail: portrait du défunt vu de face.

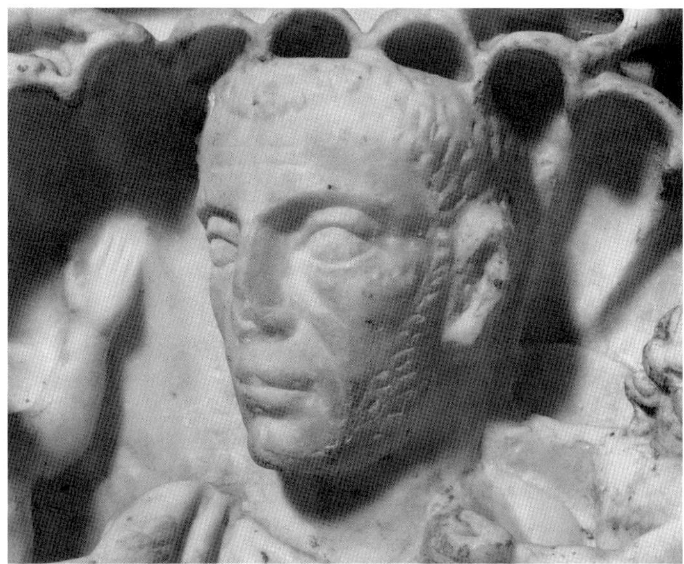

Fig. 1c. Détail: portrait du défunt vu de trois-quarts.

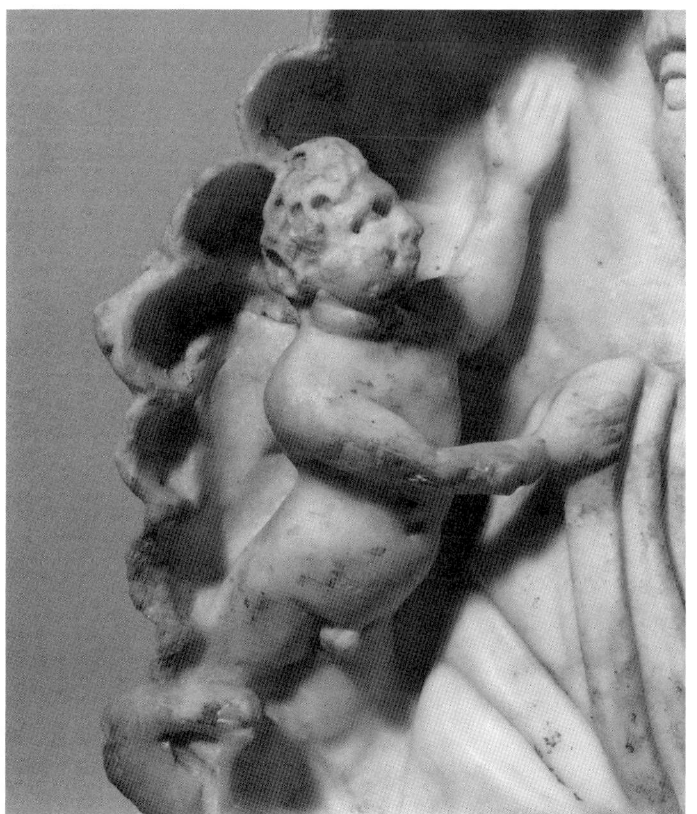

Fig. 1d. Détail: Eros se trouvant à la gauche du buste.

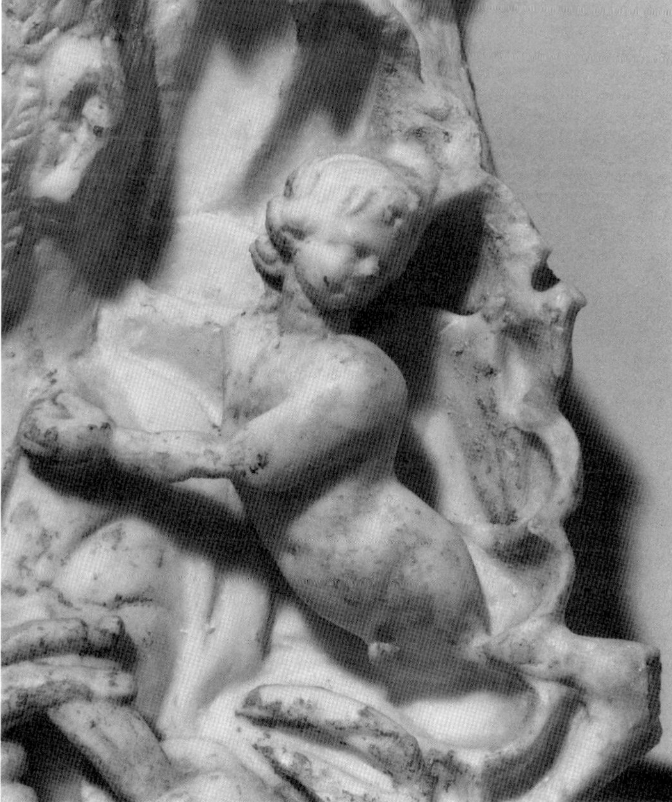

Fig. 1e. Détail: Eros se trouvant à la droite du buste.

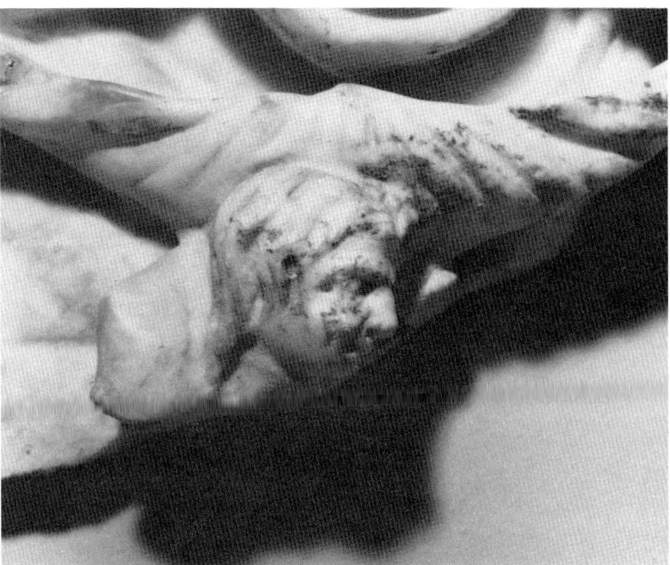

Fig. 1f. Détail: tête du petit personnage se trouvant sous la coquille.

Notre homme a le regard dirigé vers le ciel. Ce regard a une longue histoire:[7] nous le retrouvons parmi les portraits de dynastes ou de philosophes. Les "philosophes" des "sarcophages de philosophes," qui font leur apparition à l'époque de Gallien, présentent aussi ce regard dirigé vers le haut. Cela nous permet de situer notre portrait après le règne de Gallien.

L'aspect rude et réaliste de notre portrait, ses formes compactes et lourdes, nous rappellent les reliefs de style tétrarchique de l'arc de Constantin;[8] cela est particulièrement évident lorsqu'on le compare avec la tête d'un soldat appartenant à la frise de l'arc.[9]

La comparaison de notre tête avec quelques portraits de l'époque tétrarchique nous permettra de la dater plus exactement. En premier lieu, examinons le portrait en marbre d'un homme à Rome, au musée des Thermes,[10] que B. M. Felletti-Maj a daté des dernières années de la Tétrarchie. La barbe et la chevelure sont sculptées de la même manière. Nous remarquons la même séparation rigoureuse entre la barbe et les joues nues; les mêmes yeux enfoncés entre les lourdes paupières supérieures et les poches lacrymales gonflées; les arcades sourcilières très allongées. Mais on remarque bientôt que le portrait du musée des Thermes ne présente pas la mobilité des traits et les contours peu précis de la bouche et des

oreilles qui sont très évidents dans notre relief, mais qu'il tend plutôt vers une forme claire et simple pour tout l'ensemble grâce à un travail plus succinct et sobre qui néglige tous les détails de la surface. Le portrait du musée des Thermes, de par cette tendance à donner un dessin linéaire aux formes, se rapproche beaucoup de l'art de l'époque de Constantin, tandis que notre tête appartient pleinement au courant artistique de la Tétrarchie. Un portrait d'homme conservé au Musée national de Naples[11] nous présente la même incarnation prise de tressaillements, la même asymétrie des traits, c'est à dire les mêmes linéaments expressifs et réalistes; même les rides qui descendent des ailes du nez vers les coins de la bouche ont le même modelé.

M. Bergmann[12] compare la tête de Naples avec le portrait de Maxence du Musée national de Stockholm: nous nous rangeons à son avis et pouvons donc dater le portrait napolitain vers 307–312. Un portrait d'homme conservé à la galerie nationale d'Oslo[13] montre les mêmes pupilles et les mêmes iris formés de deux arcs de cercle concentriques. Cette tête est très proche de deux portraits de facture provinciale, l'un se trouvant au Musée national de Sperlonga et l'autre conservé jadis à Minturno[14] (même dessin des yeux). M. Bergmann rapproche ces trois derniers portraits de celui de Naples, ce qui est parfaitement correct.

Nous remarquons que les portraits de Naples, d'Oslo, de Sperlonga et de Minturno, ainsi que le nôtre ont en commun le travail de la chevelure et de la barbe: celles-ci se détachent nettement du visage et forment une masse compacte parcourue par des traits de ciseau espacés régulièrement et suivant tous la même direction. Leurs oreilles ont la même forme imprécise et pesante. Le contour de leurs grandes bouches est imprécis, les lèvres sont gonflées. Les arcades sourcilières du portrait de Naples sont soulignées par des bourrelets arqués marqués par de petits traits gravés, les poils, tandis que les autres têtes n'ont pas de sourcils. Les portraits de Sperlonga et d'Oslo, ainsi que la tête fragmentaire qui se trouvait jadis à Minturno ne présentent pas la mobilité de traits propre à la tête de Naples ainsi qu'à la nôtre; leur épiderme est légèrement enflé et figé, à peine ravivé par deux rides qui barrent leurs fronts et par leurs pommettes saillantes; il faut sûrement attribuer le manque de mobilité de ces trois portraits à leur origine provinciale; toutefois, ils appartiennent

---

7. Jucker, *AntK* 2 (1959), pp. 58sq.

8. H. P. L'Orange, *Studien zur Geschichte des spätantiken Porträts* (Oslo, 1933), pp. 51sq.

9. L'Orange (note 8), p. 52, fig. 134.

10. No. d'inv. 124531. B. M. Felletti-Maj, *Museo nazionale romano. I ritratti* (Rome, 1953), p. 156, no. 313. Bergmann, *Studien*, p. 142; p. 193, pl. 40, 5sq.

11. No. d'inv. 2502220. Bergmann, *Studien*, p. 151, pl. 44, 1sq.

12. Bergmann, *Studien*, p. 142sq.; p. 151, pl. 44,3; A. Andren, *Antik Skulptur isvenska samlingen* (Stockholm, 1964), pl. 56 avec texte.

13. L'Orange (note 8), p. 114, no. 23, fig. 64.

14. Sperlonga: Bergmann, *Studien*, p. 151, pl. 43, 5, 6; Minturno: *NotSc* (1938), p. 220, no. 75, fig. 41.

15. W. Von Sydow, *Zur Kunstgeschichte des spätantiken Porträts im 4.*

à la même période que celui de Naples et le nôtre.

W. von Sydow[15] écrit que le dessin de la pupille et de l'iris par deux arcs de cercle concentriques est très courant en Occident sous la Tétrarchie; il ajoute (et M. Bergmann se range à son opinion)[16] que ce dessin est employé encore quelques fois au cours du IVe siècle; les exemples qu'il apporte à l'appui de sa thèse sont probants.

Nous pouvons donc dater notre portrait de la fin de la deuxième Tétrarchie.

Quant à la qualité du portrait en question, nous pouvons le classer parmi les plus vivantes *imagines* que l'on puisse trouver sur les sarcophages de l'époque. Malgré l'aspect traditionnel reflétant la mode du moment en matière de portraits, nous percevons aussi les traits individuels de l'homme représenté sur le sarcophage en question, ce qui n'est souvent pas le cas, comme le prouvent de nombreux caissons et couvercles présentant un portrait très stéréotypé.[17]

Le corps des deux Erotes dans la coquille et celui de la petite figure sous cette dernière sont lourds et ne permettent guère de deviner le jeu des muscles sous la peau; on peut leur trouver des parallèles sur une plaque datée du troisième tiers du IIIe siècle à Rome, au palais des Conservateurs. Cette plaque servait à fermer un *loculus* et son relief représente une *imago clipeata*, la résurrection de Lazare et une scène de lecture.[18] Ici aussi, les corps des personnages sont lourds et informes, leurs mains sont larges et sans trous de foret; leurs chevelures sont représentées tantôt par des mèches ciselées comme celles de notre putto de droite dans la coquille et celles de la petite figure sous cette dernière, tantôt par de grossiers trous de foret percés dans une calotte, qui prend ainsi un aspect spongieux, tout comme celle de notre Eros de gauche; les visages sur la plaque du palais des Conservateurs sont arrondis et leurs traits sont rendus par des trous de vrille, comme c'est le cas pour notre putto de droite et la figure sous la valve, tandis que notre Eros de gauche a un visage encore assez soigneusement ciselé.

Nous retrouvons côte-à-côte des têtes exécutées assez soigneusement[19] et d'autres dont les contours et les traits sont indiqués par des trous de foret[20] sur la plaque frontale du couvercle d'Elia Afanacia, conservée à Rome au musée de la catacombe de Prétextat; elle a été datée par H. Brandenburg et N. Himmelmann[21] du troisième tiers du IIIe siècle; ici, les visages sont aussi arrondis mais le

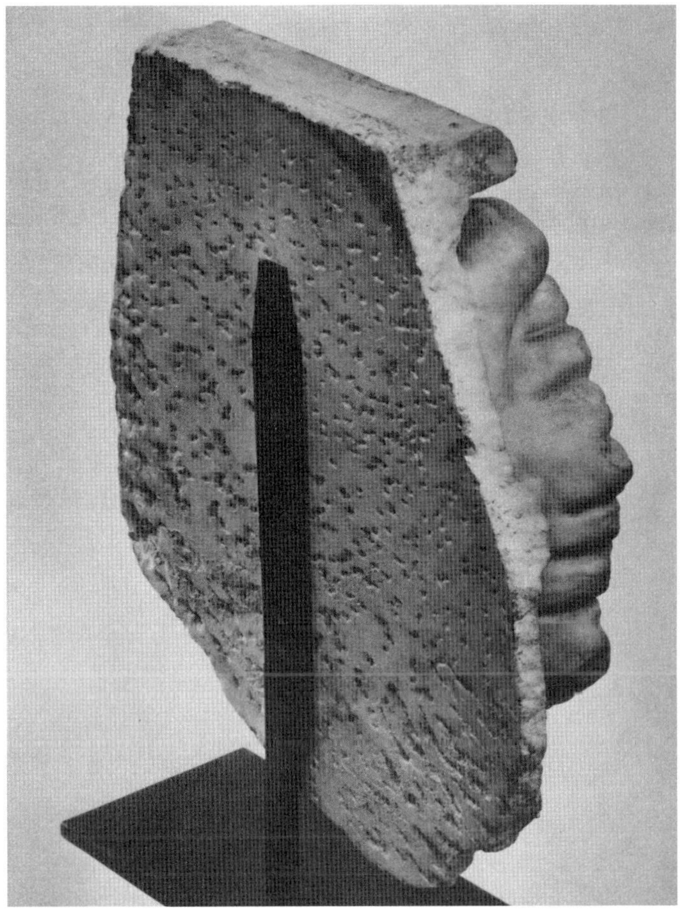

Fig. 2. Fragment du sarcophage: vue postérieure. Photos fig. 1a–f et 2: J. Zbinden, Archäologisches Seminar, Universität Bern.

pointillisme est plus prononcé que sur la plaque du palais des Conservateurs, car les mains présentent des trous de foret à la racine des doigts. Nous remarquons particulièrement qu'une tête de la plaque d'Elia Afanacia est très semblable à celle du putto de droite dans notre coquille: il s'agit de la deuxième figure à partir de la gauche, qui porte une bougie, dans le tableau à gauche de la *tabula inscriptionis*;[22] les deux têtes en question présentent de longs sourcils gravés, des paupières enflées, les pupilles et les coins internes des yeux ainsi que les narines et les coins des lèvres sont indiqués par des trous de foret; la bouche est simplement indiquée par une ligne.

Les reliefs que nous avons choisis comme parallèles stylistiques ont été exécutés en style pointilliste.[23] Ce

Jh. n.Chr. (Bonn, 1969), p. 10.

16. Von Sydow (note 15), p. 11. Bergmann, *Studien*, p. 153.

17. *Cf.* p. ex.: a) *DBB*, no. 756, pl. 119; b) *DBB*, no. 381, pl. 68; c) *DBB*, no. 896, pl. 142.

18. Salle II, no. 70; *DBB*, no. 811, pl. 130; K. Weitzmann, *The Age of Spirituality*, exh. cat. (New York: Metropolitan Museum of Art, 1979), no. 370 avec fig.

19. M. Gütschow, *MemPontAcc* Serie III, 4 (1938), pp. 181–187,

pl. 44,5.

20. Gütschow (note 19), pp. 181–187, pl. 44, 1, 2.

21. *DBB*, no. 558, pl. 86; Himmelmann, *Untersuchungen*, p. 4; H. Solin-Brandenburg, *AA* (1980), pp. 271–284.

22. Gütschow (note 19), pl. 44, 2. F. Gerke, *Die christlichen Sarkophage der vorkonstantinischen Zeit* (Berlin, 1940), pl. 37, 2.

23. Gerke (note 22), p. 67sq., p. 98sq.; K. Schauenburg, *AA* (1966), p. 269sq.; M. Floriani-Squarciapino, *RACrist* 52 (1976), pp. 226–228;

style fait son apparition vers 230 ap. J.-C. et atteint son apogée entre 270 et 290; il est employé sur les plaques frontales de couvercles, sur les petits côtés de caissons et pour les petites figures remplissant les vides sur les façades. F. Gerke[24] a remarqué que les visages sont arrondis jusque vers 280 et deviennent ensuite ovoïdes; vers la fin du IIIe siècle, on exécute de plus en plus souvent les reliefs des façades des caissons en style pointilliste et ceux-ci deviennent de plus en plus aplatis.

La description plus haut nous a permis d'apercevoir les restes de l'ébauche du portrait et de constater que celui-ci n'a pas de surface polie: nous pouvons donc en conclure que tout le relief, sauf la tête, fut exécuté dans un premier temps et que par la suite, on sculpta le portrait d'après les traits du défunt. Les petites figures dans et autour de la coquille devraient nous permettre de dater l'exécution des reliefs, la tête exceptée: grâce aux parallèles choisis, nous avons pu les placer dans le courant pointilliste, mais il ne nous est pas possible de les dater avec plus de précision; nous pouvons seulement dire que le relief a été sculpté dans le dernier tiers du IIIe siècle.

Nous avons quatre possibilités pour expliquer le laps de temps écoulé entre l'exécution du relief et celle du portrait: le sarcophage se trouvait en stock dans un atelier et a été acheté par le défunt de son vivant ou bien il a été acquis par ses héritiers après sa mort; le portrait, dans le premier cas, a peut-être été sculpté au moment de l'achat; dans le deuxième cas, il a été exécuté *post mortem*; il est aussi possible que le défunt en question ait chargé un atelier de créer un sarcophage d'après ses désirs et que ses proches aient fait exécuter le portrait après sa mort; il existe encore une quatrième possibilité: un sarcophage avec le portrait seulement ébauché a été employé pour une première sépulture et ensuite il a été utilisé une deuxième fois,[25] cette fois-ci avec le portrait fini. Une certitude vient étayer nos quatre hypothèses:

bien que la majorité des sarcophages à monstres marins et *imago clipeata* au centre doive être datée du IIIe siècle, il en existe quelques exemplaires appartenant au début du IVe siècle, ce qui prouve que ce genre de décoration était encore à la mode à cette époque: nous pouvons citer par exemple le sarcophage de Curtia Catiana du musée de Prétextat à Rome,[26] ou bien un autre se trouvant autrefois à Rome, dans le commerce des antiquités;[27] remarquons aussi que le premier exemplaire cité est chrétien. Cela nous prouve que les premiers fidèles de l'Eglise n'hésitaient pas à acheter un sarcophage présentant un motif païen sur la façade. Nous savons aussi que les sarcophages à monstres marins ont été parfois réutilisés: la preuve nous en est donnée par exemple par un sarcophage du IIe siècle, conservé au museo Campano de Capoue: la couronne portée par deux tritons au centre de la façade contient une inscription chrétienne ajoutée plus tard.[28] Il est donc possible que notre sarcophage se soit trouvé en stock au IIIe siècle et qu'il ait été utilisé seulement au début du IVe siècle ou bien qu'il ait été réutilisé à cette époque (c'est à ce moment qu'on exécuta le portrait). En tous cas, nous ne pouvons pas déterminer si le défunt était païen ou chrétien.

Seules les mains des deux porteurs de la coquille, sur le relief en question, sont conservées; il peut s'agir de tritons[29] ou de centaures marins.[30] L'hypothèse des deux centaures marins est la plus probable: les restes de relief à gauche de la coquille pourraient en effet être un fragment de patte et de sabot de cheval.

Tous les sarcophages connus avec un portrait dans une coquille (ils font leur apparition vers la fin de la dynastie des Antonins) présentent deux paires d'êtres marins des deux côtés du motif central.[31] Notre fragment appartient à cette deuxième catégorie.

H. Wrede nous donne, dans une étude, un court aperçu des portraits dans une coquille dans l'art funéraire ro-

---

Himmelmann, *Untersuchungen*, p. 32sq.

24. Gerke (note 22), p. 98sq.

25. Réemploi: *cf.* I. Rilliet-Maillard, *CArch* 28 (1979), p. 19, note 4. Portraits ébauchés: *cf.* B. Andreae, *MarbWPr* (1984), pp. 109–128.

26. Engemann, *Sepulkralsymbolik*, p. 67sq., pl. 22a; A. Rumpf, *ASR* V I (Berlin, 1939), no. 61; *DBB*, no. 557, pl. 85.

27. Rumpf (note 26), no. 60.

28. Rumpf (note 26), no. 17.

29. P. ex.: a) Rumpf (note 26), no. 75; b) tritons portant un *clipeus* sur une plaque fermant un *loculus*: J. Boersma, *BABesch* 48 (1973), pp. 124–141.

30. P. ex.: Rumpf (note 26), nos. 68–74, 76–80 (= R. Calza, *Antichità di Villa Doria Pamphil*; (Rom, 1977), no. 244a, pl. 142), nos. 81, 82, 85–87. Wrede, *Meerwesen*, p. 176, no. 9. Un sarcophage montre deux néréides porteuses de la coquille: Rumpf (note 26), no. 67; un autre présente deux putti porteurs de la conque: Amelung, *Vat. Kat.* I (Berlin–Leipzig, 1903), p. 863, no. 159, pl. 107; M. Bratschkowa, *Bull. Acad. Bulgare* 12 (1938), no. 606.

31. P. ex.: Rumpf (note 26), nos. 67–70, 72–78, 80, 81, 85–87.

32. Wrede, *Meerwesen*, p. 161sq. Ajouter: les autels funéraires cités par H. Brandenburg, *JdI* 82 (1967), p. 216, note 74; un autel: W. Altmann, *Die römischen Grabältare der Kaiserzeit* (Berlin, 1905), no. 272, fig. 170; une stèle: G. A. Mansuelli, *MonPiot* 53 (1963), p. 69sq., fig. 39; deux autels: Altmann (note 32), no. 8, fig. 45; no. 206, fig. 133; une urne: *AntK* 12 (1969), VI avec fig.

33. V. Santa Maria Scrinari, *Cat. Scult. rom. Museo archeol. Aquileia* (Roma, 1972), no. 407 avec fig.; H. Gabelmann, *BJb* 172 (1972), pp. 91sq.: autel avec couronnement constitué par une coquille en ronde bosse contenant à l'origine un portrait porté par un triton. Ce motif apparaît aussi sur la façade d'un sarcophage à Rome, au palais Mattei: K. Schauenburg, *JdI* 81 (1966), p. 299, note 125, fig. 40: le porteur du *clipeus* est identifié par erreur avec un géant.

34. Autel funéraire d'Albius Graptus: Helbig II[4] (Tübingen, 1966), no. 1683. H. Wrede, *RM* 78 (1971), p. 161, note 140: cet autel devait être destiné initialement à une femme; c'est un produit de série.

35. *Cf.* notes 44–46.

36. P. ex.: a) Reinach, *RP* (Paris, 1922), p. 60, no. 2; K. Schefold, *Die Wände Pompejis* (Berlin, 1957), p. 161, regio VI, insula occid.; b)

main de l'époque hellénistique jusqu'au début de l'Empire.[32] Il s'agit de portraits dans une coquille sur des autels funéraires, des urnes ou des stèles; ils ne sont jamais, sauf exception, portés par des créatures marines, comme c'est le cas sur les sarcophages, mais en sont seulement parfois flanqués.[33] Par contre, on trouve un autel funéraire du IIe siècle ap.J.-C. à Rome, au nouveau musée du palais des Conservateurs, qui présente sur sa face principale une coquille contenant Vénus anadyomène entourée par des Erotes; cette coquille est portée par des créatures marines;[34] nous retrouvons le même motif sur certains sarcophages:[35] il a été manifestement emprunté aux monuments funéraires servant à une incinération.

Voici quelques mots sur le motif de Vénus dans la coquille dans l'art romain. A partir du IIe siècle, apparaît dans l'art romain l'illustration du voyage de la déesse dans sa coquille vers l'île de Cythère: la conque est portée par deux tritons ou deux centaures et elle est parfois entourée d'Erotes serviteurs ou d'un thiase marin.

Le thème de la naissance et, par la suite aussi, celui du voyage de Vénus étaient très prisés dès le Ier siècle ap.J.-C. sur des peintures murales avec vues de la mer,[36] ainsi que, du IIIe au Ve siècle, sur des mosaïques avec représentations marines,[37] mais aussi dans la toreutique,[38] sur des lampes en terre-cuite,[39] sur des pierres gravées,[40] sur des appliques en bronze;[41] on les rencontre encore à l'époque du Bas-Empire sur des reliefs coptes en pierre[42] et sur des ivoires sculptés.[43]

Mais retournons au motif iconographique de notre fragment: celui-ci est une contamination du motif de Vénus dans la coquille, tel qu'il apparaît justement sur certains sarcophages de la fin du IIe ou du début du IIIe siècle: sur ces reliefs, nous voyons Vénus dans la coquille, portée verticalement par deux centaures marins. Sur un exemplaire aujourd'hui au Vatican, au museo Gregoriano profano,[44] Vénus est assise, le buste en posi-

tion frontale, tandis que ses jambes sont allongées de côté; sur les deux exemplaires de la galerie Borghèse à Rome[45] et du Louvre,[46] elle est accroupie. La Vénus du sarcophage de la galerie Borghèse a les traits de la défunte et porte la coiffure de Julia Domna; sur cet exemplaire, nous voyons un Eros tenant une torche renversée, debout à côté de la morte. Sur le sarcophage du Vatican, autrefois au musée du Latran, Vénus est occupée à sa toilette: elle tient dans la main droite ses cheveux, sa main gauche est perdue et des putti à ses côtés lui tendent ses objets de toilette. Sur l'exemplaire du Louvre, Vénus est entourée de trois Erotes voletant autour d'elle; c'est justement l'attitude des putti de cet exemplaire parisien qui rappelle le mieux les mouvements légers et joyeux des deux putti de notre fragment.

Il est nécessaire de se demander si notre portrait n'avait pas été tout d'abord ébauché pour recevoir les traits d'une femme; par la suite on l'aurait terminé en lui donnant les linéaments d'un homme. En effet, le motif aphrodisiaque s'adapterait mieux à une femme qu'à un homme.

Quant au problème de savoir si le costume porté par le défunt en question est plutôt masculin ou féminin, nous pouvons soutenir qu'il n'existe pas de différence entre la représentation d'un *pallium*, le vêtement masculin, et d'une *palla*, une version plus ample et riche de plis du même vêtement destiné aux femmes.[47] Nous notons aussi que, comme la *palla*, le *pallium* était toujours disposé autour du corps de la même façon: un pan part du dos et va recouvrir l'épaule droite pour ensuite s'étaler sur le buste et finir sur le bras ou l'épaule gauche.[48] Ce même pan peut aussi, sur les portraits féminins, remonter depuis le dos vers la tête et la recouvrir, avant de passer vers le devant du corps.[49]

L'on discerne encore les restes de l'ébauche de la tête du défunt à côté de son oreille gauche, le long du côté droit de son visage et au-dessus de la chevelure; le cou

M. Lawrence *in: Essays pres. to R. Wittkower* II (London, 1967), p. 12, fig. 6.

37. P. ex.: a) G. Becatti, *Scavi di Ostia IV, Mosaici e pavimenti* (Roma, 1961), pp. 119sq., no. 217, pls. 149, 214; b) *Brit. Mus. Catal. Hinks, Paintings and Mosaics* (London, 1933), p. 131sq., no. 52., fig. 150; c) J. Lassus *in: La Mosaïque gréco-romaine I* (Paris, 1965), pp. 175–190, figs. 9, 10; d) *ibid.*, fig. 3 d; e) Lawrence (note 36), p. 11, fig. 5; f) D. Joly *in: La Mosaïque gréco-romaine I* (Paris, 1965), pp. 57–73, figs. 2, 27, 28, 32,n; g) *ibid.*, fig. 1,m.

38. P. ex.: a) manche en argent d'une coupe: Reinach, *RR* II (Paris, 1912), p. 248, no. 1; Lawrence (note 36), p. 14, fig. 15; patère en argent: Reinach, *RR* II (Paris, 1912), p. 492, nos. 1, 2; *Wealth of the Roman World*, exh. cat. (London: British Museum, 1977), p. 46sq., n. 94 avec fig.; c) caissette en argent: cat. cité p. 44, no. 88 avec fig.; K. Weitzmann, *The Age of Spirituality*, exh. cat. (London: British Museum, 1979), p. 33, no. 310 avec fig. et pl. 9; d) pendentif en or: Lawrence (note 36), p. 14, fig. 21; Weitzmann (note 38), p. 313, no. 288 avec fig. et pl. 9.

39. P. ex.: Lawrence (note 36), p. 14, fig. 17.

40. P. ex.: A. Furtwängler, *Beschreibung der geschnittenen Steine* (Berlin, 1896), p. 112, no. 2385, pl. 22.

41. P. ex.: a) Stuart-Jones, *Pal. Cons.* (Oxford, 1926), pp. 179–187, no. 13, pls. 68–73; Helbig II[4] (Tübingen, 1966), no. 1546; b) J. Strygowski, *Koptische Kunst, Kairo, Musée des antiquités égyptiennes II* (Wien, 1909), p. 255, no. 9038, pl. 25a.

42. P. ex.: a) Lawrence (note 36), p. 14, fig. 18; b) *ibid.*, p. 14, fig. 19.

43. P. ex.: a) R. Delbrueck, *Die Consulardiptychen* (Berlin, 1929), p. 232sq., no. 61; Lawrence (note 36), p. 14, fig. 20; b) O. Wullf, *Altchristliche und mittelalterliche Bildwerke*, Königliche Museen Berlin III,1 (Berlin, 1909), no. 384, p. 18.

44. Rumpf (note 26), no. 91.

45. Rumpf (note 26), no. 92.

46. Rumpf (note 26), no. 93.

47. *Cf. RE* XVIII,3 (Stuttgart, 1949), p. 251, s.v. *Pallium* (Kreis-v. Schaewen); M. Floriani-Squarciapino, *RendPontAcc* 20 (1943-44), p. 278; Himmelmann, *Untersuchungen*, p. 33, note 21.

48. P. ex.: *cf.* notes 4, 63, 65.

49. P. ex.: a) *DBB*, no. 40, pl. 13; b) *DBB*, no. 44, pl. 14; c) *DBB*, no. 120, pl. 30.

n'a pas été exécuté bien que la place nécessaire soit disponible. Ces observations nous permettent d'affirmer que l'ébauche était destinée à une défunte, car les têtes et les contours du cou des femmes représentées avec un volume à la main dans les *imagines clipeatae* étaient souvent couverts par un pan de leur *palla*;[50] dans notre cas, ce morceau d'étoffe a été éliminé au ciseau lors de l'exécution du portrait. Nous pouvons mettre notre fragment en parallèle avec un sarcophage strigilé décoré d'un portrait dans une coquille au milieu de la façade de la basilique de S. Prassede à Rome. Il est daté par H. Brandenburg[51] du premier quart du IVe siècle; le buste était initialement destiné à une femme, la tête laissée à l'état d'ébauche; par la suite, on en fit la sépulture d'un homme: le portrait reçut ses traits; nous voyons une surface lissée sur le côté droit de son visage et les restes d'un voile au-dessus de sa chevelure; nous constatons aussi que le côté droit de son cou n'a pas de relief.

Il n'est guère possible que notre portrait ait été ébauché pour une tête féminine sans couvre-chef: les *imagines clipeatae* de femmes datant du troisième tiers du IIIe siècle présentent en général une "Scheitelzopffrisur" formée de deux bandeaux laissant libres les oreilles et le cou et descendant vers les épaules pour former ensuite une boucle et remonter vers la nuque et l'arrière du crâne en une tresse.[52] Dans notre cas, lors de la finition du portrait, il n'aurait donc pas été nécessaire d'effacer le cou en éliminant les bandeaux.

Une constatation doit étayer notre thèse selon laquelle le portrait était destiné tout d'abord à une femme: nous apercevons vaguement des seins sous sa tunique. M. Floriani-Squarciapino[53] a fait la même remarque à propos du portrait de gauche dans une coquille ornant le sarcophage de "deux frères" au Vatican, au museo Pio Cristiano, que H. Brandenburg date du deuxième tiers du IVe siècle,[54] et à propos du portrait du sarcophage qui se trouve dans la crypte de S. Prassede. Sur l'exemplaire du Vatican, jadis au musée du Latran, nous constatons que le portrait de gauche, vêtu d'une tunique et d'un *pallium*, était destiné à l'origine à une femme; le buste de droite, vêtu d'une tunique et de la toge avec *contabulatio*, devait représenter son époux; par la suite, on donna des traits masculins à la figure de gauche et à celle de droite

qui, dans un premier temps, devaient être à l'état d'ébauche; on effaça le profil des seins sous le vêtement du buste de gauche en traçant maladroitement quelques plis supplémentaires dans l'étoffe.

Après avoir constaté que notre portrait a été tout d'abord destiné à une femme, il faut postuler que les proches du défunt achetèrent le sarcophage en question, qui se trouvait en stock dans un atelier, après la mort de leur parent ou bien qu'ils s'approprièrent cette sépulture dans un cimetière; c'est à ce moment que le portrait, resté jusque là à l'état d'ébauche, fut transformé et achevé selon les besoins du moment; la main droite et l'avant-bras du putto de gauche, qui devaient initialement se cacher derrière le pan de la *palla* couvrant la tête, ont été complètement oubliés à cette occasion: le putto resta ainsi amputé d'une main lorsqu'on effaça au ciseau ce morceau d'étoffe à la hauteur de la joue du portrait.

Le petit relief qu'on voit à côté de la main droite du porteur de coquille de droite appartient probablement à l'aile d'un putto voletant dans l'espace vide entre le bras plié de la créature marine et la valve, comme nous pouvons l'observer sur d'autres sarcophages à monstres marins et portraits dans une coquille.[55]

La petite figure qui apparaît sous la charnière de la coquille peut être identifiée. Malheureusement tout le corps du petit personnage, à partir des épaules, est perdu. On a suggéré que ce petit être devrait être Skylla: l'auteur de cette hypothèse le compare déjà au petit monstre qui se trouve sous la coquille d'un sarcophage à la galerie Borghèse de Rome.[56] Sur un sarcophage du Louvre[57] et sur celui de la galerie Borghèse (tous deux avec un *thiasos* marin) nous voyons, en dessous du portrait dans la coquille, un petit personnage qui lève les deux bras et les replie derrière la tête; ses joues sont glabres et sa chevelure formée de mèches en désordre; sur les deux exemplaires, la petite figure émerge des flots à partir des cuisses et elle tient dans la main droite un bâton que nous pouvons identifier avec une rame, comme celle que brandit un monstre à l'attitude et à l'aspect identiques sur une mosaïque d'Ostie[58] ou sur un relief en marbre au musée national de Naples.[59] La petite Skylla sous le portrait dans la coquille sur la façade d'un sarcophage avec *thiasos* au palais Lancellotti de Rome,[60]

50. *Cf.* note précédente.

51. *DBB*, no. 756, pl. 119.

52. P. ex.: a) *DBB*, no. 778, pl. 124; b) R. Calza (note 30), no. 260, pl. 149; c) *ibid.*, no. 258, pl. 148.

53. Floriani-Squarciapino (note 47), p. 279, fig. 3.

54. No. d'inv. 183a; *DBB*, no. 45, pl. 15.

55. *Cf.* A. Rumpf, *ASR* V, 1 (Berlin, 1939), nos. 71, 74, 79, 85, 86 (= P. E. Arias, E. Cristiani—E. Gabba, *Camposanto monumentale di Pisa* [Pisa, 1977], p. 145sq. C 16 est, pl. 84, 179), 87.

56. *Cf.* note 1; Rumpf (note 26), no. 74.

57. Rumpf (note 26), no. 72.

58. G. Becatti (note 37), no. 71, pl. 135. (vers 139 ap. J.-C.).

59. Daremberg—Salio IV,2 (Paris sans date), p. 1158, fig. 6246, s.v. Scylla. Autres exemples de l'époque impériale: K. Tuschelt, *IstMitt* 17 (1967), p. 193, nos. 61—72 (bibli).

60. Rumpf (note 26), no. 84.

61. Tuschelt (note 59), pp. 176—184; K. Schauenburg, *RM* 87 (1980), pp. 35—45.

62. Schauenburg (note 61), pp. 42, 53sq.

63. P. ex.: dans *clipeus*: Amelung, *Vat. Kat.* I (Berlin—Leipzig, 1903),

est encore mieux identifiée grâce aux protomes de chiens qui sortent de ses hanches. Il est important de souligner que Skylla sur les sarcophages cités plus haut et sur la mosaïque d'Ostie ainsi que sur le relief de Naples a toujours la même attitude: la partie supérieure du corps est représentée vue de trois-quarts, les deux bras levés et repliés derrière la tête, avec une rame dans les mains, la tête représentée de profil; le bas de son corps est représenté frontalement: sur les exemples d'Ostie et de Naples, il consiste en deux queues de poisson qui se développent à partir des cuisses de Skylla et qui forment des spires se déroulant des deux côtés du monstre; sur les sarcophages, Skylla est prête à frapper un *ketos* marin.

Le petit personnage sous la coquille de notre fragment correspond exactement à cette description et nous pouvons donc l'identifier avec Skylla.

Plusieurs archéologues, dont récemment K. Tuschelt et K. Schauenburg,[61] ont fait l'historique des prototypes de Skylla dans l'art romain. K. Schauenburg[62] écrit que Skylla développa des rapports avec l'au-delà en Italie, spécialement en Etrurie: il cite des représentations du monstre, parfois entouré de créatures marines, sur des urnes funéraires et des sarcophages étrusques d'époque hellénistique. Il est donc évident que Skylla, bien avant d'être représentée au IIIe siècle ap.J.-C. sur des sarcophages avec *thiasos* marin et coquille au centre contenant un portrait, a été mise en relation avec l'art funéraire, et cela en compagnie de créatures marines.

Nous pouvons calculer la hauteur approximative de la façade de notre sarcophage en complétant le fragment de Skylla d'après les représentations qu'en donnent les sarcophages avec *thiasos* marin cités plus haut; cette reconstruction nous donne une hauteur de 0,575 m (voir dessin à l'échelle 1:5, fig. 3).

Lorsque le portrait en question fut exécuté à l'époque de Maxence d'après les traits du défunt, les caissons avec, dans une coquille, un portrait du mort ou de la morte vêtu du *pallium* ou de la *palla*, tenant un *rotulus* à la main, qui avaient été très nombreux dans la deuxième moitié du IIIe siècle,[63] étaient toujours aussi appréciés (en général sans contexte maritime), même pour des sépultures chrétiennes.[64]

Le motif du buste vêtu du *pallium* avec *volumen* à la

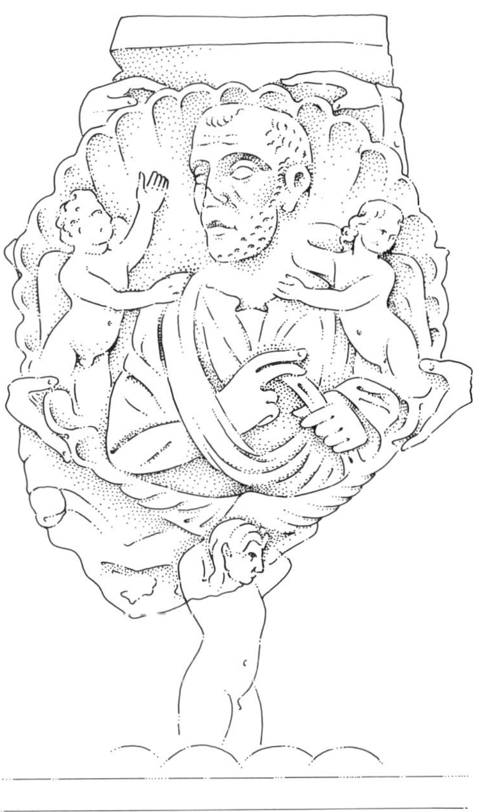

Fig. 3. Reconstitution graphique du fragment, échelle 1:5. Dessin de Martha Breen.

main dans une coquille, un *clipeus* ou devant un *parapetasma*, en vogue sur les façades de sarcophages de la deuxième moitié du IIIe et du IVe siècles ou sur les plaques frontales de couvercles, nous rappelle les portraits de défunts représentés sous l'aspect de sages et entourés d'érudits ou de Muses sur les "sarcophages de philosophes" de la même époque, qui, eux aussi, tiennent un *rotulus* dans les deux mains.[65]

Déjà F. Cumont et H. I. Marrou[66] ont reconnu que les morts (il y avait aussi des femmes parmi eux) s'étaient fait représenter sur leurs sarcophages sous l'aspect d'un sage pour symboliser leur *habitus* idéologique; la littérature contemporaine nous apprend que les néopythagoriciens et néoplatoniciens cherchaient dans la culture un moyen de faire retrouver à leur âme son état

---

p. 910, no. 240, pl. 120; H. I. Marrou, Μουσικὸς ανήρ, (Grenoble, 1937), no. 183; dans coquille: Rumpf (note 26), no. 82; devant *parapetasma*: M. Gütschow, (note 19), pp. 155sq., fig. 32; G. Wilpert, *I Sarcofagi cristiani antichi III* (Roma, 1936), pl. 276,3.

64. *Cf.* note 4.

65. *Pallium* comme vêtement des philosophes: R. Delbrueck (note 43), p. 34; Kolb, *RM* 80 (1973), p. 95. Ex.: a) sarcophage de Pullius Peregrinus à Rome, musée Torlonia, no. d'inv. 424: N. Himmelmann in *Festschrift F. Matz* (Mainz, 1962), p. 123, pl. 39,1; b) sarcophage de consul au musée national de Naples, coll. Farnèse, no. d'inv. 6603:

Himmelmann (note 65), pp. 110–124, pl. 31sq.; A. Geyer, *JdI* 93 (1978), pp. 369–393, fig. 1.

66. F. Cumont, *Afterlife in Roman Paganism* (New Haven, 1922), p. 114sq., p. 125. F. Cumont, *Recherches sur le symbolisme funéraire chez les Romains* (Paris, 1942), pp. 253–350; H. I. Marrou (note 63), pp. 213–216; *cf.* aussi G. Bovini, *I sarcofagi paleocristiani* (Città del Vaticano, 1949), pp. 65–67. *Cf.* aussi note 65.

de bonheur originel, c'est-à-dire de la faire accéder à l'immortalité;[67] cette idée est aussi exprimée dans plusieurs inscriptions funéraires[68] qui déclarent que le défunt cultivait les sciences et qu'il leur devait l'immortalité. Notre homme était sûrement un citoyen aisé appartenant à un milieu cultivé qui défendait les théories néoplatoniciennes ou pythagoriciennes sur l'immortalité; c'est pourquoi ses proches l'ont fait représenter avec un *pallium*, un *rotulus* dans la main et un regard méditatif.

Il ne faut pas oublier qu'il existe aussi des sarcophages de "philosophes" qui doivent être rangés parmi les sépultures chrétiennes, car ils représentent, à côté de la scène de la lecture, des motifs chrétiens (par exemple une *orans* ou un bon Pasteur);[69] ces scènes de lecture doivent être interprétées comme des représentations de la catéchèse chrétienne.[70]

H. Brandenburg, dans son étude de 1967 sur les sarcophages à monstres marins et *imago clipeata*,[71] résume et critique les recherches précédentes sur le symbolisme de ce type de sarcophages. H. Brandenburg ne voit aucun symbolisme eschatologique dans les représentations sur la façade de ces caissons; il considère que le *clipeus* ou la coquille contenant le portrait du défunt ne représentent qu'un simple moyen de montrer celui-ci et que le *thiasos* de créatures marines avec ou sans *imago clipeata* en son milieu symbolise les joies de l'au-delà. H. Sichtermann[72] prend, en 1970, ses distances à l'égard des opinions de H. Brandenburg; il défend la thèse de F. Matz[73] et de la majorité des archéologues, selon laquelle l'*imago clipeata* portée par des êtres mythiques, qui apparaît vers 160 ap.J.-C. sur la façade des sarcophages[74] (la coquille contenant un portrait fait son entrée seulement vers 190)[75] symbolise l'apothéose du défunt; H. Sichtermann accorde tout de même à H. Brandenburg que le transport sur mer de la coquille contenant l'*imago* du mort par des créatures marines ne représente pas le voyage du défunt vers les îles des Bienheureux, comme l'avaient soutenu plusieurs chercheurs par le passé, mais qu'il s'agit bien

d'une image de la félicité qui attend les trépassés dans l'au-delà. Les études sur les sarcophages avec créatures marines publiées par la suite, en particulier celles de J. Engemann et H. Wrede,[76] reprennent à leur compte les thèses de H. Sichtermann. H. Brandenburg et J. Engemann[77] ont rassemblé les inscriptions funéraires de l'époque hellénistique et impériale exprimant le désir de ses proches de voir le défunt accéder aux îles des Bienheureux; ces épitaphes, tout comme la littérature latine et grecque contemporaines,[78] ne spécifient jamais de quelle manière les morts arrivaient à ces îles. H. Brandenburg et J. Engemann en concluent ainsi qu'on ne peut prétendre affirmer que la représentation d'une *imago clipeata* portée par des créatures marines symbolise le voyage du défunt vers les îles des Bienheureux.

Qu'il me soit permis ici d'ajouter une remarque propre à étayer cette thèse. Comme plusieurs inscriptions funéraires de la même époque,[79] qui trouvent leur source dans la littérature contemporaine,[80] comparent le destin du défunt avec celui d'Achille qui, malgré son ascendance divine, était mortel, mais fut ensuite admis parmi les héros à vivre éternellement sur l'île de Leucade, ou selon une autre version littéraire, sur celles des Bienheureux,[81] il serait intéressant d'examiner si, sur des reliefs de sarcophages, il y a identification du destin du défunt avec celui d'Achille après sa mort. Il se pourrait que, faisant suite à la création vers 160 de sarcophages représentant une scène mythologique dont le personnage principal porte les traits du défunt,[82] on introduisît dans le répertoire funéraire le récit du voyage d'Achille vers les Iles. Mais il faut bien constater que cet épisode n'apparaît sur aucun sarcophage, et probablement n'a-t-il jamais été illustré, bien que quelques archéologues aient interprété dans ce sens certaines représentations difficiles à identifier.[83] Remarquons aussi que, dans la littérature antique, seul Proklos (Aithiopis Apd. Ep. Vat. XXI,1) nous raconte comment Achille arriva sur l'île de Leucade: Thétis, sa mère, l'y transporta, accompagnée des Muses.

67. Cicero, *De republica VI, 18*; Macrob., *ad comm. in Somn. Scip. II, 3, 1–11*; Jambl., *Vita Pyth.*, 66sq.

68. Marrou (note 63), pp. 240–242.

69. P. ex.: tous du 3ème tiers du IIIᵉ siècle: a) *DBB*, no. 66, pl. 21; b) *DBB*, no. 747, p. 117; c) *DBB*, no. 994, pl. 159.

70. Th. Klauser, *JbAChr* 3 (1960), p. 127. *Id., JbAChr* 6, (1963), pp. 96–100.

71. H. Brandenburg (note 32), pp. 195–245.

72. H. Sichtermann, *JdI* 85 (1970), pp. 224–238.

73. F. Matz, *AA* (1971), pp. 102–116.

74. P. ex. A. Rumpf, (note 26), nos. 17, 18, 23–25, 32, 37.

75. P. ex. A. Rumpf, (note 26), nos. 55, 56; K. Fittschen, *JdI* 85 (1970), p. 188, note 64.

76. Engemann, *Sepulkralsymbolik*, pp. 35sq., pp. 60sq.; Wrede, *Meerwesen*, pp. 155sq.

77. Brandenburg (note 32), p. 205sq., notes 32, 37; Engemann, *Sepulkralsymbolik*, p. 44.

78. *Cf.* Engemann, *Sepulkralsymbolik*, p. 45.

79. W. Peek, *Griechische Grabgedichte* (Berlin, 1960), no. 417; *ibid.,* no. 137; *ibid.,* no. 306.

80. *Cf.* P. Capelle, *ARW* 25 (1927), p. 252. *RE* I (Stuttgart, 1893), pp. 293–241, s.v. Achilleus (Escher).

81. A) W. Peek, *Griechische Versinschriften* I (Berlin, 1955), no. 1733; b) D. L. Page, *Poetae melici graeci* (Oxford, 1962), no. 894.

82. K. Fittschen, *JdI* 85 (1970), p. 188; Engemann, *Sepulkralsymbolik*, pp. 28–35.

83. A) amphore à figures noires, Londres B 240: CVA BritMus III He, pl. 58,4; D. Kemp-Lindemann, *Darstellungen des Achilleus in der griechischen und römischen Kunst* (Bern–Frankfurt, 1975), p. 229; K. Schefold, *Götter– u. Heldensagen der Griechen in der spätarchaischen*

Si un épisode aussi célèbre n'a pas été représenté sur les sarcophages, il est bien peu probable que le voyage des défunts vers les îles des Bienheureux le soit.

J. Engemann et H. Wrede ne mentionnent pas, comme l'avait fait H. Brandenburg, le problème non encore résolu de savoir si la coquille contenant le portrait a, par elle-même, une valeur symbolique. H. Brandenburg[84] la considère comme un simple élément décoratif; dans sa revue des opinions d'autres archéologues,[85] il néglige de citer la thèse séduisante de A. A. Barb,[86] qui soutient que les représentants des classes aisées du Bas-Empire, sous l'influence de nouvelles idées philosophiques, considéraient que le mort renaissait après son décès non pas du sein de la Terre-mère, mais d'une coquille, donc d'une espèce de matrice dans la mer, et qu'à partir de là il accédait à l'immortalité. La thèse de A. A. Barb ne prend certes pas en considération les portraits dans les coquilles sur les autels funéraires, les urnes et les stèles du début de l'Empire. Mais nous savons que ces *imagines clipeatae* ont la même valeur symbolique que celles sur les sarcophages.[87]

Il s'agit maintenant d'expliquer le symbolisme de notre portrait entouré de deux Erotes. Il est évident que l'idée de décorer un sarcophage avec Vénus dans sa coquille portée par des créatures marines, à partir de la fin du IIe siècle, résulte de l'introduction sur la façade du caisson de portraits dans une coquille vers 190[88] et de figures mythologiques portant les traits du défunt dès 160;[89] ces nouveautés sont dues au désir des proches du défunt de voir représentée concrètement par une image l'immortalité qu'ils souhaitent au mort: Vénus dans sa coquille sur les sarcophages avec créatures marines doit donc symboliser la déification de la défunte.[90]

La représentation de Vénus a été choisie certainement aussi pour des raisons sentimentales: les proches de la morte voulaient aussi comparer les vertus et la beauté de cette dernière avec les dons de la déesse; nous connaissons en effet plusieurs anciennes déifications d'une simple citoyenne sous l'apparence de Vénus dans l'art

funéraire: il s'agit de statues ou de reliefs portant les traits de la défunte inspirés de représentations célèbres de Vénus;[91] elles proviennent de temples funéraires de femmes à partir de la fin de l'époque flavienne; ces déifications prennent pour modèle les apothéoses des membres de la famille impériale.[92]

Notre portrait a été tout d'abord ébauché dans le dernier tiers du IIIe siècle et il était initialement destiné à une femme. Il fut ensuite achevé sous le règne de Maxence d'après les traits du défunt; à cette époque, on modifia arbitrairement la destination première de plusieurs sarcophages; citons par exemple l'exemplaire de S. Prassede décrit plus haut ou le fragment d'une plaque frontale de couvercle au musée de la catacombe de Prétextat[93] présentant le portrait d'une femme, obtenu par la transformation d'un buste initialement destiné à un homme, campé devant un *parapetasma*; mentionnons encore un sarcophage du British Museum représentant Ariane découverte par Dionysios qui fut transformé pour servir de sépulture à un homme.[94] Il est donc évident que les proches du défunt tenaient à la représentation de l'immortalité qu'ils souhaitaient à leur parent mort, mais parfois ils ne se soucièrent guère des moyens.[95] Tandis qu'un temple funéraire offrait la possibilité de représenter les vertus et les dons du défunt, ainsi que son élévation au ciel, par le biais de plusieurs représentations, dans le cas de l'*imago clipeata* sur un sarcophage il fallait réunir tous ces attributs dans une seule image.[96] Nous pouvons donc nous figurer que la femme de notre portrait a été représentée vêtue du *pallium* des philosophes et munie d'un *rotulus* de manière à illustrer sa sagesse; elle était entourée par les Erotes de Vénus anadyomène afin de mettre en lumière sa beauté; la coquille portée par des créatures mythiques symbolise l'immortalisation de la défunte.

Luzern

Kunst (München, 1978), p. 250, fig. 335; b) *lekythos* attique à figures noires, Berlin F 1921: Kemp-Lindemann (note 83), *ibid.;* c) feuille de bronze recouvrant le char de Monteleone: New York, Metropolitan Museum, image sur le côté droit: Kemp-Lindemann, *ibid.;* R. Hampe—E. Simon, *Griechische Sagen in der frühen etruskischen Kunst* (Mainz, 1964), p. 53sq., pl. 25.

84. Brandenburg (note 32), p. 223sq.

85. Bibliographie plus complète: *cf.* K. Schauenburg, *StädelJb* 1 (1967), p. 61, note 60.

86. A. A. Barb, *JWCl* 16 (1953), p. 206.

86. F. Matz, *AA* 1971, pp. 106—110.

88. Engemann, *Sepulkralsymbolik*, pp. 35sq., pp. 65sq.; Brandenburg (note 32), p. 216.

89. *Cf.* note 82.

90. Brandenburg (note 32), pp. 216—221, nie notre thèse conformément à la sienne selon laquelle les sarcophages romains avec portrait du défunt ne représentent jamais son apothéose. Sur Vénus dans la coquille sur les sarcophages comme symbole de l'apothéose de la défunte, *cf.* Engemann, *Sepulkralsymbolik*, p. 66.

91 H. Wrede, *RM* 78, (1971), pp. 157sq., I—III. Il existe aussi des représentations de Vénus qui, sans reproduire les traits de la défunte, en sont cependant une image: *cf.* Wrede (note 91), pp. 161sq., IV.

92. Wrede (note 91), pp. 125—166.

93. Bovini (note 66), p. 138sq., figs. 124, 125; no. 49.

94. F. Matz, *ASR* IV,3 (Berlin, 1969), p. 404; Engemann, *Sepulkralsymbolik*, p. 29, pl. 11a (bibl.); H. Wrede, *Consecratio in formam deorum* (Mainz, 1981), p. 153.

95. Wrede (note 94), p. 154.

96. H. Wrede, *RM* 85 (1978), p. 427.

SUMMARY IN ENGLISH

A fragment of a sarcophagus facade with the portrait of the deceased set in a shell is shown to be from a type of sarcophagus—popular in the third and fourth centuries A.D.—with marine creatures, probably marine centaurs, carrying the portrait ensemble. The deceased is a bearded male wearing a pallium and carrying a rotulus. The style of the fragment (except the portrait head) suggests a date in the late third century. The portrait itself is argued to be of a later date, having been recut from a female portrait when the sarcophagus was reused, or first used out of a dealer's old stock, at the beginning of the fourth century A.D. The presentation of the portrait bust on a shell with the accompanying putti is traced from the second- and third-century motif of Venus on a shell.

The Sarcophagus of Maconiana Severiana

Susan Walker

INTRODUCTION

The sarcophagus inscribed with a dedication to Maconiana Severiana (fig. 1a) was acquired by the J. Paul Getty Museum in 1983, following the sale in London of sculptures from the collection of the Astor family.[1] The sarcophagus was found in 1873 in the vineyard of the Villa Casali, near the Via Appia. Its discovery and subsequent history were described by Matz in a detailed entry in the corpus of Roman Dionysiac sarcophagi.[2] Little known before Matz's publication, the sarcophagus has since attracted wider interest. It was included in Wrede's catalogue of portraits of deified individuals and illustrated in Koch and Sichtermann's handbook of Roman sarcophagi. Andreae, in two conference papers devoted to an investigation of the meaning of blocked-out portraits on Roman sarcophagi, used this sarcophagus to support his argument that such portraits may have been deliberately left unfinished.[3]

The decoration of the chest and the text of the inscription (*CIL* VI, 3834, 31733) do indeed raise several interesting questions. It is clear from the text that Maconiana Severiana's parents were of senatorial rank.[4] Unfortunately, they are not known from other texts. Nor is their daughter's age at death stated. Linked to difficulties over the interpretation of the unfinished portrait and the significance of the commission are problems surrounding the dates of both sarcophagus and commission.

In the absence of a finished portrait or datable inscription, the date of the sarcophagus must be argued on stylistic grounds. Pietrogrande, who knew the piece only from a photograph, wisely restricted himself to the view that it was made in the third century A.D.[5] Donald Strong, in an article describing the Astor sculptures as they were formerly displayed in the grounds of the family's home at Hever Castle, Kent, dated the piece to the late third century.[6] Matz, who believed that Strong had intended to write "late second," dated the sarcophagus to the Severan period, associating it with three other Dionysiac sarcophagi, all four being, in Matz's view, the products of one workshop.[7] In subsequent publications Matz's dating has been followed. Matz admitted the possibility that the inscription might be as late as the fourth century, in which case, he argued, it reflected the later use of a Severan sarcophagus.

In this article, the composition of the figured decoration will be described and the significance of the unfinished portrait and the nature of the commission further explored. The lack of conclusive evidence for the date of the piece reflects the author's view that the commissioning of sarcophagi, particularly in late antiquity, was in some cases a more complex process than has been allowed.

CONDITION OF THE SARCOPHAGUS

The sarcophagus is broken from the top to the base of the lid, slightly to the left of center of the front. The chest is broken from top to base at the start of the main scene (rear left); here the satyr's foot and the base molding are missing. Minor breaks occur in the upper and lower moldings above and below the focal point of the main

Abbreviations

ILCV II: E. Diehl, ed., *Inscriptiones Latinae Christianae Veteres*, vol. II (1925–1931; reprint ed., Berlin, 1961).

PLRE I: A. H. M. Jones, J. R. Martindale, and J. Morris, *Prosopography of the Later Roman Empire*, vol. I (A.D. 260–395) (Cambridge, 1971).

1. Malibu, J. Paul Getty Museum 83.AA.275. The sarcophagus is illustrated in Sotheby's, London, July 11, 1983, pp. 133–134, lot 370.

2. F. Matz, *Die dionysischen Sarkophage*. Die antiken Sarkophagreliefs, vol. 4, pt. 3 (Berlin, 1969), p. 383, no. 214, pl. 223.2, fig. 98.1–4.

3. H. Wrede, *Consecratio in Formam Deorum* (Mainz, 1981), p. 209, no. 47, pls. 7.2, 7.3. G. Koch and H. Sichtermann, *Römische Sarkophage* (Munich, 1982), fig. 229; see also pp. 65, 70, 193; B. Andreae, "Bossierte Porträts auf römischen Sarkophagen," *Wissenschaftliche Zeitschrift der Humboldt-Universität zu Berlin Gesellschaftswissenschaft-*

liche Reihe 31, 2/3 (1982), pp. 137–138; idem, "Bossierte Porträts auf römischen Sarkophagen: Ein ungelöstes Problem," *MarbWPr*, 1984, pp. 109–128. See also *GettyMusJ* 12 (1984), 238–239, no. 32; G. Koch, *Roman Funerary Sculpture* (Malibu, 1988), no. 13, pp. 36–42 (note inaccurate measurements, p. 36).

4. *PLRE* I, p. 326: M. Sempronius Proculus Faustinianus; p. 828: Maconiana Severiana, Praecilia Severiana.

5. A. L. Pietrogrande, "Sarcofago policromo con rappresentazione bacchica," *BullCom* 60 (1932), pp. 177–215, esp. p. 204, n. 48.

6. D. Strong, "Some Unknown Classical Sculpture: The First Published Account of William Waldorf Astor's Italian Gardens at Hever Castle," *Connoisseur* 158 (1965), p. 224, no. 13, fig. 25.

7. Matz (note 2), p. 385. The other three sarcophagi are in Dresden, Staatliche Sculpturensammlung 271 (formerly in the collection of Cardinal Albani), and in Rome, Villa Doria Pamphili MD 2297 and 2262.

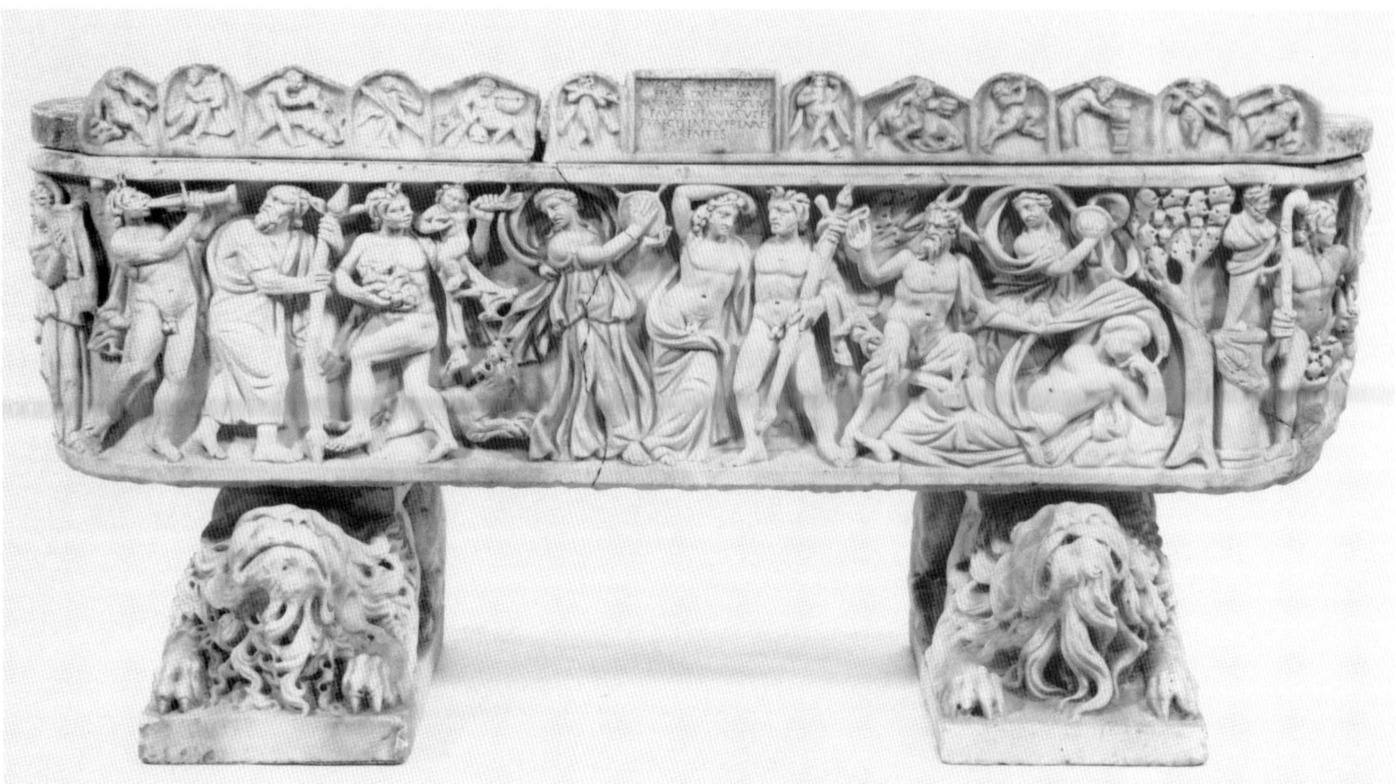

Figure 1a.   Front of sarcophagus of Maconiana Severiana. Malibu, J. Paul Getty Museum 83.AA.275 (lion bases are not original).

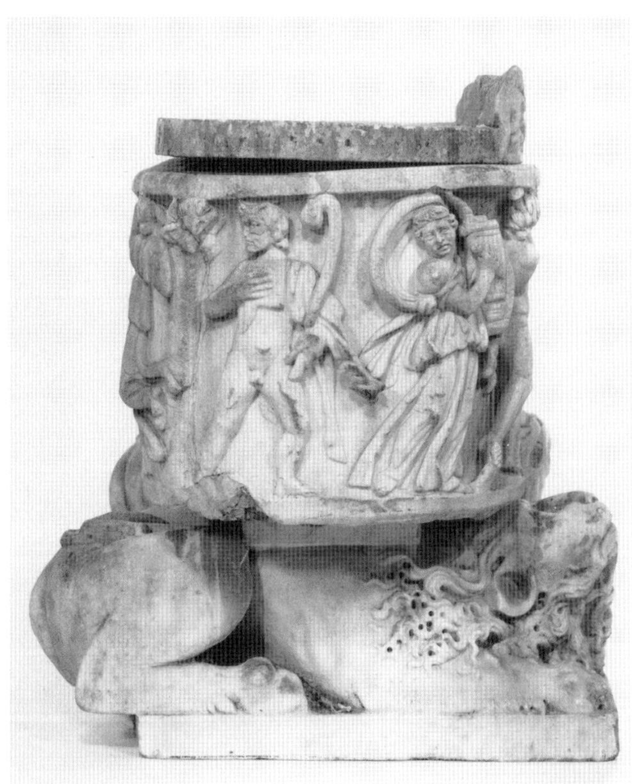

Figure 1b.   Left side of fig. 1a: start of thiasos.

scene. Cracks caused by exposure to frost appear at the right end of the front, where the surface of an altar is lost. There is a curved crack along the lower right side and along the surface of the lid above this area. The lid is also broken in two across the center. There is a crack along the length of the leaning tree (left side of the back) and minor breaks to the molding at the top of the tree. Severe weathering, other than that caused by frost, is limited to the surface of the lid.

THE FIGURED DECORATION

For full identification of the figured decoration, the reader is referred to Matz and to Koch's treatment.[8] Here the figures are listed from left to right on the chest and lid, and the text of the inscription is given for ease of reference.

The Chest

Medium-large–grained marble with blue-gray bands running vertically at the sides, very probably from Proconnesus (Sea of Marmara); H: 0.41 m; L: 1.725 m; W: 0.50 m. The front and sides are decorated with a Dionysiac thiasos culminating in the revelation to the drunken Dionysos of the sleeping Ariadne. At the left, toward the rear, are the remains of a tree. A satyr carry-

8. Matz (note 2); Koch (note 3).

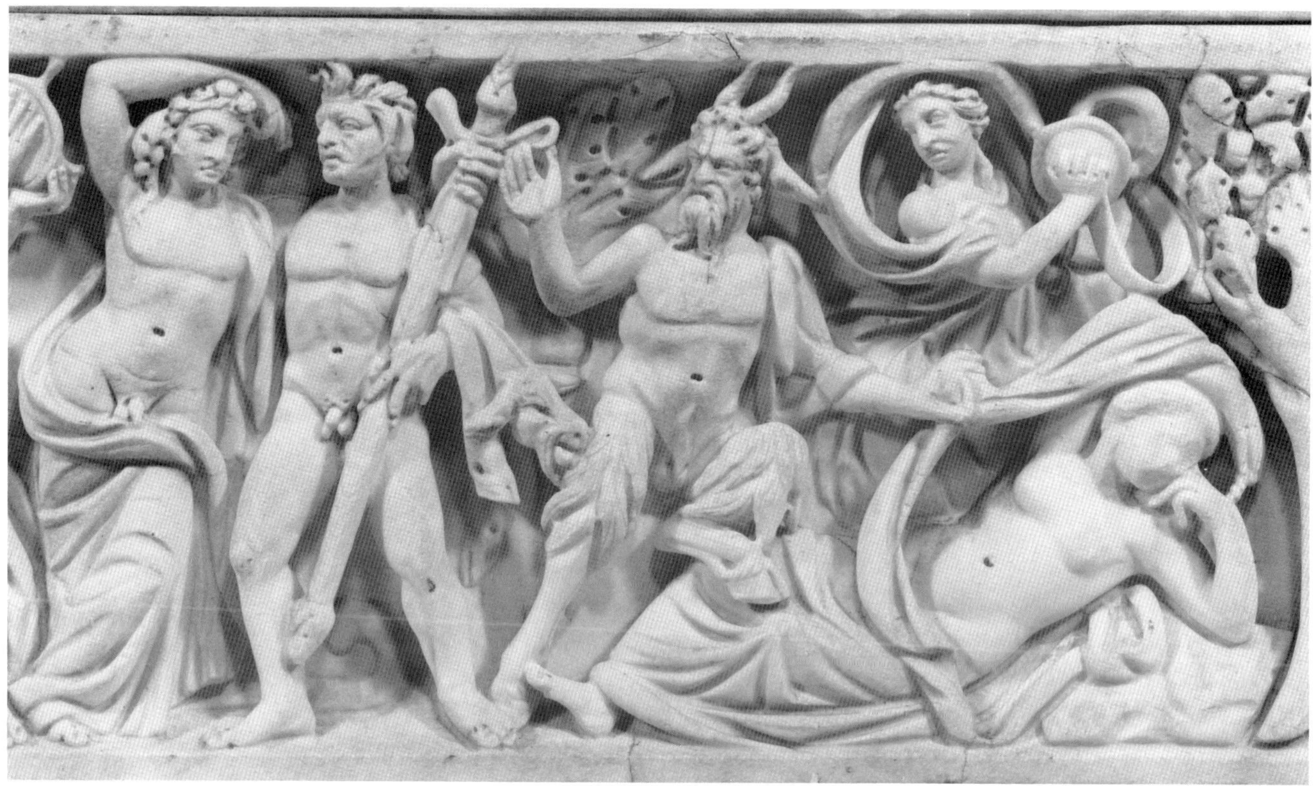

Figure 1c.   Detail of fig. 1a: the sleeping Ariadne is revealed to Dionysos.

ing a syrinx and a lagobolon looks back toward it. Also turning back, but in three-quarter view, is a maenad playing a kithara (fig. 1b). The first figure on the front (fig. 1a) is shown turning the curve of the sarcophagus with his right foot held back but his head and body twisted forward. He plays a pair of pipes. Like the first satyr on the side, he wears a deerskin over his shoulder. Silenus, leaning on a double-ended thyrsos, turns his head to watch him. Next comes a satyr carrying a child and a mask of Silenus. Though he skips to the left, he faces right, toward the child. A panther runs beneath them, his head turned up to snarl at the child, who extends his left hand toward a maenad playing the tympanum. Beyond her extended arms the drunken Dionysos falls to the right, the movement emphasized by his right arm, which is crooked over his head. He is supported by a satyr carrying a beribboned thyrsos. Here in the background is some foliage. Goat-legged Pan beckons them to the sleeping Ariadne, drawing back her veil with his left hand (fig. 1c). In the background a maenad plays the cymbals to rouse her. Ariadne reclines on a rock. Beside her is a tree and, behind it, a herm of Priapus set on a garlanded pillar. Beyond, a satyr holding a lagobolon drags a goat to the left (fig. 1d). This figure marks the beginning of the right side of the sarcophagus; as with the corresponding

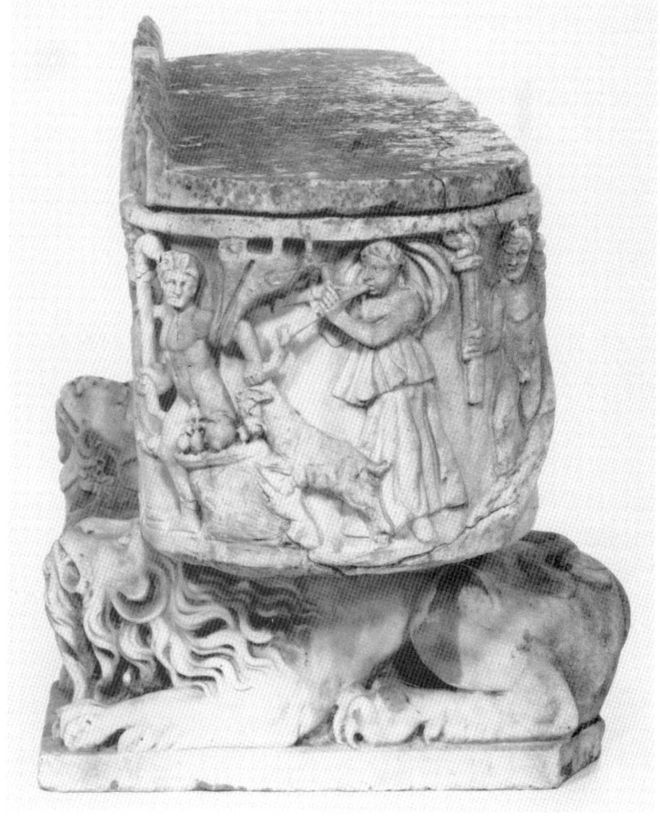

Figure 1d.   Right side of fig. 1a: end of thiasos.

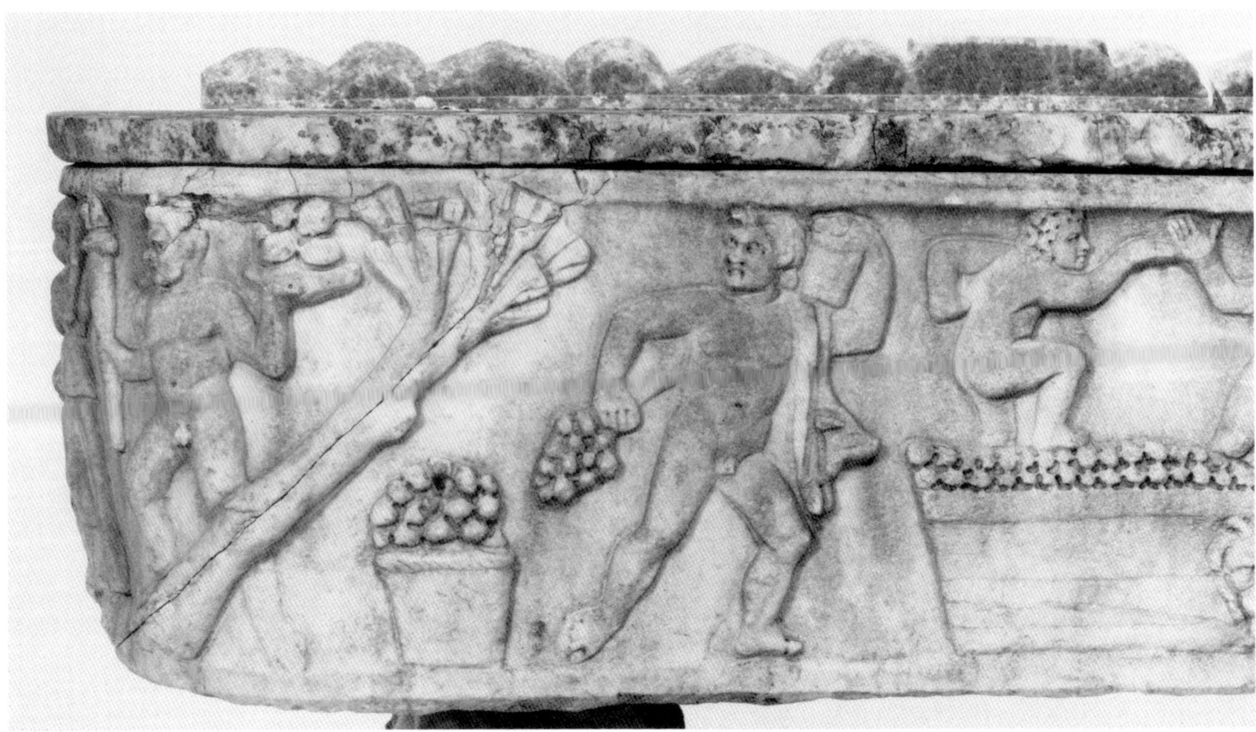

Figure 1e.   Left section of back of fig. 1a: tree marking start of the scene.

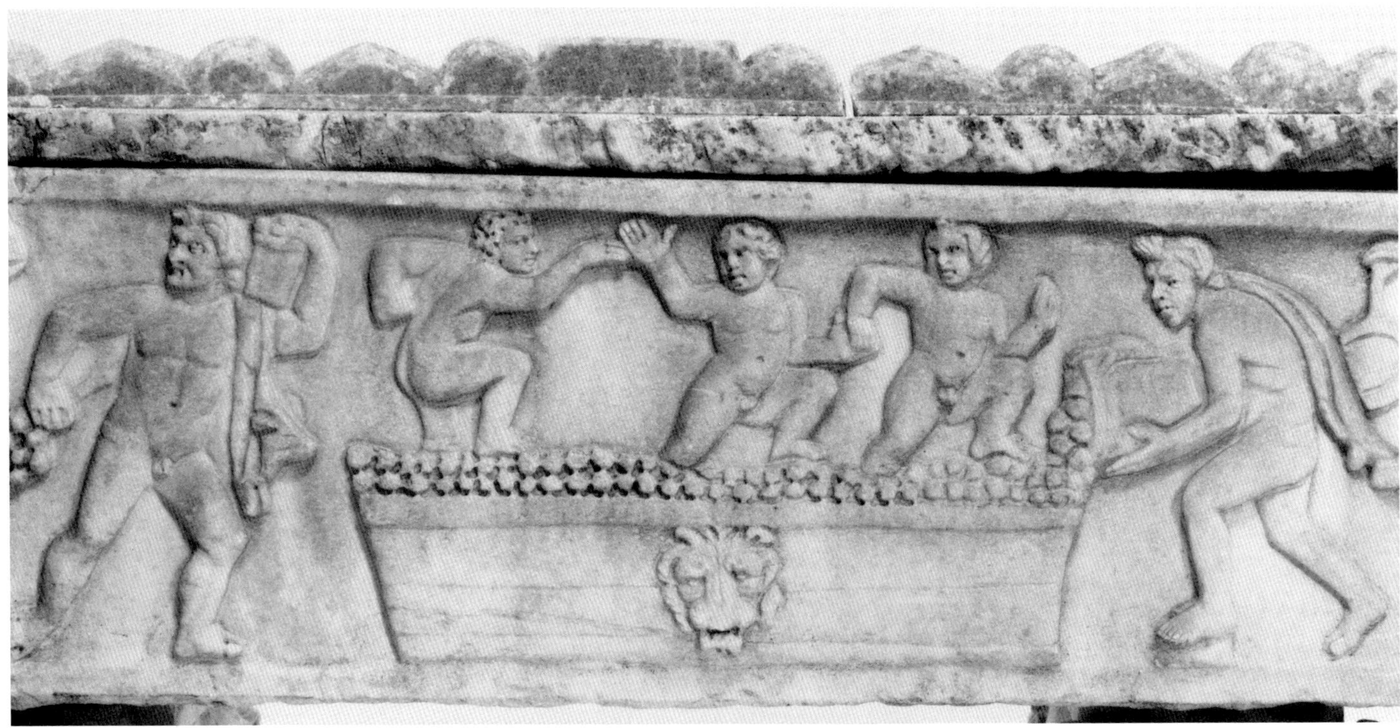

Figure 1f.   Middle section of back of fig. 1a: satyrs trampling grapes.

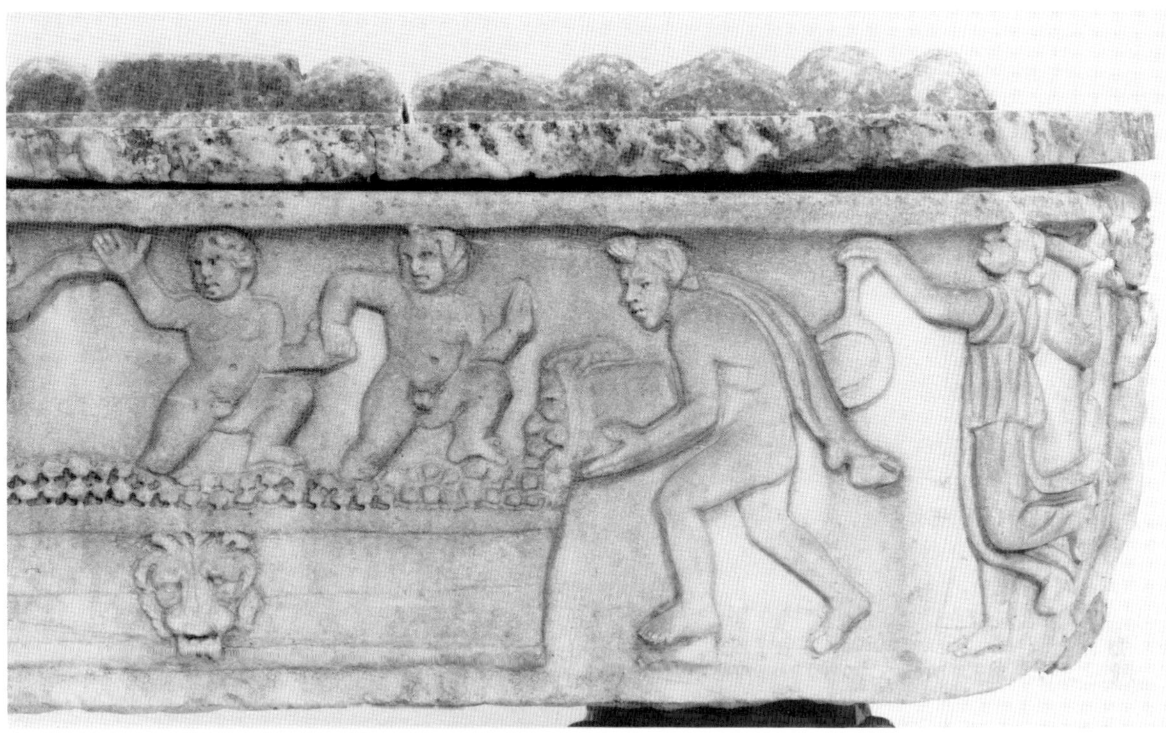

Figure 1g.   Right section of back of fig. 1a: maenad marking close of the scene.

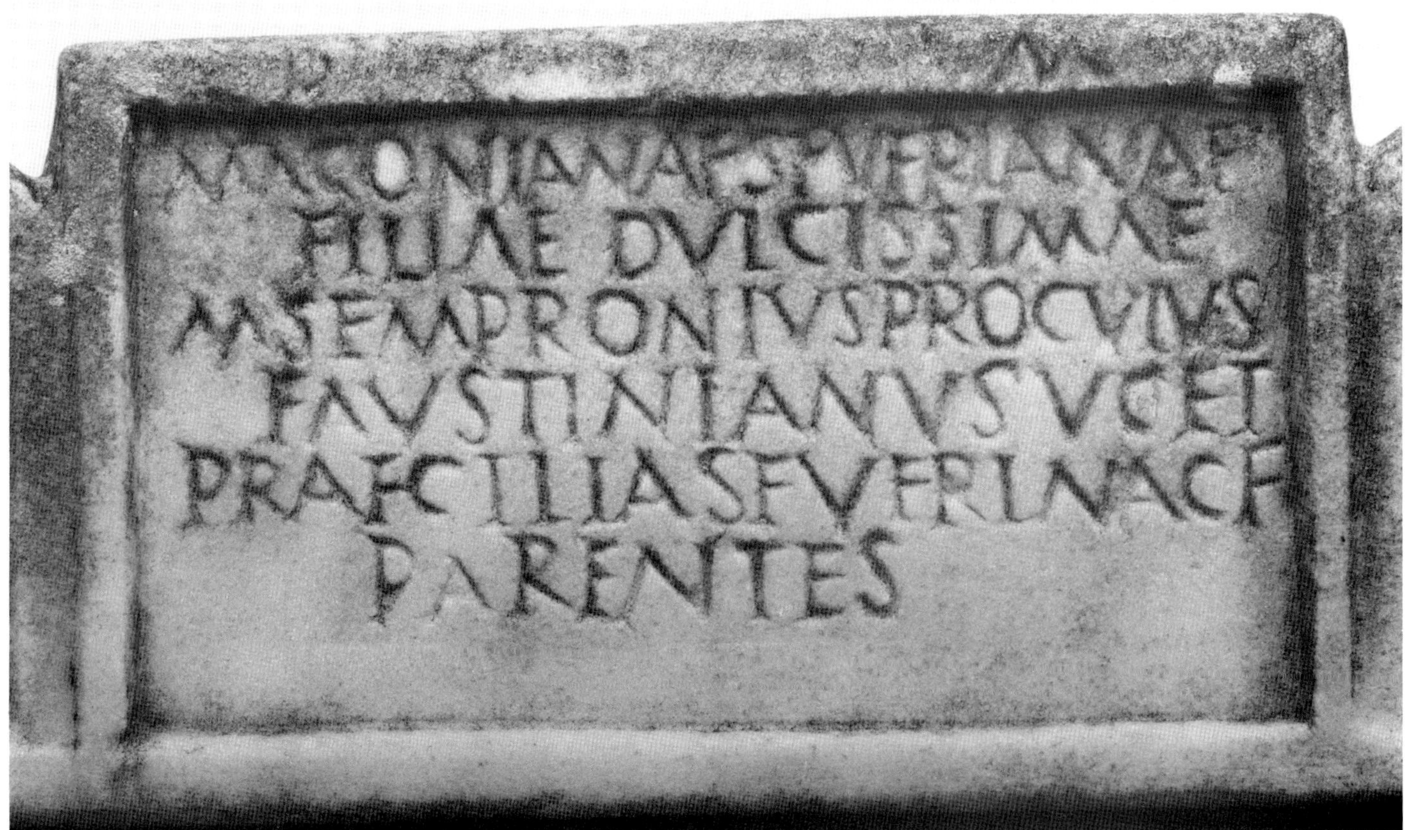

Figure 1h.   Inscribed tabula on lid of fig. 1a.

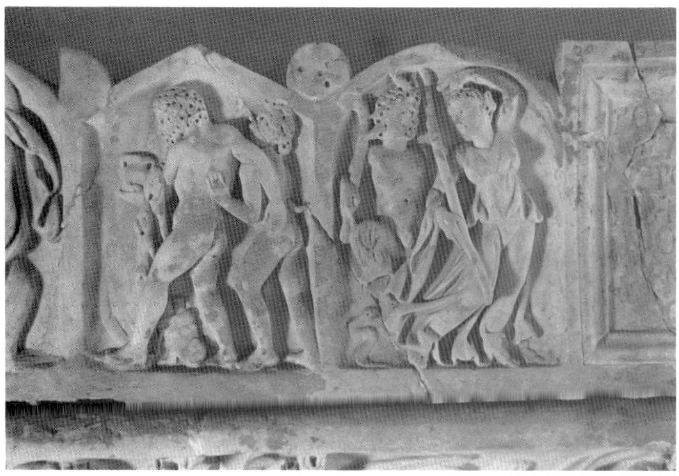

Figure 2. Part of lid of sarcophagus of Quintus Pompeius Callistratus Darenus and, subsequently, of Terentius Valentinus. Rome, Palazzo Borghese. Photo courtesy Palazzo Borghese and DAI, Rome (DAI Rome neg. 58.1101).

figure on the left side, the satyr is shown in three-quarter view looking toward the right. In front of him is an altar on which is set a basket of fruit. A maenad playing the double pipes follows the goat, and a satyr bearing a torch and a tray of fruit (thus Matz) or cakes brings up the rear (fig. 1e). He steps from behind a tree, the trunk of which extends diagonally across the back of the sarcophagus to indicate the start of the scene on the rear of the chest.

On the other side of the tree stands a basket laden with grapes. A satyr has removed a large bunch; while looking back at the tree, he moves toward a vat on the right (figs. 1e, f). On his left shoulder is a small pail or basket, probably containing more fruit. The vat, decorated with a lion's-head spout, is filled with grapes, which are trampled by three small satyrs. Another stands with his foot on a step to the right of the trough, tipping in grapes from a pail or basket. Behind him dances a maenad, a tympanum suspended from her left hand and a thyrsos twirling in her right (fig. 1g). The scene is closed by the tree that marks the start of the thiasos on the front.

The Lid

Fine-grained white marble, most probably from Carrara; H: 0.115 m; L: 1.70 m; W: 0.45 m. The lid is cut to an oval to fit the chest (fig. 1a). It is cut down to a slab 4 centimeters thick, with one long side left at the original height of 11.5 centimeters to accommodate a series of decorative panels flanking the inscribed tabula over the front of the chest. The panels—six on either side of the tabula—are alternately gabled and arched. They are ar-

ranged as mirror images, so that the tabula is flanked by arched panels and the outermost panels are gabled. From left to right they show a young satyr seated on a rock and playing a pipe with his left hand; a young satyr playing a lyre; a young satyr playing the cymbals for a dancing panther; a young maenad dancing with a thyrsos; the bearded Herakles, seated on a rock, holding a large kantharos and his club; a young satyr dancing and playing the flute; the inscribed panel (fig. 1h); a young satyr playing the syrinx and holding a lagobolon; another in the role of Silenus, astride a slumped mule and holding out a kantharos; a young, goat-legged Pan playing the flute; a naked young satyr setting a vessel on an altar; another holding a torch; and another seated, blowing a pipe (mirroring the figure in the first panel).

The tabula is enclosed by a plain frame. The first line of the inscription is incised in the upper molding, and the remainder of the text is set in indented lines within the frame. The word spacing and the letter size are poorly judged. The text reads:

D(IS) M(ANIBUS) / MACONIANAE SEVERIANAE / FILIAE DULCISSIMAE / M(ARCUS) SEMPRONIUS PROCULUS / FAUSTINIANUS V(IR) C(LARISSIMUS) ET / PRAECILIA SEVERI(A)NA C(LARISSIMA) F(EMINA) / PARENTES.

COMPOSITION, TECHNIQUE, AND DATE

The designer of the chest paid close attention to the composition of the figured scenes: the individual figures are carefully related to one another through movement and gesture, and their positions subtly reflect the contours of the chest. The main scene was evidently intended to be read from the left side, starting at the rear of the chest; at the equivalent place on the right side, the thiasos ends, but the leaning tree partially obscuring the last satyr leads into the scene on the back of the sarcophagus—and that scene closes with the maenad dancing to the left, on the left side of the tree marking the start of the main scene. The use of the leaning tree to link the two scenes suggests that, although the figures on the back are crudely worked in low relief, that scene was carved at the same time as the one on the front and was intended to form an integral part of the original decoration. Koch speculates that the leaning tree was chosen as a compositional element to obscure the break in the marble congruent with it, which may have occurred during work on the piece.[9]

The figures on the lid are also drawn largely from the repertoire of the Dionysiac thiasos. The apparent discrepancy in style and quality between the reliefs on the lid

9. Koch (note 3), p. 40.

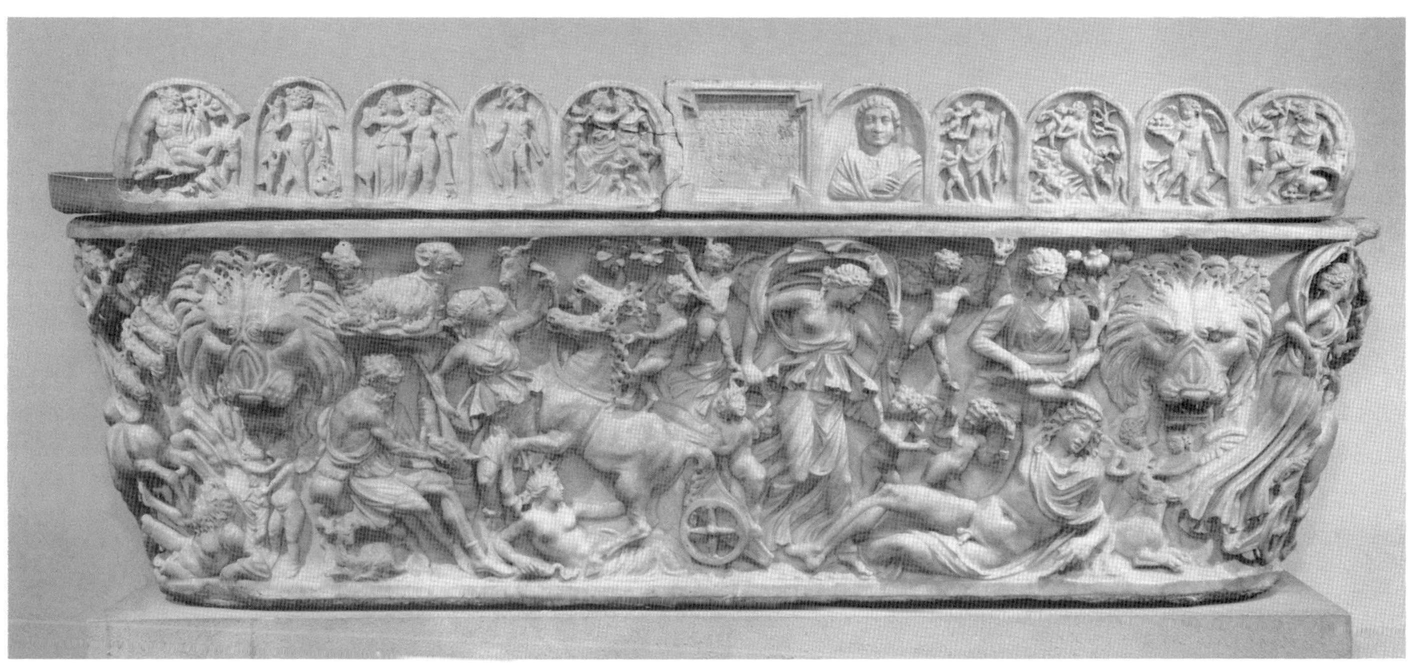

Figure 3a.   Front of sarcophagus of Claudia Arria. New York, The Metropolitan Museum of Art 47.100.4, Rogers Fund, 1947. Photo courtesy The Metropolitan Museum of Art.

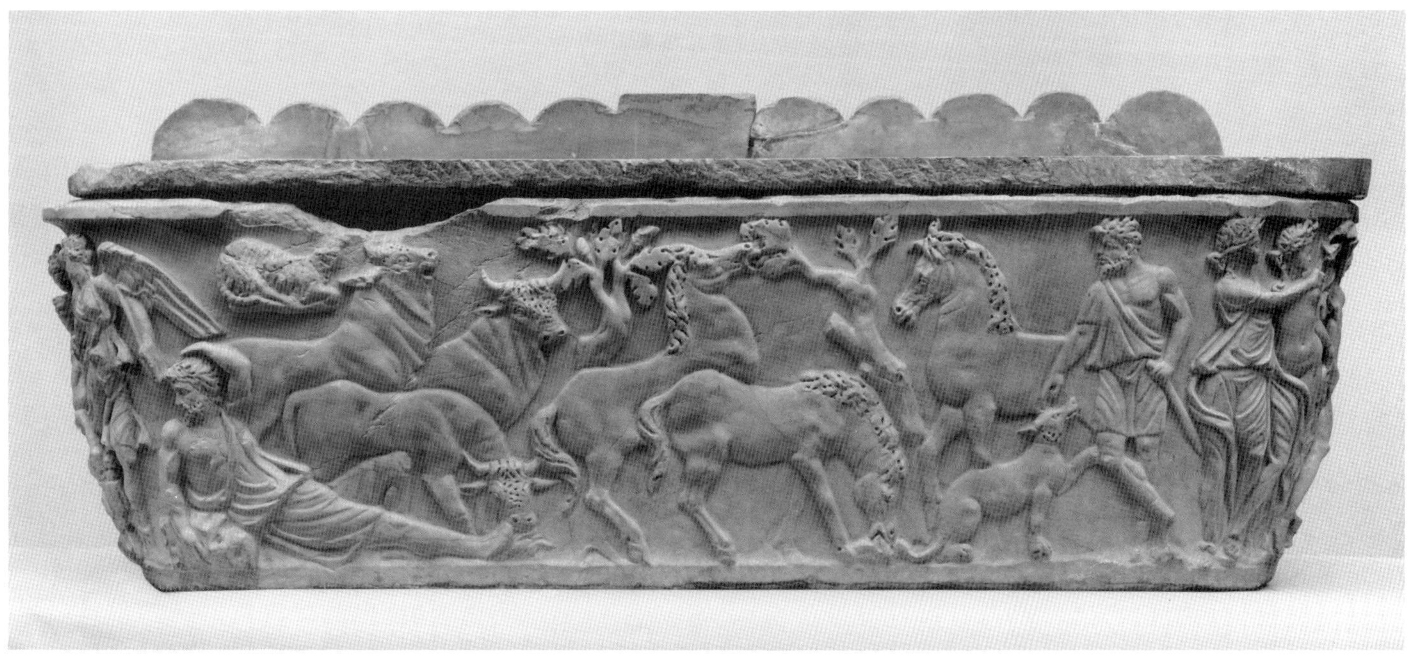

Figure 3b.   Back of fig. 3a. Photo courtesy The Metropolitan Museum of Art.

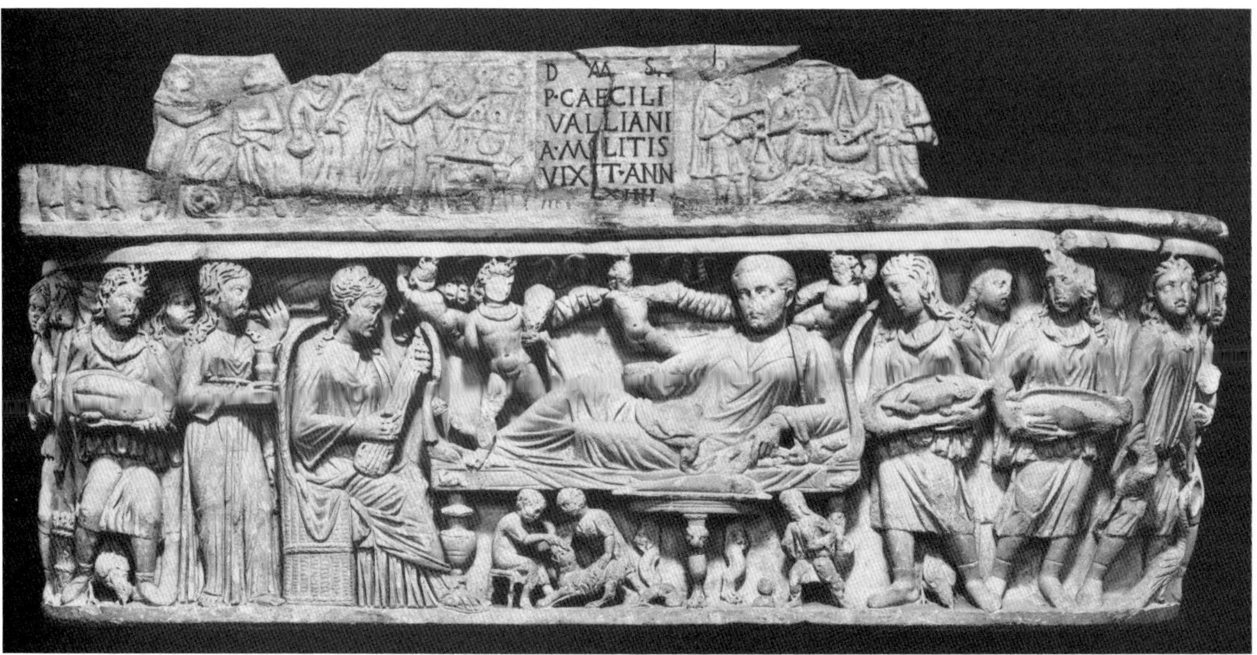

Figure 4a.   Front of sarcophagus of P. Caecilius Vallianus. Vatican City, Musei Vaticani, formerly Laterau 9539. Photo courtesy Musei Vaticani and Foto Anderson.

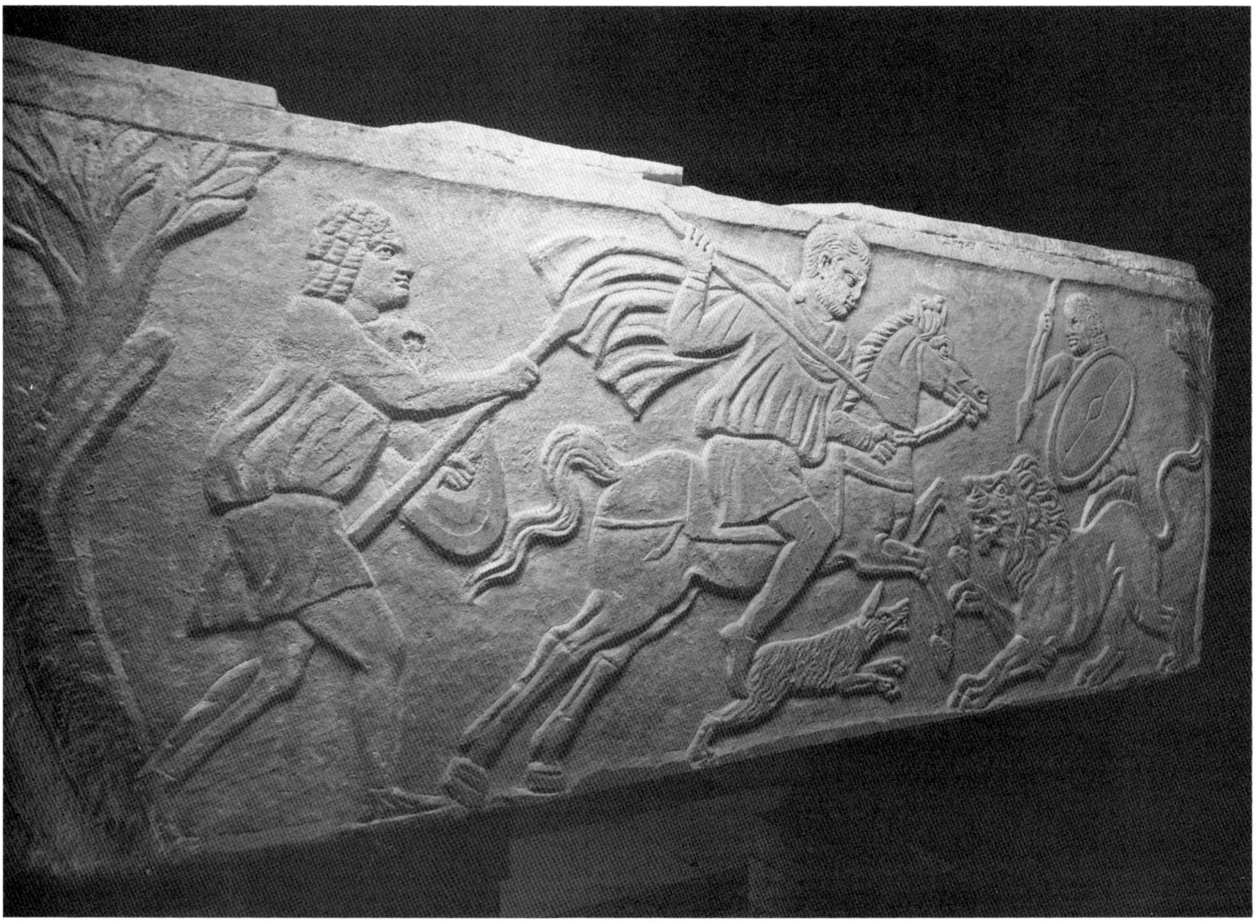

Figure 4b.   Back of fig. 4a. Photo courtesy Musei Vaticani and DAI, Rome (DAI Rome neg. 35.1968).

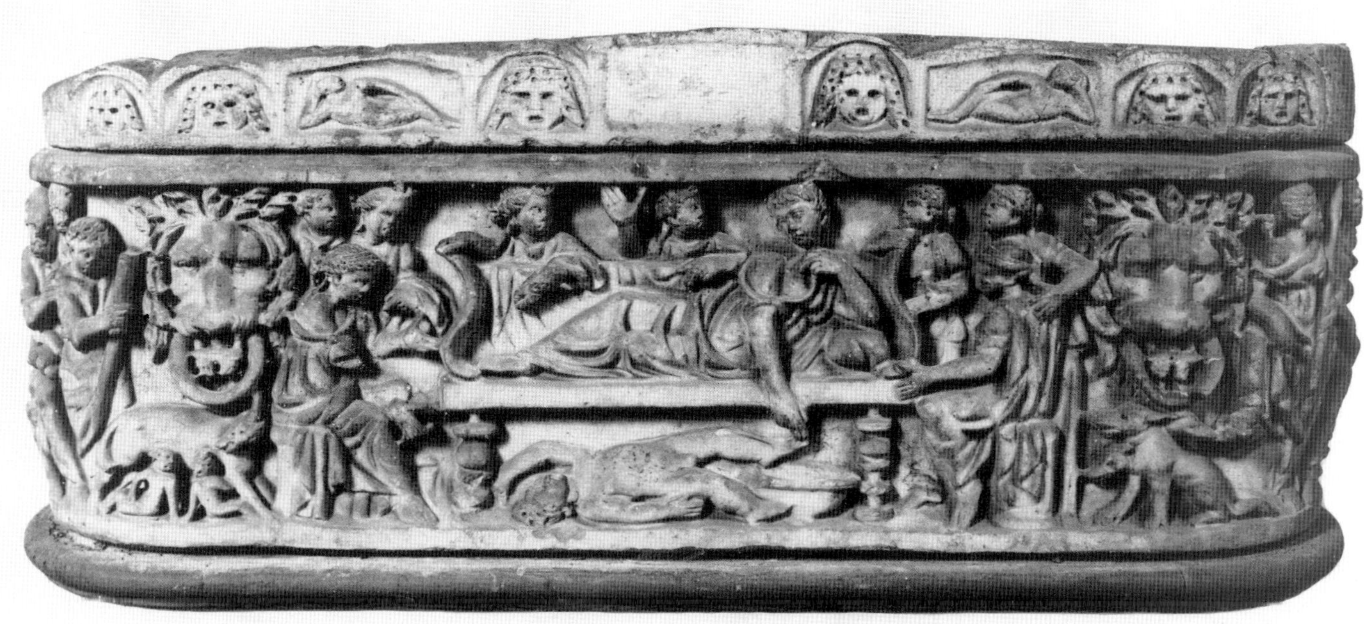

Figure 5a.   Front of unnamed child's lenos. Rome, Museo Nazionale delle Terme 535. Photo courtesy Museo Nazionale delle Terme and DAI, Rome (DAI Rome neg. 65.1122).

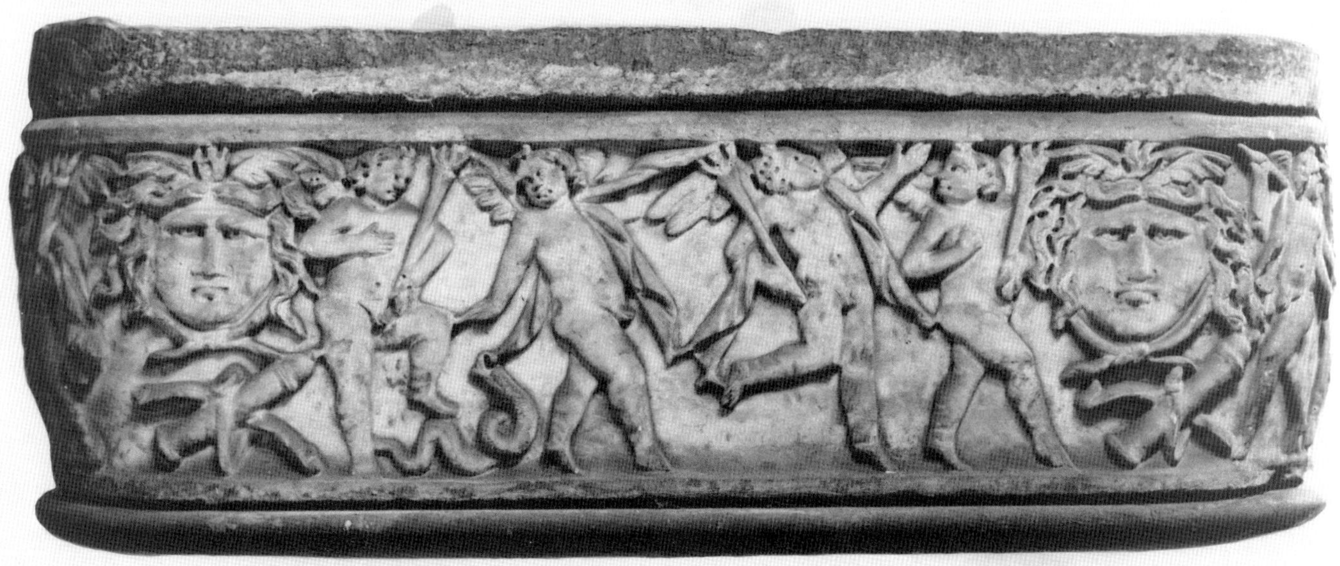

Figure 5b.   Back of fig. 5a. Photo courtesy Museo Nazionale delle Terme and DAI, Rome (DAI Rome neg. 65.1126).

and those on the chest may perhaps be explained by the difference in marbles used for the lid and the chest.[10] The lenos was probably shipped to Rome hollow but lidless and undecorated. In Rome it would have received figured decoration and a lid cut to fit from Italian marble.[11] The decoration of the lid may have been the responsibility of a different sculptor—or even of a different workshop—from those responsible for the chest. The central panel of the lid was then inscribed to the parents' specifications.

The apparent gross discrepancy between the work on the front and that on the back of the chest is in some respects deceptive. A close inspection of the figures in the main scene reveals that, even here, the quality of execution does not match the lively intelligence of the composition. The notion of relating the figures by gesture and touch to one another and to the contours of the chest has led to distortion of some of their limbs and attributes (most notably, the left hand of the child held by the satyr on the left side of the composition). In places, naturalistic representation has been overwhelmed by a taste for dominant decorative pattern: particularly striking is the use of vertically drilled holes to emphasize the divisions between the digits and between the features of all the main figures on the front (fig. 1c). In general, it may be noted that the faces are mostly given grimacing expressions, and much of the drapery is shallowly rendered, though deep folds expressive of dramatic movement are cut into the maenads' cloaks. The figures are squat, awkward, and poorly fitted to the cramped format of the chest. With due allowance made for the unfinished figure of Ariadne, the central group is noticeably more naturalistic in style than are the supporting figures.

Matz's association of this sarcophagus with three other Dionysiac sarcophagi is problematic.[12] While certain characteristics are shared—notably the treatment of hair—the other members of Matz's group are more naturalistic and do not share the decorative treatment of digits and facial features. But a vat carved on the side of the Ariadne sarcophagus from Auletta (Naples, Museo Nazionale) is worked in closely comparable technique to that used for the vat on the back of this sarcophagus.[13] Moreover, the composition of the figures is similar to that of the figures decorating the lid of a sarcophagus in the Palazzo Borghese, Rome (fig. 2).

The relatively unusual form of the sarcophagus of Maconiana Severiana offers hope of further useful comparisons. Lenoi were seldom decorated on both front and back, and the distinctive arched and gabled panels of the lid are also uncommon. The finest surviving example of the genre is perhaps the sarcophagus of Claudia Arria, found at Ostia and now in the Metropolitan Museum of Art, New York (figs. 3a, b).[14] That chest is decorated with the myth of Selene and Endymion. The deceased is not portrayed as Selene but appears naturalistically rendered in a panel on the lid, set to the right of the inscribed tabula and above the figure of Selene. The woman's hairstyle imitates the earlier official portraits of Julia Domna as represented on coins issued between A.D. 193 and 209. As McCann noted, this provides only a terminus post quem for the sarcophagus.[15] As on the sarcophagus of Maconiana Severiana, the decorations of the rear (in this case a pastoral scene) and the lid are clearly related to the scene on the front of the chest.

The sarcophagus of Claudia Arria, designed for a mature adult, is much larger than that of Maconiana Severiana. Secondary figures are placed in an upper register. The confined spaces around the lion's-head protomes decorating the front are used to good effect. The figures are not squat or grossly distorted; they retain a hint of the elegant musculature typical of Antonine sarcophagi made at Rome. Though decorative drill work is used to render hair and foliage in the relief on the back, neither this nor the shallow rendition of the figures undermines the naturalism of the scene. The reliefs on the lid (apparently also made of marble different from that used for the chest) are more complex in composition and more refined in execution than those on the sarcophagus of Maconiana Severiana. The inscription is set within a molded tabula ansata (the spacing is poorly judged at the right of the panel).

---

10. A point noted by Strong (note 6), p. 224.

11. J. B. Ward-Perkins and P. Throckmorton, "The San Pietro Wreck," *Archaeology* 18 (1965), pp. 201–209; plan, pp. 208–209. See also S. Walker, "The Marble Quarries of Proconnesus: Isotopic Evidence for the Age of the Quarries and for Lenos-Sarcophagi Carved at Rome," in *Marmi antichi: Problemi d'impiego, di restauro, e d'identificazione*, StMisc, vol. 26 (Rome, 1985), pp. 57–65.

12. Matz (notes 2 and 7). For the three other members of the group, see Matz, pt. 1 (1968), pp. 159–161, no. 52, pls. 60.1–4, 61.1–3, figs. 21.4, 23.1, 23.2; pt. 2 (1968), pp. 277–278, no. 140, pl. 161.1, figs. 62.1, 65.1. See also Matz, pt. 3 (1969), p. 383, no. 213, pl. 223.1, figs. 97.2, 99.2; R. Calza, ed., *Le antichità della Villa Doria Pamphilj* (Rome,

1977), p. 173, no. 201, pp. 178–179, no. 205.

13. Matz (note 2), pt. 3 (1969), p. 403, no. 229, pl. 249.

14. A. M. McCann, *Roman Sarcophagi in the Metropolitan Museum of Art* (New York, 1978), pp. 39–45, no. 4; Koch and Sichtermann (note 3), pp. 145, 261, where the sarcophagus is dated A.D. 150/180. For similarly decorated lids, see p. 70.

15. McCann (note 14), p. 43, drawing on J. Meischner's notional period of thirty years in *Das Frauenporträt der Severerzeit* (Berlin, 1964). But see the remarks of K. Fittschen, "Über Sarkophage mit Porträts verschiedener Personen," *MarbWPr*, 1984, p. 157, n. 11.

16. N. Himmelmann, *Typologische Untersuchungen an römischen Sarkophagreliefs des 3. und 4. Jhr. n. Chr.* (Mainz, 1973), p. 47, no. 3

Another lenos decorated on both front and back is now in the Vatican collections (figs. 4a, b).[16] On the front the deceased, Publius Caecilius Vallianus, is portrayed reclining on a kline, enjoying a funerary banquet with musical accompaniment. On the back the same man appears in a hunting scene. The lid—decorated with an inscribed, plainly molded tabula flanked by scenes of commerce—is thought to have been reused. That is certainly true of the chest: the portrait of the deceased was evidently recut from a figure intended to represent a woman.[17] The figures fill, and are somewhat cramped by, the full height of the chest; some have grimacing expressions. The secondary use of the chest explains the gross discrepancy in technique and depth between the reliefs on the front and those on the back. The portrait has been dated to the reign of Gallienus (A.D. 253–268) or to the following decade.[18]

A child's lenos in the Museo Nazionale delle Terme, Rome (figs. 5a, b), shows a youth on his deathbed surrounded by mourners. On the back is a thiasos of erotes. The lid is decorated with a blank tabula evidently intended for a dedication. The panel is flanked by very crude reliefs of masks and reclining figures, arranged in mirror fashion. The reclining figures appear in roughly gabled panels. The other reliefs are arched; none is cut free from the block of marble used to make the lid. This sarcophagus is generally dated to the Severan period (A.D. 193–211), though some scholars have placed it in the later third century.[19]

As has been noted, the figures decorating a lid in the Palazzo Borghese (fig. 2) may also be compared to the figures on the chest of the sarcophagus of Maconiana Severiana (fig. 1c). Six of the eight panels flanking the central tabula are decorated with Dionysiac scenes; the two panels immediately to the right of the tabula contain a secondary Christian inscription and a portrait of a man wearing a contabulatio.[20] The "nachlässige Arbeit" of the portrait, noted by Matz (a judgment that may also be made of the later, Christian inscription), may be explained by the fact that these two panels are recut, prohibiting depth of relief. Matz dates the portrait and

apparently also the Dionysiac reliefs to the third quarter of the third century,[21] but the pagan reliefs surely belong with the primary inscription.[22] Like those on the chest of Maconiana Severiana's sarcophagus, the figures in each scene are carefully related to one another, and naturalism is in some instances subsumed by interest in decorative pattern.

The evidence for dating the sarcophagus of Maconiana Severiana and other lenoi of similar form is dogged by the paucity of datable portraits and inscriptions and confused by the use of different marbles (and most likely of different sculptors) for lids and chests, as well as by clear instances of the delayed use or the reuse of chests and lids.[23] Stylistically, it may be argued that the figures on the chest of Maconiana Severiana resemble those on the lid in the Palazzo Borghese. The inscription associated with the Borghese reliefs is most probably of Severan date.[24] This may seem early for the figures on the lid, but in all the examples cited here, the work on the lids is cruder than that on the chests. Against a Severan date for the sarcophagus of Maconiana Severiana is the expressive nature of the figures, a quality associated with work of the mid-third century.[25] Moreover, the rendering of the trough on the back of the sarcophagus—apparently carved at the same time as the figures on the front—suggests a date closer to that of the Ariadne sarcophagus from Auletta, in the later third century.[26] Last, there can be little doubt that the text on the lid may be dated to the late third, or even the early fourth, century.[27] The youthful nature of the accompanying figures suggests that they may have been commissioned at the same time as the inscription.

Two possible interpretations arise: neither may be excluded. The first is that the chest may be dated on stylistic grounds to about the middle of the third century. This implies reuse or delayed use of the chest by the parents of Maconiana Severiana. Delayed use is more likely, as there is no evidence that any of the figures has been recut. The chest would thus have been acquired from stock and the lid commissioned to order. It has been objected that no child's sarcophagus decorated with

(bibliography). The inscription is apparently not included in *CIL*.

17. A point raised by Koch and Sichtermann (note 3), p. 111, n. 21.

18. Himmelmann (note 16), p. 47; Koch and Sichtermann (note 3), pp. 111–112.

19. K. Schauenburg, "Die Lupa romana als sepulkrales Motiv," *JdI* 81 (1966), p. 268, no. 8, n. 29, fig. 18. For the date see p. 283.

20. Matz (note 2), pt. 4 (1975), p. 489, no. 332, pl. 333. For the inscription see *CIL* VI, 37072b, and *ILCV* II, 3906. See *ILCV* II, 2640, for further discussion of the formula *in pace vixit*.

21. Matz (note 20), p. 489. The features and shape of the face may be compared with tetrarchic examples, among them M. Bergmann, *Studien über das Porträt in 3. Jhr. n. Chr.* (Mainz, 1977), pls. 41.2, 48.2.

The low hairline would appear to be an individual characteristic.

22. *CIL* VI, 37072a.

23. Koch and Sichtermann (note 3), pp. 252–259, give a summary of recent work on the dating of third-century A.D. sarcophagi from Rome.

24. G. Barbieri, *L'albo senatorio da Settimio Severo a Carino* (Rome, 1952), p. 159.

25. A summary of recent work on workshops producing sarcophagi in Rome is given by Koch and Sichtermann (note 3), pp. 259–267. Dionysiac sarcophagi are discussed by Pietrogrande (note 5).

26. Matz (note 13).

27. See note 4.

the inappropriate figure of Ariadne could have been held in stock.[28] But with an internal length of 1.50 meters, the chest would have been sufficient to hold the body of an adolescent or young adult female, hence one suited to portrayal as Ariadne. Unexpected death, likely enough in the case of a young girl, might be sufficient reason to acquire such a sarcophagus, particularly if her death occurred at a time when no suitable new chest could be speedily commissioned.[29] The inappropriate nature of the myth might have led the parents to ask that the portrait be left unfinished. Other examples of inscribed sarcophagi apparently purchased from stock include that of the equestrian officer P. Caecilius Vallianus (figs. 4a, b) and a late third-century sarcophagus in the Villa Ada, Rome, acquired in the fourth or fifth century by Varia Octabiana *(sic), clarissima femina*, for her husband, Aurelius Theodorus, *vir eminentissimae memoriae*.[30]

An alternative interpretation would have this distinguished senatorial family commission the sarcophagus, chest and lid, at the time of their daughter's death. The piece may then be (as Strong suggested) of the late third or fourth century.[31] In this case the unfinished portrait might have had some positive value in suggesting pictorially that the child died before reaching marriageable age. Such a reading (which may seem unnecessarily sophisticated) is given some support by the unusual lack in the text of any statement of the girl's age at death. The parents would thus have commissioned a theme evolved long before their time, and some attempt would have been made by the sculptor to evoke the style of earlier years, resulting in the mixture of Severan composition, mid-third-century style, and some technical features characteristic of the later third century. The retrograde choice of a long-established theme that had retained its popularity might have seemed particularly appropriate to a pagan senatorial family living in a period of Christian ascendancy.

Department of Greek and Roman Antiquities
The British Museum
London

---

28. Andreae (note 3, 1984), p. 126, n. 12.

29. As may have happened at the death of P. Caecilius Vallianus (herein, figs. 4a, b, note 16). See also S. Walker, "Untimely Memorials," forthcoming in the acta of the third international colloquium on Roman portraits (Rome, 1984).

30. *CIL* VI, 31953 = *ILCV* II, 224 = *PLRE* I, p. 637, Varia Octaviana; p. 900, Aur. Theodorus. On the sarcophagus see G. Bovini, *BullCom* 72 (1946–1948), pp. 104–105; L. Reekmans, *BIHBelge* 31 (1958), pp. 52–53; F. W. Deichmann, G. Bovini, and H. Brandenburg, *Repertorium der christlich-antiken Sarkophage*, vol. 1 (Wiesbaden, 1967), p. 381, no. 918, pl. 145; M.E. Micheli, *Museo Nazionale Romano: Le sculture*, vol. 1, pt. 6 (Rome, 1986), pp. 134–140, nos. VI.3a, b.

31. Strong (note 6).

Girlandensarkophage aus Ostia

Helga Herdejürgen

Es wird seit langem vermutet, daß Ostia in der Kaiserzeit nicht nur stadtrömische Sarkophage 'importierte,' sondern auch eigene Sarkophagwerkstätten besaß. Versuche, bestimmte Stücke ostiensischen Werkstätten zuzuschreiben und deren Eigenart zu umreißen, haben, mit unterschiedlichen Resultaten, R. Turcan und G. Koch unternommen.[1] Unsere Bemerkungen verfolgen dasselbe Ziel: Girlandensarkophage des 2. Jahrhunderts werden im Hinblick darauf untersucht, ob sie in Ostia entstanden sein könnten. Im ersten Teil wird diese Frage an Exemplare herangetragen, von denen sicher ist, daß sie in Ostia und Umgebung Verwendung fanden, im zweiten Teil auf weitere Beispiele ausgedehnt. Da der erste Teil nicht das gesamte Material erfaßt,[2] kann auch die im abgeleiteten zweiten Teil zusammengestellte Reihe von Kästen ostiensischer Werkstätten keinen Anspruch auf Vollständigkeit erheben: Die der Ergänzung bedürftige Studie ist als Diskussionsgrundlage gedacht.

I.

Den Anfang der ersten Reihe bildet ein im Magazin des Museums von Ostia aufbewahrtes Fragment: das rechte Stück einer Kastenfront, dessen Relief Seeken-

taur und Nereide in einer Girlandenlünette wiedergibt.[3] Einen Anhaltspunkt für frühhadrianische Datierung liefert die Beobachtung, daß die Girlande mit ihren zierlichen Früchten und ihren vielgliedrigen Manschetten Girlanden am Pantheon stilistisch aufs nächste verwandt ist.[4] In der Gestaltung der Girlande und der Figuren stimmt das Stück zudem mit einer größeren Gruppe frühhadrianischer Sarkophage überein, deren wichtigste Vertreter der Oidipussarkophag im Palazzo Mattei und der Philoktetsarkophag aus Hever Castle in Basel sind:[5] Es stammt höchstwahrscheinlich aus derselben in Rom beheimateten Werkstatt. Auch ein Nebenseitenfragment auf der Isola Sacra mit der Darstellung eines Greifen[6] dürfte zwischen 120 und 130 n.Chr. anzusetzen und stadtrömischen Ursprungs sein.

Etwas später ist wohl der Sarkophag der Malia Titia aus Ficana vorm Museum in Ostia einzuordnen (Abb. 1a–c):[7] Die Girlanden sind ein wenig starrer, ihre Manschetten kompakter, ihre Lünettenbilder großflächiger geworden. Diese Stilmerkmale verbinden die Schöpfung mit dem Girlandensarkophag im Museo Gregoriano Profano, der in einem um 134 n.Chr. erbauten Grab vor der Porta Viminalis zutage kam.[8] Der Schluß, daß sie in

Die Beschaffung der Abbildungsvorlagen wäre ohne den Einsatz von H. Sichtermann, H.-U. Cain und C. Weber-Lehmann nicht möglich gewesen. Auch N. Leipen, G. Koch und H. Wrede haben mir freundlicherweise Fotos zur Publikation überlassen, M. Sapelli und F. Sinn-Henninger Hinweise gegeben, G. Daltrop, P. G. Guzzo und V. Kockel den Zugang zu Denkmälern, die hier besprochen werden, liebenswürdig erleichtert. Ihnen allen sei herzlich gedankt. Besonderen Dank schulde ich B. Andreae als dem Leiter des Sarkophag-Corpus; aus meiner Arbeit für das Corpus ist dieser Beitrag hervorgegangen.

Abkürzungen

Calza, *Ritratti* I: R. Calza, *Scavi di Ostia V: I ritratti* I (Rom, 1964).

Calza, *Ritratti* II: R. Calza, *Scavi di Ostia IX: I ritratti* II (Rom, 1978).

Honroth: M. Honroth, *Stadtrömische Girlanden* (Wien, 1971).

Koch, *RS*:   G. Koch in: G. Koch und H. Sichtermann, *Römische Sarkophage. Handbuch der Archäologie* (München, 1982).

Turcan: R. Turcan, *Les sarcophages romains à représentations dionysiaques* (Paris, 1966).

1. Turcan, 128ff., 134, 163, 201f., 323ff.; Koch, *RS*, 277f. Vgl. auch G. Pesce, *Sarcofagi romani di Sardegna* (Rom, 1957), 12f.

2. Er handelt hauptsächlich von den schon publizierten Stücken. Weitere Fragmente sind in den *NSc* 1909ff. erwähnt und auf Sammelaufnahmen des DAI Rom auszumachen. Kein Sarkophag ist der von Koch, *RS*, 232 als Nr. 33 aufgenommene Kasten: Die Länge von

0,40 m weist ihn als Urne aus. Das Fragment ebenda Nr. 38 gehört dem 3. Jh. n.Chr. an.

3. Inv. Nr. 113: R. Calza, *BdA* 39 (1954), 113, Anm. 40; Honroth, 44, 84, Nr. 81, Taf. 7,2; P. Kranz, *Gnomon* 47 (1975), 81; H. Wrede in: *Festschrift für G. Kleiner* (Tübingen, 1976), 151, 175; Koch, *RS*, 226, 230, 232, 265, Nr. 30.

4. Diese Datierung auch bei Calza und Honroth, a.O. Wrede dagegen datiert in spättrajanische, Kranz in späthadrianische Zeit, Koch in die Jahre 170/80 n.Chr. Stilistisch nächst verwandte Platten am Pantheon: K. de Fine Licht, *The Rotunda in Rome* (Kopenhagen, 1968), 83, Abb. 90; Th. Schäfer, *JdI* 95 (1980), 355, Abb. 8.

5. Jüngste Literatur zu diesen beiden Sarkophagen: L. Guerrini, *Palazzo Mattei di Giove: Le antichità* (Rom, 1982), 202ff., Nr. 52, Taf. 58; Koch, *RS*, 224ff., Nr. 10, 97, Abb. 271. Die Gruppe wird in *ASR* VI 2 ausführlicher behandelt.

6. DAI Rom Neg. Nr. 69,1109

7. Inv. Nr. 1391: R. Calza, *BdA* 39 (1954), 107ff., Abb. 1–3; B. Andreae, *Studien zur römischen Grabkunst, 9. Ergh. RM* (Heidelberg, 1963), 23f.; Turcan, 135, Anm. 9; Honroth, 54f., 88, Nr. 102; N. Himmelmann, *AnnPisa* 4 (1974), 143, Taf. 3; H. Sichtermann in: *Römische Sarkophage: Handbuch der Archäologie* (München, 1982), 67; Koch, *RS*, 224ff., 230, 232, 265, Nr. 28; 278.

8. Vgl. zu diesem Sarkophag Verf., *MarbWPr* (1984), 13ff., Abb. 13, mit Literaturangaben.

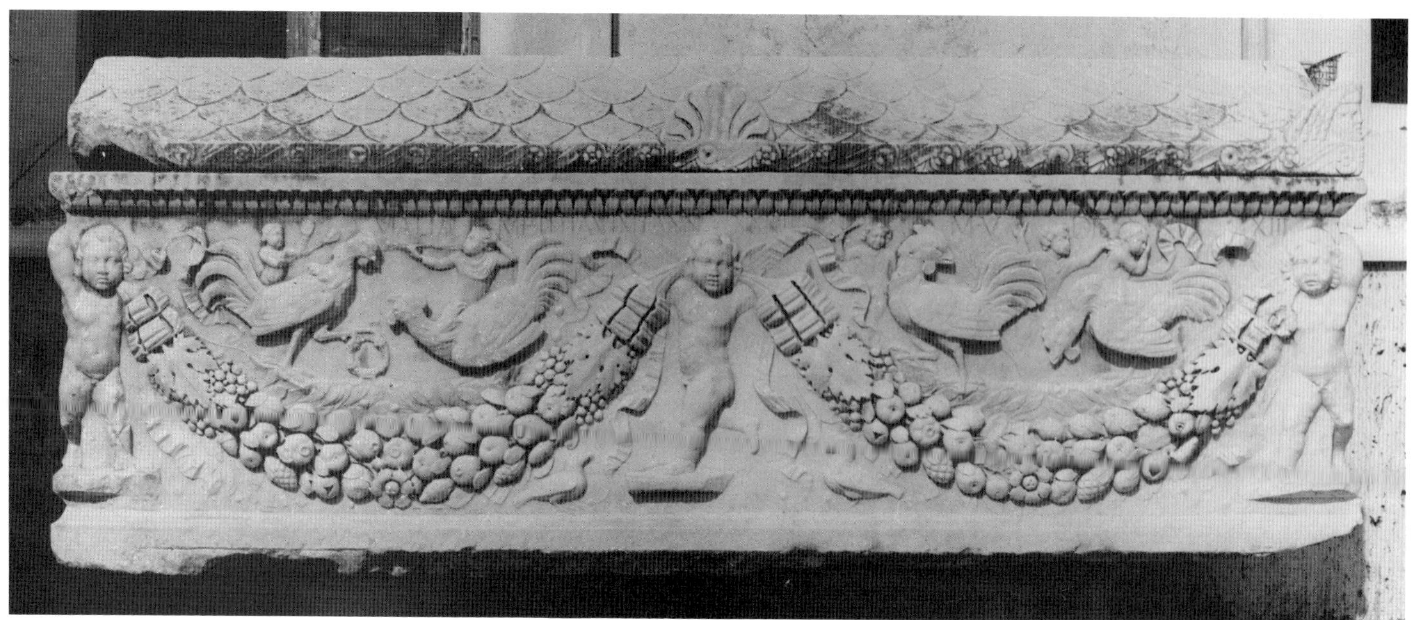

Abb. 1a.   Sarkophag der Malia Titia. Ostia 1391. Photo: DAI Rom, Inst. Neg. 79.3584.

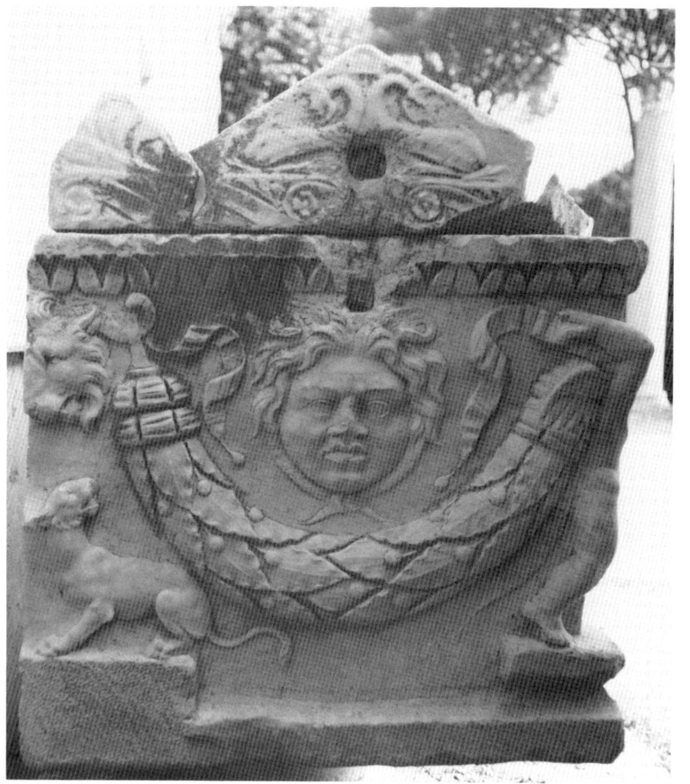

Abb. 1b.   Linke Nebenseite von Abb. 1a. Photo: DAI Rom, Inst. Neg. 79.3591.

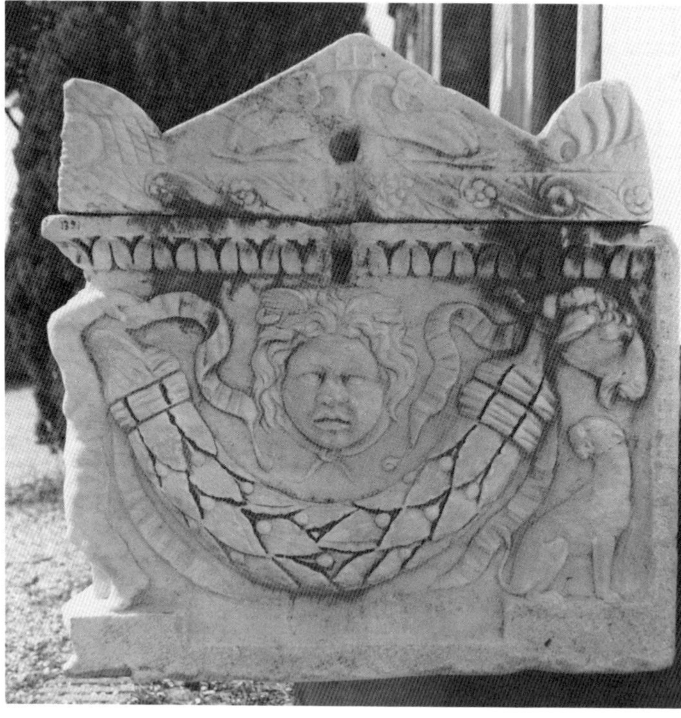

Abb. 1c.   Rechte Nebenseite von Abb. 1a. Photo: DAI Rom, Inst. Neg. 79.3590.

die dreißiger Jahre des 2. Jahrhunderts gehört, liegt deshalb nahe.[9] Allerdings fehlen unter den stadtrömischen Sarkophagen dieser Zeit Parallelen dafür, daß der Deckel auf den Schrägflächen mit Schuppen, an der Basisleiste mit einem 'laufenden Hund' und in den Giebelfeldern mit Delphinpaaren verziert ist, daß Hahnenkämpfe Girlandenlünetten und Vögel und Panther Girlandenzwickel füllen, daß sich die Eroten auf kleinen Podesten bewegen und daß an den Nebenseiten ein Ziegenbocks— und ein Greifenkopf anstelle von Eroten als Girlandenträger dienen. Manche dieser Eigentümlichkeiten hat man auf kleinasiatischen Einfluß zurückgeführt,[10] andere unerklärt gelassen. Nicht genannt worden ist bisher eine mögliche gemeinsame Quelle: Alle merkwürdigen Motive teilt der Sarkophag mit älteren Urnen und Grabaltären,[11] und so drängt sich die Vermutung auf, daß sein Reliefschmuck von derartigen Vorbildern abhängt. Damit würde er sich den vielen außerhalb Roms verfertigten 'provinziellen' italischen Sarkophagen zugesellen, als deren Hauptkennzeichen gelten kann, daß ihre Reliefsujets in besonderem Maße an die Sujets der älteren Grabkunst anknüpfen.[12] Auch er wäre demnach ein provinzielles Stück: Zusammen mit einem zeit- und werkstattgleichen Greifensarkophag von der Isola Sacra (Abb. 2)[13] läßt er sich, wie schon öfters vorgeschlagen,[14] in Ostia selbst lokalisieren.

Noch jünger wird der Sarkophag der Volusia Prosodos und des Lucius Volusius Speratus vorm Museum in Ostia sein (Abb. 4a–b),[15] denn die Tendenz zur Einebnung, die die Entwicklung der Reliefplastik seit späthadrianischer Zeit bestimmt, ist stärker ausgeprägt: Die Girlanden sind abgeflacht, und die Eroten breiten sich auf der Frontseite aus, statt mit ihrem zurückgesetzten Bein die Kastenecke zu umgreifen. Dasselbe Stadium der Stilentwicklung vertritt eine Loculusplatte ostiensischer Herkunft im Thermenmuseum,[16] deren Relief die bestattete Frau mit einer Modefrisur aus den vierziger Jahren des 2. Jahrhunderts präsentiert: In diese Jahre kann der Sarkophag der Volusia Prosodos eingewiesen werden.[17] Bisher hat man ihn für stadtrömisch gehalten; daß eine Inschrifttabula die Mittellünette bedeckt, hat man, da stadtrömische Girlandensarkophage des 2. Jahrhunderts dafür kaum Beispiele bieten, kleinasiatischem Einfluß zugeschrieben.[18] Tabulen in der Mittellünette sind aber nicht nur für kleinasiatische, sondern auch für provinzielle italische Girlandensarkophage charakteristisch; hier finden sie sich in einem Kontext, der dafür spricht, daß das Motiv nicht von kleinasiatischen Sarkophagen übernommen, sondern aus der älteren einheimischen Grabkunst entlehnt ist.[19] Die breite Form der spitzwinkligen Tabulahenkel trennt den Sarkophag der Volusia Prosodos von der kleinasiatischen Gruppe, schließt ihn jedoch mit italischen Exemplaren zusammen: Es wird sich um ein provinzielles, in Ostia selbst geschaffenes Werk handeln.

Als nächstes folgen der Sarkophag des Marcus Aemilius

---

9. Diesem Ansatz scheint auch Turcan, a.O., zuzuneigen. Himmelmann hingegen schlägt eine Einordnung in spättrajanische, Andreae, gefolgt von Honroth und Koch, in frühantoninische, Calza in mittelantoninische und Sichtermann in spätantoninische Zeit vor. P. Kranz, *Gnomon* 47 (1975), 81, und *ASR* V 4 (Berlin, 1984), 24, Anm. 57f. vertritt beide extremen Positionen: Das eine Mal denkt er an ein spättrajanisch-frühhadrianisches, das andere Mal an ein mittel- oder spätantoninisches Datum.

10. Vgl. Calza, a.O., 109f.; Honroth, 54f.; Sichtermann, a.O., 67.

11. Giebeldachförmige Deckel mit Schuppenziegelverzierung und 'laufendem Hund' an der Basisleiste haben etliche ältere Urnen und Grabaltäre; ebenso gehören Vögel in Girlandenzwickeln zu ihrem üblichen Schmuck. Beispiele mit Hahnenkampf in der Girlandenlünette: D. Boschung, *Antike Grabaltäre aus den Nekropolen Roms* (Bern, 1987), 102, Nr. 758, Taf. 31; 105, Nr. 798, Taf. 37 (vgl. zum Thema des Hahnenkampfs in der römischen Sepulkralkunst allgemein zuletzt K. Schauenburg, *AA* (1972), 512ff. und die dort angegebene Literatur); mit Bocksköpfen als Girlandenträgern: Matz und Duhn III, Nr. 3945; Boschung, a.O., 102, Nr. 740, Taf. 29; F. Sinn, *Stadtrömische Marmorurnen* (Mainz, 1987), 119, Nr. 111; 141, Nr. 194, Taf. 39d; 183, Nr. 382, Taf. 61b; 212f., Nr. 502, Taf. 76a; 213, Nr. 503; 230, Nr. 566; mit Löwengreifenköpfen als Girlandenträgern: L. Stephani, *Die Antiken-Sammlung zu Pawlowsk* (Petersburg, 1872), 36, Nr. 62; mit girlandentragenden Eroten auf ähnlichen Podesten: Boschung, a.O., 102f., Nr. 754, 759, Taf. 30, 31; 115, Nr. 989, 990, Taf. 60. Besonders gut lassen sich der Grabaltar des L. Flavius Saturninus im Louvre (Podeste unter den Eroten, hockende Panther unter der Girlande), die Urne des T. Flavius Onesimus in Broadlands (hockende Panther unter der Girlande, um Dreizack angeordnete Delphine) und die Urne des Pe-

tronius Hedychrus in Holkham Hall (um Dreizack angeordnete Delphine, Bocksköpfe als Girlandenträger) vergleichen: F. de Clarac, *Musée de Sculpture* II 1 (Paris, 1841), 384f., Nr. 103, Taf. 251; Sinn, a.O., 202, Nr. 461, Taf. 72a; 216f., Nr. 519, Taf. 78a.

12. Vgl. die unten Anm. 75 zitierte Literatur. In unserem Zusammenhang ist insbesondere daran zu erinnern, daß auch etliche oberitalische und campanische Sarkophage Eroten auf Podesten darstellen und daß ihre Deckel giebeldachförmig sind und häufig Schuppenziegelverzierung tragen.

13. Inv. Nr. 1156: Koch, *RS*, 236f., 265, Abb. 279, mit Literaturangaben.

14. Vgl. Calza, a.O., 107; B. Andreae, *AA* (1957), 287; Himmelmann, a.O., 143; Sichtermann, a.O., 67.

15. Inv. Nr. 1139: D. Vaglieri, *NSc* (1910), 98f., Abb. 5; Honroth, 58, 89, Nr. 108, Taf. 10,2; Koch, *RS*, 224ff., Nr. 29; Verf., *MarbWPr* (1984), 8f., Abb. 4.

16. Calza, *Ritratti* I, 100, Nr. 163, Taf. 97; Koch, *RS*, 111, 260, 278, Abb. 107; L. Musso in: *Museo Nazionale Romano. Le sculture* I 8 (Rom, 1985), 265ff., Nr. VI,4, mit weiteren Literaturangaben. Die richtige Datierung bei B. Andreae in: *Helbig*[4] III, 37f., Nr. 2139.

17. In frühantoninische Zeit datiert auch Honroth, a.O., während sich Koch für einen mittelantoninischen Ansatz entscheidet. Die Datierung von P. Kranz, *Gnomon* 47 (1975), 81 in die Jahre 180 bis 200 n.Chr. beruht auf einem Irrtum: Der auf der Abbildung bei Honroth mit dem Kasten verbundene Deckel gehört nicht dazu.

18. Vgl. Koch, *RS*, 228, 274, Anm. 29.

19. Vgl. Verf., *MarbWPr* (1984), 8f., 21f., Anm. 6, 8, 9. Das ebenda genannte Fragment im Kreuzgang von S. Paolo fuori le mura möchte ich heute doch eher für stadtrömisch halten.

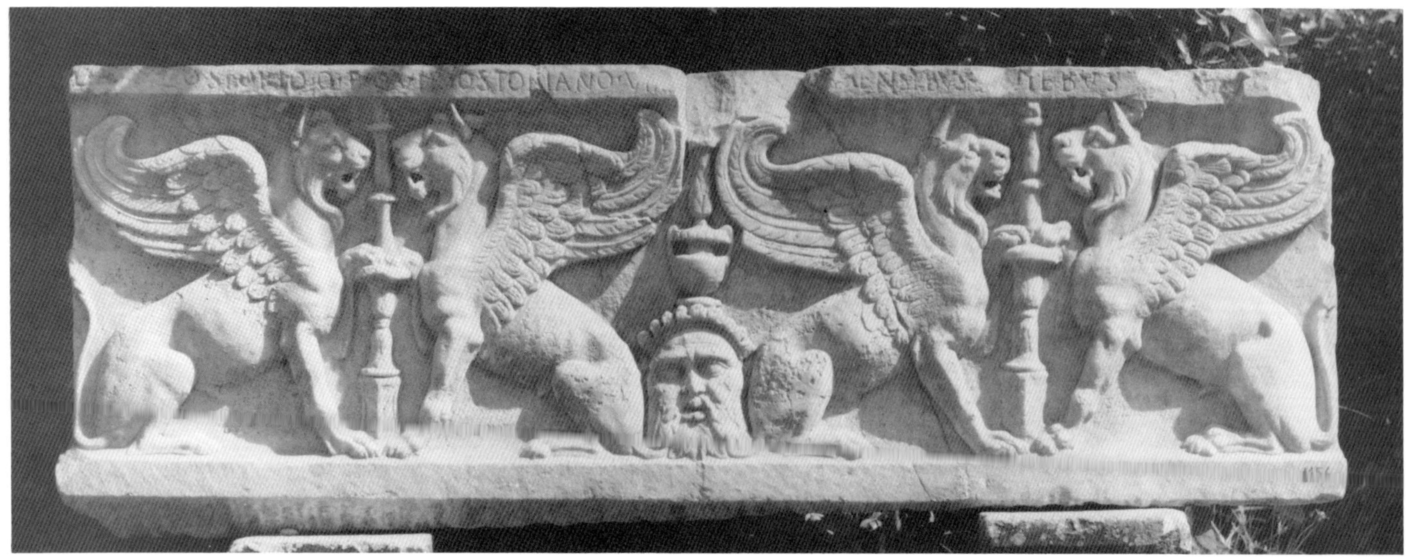

Abb. 2.   Sarkophag von der Isola Sacra. Ostia 1156. Photo: DAI Rom, Inst. Neg. 68.4822.

Posidonianus aus der Sammlung Pacca (Abb. 6)[20] und ein Sarkophag auf der Isola Sacra mit der Darstellung spielender Eroten in den Lünetten (Abb. 7a–c).[21] Man darf wohl als Zeichen fortgeschrittener Entwicklung auffassen, daß ihre Girlanden gleichmäßiger gegliedert, ihre Figuren und Köpfe plumper gebildet sind; derlei Veränderungen bereiten den blockhaften mittelantoninischen Stil vor. Die Möglichkeit zu genauerem chronologischem Ansatz ergibt sich aus der engen stilistischen Verwandtschaft mit einem durch die Haartracht seiner Porträtfigur um 150 n.Chr. datierten Girlandensarkophag im Palazzo Rospigliosi (Abb. 8a–b):[22] Die beiden Kästen sind offenbar

in der Mitte des 2. Jahrhunderts verfertigt worden.[23] Von stadtrömischen Sarkophagen ihrer Zeit unterscheiden sie sich durch Reliefmotive, die auf die ältere Grabkunst zurückgehen: Die Girlanden auf Sarkophagfronten, wie im einen Fall geschehen, zu seiten einer Tabula an Bukranien und Balustern aufzuhängen und Sarkophagnebenseiten wie im anderen Fall mit den Bildern von Opfergeräten zu verzieren, war in Italien damals nur noch in provinziellen Werkstätten üblich.[24] In beiden Fällen empfiehlt sich deshalb eine Lokalisierung in Ostia selbst.[25]

Verlängert wird die Reihe fernerhin durch drei

20. *CIL* XIV, Nr. 536; Matz und Duhn II, Nr. 2404; *Antikensammlung Nachlaß F. Trau*, Auktionskatalog (Galerie Fischer, Luzern, 1954), 33, Nr. 419, Taf. 1; Koch, *RS*, 224f., 235, Nr. 139. Jetziger Aufbewahrungsort nach freundlicher Auskunft der Galerie Fischer nicht zu ermitteln.

21. G. Calza, *La necropoli del porto di Roma nell'Isola Sacra* (Rom, 1940), 190ff., Abb. 94f.; Turcan, 130, 134, 356; Honroth, 51, 87, Nr. 95; Koch, *RS*, 226, 230, 232, 265, Nr. 31, Abb. 272.

22. Vgl. unten Anm. 48f. Auch ein Grabrelief in Ostia, das denselben Stil und dieselbe Modefrisur zeigt, könnte als Stütze der Datierung dienen: Calza, *Ritratti* I, 99f., Nr. 162, Taf. 95f.; *Helbig*[4] IV, Nr. 3114.

23. Dieser Datierung des Sarkophags mit Erotenspielen kommt Koch, a.O., am nächsten ("150 bis 170/80 n.Chr."); Turcan dagegen setzt ihn, ebenso wie Honroth, in späthadrianische, P. Kranz, *Gnomon* 47 (1975), 81 in spätantoninische Zeit.

24. Die Motive zählen zum üblichen Schmuck frühkaiserzeitlicher Grabmäler. Provinzielle Sarkophage mit Reliefbildern von Opfergeräten: vgl. die Liste bei Verf., *MarbWPr* (1984), 24, Anm. 53; dazu das von F. Rebecchi in: *Antichità Altoadriatiche* 13 (Udine, 1978), 208, Abb. 2f. bekanntgemachte Exemplar. Provinzielle Sarkophage mit girlandentragenden Bukranien: W. Amelung, *Die Sculpturen des Vaticanischen Museums* I (Berlin, 1903), 881, Nr. 217, Taf. 113; E. Petraccone,

L'isola di Capri (Italia Artistica 72, 1913), 44 mit Abb.; P. Mingazzini und F. Pfister, *Surrentum* (Forma Italiae I 2, 1946), 185, Nr. 31; P. Pensabene, *DArch* N. S. 3 (1981), 106, Abb. 27; Koch, *RS*, 292, Abb. 314; M. Paoletti, *MarbWPr* (1983), 236f., Abb. 10; ferner ein unpubliziertes Exemplar in Neapel. Sie alle sind campanischen Ursprungs, ausgenommen das an erster Stelle zitierte Stück im Vatikan, das aus Veji stammt und dort unter campanischem Einfluß geschaffen worden sein dürfte: vgl. *CIL* XI, Nr. 3826 (freundlicher Hinweis von F. Sinn-Henninger, von Koch, *RS*, 224, 273, 277, 293 und Verf., a.O., Anm. 53 noch nicht berücksichtigt). Die Bukranien eines ephesischen Halbfabrikats im Camposanto in Pisa sind vielleicht in Ostia ausgearbeitet worden: vgl. G. Koch, *BJb*, 182 (1982), 199ff., Abb. 41f. Provinzielle Sarkophage mit girlandentragenden Balustern: Pensabene, a.O., 106, Abb. 26; H. Wrede, *AA* (1981), 99, Abb. 16; Verf., a.O., 9, Abb. 5; außerdem unpublizierte Exemplare in Cava dei Tirreni und in Salerno.

25. Für den Sarkophag mit Erotenspielen so schon R. Calza, *BdA* 39 (1954), 110; Turcan, 130, 134. Koch, *RS*, 277f., Anm. 13, 23 bezeichnet nur den Sarkophag aus der Sammlung Pacca als ostiensisches Werk.

26. Inv. Nr. 1323, 1395 und ohne Nr.(?): G. Calza, *NSc* (1928), 168, Abb. 27; ders., *NSc* (1931), 512, Abb. 3; ders., *La necropoli del porto di Roma nell'Isola Sacra* (Rom, 1940), 193ff., Abb. 97f.; Turcan, 129, 356;

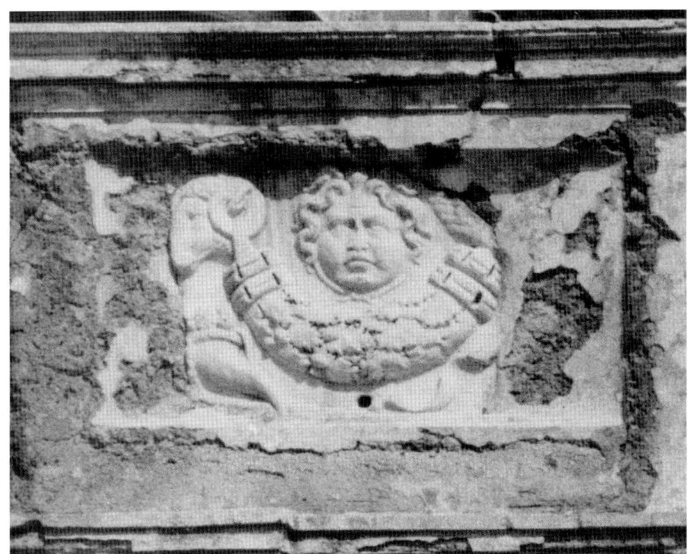

Abb. 3a.   Linke Nebenseite eines Sarkophagkastens. Rom, Villa Doria Pamphili. Photo: DAI Rom, Inst. Neg. 69.359.

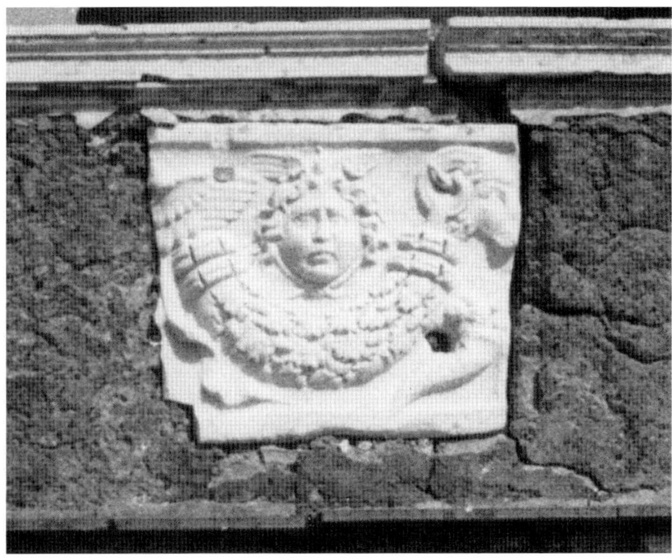

Abb. 3b.   Rechte Nebenseite eines Sarkophagkastens. Rom, Villa Doria Pamphili. Photo: DAI Rom, Inst. Neg. 69.372.

Sarkophage von der Isola Sacra (Abb. 13, 14),[26] einen Sarkophag aus Ostia im Thermenmuseum (Abb. 27)[27] und einen Sarkophag aus Castelporziano in den Gärten des Quirinal (Abb. 28);[28] hinzu kommen zwei Fragmente im und vorm Museum in Ostia (Abb. 9, 18), ein Fragment in der Villa Aldobrandini in Ostia (Abb. 5) und zwei Fragmente aus Ostia im Museo Gregoriano Profano (Abb. 17).[29] Alle diese Beispiele führen den blockhaften Stil in voller Entfaltung vor Augen: Die Girlanden sind noch schematischer unterteilt, die Figuren noch stämmiger geworden, die Gesichter in die Breite gezogen. Derselbe Stil hat sich in Reliefs nieder-

geschlagen, deren Porträtköpfe mittelantoninische Frisuren tragen (Abb. 10a–b, 11).[30] Im Anschluß an sie lassen sich die Stücke in die Zeit zwischen 160 und 170 n.Chr. einordnen.[31] Neuerungen im Typenrepertoire entsprechen denen zeitgenössischer stadtrömischer Sarkophage: Die Typen der Eroten, die unter der Last der Girlanden zusammenzuknicken beginnen, sich tänzelnd um sich selber drehen oder sich mit weitem Schritt nach außen wenden, sind dort ebenso bezeugt wie die Typen der Mänaden- und Satyrköpfe, die die Lünetten füllen;[32] provinzielle Archaismen sucht man umsonst. Auf lokale Entstehung der Exemplare deuten aber ihre den allge-

Honroth, 52, 87, Nr. 96, 98, Taf. 8,1; Koch, *RS*, 224, 226, 230, 232, 265, Nr. 34, 36, 37.

27. Inv. Nr. 124706: S. Aurigemma, *Die Diocletiansthermen und Museo Nazionale Romano* (Rom, 1954), 36, Nr. 63; Turcan, 130, 356; B. Andreae in: *Helbig*[4] III, 27ff., Nr. 2131B; H. Sichtermann, *AA* (1970), 238f., Nr. 14; Honroth, 67, 91, Nr. 119, Taf. 12,2; Koch, *RS*, 224, 230, 233, Nr. 58; M. Sapelli in: *Museo Nazionale Romano. Le sculture* I 8 (Rom, 1985), 202ff., Nr. IV,10.

28. Inv. Nr. DP 1162: Koch, *RS*, 226, 234, Nr. 100; L. Guerrini und C. Gasparri, *Il Palazzo del Quirinale* (Rom, 1985), 23, 30, Nr. 73.

29. Inv. Nr. 10612, 10614: O. Benndorf und R. Schöne, *Die antiken Bildwerke des Lateranensischen Museums* (Leipzig, 1867), 366, Nr. 512, 513.

30. Gemeint sind die von K. Fittschen, *JdI* 85 (1970), 171ff. behandelten Stücke, außerdem zwei Werke von der Isola Sacra, ein heute verschollener Sarkophag mit Porträtbüste und fliegenden Eroten (Abb. 20) und eine Loculusplatte mit Klinenmahl im Museum von Ostia, Inv. Nr. 1333 (Abb. 15, 16): Calza, *Ritratti* II, 38, 41f., Nr. 44, 51, Taf. 33, 37; Koch, *RS*, 111, 260, 278, mit Literaturangaben. Die Haartracht der hier dargestellten verstorbenen Frauen ist an Frisuren der Lucilla aus den sechziger Jahren orientiert; vgl. K. Fittschen, *Die Bildnistypen der Faustina minor und die Fecunditas Augustae* (Göttingen, 1982), 78ff., Taf. 48 zur Büste und zu der auf der Kline sitzenden Frau; ebenda 75ff.,

Taf. 44ff. zu der auf der Kline liegenden Frau. Die Behauptung, daß diese Liegende nach der Mode der Crispina frisiert sei (so Calza, a.O.), die zu einer zu späten Datierung der Platte geführt hat (vgl. H. Wrede, *AA* (1981), 116f.; G. Zimmer, *AA* (1983), 133ff.; L. Musso in: *Museo Nazionale Romano. Le sculture* I 8, 265f.), erweist sich bei näherem Hinsehen als unzutreffend; die Rippen der Melonenfrisur stoßen nicht rechtwinklig auf das Stirnhaar, wie das für Crispinaporträts charakteristisch ist, und das Stirnhaar ist weniger straff zurückgekämmt.

31. In diese Zeit ordnet auch Koch den Sarkophag von der Isola Sacra Inv. Nr. 1395 ein; die beiden anderen Sarkophage von der Isola Sacra hält er für wenig jünger. Turcan und Honroth hingegen ziehen einen späthadrianischen Ansatz für sie vor; G. Calza äußert, ebenso wie P. Kranz, *Gnomon* 47 (1975), 81, die Meinung, daß der Sarkophag Inv. Nr. 1323 spätantoninisch sei. Sehr disparat sind die Datierungsvorschläge für den Sarkophag im Thermenmuseum: Sie reichen von der späthadrianischen über die spätantoninische und die severische Zeit bis ins Ende des 3. Jhs. n.Chr.

32. Beispiele u.a. in Berlin, Cliveden, Manziana, im Museo Gregoriano Profano, in der Villa Albani, der Villa Doria Pamphili, in S. Maria Antiqua und im Thermenmuseum: Koch, *RS*, 231ff., Nr. 2, 5, 19, 69, 81, 90, 106; M. Sapelli in: *Museo Nazionale Romano. Le sculture* I 8 (Rom, 1985), 217f., Nr. IV,16.

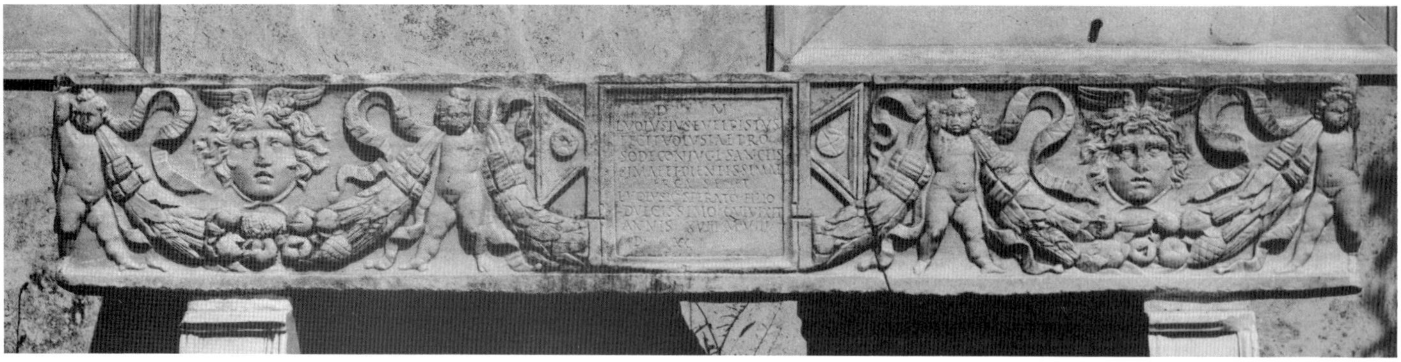

Abb. 4a   Sarkophag der Volusia Prosodos, Ostia 1139. Photo: DAI Rom, Inst. Neg. 66.2382.

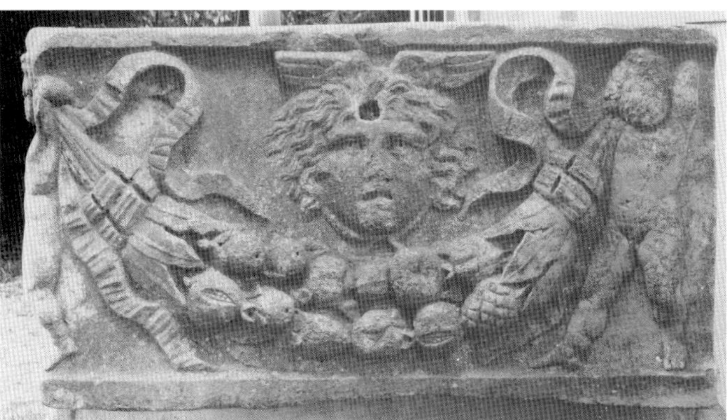

Abb. 4b.   Rechte Nebenseite von Abb. 4a. Photo: DAI Rom, Inst. Neg. 79.74.

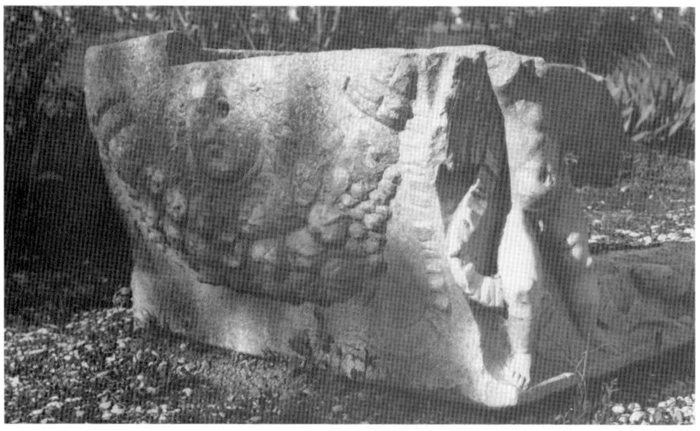

Abb. 5.   Fragment eines Sarkophagkastens. Ostia, Villa Aldobrandini. Photo: DAI Rom, Inst. Neg. 71.1066.

meinen stilistischen und typologischen Zusammenhang übersteigenden speziellen Gemeinsamkeiten hin. So stimmen zwei der Kästen von der Isola Sacra in der Gestaltung der Eroten genau überein (Abb. 13, 14); Details der Machart verbinden sie zudem mit dem Fragment vorm Museum (Abb. 9) und dem etwas älteren Sarkophag mit Erotenspielen (Abb. 7a, 7c), so daß kaum zu bezweifeln ist, daß die vier Stücke ein und derselben Werkstatt entstammen.[33] Nicht weniger evident sind die Berührungspunkte zwischen den Sarkophagen auf dem Quirinal und im Thermenmuseum (Abb. 27, 28); die sie vereinenden Absonderlichkeiten in der Wiedergabe der Eroten und der Girlanden machen es wahrscheinlich, daß derselbe eigenwillige Steinmetz Hand an sie legte. Desgleichen kann man zwei Fragmente im Museo Gregoriano Profano und im Museum von Ostia daran als Schöpfungen einer einzigen Werkstatt oder gar Hand erkennen, daß sie sich in der Formgebung der Girlanden in allen Einzelheiten decken (Abb. 17, 18).[34] Eine Werkstattgruppe bilden vermutlich auch der dritte Sarkophag von der Isola Sacra und das Fragment in der Villa Aldobrandini (Abb. 5), deren Erotenfiguren einander in hohem Grade ähneln;[35] ihre Werkstatt ist womöglich mit der des oben genannten Sarkophags der Volusia Prosodos und des Lucius Volusius Speratus (Abb. 4a–b) identisch. Die Annahme dürfte berechtigt sein, daß

33. Vgl. zu weiteren in Ostia gefundenen Stücken dieser Werkstatt unten S. 106–108.

34. Der Grund für ihre Lokalisierung in Ostia entfiele allerdings, falls es sich—was keineswegs unwahrscheinlich ist—um Teile ein und derselben Sarkophagfront handeln sollte. Detailmaße des kleineren Fragments zu nehmen hatte ich noch keine Gelegenheit.

35. Dieser Werkstatt läßt sich außerdem ein Fragment mit dionysischem Kopf im Museumsmagazin in Ostia zuweisen: DAI Rom Neg. Nr. 67.834 oben rechts. Die Ähnlichkeit mit dem entsprechenden Kopf auf dem Sarkophag von der Isola Sacra scheint außerordentlich groß zu sein.

36. Auch Turcan, 129, 130, Anm. 2 betrachtet den hier nicht abgebildeten Sarkophag von der Isola Sacra und den Sarkophag im Thermenmuseum ebenso wie den Sarkophag mit Erotenspielen als ostiensische Produkte. Seine Ansicht, daß die drei Stücke in ein und

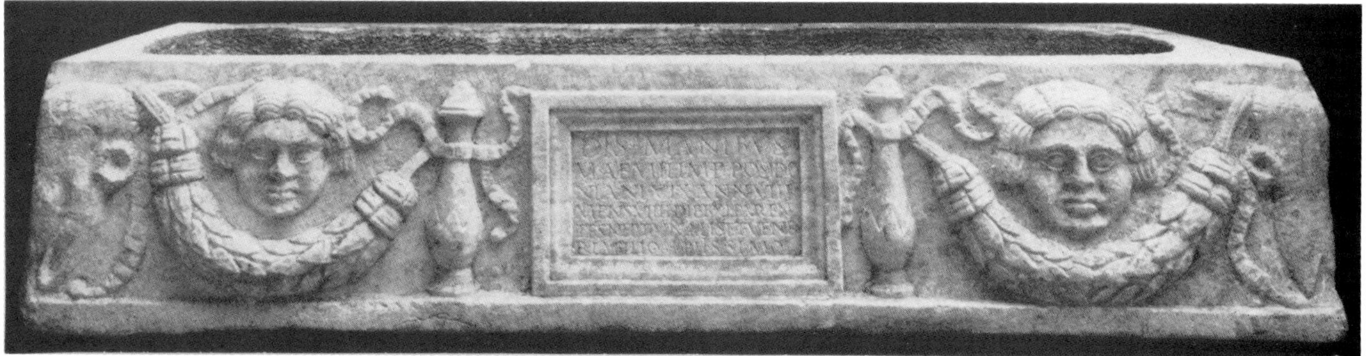

Abb. 6. Sarkophag des M. Aemilius Posidonianus aus Ostia, Sammlung Pacca. Verschollen.

Werkstätten, die mehrere in oder bei Ostia verwendete Exemplare hervorgebracht haben, in Ostia selbst angesiedelt waren.[36]

Eine weitere Entwicklungsstufe ist mit zwei wenig jüngeren Sarkophagen von der Isola Sacra erreicht (Abb. 20, 21):[37] Die Tendenz zur Einebnung der Reliefs hat sich wiederum verstärkt, was dadurch unterstrichen wird, daß die Eroten nun fast frontal vorm Reliefgrund stehen; in der groben Auflockerung der Girlanden und der durch die gerade Haltung der Figuren bedingten Streckung der Proportionen spiegelt sich der Übergang zum spätantoninischen Stil. Die beiden Sarkophage könnten demnach in das Jahrzehnt zwischen 170 und 180 n.Chr. gehören. Daß der eine, ein Kindersarkophag (Abb. 20), ein lokales Produkt ist, zeigt der provinzielle Rückgriff auf Motive älterer Urnen und Grabaltäre, den das kleine Format begünstigt haben mag: Auf zeitgenössischen stadtrömischen Sarkophagen kommt es nicht vor, daß nur ein Girlandenbogen die Front überspannt und daß über ihm eine Tabula schwebt, an deren Seiten Rosetten sitzen.[38] Den anderen Sarkophag (Abb. 21) derselben Werkstatt zuzuschreiben legt die Ähnlichkeit in der Gestaltung der Eroten, der Girlandenmanschetten und der Akrotermasken nahe, die ihn mit dem Kindersarkophag aufs engste verknüpft. Die im Kreis der stadtrömischen Sarkophage beispiellose 'Ausuferung' der Frontplatte auf

Kosten der Kastenform erhärtet die These, daß auch dieses Stück zu den ostiensischen Schöpfungen zählt.[39]

Das Ende der Reihe markiert die Frontplatte eines Loculus von der Isola Sacra mit der Darstellung eines Ehepaars in einer Ädikula zwischen zwei Paaren girlandentragender Eroten (Abb. 19).[40] Ihr Relief ist so weit eingeebnet, daß sich die gesamte Formgebung von einem einzigen Punkt aus gut überschauen läßt. Durch diese Einebnung sind die Bewegungsmotive der Eroten mehr oder weniger verzerrt, die Girlandenmanschetten stark reduziert, die Umrißlinien ins Licht gerückt und die Bohrungen effektvoll aufgewertet worden. Der Fortschritt einer schon früher begonnenen Entwicklung bekundet sich zudem in der Längung der Figuren, deren Ausmaß es erlaubt, den Datierungsspielraum auch nach unten hin abzugrenzen: Die Eroten sind zu lang, um wie Kinder zu wirken, haben andererseits aber noch nicht die jünglingshafte Gestalt angenommen, die für ihre Pendants auf severischen Sarkophagen bezeichnend ist. Ihr Aussehen stützt somit einen Ansatz in spätantoninische Jahre. Die von Bildnissen der Crispina bekannte Modefrisur der Ehefrau engt die Zeitspanne abermals ein: Die Platte dürfte zwischen 180 und 190 n.Chr. entstanden sein.[41] Vergleicht man sie mit zeitgenössischen stadtrömischen Sarkophagen, so springt die größere Einfachheit ihres Reliefgefüges ins Auge: vielleicht ein In-

derselben Werkstatt entstanden sind, kann ich aber nicht teilen.

37. Inv. Nr. 1327 und ohne Nr. (?): G. Calza, *NSc* (1931), 530f., Abb. 14; ders., *La necropoli del porto di Roma nell'Isola Sacra* (Rom, 1940), 192f., Abb. 96; G. Ricci, *NSc* (1939), 67, Abb. 10; Turcan, 128f., 356; Koch, *RS*, 224ff., 230, 232, Nr. 32, 35.

38. Vgl. zur Lokalisierung des Sarkophags Koch, *RS*, 278, Anm. 23. Die Motive finden sich auch auf anderen provinziellen Sarkophagen des 2. Jhs.: nur ein Girlandenbogen auf einer Frontplatte in Ravenna: J. Kollwitz und H. Herdejürgen, *ASR* VIII 2 (Berlin, 1979), 21f., Nr. A 5, Taf. 1; Rosettenschmuck neben der Tabula auf einer Frontplatte in S. Brizio in Spoleto: DAI Rom Neg. Nr. 465VW82; auf einem Fragment in Syrakus: V. Tusa, *I sarcofagi romani in Sicilia* (Palermo, 1957), 192f., Nr. 95, Taf. 125; auf einem Kasten in Thessaloniki: Koch, *RS*, 352, 355, Abb. 381.

39. Vgl. Turcan, 128f.; zur 'Ausuferung' oben Abb. 5, 12; unten

Abb. 28.

40. Inv. Nr. 1338: G. Calza, *NSc* (1931), 532f., Abb. 16; ders., *La necropoli del porto di Roma nell'Isola Sacra* (Rom, 1940), 195ff., Abb. 99f.; Turcan, 74, 77; Honroth, 61, 90, Nr. 113; P. Kranz, *RM* 84 (1977), 362, 364, Taf. 164,1; Calza, *Ritratti* II, 38f., Nr. 45, Taf. 34; A. M. McCann, *Roman Sarcophagi in The Metropolitan Museum of Art* (New York, 1978), 126f., Abb. 161f.; Koch, *RS*, 224, 230, 232, 260, Nr. 27.

41. So auch Honroth, a.O. Turcan, Kranz und Koch dagegen befürworten eine frühere, Calza und McCann eine spätere Datierung. Die Haartracht der Ehefrau unterscheidet sich von mittelantoninischen Frisuren durch den Sitz und die Größe des Knotens. Entsprechende Porträts der Crispina: K. Fittschen, *Die Bildnistypen der Faustina minor und die Fecunditas Augustae* (Göttingen, 1982), 86f., Taf. 53ff.

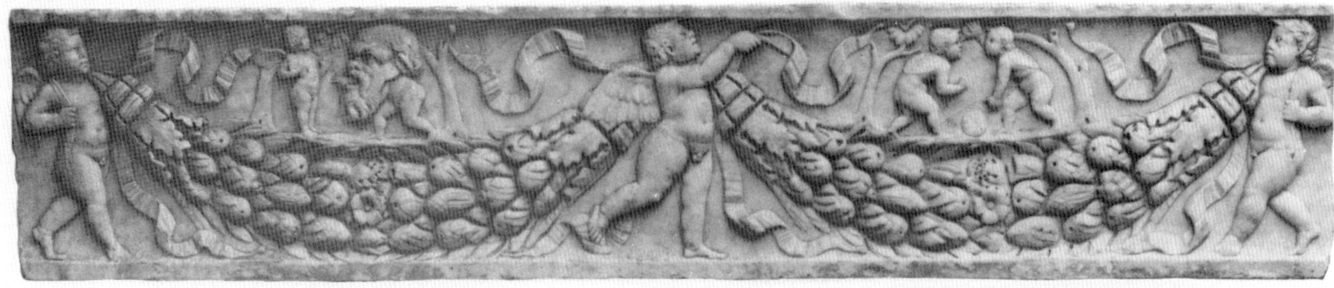

Abb. 7a.   Sarkophag. Isola Sacra. Photo: DAI Rom, Inst. Neg. 69.1091.

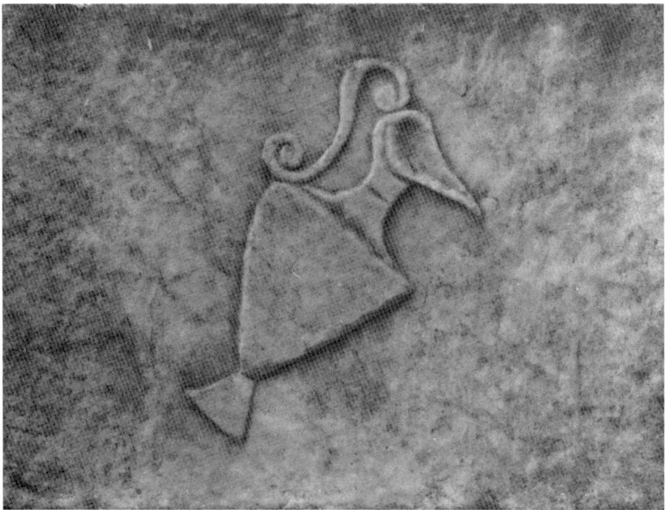

Abb. 7b.   Linke Nebenseite von Abb. 7a. Photo: DAI Rom, Inst. Neg. 69.1095.

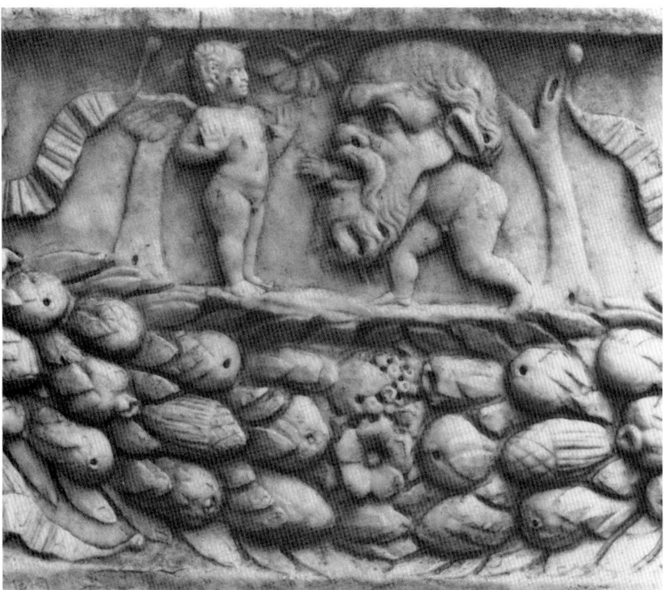

Abb. 7c.   Ausschnitt von Abb. 7a. Photo: DAI Rom, Inst. Neg. 69.1092.

diz für lokale Herkunft.[42] Als weiteres Argument für ihre Eingliederung in eine lokale Werkstattgruppe kann die in der Gesichtsbildung deutliche Verwandtschaft mit einem oben erwähnten Fragment aus Ostia im Museo Gregoriano Profano (Abb. 17) geltend gemacht werden. Ostiensische Werkstätten haben reliefierte Loculusplatten verhältnismäßig häufig hergestellt.[43]

II.

Die zweite Reihe leiten die in der Villa Doria Pamphili in Rom eingemauerten Nebenseiten eines Sarkophagkastens ein (Abb. 3a–b),[44] die, wie bereits bemerkt worden ist, dem Sarkophag der Malia Titia in Ostia (Abb. 1a–c) stilistisch sehr nahestehen: Mit ihm decken sie sich in der Gestaltung der prallen Blattgirlanden und der kräftigen Gorgonengesichter so weitgehend, daß man kaum zögern wird, die beiden Kästen derselben Zeit und derselben Werkstatt zuzuweisen. Demnach wären die Nebenseiten Reste einer ostiensischen Schöpfung aus späthadrianischen Jahren.[45] Daß sie nicht stadtrömischen Ursprungs sind, lassen auch ihre sie von gleichzeitigen stadtrömischen Sarkophagen unterscheidenden Reliefmotive vermuten: Es entspricht der in provinziellen Sarkophagwerkstätten des 2. Jahrhunderts lebendig gebliebenen ikonographischen Tradition der älteren Sepulkralkunst, daß Füllhörner unter den

42. Vgl. Koch, *RS*, 278.

43. Ostiensische Loculusplatten mit Totenmahl: vgl. oben Anm. 16 und 30. Die beiden Stücke sind zusammen abgebildet bei N. Himmelmann, *Typologische Untersuchungen an römischen Sarkophagreliefs* (Mainz, 1973), Taf. 24. Auch das ebenda 18 Anm. 28 erwähnte Fragment könnte von einer Loculusplatte stammen. Ostiensische Loculusplatten mit Porträtbüsten: Calza, *Ritratti* II, 57ff., Nr. 72ff., Taf. 56ff.; P. Kranz, *ASR* V 4 (Berlin, 1984), 196, Nr. 41, Taf. 26,2.

44. Matz und Duhn II Nr. 2406; M. Bonanno in: *Antichità di Villa Doria Pamphilj* (Rom, 1977), 193, Nr. 223, Taf. 132; Koch, *RS*, 225, 233, Nr. 95.

45. Auch Bonanno gründet ihre Zeitbestimmung der Platten auf die des Sarkophags der Malia Titia; unter Berufung auf R. Calza (vgl. oben Anm. 7, 9) empfiehlt sie ein mittelantoninisches Datum.

46. Ältere Urnen mit Füllhörnern unter der Girlande: F. Sinn, *Stadt-*

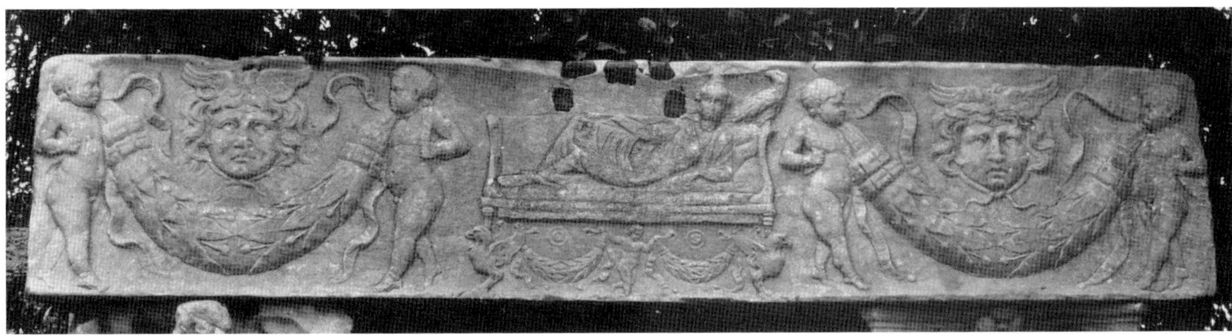

Abb. 8a.   Sarkophag. Rom, Palazzo Rospigliosi. Photo: H. Wrede.

Girlanden liegen und Widderköpfe als Girlandenträger fungieren.[46] Der Sarkophag könnte in der Antike in Ostia selbst Verwendung gefunden haben; seine Fragmente gehören womöglich zu jenen Stücken der Sammlung Doria Pamphili, die aus Grabungen in Ostia stammen.[47]

Die Reihe setzt ein Sarkophagkasten im Garten des Palazzo Rospigliosi in Rom fort (Abb. 8a–b),[48] auf dessen Front die Girlandenfolge durch die Darstellung einer lagernden Frau unterbrochen ist: eine Porträtfigur der Sarkophaginhaberin, deren Haartracht der Frisur des 151 n.Chr. geschaffenen vierten Bildnistyps der Faustina minor gleicht[49] und dadurch zur Datierung des Kastens verhilft. Schon oben wurde sein Zusammenhang mit dem mit Bildern von Erotenspielen verzierten Sarkophag auf der Isola Sacra (Abb. 7a, 7c) hervorgehoben, der aus der nahezu identischen figürlichen Formgebung erhellt: Hier wie dort sind Eroten, mit der einen Hand das von der Schulter herabschwingende Tänienende umklammernd, in tänzelnder Bewegung begriffen, hier wie dort haben sie kurze Beine, ein stark herausgewölbtes Gesäß und einen dicken Kopf mit kappenartigem Haar und großen Wangen. Diese Übereinstimmung deutet nicht nur auf dieselbe Zeit, sondern darüber hinaus, da sie sich bis in Details erstreckt, auf ein und dieselbe Werkstatt hin: Sie befürwortet es, den Sarkophag Rospigliosi im Anschluß an den in der ostiensischen Produk-

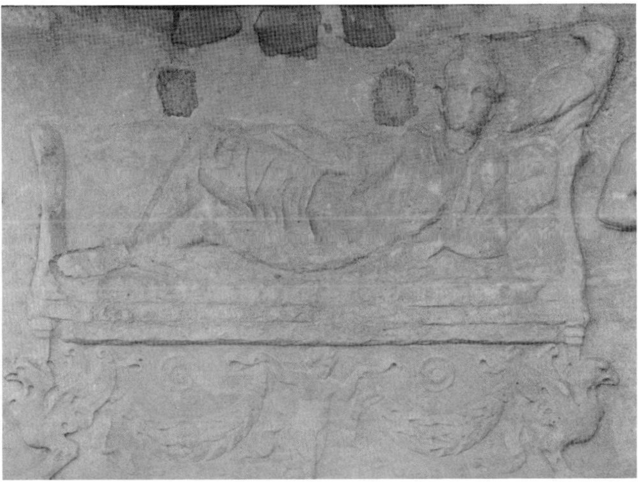

Abb. 8b.   Ausschnitt von Abb. 8a. Photo: DAI Rom, Inst. Neg. 81.4533.

tion verankerten Sarkophag mit Erotenspielen in Ostia zu lokalisieren. Damit steht in Einklang, daß zwei Loculusplatten aus Ostia die nächsten Parallelen zum Motiv der lagernden Toten bieten[50] und daß Reliefbilder schwebender Opferschalen—wie sie hier die Lünetten unter der Kline schmücken—in der hadrianisch-antoninischen Epoche anscheinend nur im provinziellen Bereich an Sarkophagkästen angebracht worden sind.[51]

römische Marmorurnen (Mainz, 1987), 147, Nr. 219, Taf. 42c; 181f., Nr. 375, Taf. 60d; 182f., Nr. 380; 206, Nr. 475, Taf. 73c; 212, Nr. 500, Taf. 75f; 229, Nr. 565. Widderköpfe als Girlandenträger auf älteren Urnen und Grabaltären gibt es oft: vgl. W. Altmann, *Die römischen Grabaltäre der Kaiserzeit* (Berlin, 1905), 69ff.; D. Boschung, *Antike Grabaltare aus den Nekropolen Roms* (Bern, 1987), 100ff.; Sinn, a.O., 58f.

47. Vgl. *Antichità di Villa Doria Pamphilj* (Rom, 1977), 18.

48. G. B. Piranesi, *Vasi, candelabri, cippi, sarcophagi, tripodi, lucerne ed ornamenti antichi* (Rom, 1778), Taf. 19; *Pregevoli oggetti d'arte antichi e moderni di pertinenza del defunto Sig. A. Jandolo*, Auktionskatalog (Rom, 1912), 4, Nr. 44, Taf. 7; N. Himmelmann, *Typologische Untersuchungen an römischen Sarkophagreliefs* (Mainz, 1973), 18; H. Wrede, *AA* (1981), 96ff., 116, Abb. 13f.; Koch, *RS*, 111, 224, 230, 234, Nr. 101. Das Stück befand sich im 18. Jh. im Cortile des Palazzo Governo.

49. Vgl. K. Fittschen, *Die Bildnistypen der Faustina minor und die*

Fecunditas Augustae (Göttingen, 1982), 49ff., Taf. 17f.

50. Vgl. oben Anm. 16, 30, 43; zur Herkunft des Motivs aus der älteren Grabkunst Wrede, a.O., 118; Koch, *RS*, 112.

51. Vgl. Verf., *MarbWPr* (1984), 17, 24, Anm. 53. Wrede hält die Darstellung unter der lagernden Toten für modern, insbesondere deshalb, weil antike Beispiele für die Form der Klinenbeinansätze, für ihre Kombination mit Adlerprotomen und für die zwischen ihnen hängende Leiste fehlen; er vermutet, daß dieser Teil des Reliefs aus einer Tabula herausgearbeitet worden sei, wie sie Piranesi, a.O., überliefert. Tabulen dieser Art hat Piranesi aber in anderen Fällen zur Aufnahme von Abbildungsnummern in den antiken Bestand eingeblendet. Da das Relief in technischer und stilistischer Beziehung keinerlei Ungleichmäßigkeiten zeigt, bin ich, so einleuchtend Wredes Argumente auch sind, von seiner These doch nicht ganz überzeugt und möchte die Frage zunächst noch offen lassen.

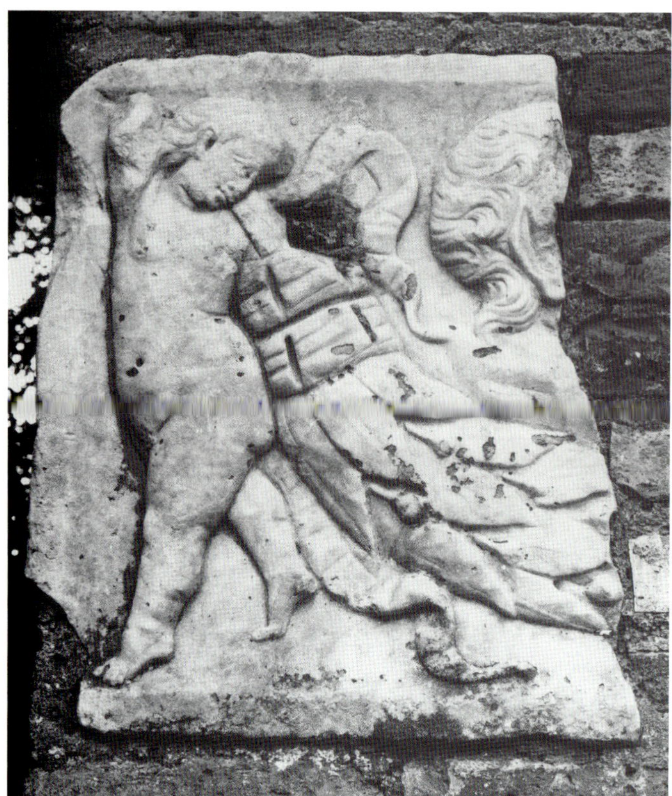

Abb. 9.   Fragment eines Sarkophagkastens. Ostia, vorm
Museum. Photo: DAI Rom, Inst. Neg. 71.290.

An den Sarkophag mit Erotenspielen schließt auch ein
Kasten im Cortile della Pigna des Vatikan an (Abb. 12),[52]
allerdings mit einem gewissen zeitlichen Abstand, der
rund ein Jahrzehnt betragen mag: Die Girlanden sind
stärker eingeebnet, die klobigen Köpfe in den Lünetten
bereits vom mittelantoninischen Stil geprägt, und zudem ist eine neue bukolische Note in die Darstellung
hineingeraten, da die Eroten statt des Tänienendes ein
Lagobolon schultern oder ein Tier mit sich schleifen.[53]
Vor dem Hintergrund dieser Abweichungen tritt die

Ähnlichkeit in der Haltung und Körperbildung der
Eroten um so klarer zutage, die den Sarkophag im Vatikan mit dem Sarkophag auf der Isola Sacra verbindet
und als Indiz für seine Herkunft aus derselben Werkstatt
gewertet werden kann.[54] Daß diese in Ostia ansässig war,
geht daraus hervor, daß es in der Mehrzahl nachweislich
in Ostia benutzte Stücke sind, die sich ihr zuschreiben
lassen: außer dem Sarkophag mit Erotenspielen (Abb.
7a, 7c) zwei weitere oben erwähnte Girlandensarkophage von der Isola Sacra (Abb. 13, 14), eine Loculusplatte mit Totenmahl (Abb. 10a–b) und ein verschollener Sarkophag mit fliegenden Eroten (Abb. 11) von
der Isola Sacra, das Fragment eines Amazonensar-
kophags in Ostia und kleinere Bruchstücke ebenda
(Abb. 9).[55] Die plakative Formensprache, die sie alle miteinander gemeinsam haben, ist auch für die Reliefs des
Kastens im Cortile della Pigna charakteristisch. Gegen
seine Einordnung in die stadtrömische Gruppe spricht
überdies, daß er mit schiefer und krummer Kante zur
Seite hin auslädt, wie wir das nur von provinziellen
Sarkophagkästen kennen.

Als ungefähr gleichzeitig wird man ein viertes Exemplar der Reihe einstufen, einen Kasten im Royal Ontario
Museum in Toronto (Abb. 22),[56] dessen Frontrelief sich
dadurch auszeichnet, daß das mittlere Erotenpaar, statt
die Girlanden zu fassen, ein Medaillon mit der Büste
des Bestatteten vorführt. Das Porträt läßt es kaum zu,
den Sarkophag über die Jahre um 160 n.Chr. hinunter-
zurücken: Es ist mit seinem breiten Gesicht, seiner locki-
gen und dennoch flachen Haarkappe und seiner milden,
stimmungsvollen Miene an Bildnissen des Antoninus
Pius orientiert.[57] Aus Rom fehlen Beispiele dafür, daß
von Eroten gehaltene Porträtmedaillons schon in mittelantoninischer Zeit in die Kastendekoration aufgenommen worden sind.[58] Aus Ostia hingegen gibt es
Parallelen, zwei mittelantoninische Sarkophage mit
fliegenden Eroten, die weibliche Bildnisse präsentieren
(Abb. 11, 23):[59] Die Verwendung des Motivs dürfte

52. Inv. Nr. 5130: W. Amelung, *Die Sculpturen des Vaticanischen
Museums* I (Berlin, 1903), 279, Nr. 150, Taf. 26; Turcan, 130, 356;
K. Schauenburg, *GettyMusJ* 2 (1975), 62, Abb. 4; Koch, *RS*, 225, 230,
233, 265, Nr. 70.

53. In mittelantoninische Zeit setzt den Sarkophag auch Koch,
a.O., während Turcan eine Datierung um 130/40 n.Chr. vorschlägt.
H. Sichtermann, *AA* (1970), 223 ordnet die ganze Gruppe der Girlandensarkophage mit einem Tier als Attribut des Mitteleros in die erste
Hälfte des 2. Jhs. ein.

54. So schon Turcan, 130. Hingegen dürfte der auf Sardinien gefundene Sarkophag im Louvre, den Turcan ebenfalls für eine Schöpfung
dieser Werkstatt hält, aus Rom selbst kommen.

55. Vgl. oben Anm. 21, 26, 30. Fragment eines Amazonen-
sarkophags, Inv. Nr. 893: R. Redlich, *Die Amazonensarkophage des 2.
und 3. Jhs. n.Chr.* (Berlin, 1942), 55f.; Koch, *RS*, 138, 261. Fragment
mit dionysischem Kopf: DAI Rom Neg. Nr. 31.1337 am linken Rand.

56. Inv. Nr. 925.23.21: C. Vermeule in: *Festschrift für F. Matz*
(Mainz, 1962), 108; Koch, *RS*, 224, 230, 234, Nr. 117.

57. Koch, a.O., datiert etwas später: 170/80 n.Chr. Vgl. zu den
Porträts des Antoninus Pius zuletzt K. Fittschen und P. Zanker, *Katalog der römischen Porträts in den Capitolinischen Museen* I (Mainz, 1985),
63ff., Taf. 67ff., Beilage 39ff.

58. Vgl. F. Matz, *AA* (1971), 103; J. Engemann, *Untersuchungen zur
Sepulkralsymbolik der späteren römischen Kaiserzeit, 2. Ergh. JbAChr*
(Münster, 1973), 35ff. Die ältesten stadtrömischen Beispiele sind
Sarkophage in Kopenhagen und in der Villa Borghese: F. Poulsen,
Catalogue of Ancient Sculpture in the Ny Carlsberg Glyptotek (Kopen-
hagen, 1951), 563f., Nr. 789c mit Tillaeg til Billedtavler I, Taf. 13; H.
Jucker, *Das Bildnis im Blätterkelch* (Olten, 1961), 29f., Nr. S 2, Taf. 7.
Sie dürften aus spätantoninischer Zeit stammen. Auch die Reihe der
Meerwesensarkophage mit Porträtmedaillon setzt nicht früher ein; der
Sarkophag in der Via Bocca di Leone ist bei K. Fittschen, *JdI* 85

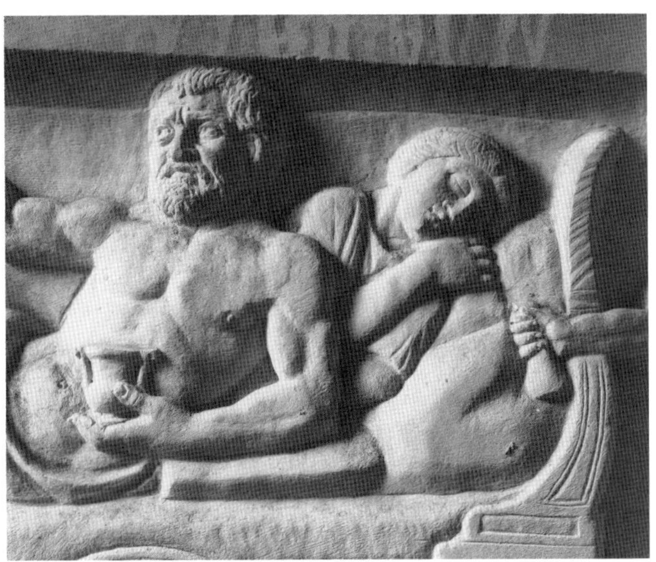

Abb. 10a. Loculusplatte von der Isola Sacra, Ausschnitt. Ostia 1333. Photo: DAI Rom, Inst. Neg. 69.736.

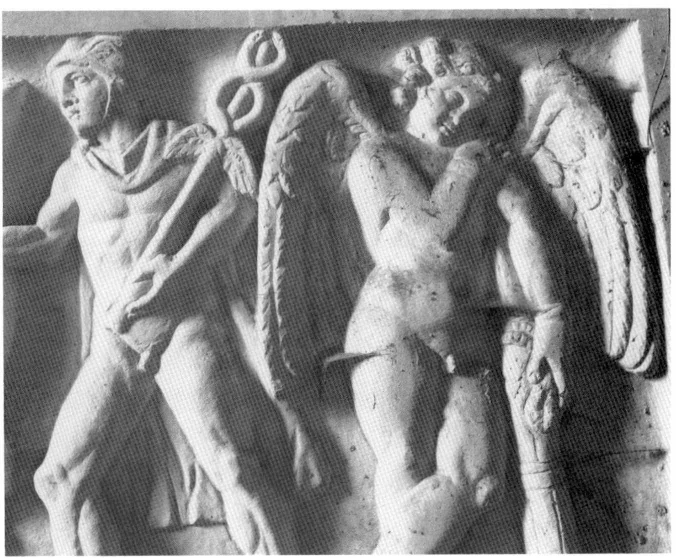

Abb. 10b. Loculusplatte von der Isola Sacra, Ausschnitt. Ostia 1333. Photo: DAI Rom, Inst. Neg. 69.737.

damit zusammenhängen, daß die Darstellung von Sarkophaginhabern in provinziellen Sarkophagwerkstätten zu allen Zeiten üblich war, und sich aus der Tradition der älteren Grabkunst herleiten.[60] Deshalb liegt die Vermutung nahe, der Sarkophag in Toronto könne aus Ostia stammen. Sie wird dadurch bekräftigt, daß sich auch stilistische Bezüge entdecken lassen: Daß das Stück in der Gestaltung der Eroten, insbesondere in ihrer niedlichen Pausbäckigkeit und ihrem feinen, lockeren Haargekräusel, einem der genannten ostienischen Sarkophage mit Porträtmedaillon (Abb. 23) und weiteren ostiensischen Fragmenten gleicht,[61] mag durch Verfertigung in derselben lokalen Werkstatt bedingt sein.

Die Bemerkungen zum Entstehungsort des Sarkophags in Toronto sollen dazu dienen, auch zwei etwas jüngere Exemplare wenigstens versuchsweise in die Reihe einzufügen: eine Sarkophagfront im J. Paul Getty

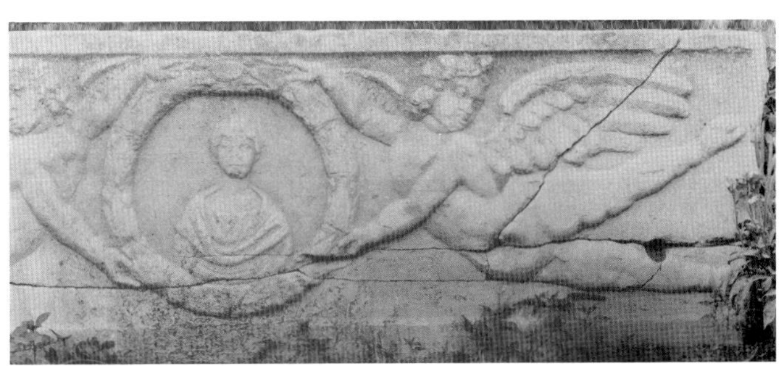

Abb. 11. Sarkophag von der Isola Sacra, Ausschnitt. Verschollen. Photo: DAI Rom, Inst. Neg. 31.559.

Museum in Malibu (Abb. 24a–b)[62] und die Fragmente einer Sarkophagfront im Museo Gregoriano Profano (Abb. 25, 26).[63] Beide Stücke unterscheiden sich vom Sarkophag in Toronto in stilistischer Hinsicht durch die

(1970), 188, Anm. 64 sicherlich zu hoch datiert. Vgl. zur Gruppe insgesamt zuletzt H. Sichtermann in: *Römische Sarkophage: Handbuch der Archäologie* (München, 1982), 238ff.; M. Sapelli, *Rassegna di Studi del Civico Museo Archeologico e del Civico Gabinetto Numismatico di Milano* 29/30 (1982), 79ff., jeweils mit weiteren Literaturangaben.

59. Das eine Stück ist publiziert und inzwischen verschollen: vgl. oben Anm. 30, auch zur Datierung durch die Frisur. Das andere Stück hat bereits M. Gütschow in ihre Kartei aufgenommen und fotografiert: DAI Rom Neg. Nr. 33.888. Auch hier wirkt die Haartracht mittelantoninisch, ohne sich jedoch an eine bestimmte höfische Modefrisur anschließen zu lassen.

60. Ältere Grabreliefs, Grabaltäre und Urnen mit Porträtbüsten, die von Eroten getragen werden: H. Wrede, *RM* 85 (1978), 411ff., Taf. 134,1; 135,1; D. Kleiner, *Roman Imperial Funerary Altars with Portraits* (Rom, 1987), 111f., Nr. 10, Taf. 7,4; 134ff., Nr. 24, Taf. 15,3; 16,1.2; 148f., Nr. 36, Taf. 22,2.3; 175ff., Nr. 53, Taf. 33,1.2; 228f., Nr. 93, Taf. 52,1.2.3;

F. Sinn, *Stadtrömische Marmorurnen* (Mainz, 1987), 112, Nr. 83, Taf. 24c; 147, Nr. 221, Taf. 42e; 159f., Nr. 274, Taf. 49a; 181, Nr. 372, Taf. 60b; 188, Nr. 406, Taf. 63e; 189, Nr. 409; 191, Nr. 418; 199, Nr. 452, Taf. 70c; 216, Nr. 517, Taf. 77d; 217, Nr. 520. Auch ein frühhadrianischer Kindersarkophag zeigt dieses Motiv (Büste noch ohne runden Rahmen): J. Frel, *Roman Portraits in the Getty Museum*, Ausstellungskatalog (Tulsa und Malibu, 1981), 63, Nr. 49. Darstellungen von Sarkophaginhabern auf provinziellen Sarkophagen des 2. Jhs.: vgl. Verf., *AA* (1975), 552ff.

61. Vgl. vor allem das Sarkophagfragment Inv. Nr. 1914: DAI Rom Neg. Nr. 80.3300f.

62. Inv. Nr. 77.AA.66: Koch, *RS*, 224, 226, 228, 230f., 265, Nr. 18; ders., *Roman Funerary Sculpture: Catalogue of the Collections* (Malibu, 1988), 18ff., Nr. 7, mit detaillierter Beschreibung.

63. Inv. Nr. 10513, 10060: O. Benndorf und R. Schöne, *Die antiken Bildwerke des Lateranensischen Museums* (Leipzig, 1867), 41, Nr. 60, 61.

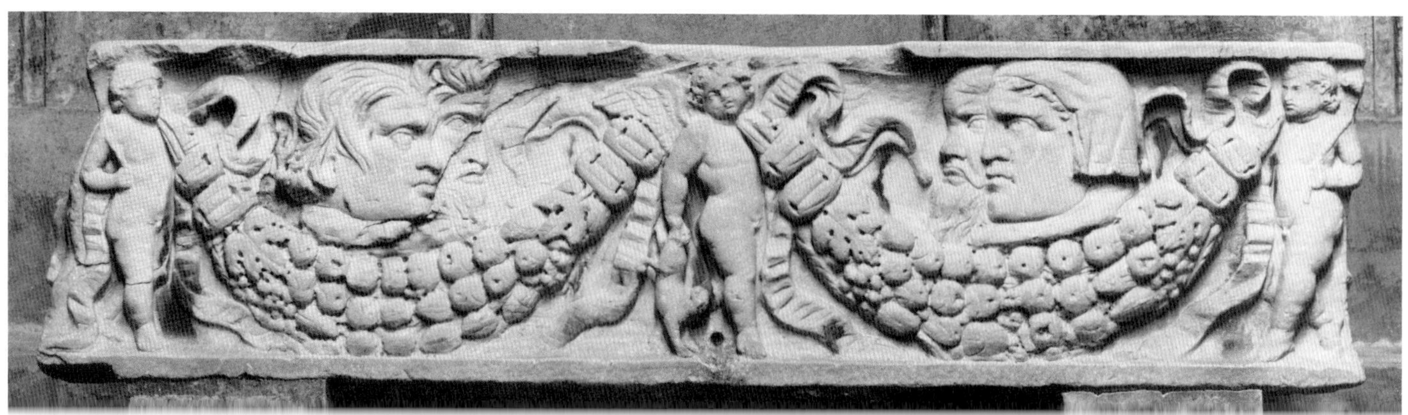

Abb. 12.   Sarkophag. Vatikan, Cortile della Pigna 5130. Photo: DAI Rom, Inst. Neg. 72.598.

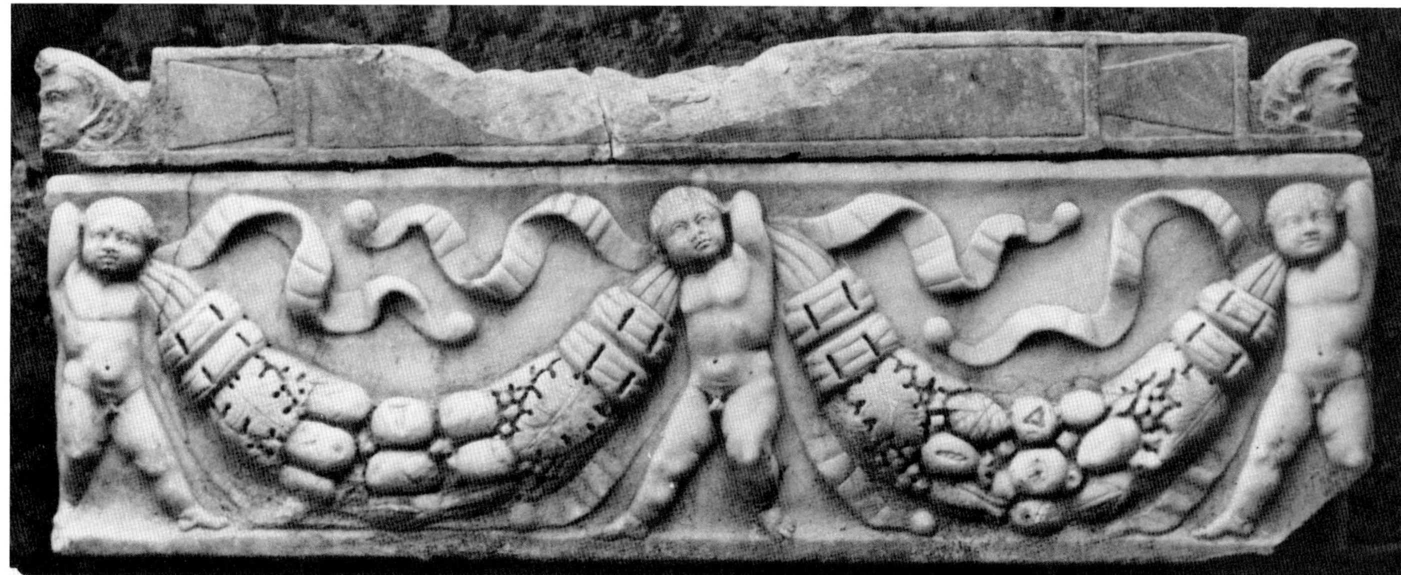

Abb. 13.   Sarkophag von der Isola Sacra. Ostia 1395. Photo: DAI Rom, Inst. Neg. 69.762.

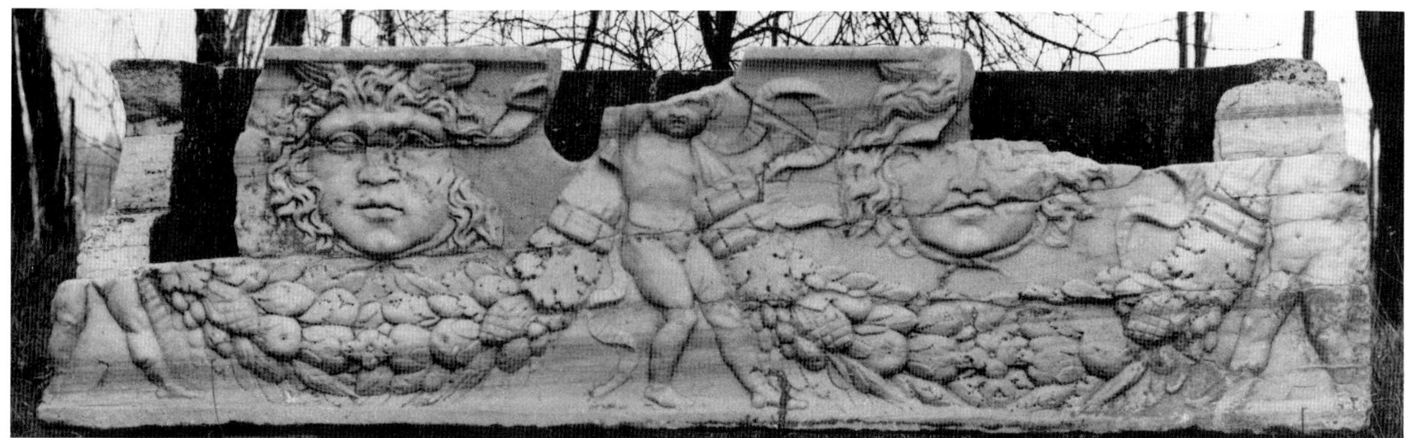

Abb. 14.   Sarkophag. Isola Sacra 1323. Photo: DAI Rom, Inst. Neg. 69.1089.

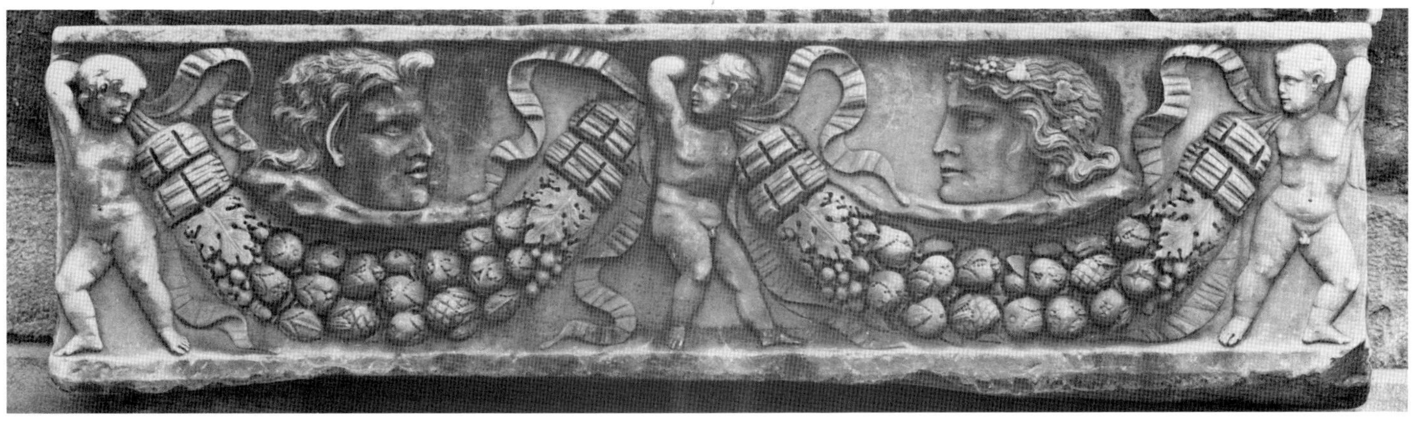

Abb. 15a.   Sarkophag aus der Sammlung Heyl. München, Kunsthandel. Photo: DAI Rom, Inst. Neg. 79.1783.

Streckung der figürlichen Proportionen, die die spätere Datierung begründen kann: Sie sind vermutlich um 170 n.Chr. geschaffen worden. Beide teilen mit ihm andererseits spezielle Merkmale, die den Verdacht erwecken, daß sie in den Umkreis derselben ostiensischen Werkstatt gehören; namentlich in der niedlichen Erotenphysiognomie drückt sich die Verwandtschaft aus. Das Relief der Front in Malibu wird von einer Tabula ansata durchschnitten, zu deren Seiten sich die Girlanden zu kurzen Bögen zusammenschieben und die Eroten derart hochrecken, daß ihre Haltung der der Eckeroten spiegelbildlich entspricht. Daß zwei Girlanden eine Tabula flankieren, kommt auf zeitgenössischen stadtrömischen Sarkophagkästen kaum vor, begegnet auf provinziellen Sarkophagen jedoch des öfteren,[64] und für die Haltung und Anordnung der Eroten liefert die Loculusplatte mit Ädikula von der Isola Sacra (Abb. 19) das nächste Beispiel.[65] Das Stück ist auch darum am ehesten in Ostia heimisch.

Im Rahmen unserer Reihe läßt sich eine weitere mittelantoninische Gruppe zusammenstellen: Die Sarkophage aus Ostia im Thermenmuseum (Abb. 27) und aus Castelporziano auf dem Quirinal (Abb. 28) ziehen einen Kasten im Appartamento Pontificio des Vatikan (Abb. 29)[66] und eine Kastenfront in Ravello (Abb. 30)[67] nach sich. Diese beiden letzteren Exemplare scheinen ein wenig später als jene entstanden zu sein: Der Beobachtung, daß die figürlichen Proportionen gestreckt sind, wird ein Ansatz um 170 n.Chr. gerecht.[68] Die Möglich-

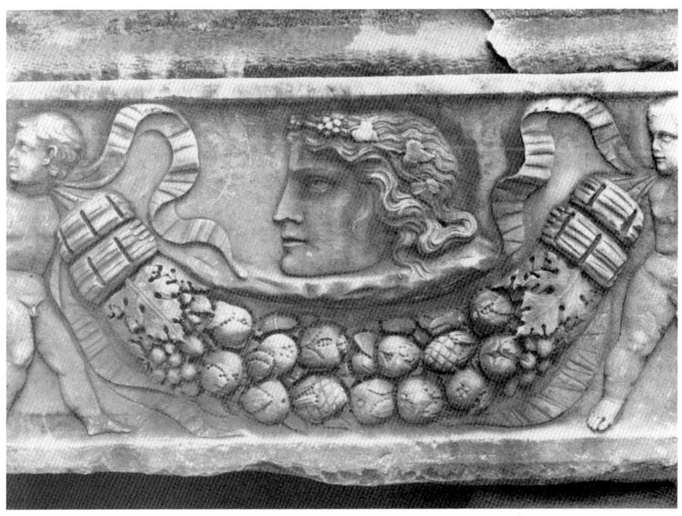

Abb. 15b.   Ausschnitt von Abb. 15a. Photo: DAI Rom, Inst. Neg. 79.1785.

keit der Herkunft aus einer anderen Werkstatt aber ist auszuschalten, denn alle vier Stücke stimmen in der Formgebung der sich mit ausgedehnten, muskulösen Achselpartien zur Schulter stark verbreiternden Erotenfiguren, der ältlichen Gesichter und der kleinteiligen Girlanden ungewöhnlich weitgehend überein. Wenn die Lokalisierung der ersten beiden Sarkophage (Abb. 27, 28) in Ostia zutrifft, dann darf man die übrigen (Abb. 29, 30) ebenfalls als ostiensische Produkte betrachten.[69]

Noch ein fünftes Exemplar aus den Jahren um 170 n.Chr.

---

64. Vgl. Verf., *MarbWPr* (1984), 9, 22, Anm. 11, 12. Fraglich ist mir inzwischen die Lokalisierung des ebenda mitaufgeführten Sarkophags im Thermenmuseum geworden, der bei der Porta Maggiore gefunden wurde: vgl. E. Ghislanzoni, *NSc* (1911), 396 (freundlicher Hinweis von M. Sapelli). Ist er in Rom selbst entstanden, so könnte er von Beziehungen zu Werkstätten der Umgebung zeugen.

65. Später ist das Schema z.B. auf den Nebenseiten des Jahreszeitensarkophags in der Villa Ada verwendet worden: vgl. P. Kranz, *ASR* V 4 (Berlin, 1984), Taf. 84,5.

66. Inv. Nr. 5134: W. Amelung, *Die Sculpturen des Vaticanischen Museums* I (Berlin, 1903), 858, Nr. 142, Taf. 105; Koch, *RS*, 224, 226, 230, 233, Nr. 73.

67. Koch, *RS*, 291, Anm. 49; M. C. Pelà, *Il Follaro* 28 (Febbraiv 1973), 24ff. mit Abb.

68. Der Sarkophag im Vatikan ist von Amelung ins 3. Jh., von Koch ins letzte Viertel des 2. Jhs. datiert worden.

69. Schon Koch hat die Platte in Ravello als provinzielles Werk verstanden: als die campanische Umbildung einer stadtrömischen

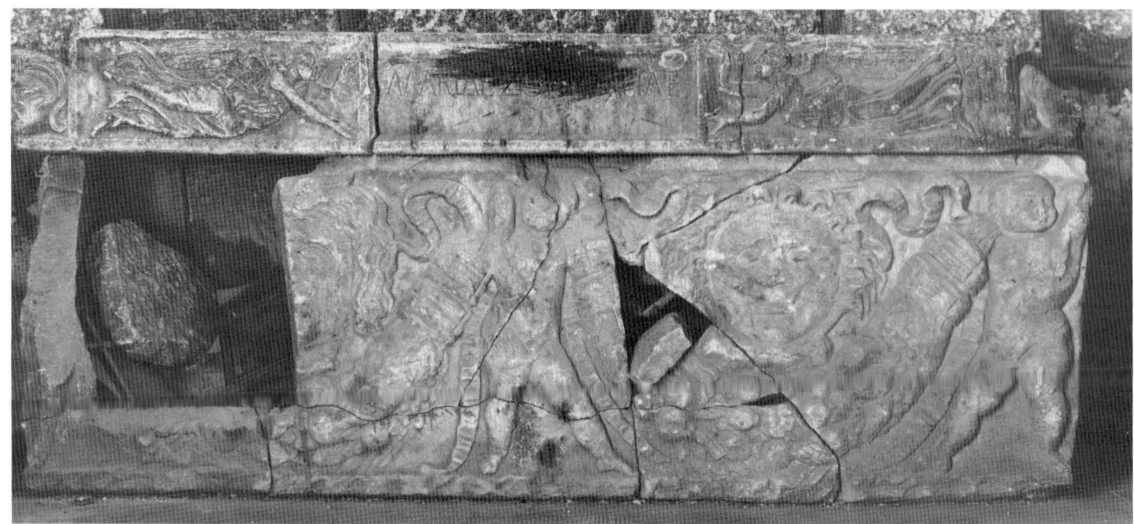

Abb. 16.   Sarkophag (mit unzugehörigem Deckel). Olbia, S. Simplicio. Photo: Instituto Centrale per il Catalogo e la Documentazione, Rom, Ser. E, Nr. 31974.

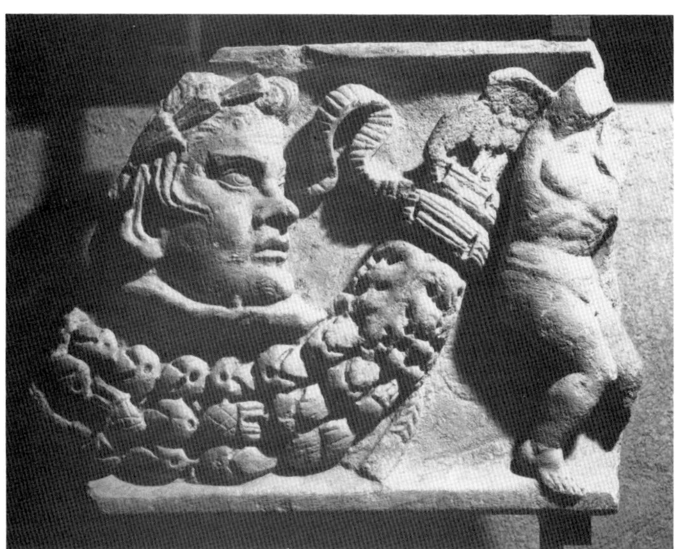

Abb. 17.   Fragment eines Sarkophagkastens aus Ostia. Vatikan, Museo Gregoriano Profano 10612. Photo: Musei Vaticani, Archivio Fotografico, Nr. XXXI, 34.38.

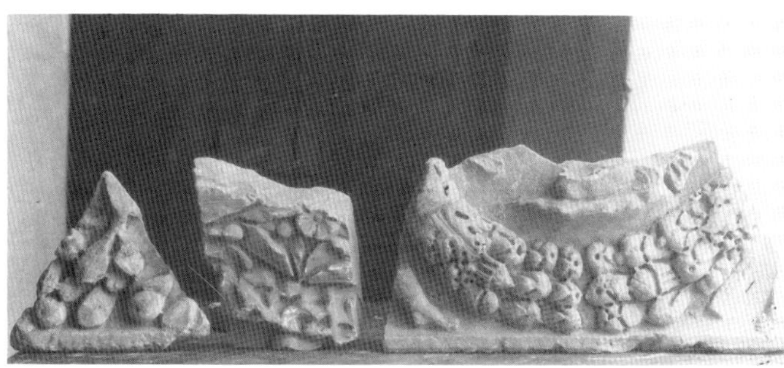

Abb. 18.   Fragment eines Sarkophagkastens. Ostia. Photo: DAI Rom, Inst. Neg. 33.883.

gliedert sich in die Reihe ein: ein Sarkophagkasten der Sammlung Heyl im Kunsthandel (Abb. 15a–b).[70] Seine Datierung beruht darauf, daß ihn Kennzeichen des Zeitstils mit den Stücken in Malibu, im Vatikan und in Ravello verknüpfen (Abb. 24a–b, 25, 26, 29, 30). Seine Verankerung im Umkreis einer bestimmten Werkstatt beleuchten kleine Eigentümlichkeiten in der Wiedergabe der Köpfe, die sich an Beispielen der oben behandelten Gruppe um die Sarkophage im Palazzo Rospigliosi und im Cortile della Pigna wiederfinden (Abb. 7a–14): Die Wangen sind breitflächig, Augen und Lippen schmal, die Nasen haben einwärts gebogene oder leicht überhängende Spitzen. Besonders nahe steht der Kasten einem Sarkophag der Gruppe von der Isola Sacra (Abb. 13);[71] daß die von der Last der Girlanden gebeugten mittleren Erosfiguren ihren Blick hier und dort mit dem gleichen gefühlvollen Ausdruck nach oben richten, ist dafür signifikant. Auch der Kasten der Sammlung Heyl wird also aus Ostia stammen.

Die Reihe endet mit einem Sarkophagkasten in Olbia (Abb. 16),[72] der Symptome weiteren stilistischen Fortschritts trägt: Die Oberflächen seiner Reliefs haben an Ebenmäßigkeit, die Figuren an Länge dazugewonnen, die Formen sind vergröbert, die Blicke pathetisch belebt. Die Entwicklungsstufe ist somit in etwa dieselbe wie die der Loculusplatte mit Porträtfiguren in einer

Vorlage. Ihr Aufbewahrungsort spricht nicht gegen ostiensischen Ursprung, denn im Mittelalter sind Antiken aus Ostia nicht nur nach Rom, sondern auf dem Seeweg auch nach Campanien, insbesondere Amalfi und Umgebung, verfrachtet worden: vgl. *CIL* XIV, S.l; D. Manacorda in: *Aparchai. Festschrift für P. E. Arias* (Pisa, 1982), 744f.

70. E. Langlotz, *Sammlung antiker Kunst aus dem Nachlaß M. v. Heyl*, Auktionskatalog (Galerie Helbing, München, 1930), 5, Nr. 32, Taf. 14

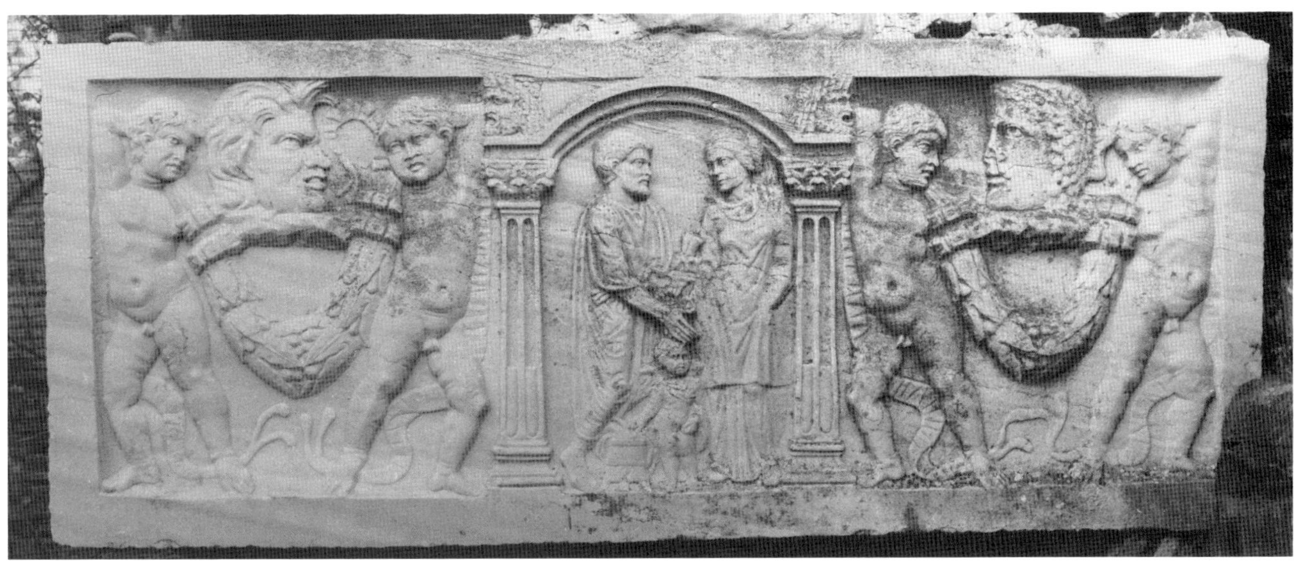

Abb. 19.   Loculusplatte von der Isola Sacra. Ostia 1338. Photo: DAI Rom, Inst. Neg. 69.843.

Ädikula (Abb. 19): Es empfiehlt sich, den Sarkophag chronologisch in der Nähe dieser Platte um 180 n. Chr. einzuordnen.[73] Gewisse Eigentümlichkeiten schließen ihn mit dem vorigen Stück und seiner Gruppe zusammen. Vornehmlich zwei Kästen der Gruppe von der Isola Sacra (Abb. 13, 14) gleicht er in der Gestaltung der Gorgoneia und der Eroten in so großem Maße, daß sich eine Zuweisung an dieselbe Werkstatt befriedigend sichern läßt. Der Sarkophag kann folglich als ostiensische Schöpfung gelten, als Beleg dafür, daß eine der älteren lokalen Werkstätten bis in spätantoninische Jahre hinein tätig war. Er ist in einer antiken Nekropole unter S. Simplicio in Olbia zutage gekommen: Wahrscheinlich ist er schon in der Antike aus Ostia exportiert worden.[74]

III.

Die aufgezählten Beispiele zeugen, so kann man resümieren, von kontinuierlicher Sarkophagproduktion in Ostia seit späthadrianischer Zeit. Zwei Methoden führten zu ihrer Lokalisierung:

Das eine Verfahren ging von der Machart der Reliefdetails aus, der 'Handschrift' der Werkstatt. Unter diesem Gesichtspunkt ließen sich Gruppen bilden. Wenn mehrere Stücke einer solchen Gruppe in Ostia verwendet worden waren, schien es gestattet, an ostiensischen Ursprung zu denken. G. Kochs These, daß in Ostia

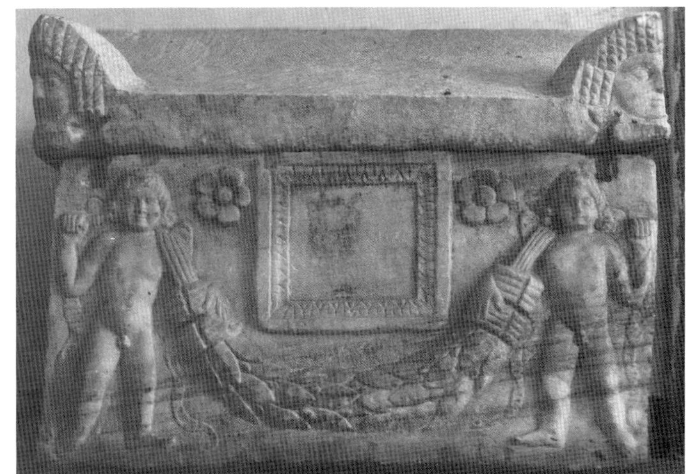

Abb. 20.   Sarkophag von der Isola Sacra. Ostia. Photo: DAI Rom, Inst. Neg. 69.770.

keine Werkstattzusammenhänge zu fassen seien, bestätigte sich nicht. Mit R. Turcans Gruppierungen decken sich unsere Vorschläge auch nur in einzelnen Punkten. Zur Abgrenzung der Konsequenzen muß betont werden, daß die ostiensischen Werkstattgruppen miteinander nicht mehr als mit stadtrömischen Werkstattgruppen gemeinsam haben: Nichts deutet darauf hin, daß es in Ostia einen eigenen lokalen Stil gab.

(mit unzugehörigem Deckel abgebildet); Koch, *RS*, 226, 230f., Nr. 21.

71. Kaum weniger eng scheint die Beziehung zu dem oben Anm. 55 zitierten Amazonensarkophag zu sein: vgl. DAI Rom Neg. Nr. 79.58.

72. G. Pesce, *Sarcofagi romani di Sardegna* (Rom, 1957), 113ff., Nr. 64, Taf. 103ff.; Turcan, 201, 358; Koch, *RS*, 226, 230, 232, Nr. 25.

73. So datieren auch Turcan und Koch, a.O. Pesce dagegen nennt

die frühseverischen Jahre als Entstehungszeit.

74. Turcan, 201 vermutet, daß fast alle in Sardinien und Sizilien gefundenen römischen Sarkophage ostiensischen Ursprungs sind. Auch Pesce, a.O., 13 ordnet etliche der auf Sardinien befindlichen Stücke (nicht aber unseren Sarkophag) ostiensischen Werkstätten zu.

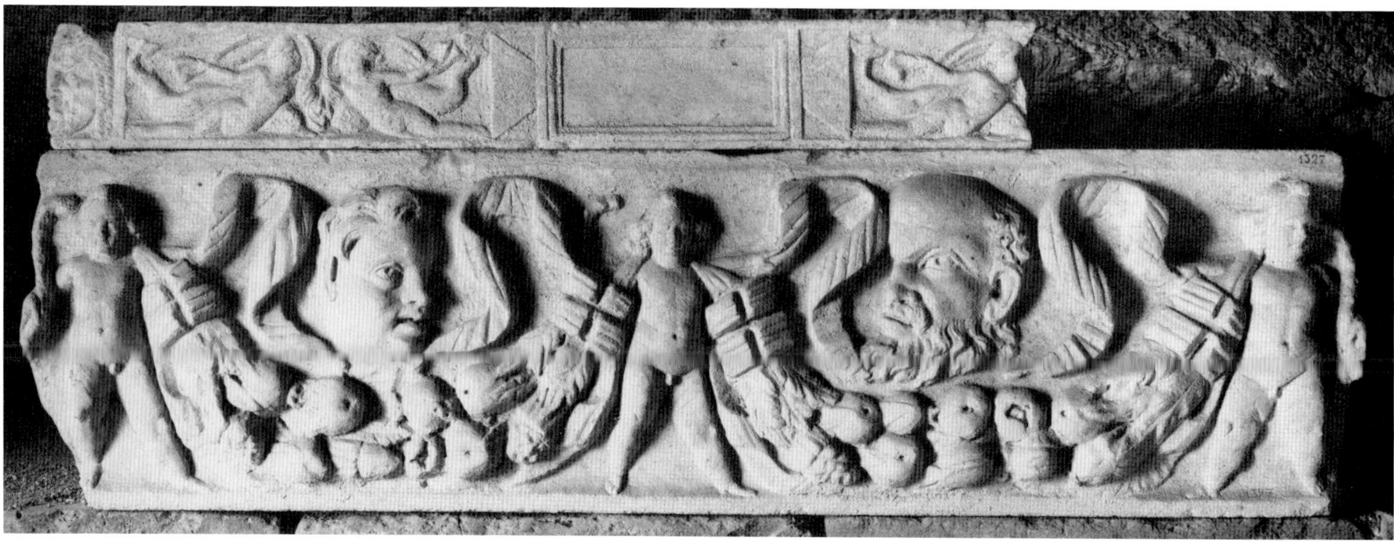

Abb. 21.   Sarkophag von der Isola Sacra. Ostia 1327. Photo: DAI Rom, Inst. Neg. 69.738.

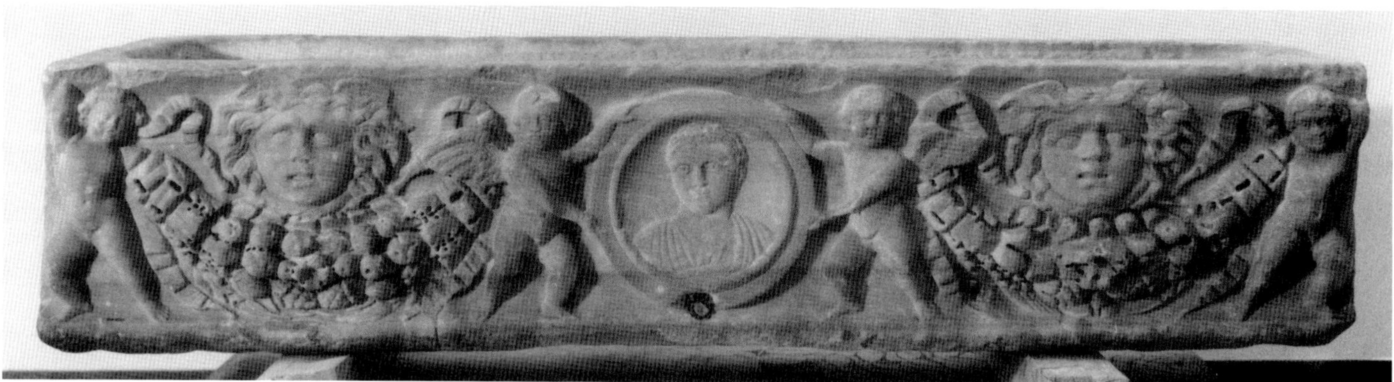

Abb. 22.   Sarkophag. Toronto, Royal Ontario Museum 925.23.21. Photo: © Royal Ontario Museum, Toronto, Canada.

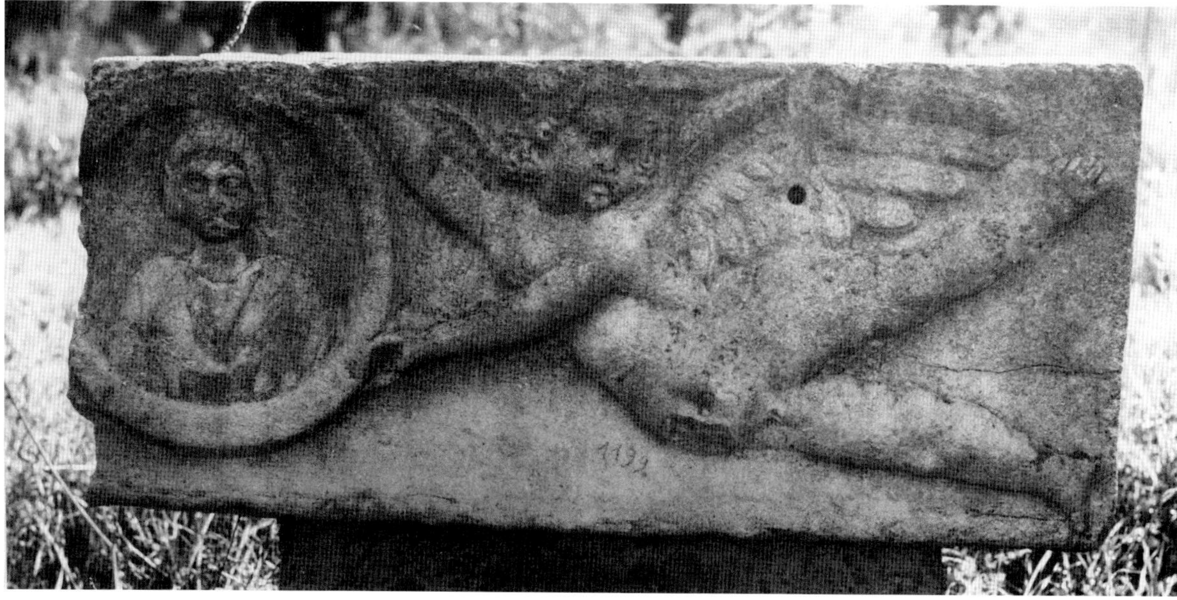

Abb. 23.   Fragment eines Sarkophagkastens. Ostia. Photo: DAI Rom, Inst. Neg. 67.2114.

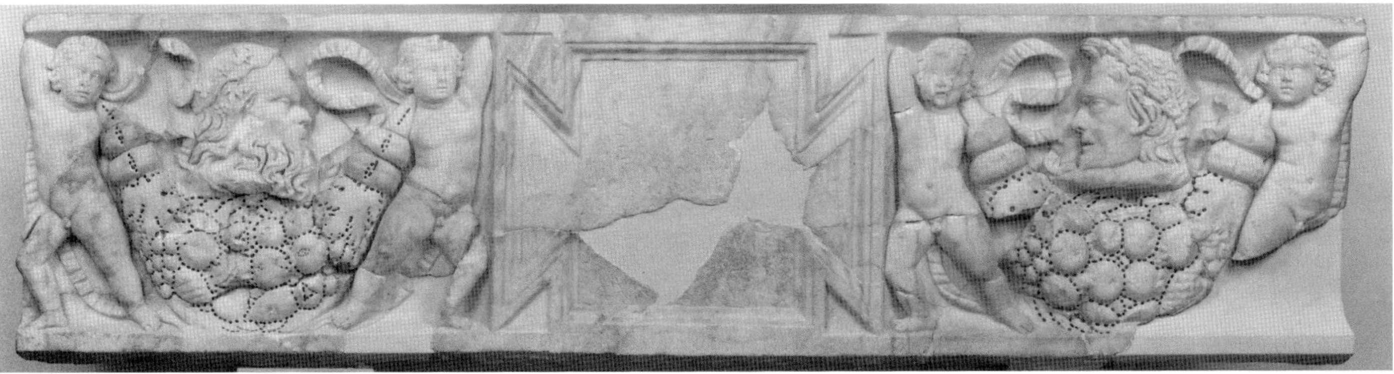

Abb. 24a.   Front eines Sarkophagkastens. Malibu, J. Paul Getty Museum 77.AA.66. Photo: G. Koch.

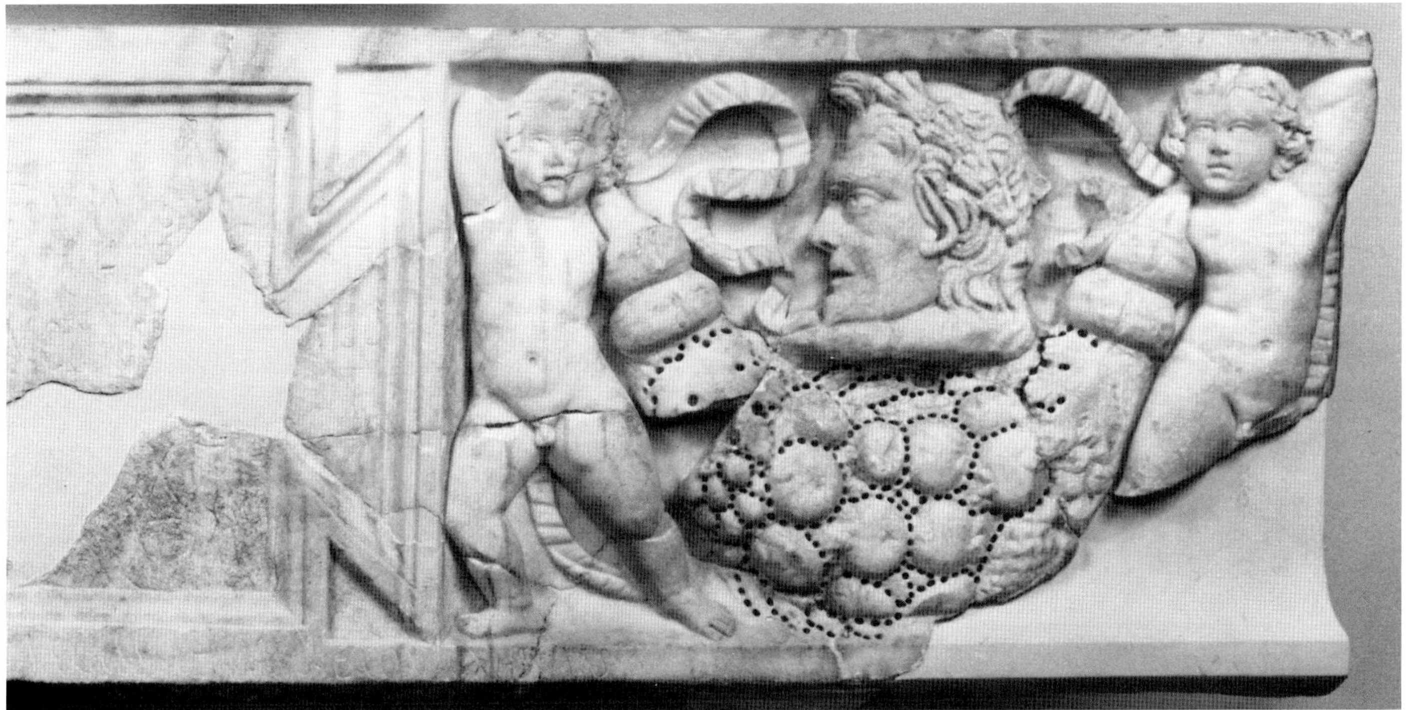

Abb. 24b.   Ausschnitt von Abb. 24a. Photo: G. Koch.

Das andere Verfahren fußte auf Reliefmotiven, die Sarkophage ostiensischen Fundorts von zeitgenössischen stadtrömischen Stücken trennen und für die in der Literatur bisher kleinasiatischer Einfluß verantwortlich gemacht worden ist. Es zeigte sich, daß diese Motive der älteren einheimischen Grabkunst entstammen; ihre Übernahme spiegelt eine gewisse Rückständigkeit wider und weist die Sarkophage damit in demselben Sinne als provinzielle Schöpfungen aus, in dem oberitalische und campanische Sarkophage provinziell sind: Auch deren typologischer Sonderstellung liegt nicht Abhängigkeit von östlichen Vorbildern, wie man früher meinte, sondern ein enger Zusammenhang mit älteren stadtrömischen und italischen Werken zugrunde.[75] Im Hinblick auf die Auswahl allerdings, die aus dem überlieferten Repertoire getroffen wurde, scheiden sich die

75. Vgl. Verf., *AA* (1975), 564ff.; dies. in: *ASR* VIII 2 (Berlin, 1979), 19ff., 27, 30; dies., *MarbWPr* (1984), 8f.; H. Gabelmann, *BJb* 177 (1977), 200ff.; D. E. Strong in: *The Proceedings of the Xth International Congress of Classical Archaeology* II (Ankara, 1978), 681. Der Zusammenhang macht es bisweilen schwierig, stadtrömische Sarkophage des 1. Jhs. und provinzielle Sarkophage des 2. Jhs. voneinander zu unterscheiden. Auf diese Schwierigkeit gehen die Einwände zurück, die L. Faedo, *Prospettiva* 24 (1981), 65f. und Koch, *RS*, 38, Anm. 33 und 283, Anm. 18 gegen die Einordnung des Sarkophags der Rafidia Chrysis in Pisa in die oberitalische Gruppe vorgebracht haben. Sie scheinen mir jedoch nicht auszureichen: Aufstellung unter freiem Himmel, wie sie die Inschrift der Nebenseite für den Sarkophag der

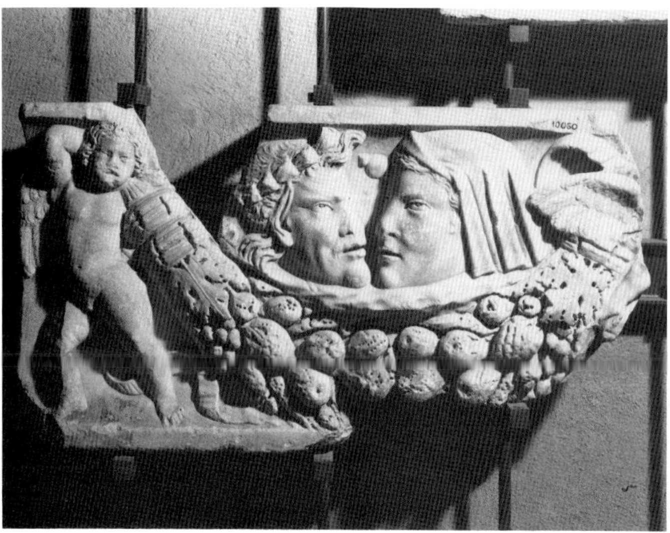

Abb. 25.   Fragment eines Sarkophagkastens. Vatikan, Museo Gregoriano Profano 10060. Photo: Musei Vaticani, Archivio Fotografico, Nr. XXXI, 34.34.

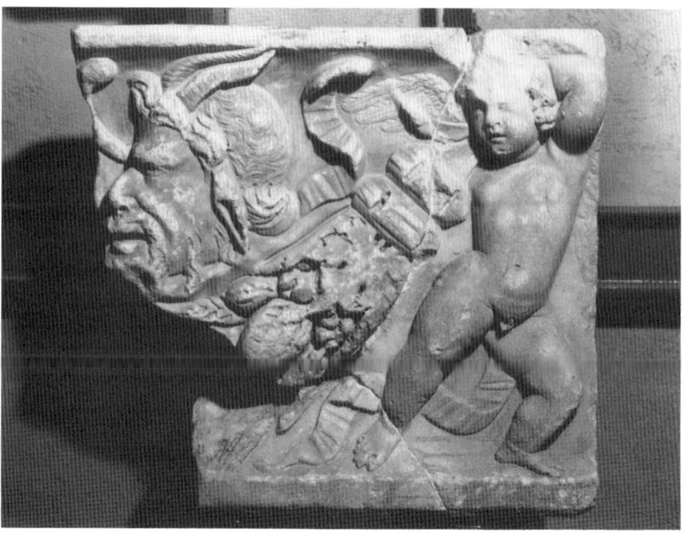

Abb. 26.   Fragment eines Sarkophagkastens. Vatikan, Museo Gregoriano Profano 10513. Photo: Musei Vaticani, Archivio Fotografico, Nr. XXXI, 34.37.

Wege. Oberitalische Sarkophagwerkstätten haben ältere Bestrebungen aufgegriffen, die darauf zielten, die Persönlichkeit der Bestatteten hervorzuheben; der Inschrift und dem Porträt kommt hier von Anfang an größte Bedeutung zu. Die campanische Sarkophagproduktion hingegen hat hauptsächlich ältere vegetabilische Dekorationsmuster bewahrt; in dieser Gruppe stößt man auf besonders viele Girlandensarkophage, die mit ihren Tabulen, Kränzen und Rosetten, Bukranien und Fackeln an Grabaltäre und Urnen erinnern. Von ihnen setzen sich ostiensische Girlandensarkophage dadurch ab, daß die in die alten Muster eingedrungenen modernen 'stadtrömischen' Elemente mehr oder weniger dominieren. Zudem sind keineswegs alle ostiensischen Sarkophage mit altertümlichen, 'provinziellen' Merkmalen versehen: Wie in stilistischer so fehlt auch in typologischer Beziehung eine sie alle einigende lokale Eigenart.

Zum Schluß sei der Umstand noch kurz berührt, daß ostiensische Sarkophage des 2. Jahrhunderts bestimmte gleichzeitigen stadtrömischen Stücken fremde Reliefmotive nicht nur mit der älteren, sondern auch mit der jüngeren Grabkunst teilen: Vögel und Panther in den Girlandenzwickeln (Abb. 1a–c) und von Eroten präsentierte Porträtmedaillons (Abb. 11, 22, 23) verbinden sie mit stadtrömischen Kästen des 3. Jahrhunderts und sprechen dafür, sie als deren Vorläufer aufzufassen.[76] Es ist bereits beobachtet worden, daß die stadtrömische Sarkophagproduktion des 3. Jahrhunderts provinzielle Einflüsse verarbeitet hat.[77] Den Einflüssen aus entfernteren Gebieten sind anscheinend solche ostiensischer Werkstätten vorausgegangen; als Vermittler älterer Motive haben ostiensische Werkstätten vielleicht sogar eine hervorragende Rolle gespielt.

Bonn

Rafidia Chrysis erschließen läßt, ist in Rom und Umgebung nur durch insgesamt zwei Beispiele bezeugt, die beiden im späteren 3. Jh. entstandenen monumentalen Sarkophage des P. Vibius Marianus an der Via Cassia ('Tomba di Nerone') und des S. Carminius Parthenopaeus in Ostia, die mit dem viel älteren niedrigen Kasten in Pisa kaum zu vergleichen sind; derlei Ausnahmen können nicht als Grundlage für seine Lokalisierung dienen. Die Regel war freie Aufstellung in Oberitalien, die Wahrscheinlichkeit spricht demnach für oberitalische Herkunft des Pisaner Stücks. Von seinen bei M. Bonanno in: *Antichità di Villa Doria Pamphilj* (Rom, 1977), 239 unter Nr. 286 genannten und von Koch, *RS*, 38, Anm. 33f. der stadtrömischen Produktion des 1. Jhs. zugewiesenen typologischen Parallelen ist eine, die Sarkophagplatte des L. Rumeius Chresimus im Hof des Kapitolinischen Museums, ohne Zweifel oberitalisch; das Stück ist 1748 im Mausoleum des Theoderich in Ravenna ausgegraben und auf Veranlassung von Papst Benedikt XIV. nach Rom überführt worden: vgl. *CIL* XI, Nr.

210; R. Heidenreich und H. Johannes, *Das Grabmal Theoderichs zu Ravenna* (Wiesbaden, 1971), 91, Abb. 85; *ASR* VIII 2 (Berlin, 1979), 15, Anm. 4 (ebenda eine weitere ravennatische Parallele erwähnt).

76. Sarkophage mit Vögeln und Panthern in den Girlandenzwickeln und mit einem Porträtmedaillon zwischen den Girlanden: vgl. Koch, *RS*, 224, 226. Bis auf die ebenda mitaufgezählten ostiensischen Sarkophage, den Sarkophag der Malia Titia und den Sarkophag in Toronto, gehören alle Stücke dem 3. Jh. n.Chr. an. Die Zwickelfüllung war einer der Gründe, weshalb R. Calza den Sarkophag der Malia Titia spät datiert hat: vgl. oben Anm. 7, 9. Weitere Sarkophage mit Eroten und Porträtmedaillon: vgl. oben Anm. 58.

77. Vgl. dazu zuletzt P. Kranz, *MarbWPr* (1984), 163ff. Der ebenda Abb. 5 wiedergegebene Sarkophag in Pozzuoli ist allerdings kein oberitalisch beeinflußtes stadtrömisches, sondern ein einheimisches campanisches Werk: vgl. Verf., *AA* (1975), 565, Anm. 40 und Koch, *RS*, 292.

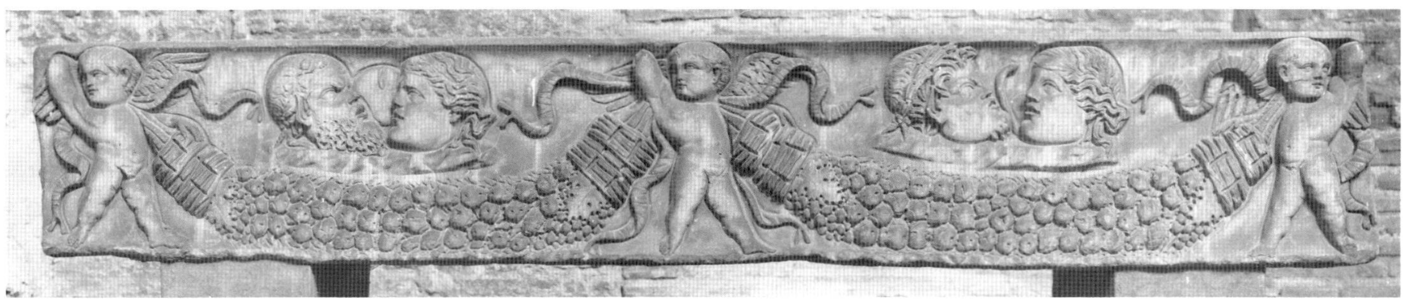

Abb. 27.   Sarkophag aus Ostia. Rom, Museo Nazionale Romano 124706. Photo: DAI Rom, Inst. Neg. 69.2509.

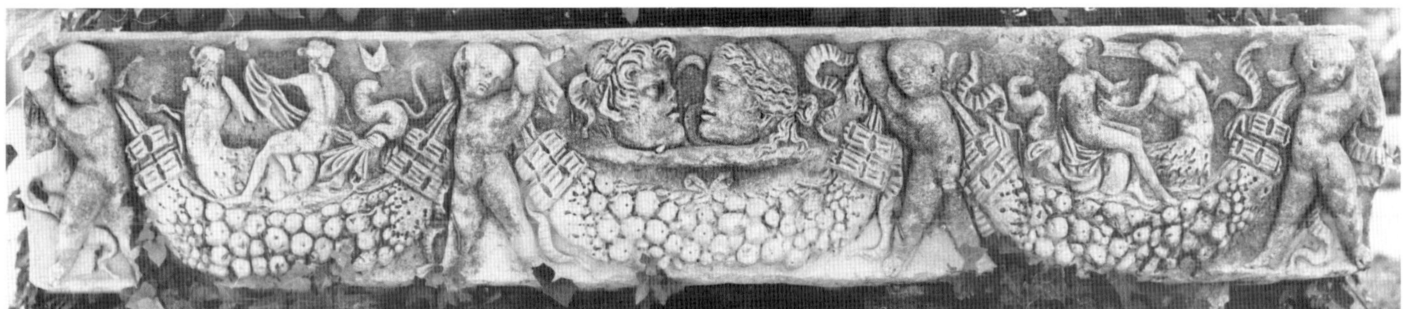

Abb. 28.   Sarkophag aus Castelporziano. Rom, Giardini Quirinali DP 1162. Photo: DAI Rom, Inst. Neg. 85.2337.

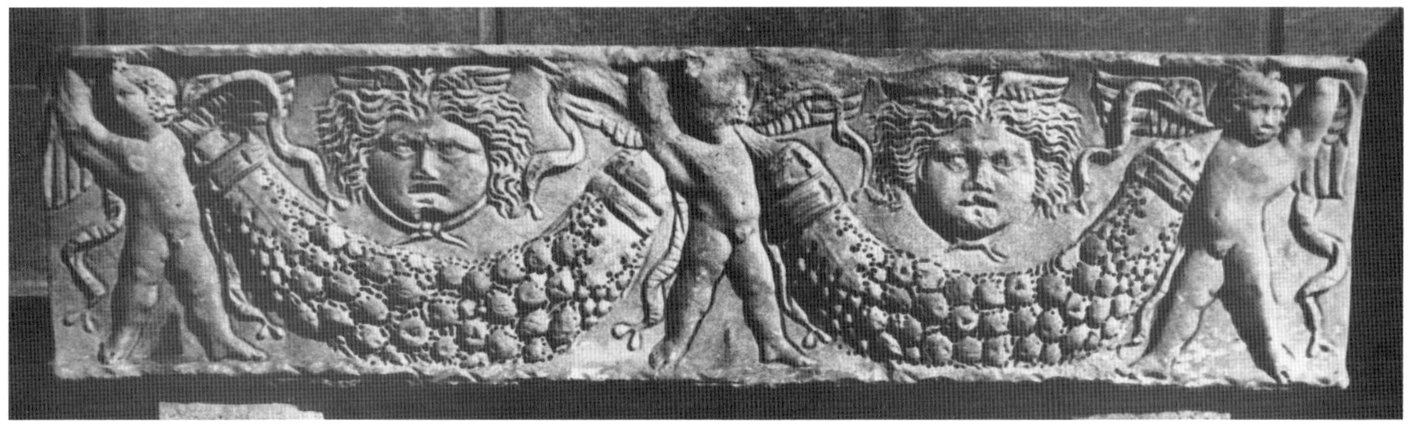

Abb. 29.   Sarkophag. Vatikan, Appartamento Pontificio 5134. Photo: Musei Vaticani, Archivio Fotografico, Nr. XXXI, 36.26.

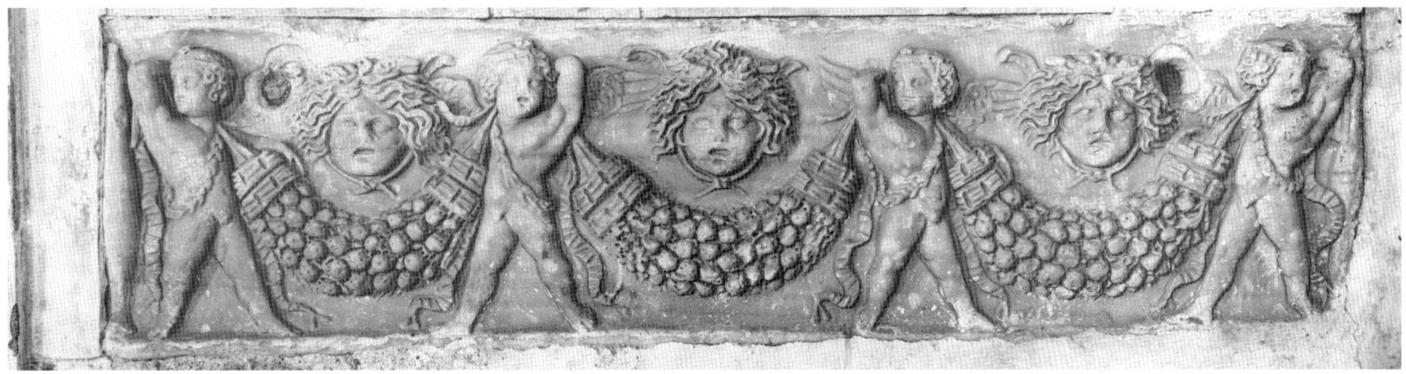

Abb. 30.   Front eines Sarkophagkastens. Ravello. Photo: DAI Rom, Inst. Neg. 59.2034.

SUMMARY IN ENGLISH

With two groups of examples, the first known to come from Ostia, the second more wide ranging, the author continues the discussion of local sarcophagus workshops in Ostia in the second century A.D., as distinct from those of the city of Rome. The author points to numerous details of decoration which distinguish the sarcophagi from their Roman contemporaries. The source for these motifs is found on older grave altars and urns from Italy rather than on funerary art from Asia Minor, as has been previously suggested. Ostia sarcophagi show motifs in the second century that are still unknown in Rome. In neither group does the author propose a local style, but rather a local hallmark found in the relief motifs. Ostia sarcophagi may therefore have been a primary influence on third-century Roman production.

Zwei Grabreliefs aus Phrygien im J. Paul Getty Museum

Guntram Koch

Das J. Paul Getty Museum erhielt in den letzten Jahren zwei Grabreliefs als Geschenk, die in verschiedener Hinsicht besonderes Interesse verdienen.

Das erste ist, bis auf Bestoßungen an der linken Seite, oben und am Einlaßzapfen unten, gut erhalten (Abb. 1).[1] Es verjüngt sich leicht nach oben und hat an den Seiten Pilaster, die auf angedeuteten Basen stehen und stilisierte Blattkapitelle tragen. Der obere Abschluß wird durch einen Bogen mit Akroteren an den Seiten und auf der Mitte oben gebildet. Die Pilaster sind mit rechteckigen Eingravierungen, der Bogen mit einem stark verkümmerten, ebenfalls nur eingeritzten Eierstab geschmückt. Unten ist ein breiter Streifen vorhanden, der eine Inschrift trägt. Sein oberer Abschluß ist unregelmäßig, da die Standfläche für den Mann niedriger liegt als die für die Frau. Ein Zapfen unten ermöglichte es, das Relief auf einer Basis aufzustellen.

Auf dem leicht zurücktretenden Grund sind ein Mann und eine Frau in recht flachem Relief abgebildet. Körper und Gewänder sind stark vereinfacht. Der Mann hat eine Bekleidung, die wegen ihrer Stilisierung schwer zu erkennen ist. Es scheint sich um einen Panzer mit Schulterklappen, Pteryges und langen Lederstreifen zu handeln; der Chiton, den er darunter trägt, fällt bis unter die Knie herab. Auf der Brust befinden sich auf dem Panzer in zwei Reihen verschiedene Gegenstände, wohl drei *torques* und zwei glockenförmige *phalerae* oben und darunter nochmals eine *phalera* derselben Form sowie zwei runde Scheiben, vielleicht auch *phalerae*.[2] An den Füßen hat der Mann Fellstiefel (*mullei*).[3] In seiner Rechten hält er einen Stock. Es soll sich um eine Peitsche handeln, die Schnur ist aber nicht am Stock befestigt, sondern ist rechts der linken Hand auf dem Reliefgrund wiedergegeben.[4] Das Haar liegt als dicke Masse, die in kleine Locken gegliedert ist, auf dem Kopf auf; ein Band umfaßt den oberen Teil. Die Augen sind weit geöffnet, die Augäpfel durch eingravierte Linien von den Lidern getrennt. Links vom Mann ist auf dem Reliefgrund ein Winzermesser, rechts ein Diptychon wiedergegeben, oben, links vom Kopf der Frau, ein Kamm, bei dem die Zinken nicht eingetragen sind, vielleicht einstmals gemalt waren, rechts der Frau unten ein Handspiegel.[5]

Die Frau ist mit einem lang herabfallenden Chiton bekleidet. Über ihn ist noch ein Gewand gezogen, dessen Drapierung unklar ist; es erscheint als schmale, senkrecht herabfallende Bahn auf der linken und der rechten Schulter und als gebogener Streifen vor dem Körper. Mit ihrer linken Hand soll die Frau wohl diesen Gewandstreifen halten, die Finger sind allerdings ausgestreckt und fassen nicht zu. Die rechte Hand liegt auf der Brust. Die Haare hängen seitlich herab und sind unten eingerollt. Die Augen sind wie beim Mann weit geöffnet. Die Frau trägt Schuhe und scheint auf den Zehenspitzen zu stehen.

Für die Publikationserlaubnis möchte der Verfasser Marion True herzlich danken; für Photographien und Abbildungserlaubnis ist N. Asgari, E. Berger, V. H. Elbern, P. Herrmann, M. Jentoft–Nilsen, E. Künzl, T. Oldknow, dem Rheinischen Landesmuseum in Bonn und dem Krannert Art Museum in Urbana–Champaign zu danken.

Abkürzungen

Gibson, Christians: F. Gibson, "The 'Christians for Christians' Inscriptions of Phrygia," *Harvard Theol. Studies* 32 (1978).

Koch, *Cat.*: G. Koch, *Roman Funerary Sculpture. Catalogue of the Collections* (Malibu, 1988).

Pfuhl–Möbius: E. Pfuhl und H. Möbius, *Die ostgriechischen Grabreliefs* I, II (Mainz, 1977, 1979).

Terry–Ousterhout: A. B. Terry und R. G. Ousterhout, *Krannert Art Museum Bulletin* 6, 1 (1980), 14–28.

1. 83.AA.204. Geschenk von Vasek Polak. H: 0.895 m; B: 0.66 m. J. Walsh, *GettyMusJ* 12 (1984), 239, Nr. 34; G. Koch, *Epigraphica Anatolica* 6 (1985), 91–96, Taf. 6; M. Cremer, *Epigraphica Anatolica* 7 (1986), 22–25, Abb. 1; Koch, *Cat.* Nr. 35.

2. Zu *phalerae* und *torques*: P. Steiner, *BJb* 114/15 (1906), 14–22 (*phalerae*), 22–26 (*torques*); F. Matz, "Die Lauersforter Phalerae," *BWPr* 92 (1932); *Der Kleine Pauly* IV (1972), 699–700 (A. Neumann); V. A. Maxfield, *The Military Decorations of the Roman Army* (London, 1981), 86–89, 91–95.

3. Zu den *mullei*: H. R. Goette, "Der Fellstiefel in der griechischen und römischen Kunst" (M.A.–Arbeit, Göttingen, 1982).

4. Zur Peitsche vgl. z.B. Pfuhl–Möbius, 115–116, Nr. 297, Taf. 54; 175, Nr. 596, 597, Taf. 94; 181, Nr. 637, Taf. 97; E. Berger, *AntK* 22 (1979), 45–46, Taf. 17,2; E. Gibson, *ZPE* 28 (1978), 3 und passim.

5. Vgl. zu diesen Gegenständen z.B. Pfuhl–Möbius, 281–282, Nr. 1136, Taf. 172; 282, Nr. 1137, 1138, Taf. 171; 285, Nr. 1158, 1159, Taf. 174; 530, Nr. 2202, Taf. 314; 552, Nr. 2295, 2296, Taf. 324; Terry–Ousterhout, 14, Abb. 1.

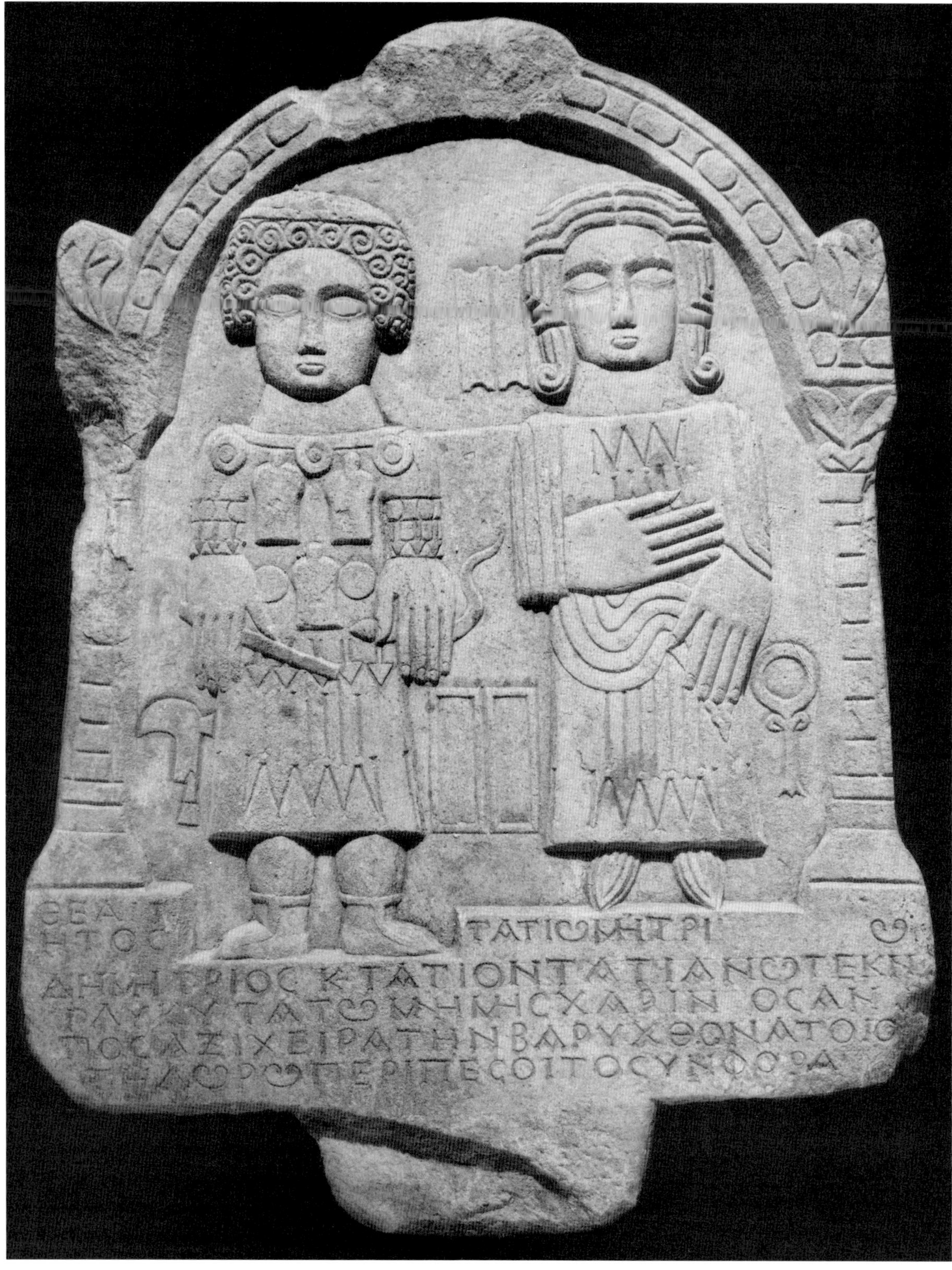

Abb. 1.   Grabrelief der Tation und des Tatianos, aus Phrygien. Malibu, J. Paul Getty Museum 83. A A.204.

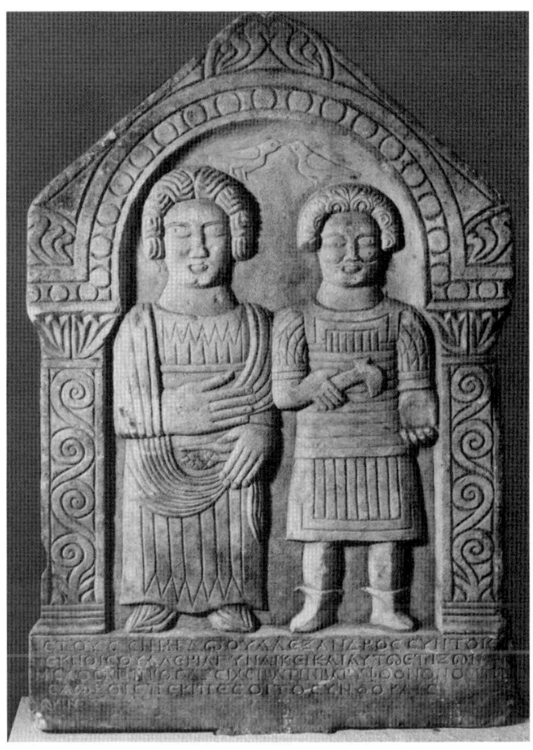

Abb. 2. Grabrelief aus Phrygien, datiert 165/66 n.Chr. Mainz, Römisch–Germanisches Zentralmuseum. Museumsphoto.

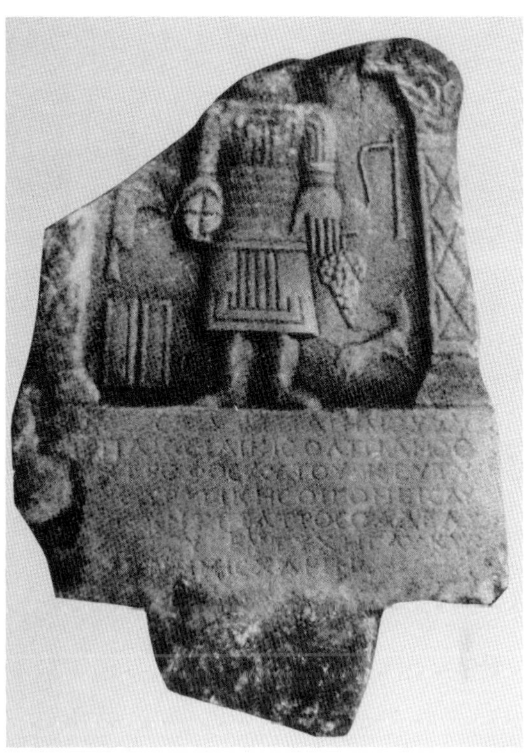

Abb. 3. Fragmentiertes Grabrelief aus Phrygien, datiert 179/80 n.Chr. Kütahya, Museum. Photo nach *Anatolian Studies* 5 (1955), Taf. 2b.

Die Tracht des Mannes, der Panzer, ist bisher auf anderen Reliefs derselben Landschaft—nämlich Phrygien, wie wir gleich sehen werden—nicht bekannt.[6] Deutlicher sind Panzer, *phalerae* und *torques* auf dem berühmten Grabstein des Marcus Caelius in Bonn wiedergegeben, der im Jahre 9 n.Chr. in der Schlacht im Teutoburger Wald gefallen ist (Abb. 5).[7] Zwei große *torques* hängen links und rechts an den Schultern, fünf runde *phalerae* sind an Lederbändern auf der Brust befestigt. Der Tote hält den Offiziersstab (*vitis*) in seiner rechten Hand. Beim Relief des Getty Museums kann es sich aber nicht um einen solchen Stab handeln, da dann das Band in der linken Hand nicht zu erklären wäre. Reliefs aus Kleinasien, die *torques* und *phalerae* in vergleichbarer Weise deutlich zeigen, sind nicht bekannt. Ein Krieger ist möglicherweise auf einem anderen Relief aus dem nordwestlichen Phrygien dargestellt, das in Afyon aufbewahrt wird (Abb. 6); er trägt aber keinen Panzer, sondern ein bis auf die Knie herabfallendes Gewand und darüber

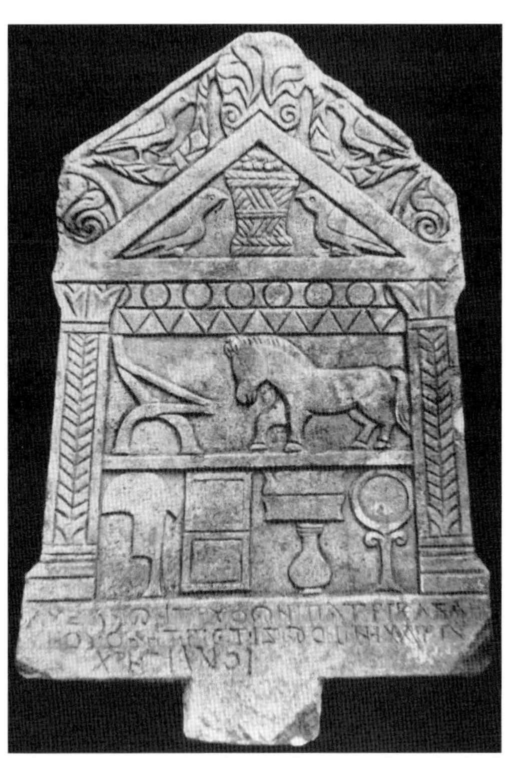

Abb. 4. Grabrelief aus Phrygien, Istanbul, Archäologisches Museum 4090. Photo nach Pfuhl–Möbius, Taf. 314, Nr. 2202.

6. Lediglich auf einem Relief in Mainz (siehe unten VII, Nr. 1, hier Abb. 2) könnte der Mann auch einen Panzer tragen, *phalerae* und *torques* sind aber nicht vorhanden.

7. Bonn, Rheinisches Landesmuseum: H. Schoppa, *Die Kunst der Römerzeit in Gallien, Germanien und Britannien* (München, 1957), 51, Taf. 40; G. Bauchhenß, *CSIR Deutschland III,1* (Bonn, 1978), 18–22, Nr. 1, Taf. 1–4.

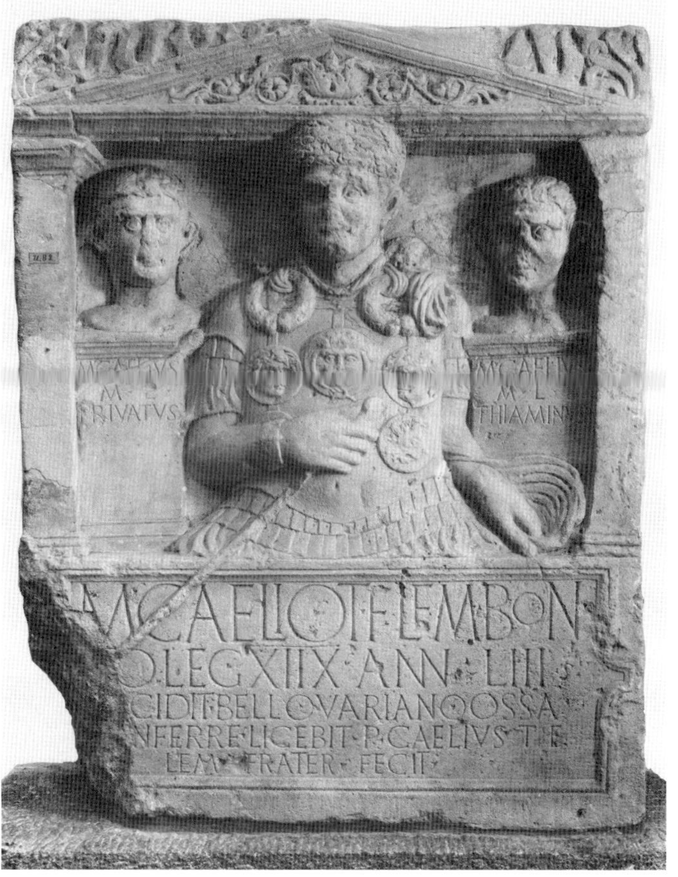

Abb. 5.   Grabrelief des Marcus Caelius (gest. 9 n.Chr.). Bonn, Rheinisches Landesmuseum U82. Museumsphoto.

Abb. 6.   Grabrelief aus Phrygien. Afyon, Museum. Photo: Verfasser.

vielleicht ein stilisiertes Paludamentum.[8] Auf einem Relief in Ankara hat der Mann eine Kleidung, die gerade die Knie bedeckt (Abb. 7);[9] es scheint sich um ein Untergewand und einen darüber geschlungenen Mantel zu handeln. Beim Untergewand ist eine Dekoration in Form von Pfeilspitzen vorhanden, es ist nicht zu erkennen, daß ein Panzer dargestellt sein soll. Bei einem anderen Relief in Ankara, das zwar auch aus Phrygien stammt, sich von allen anderen Beispielen aber durch mehrere Besonderheiten absetzt (Abb. 8),[10] sind unterhalb der Büsten zwei Schilde und seitlich zwei Speere abgebildet; die Speere sind als Saufedern gekennzeichnet, also Jagdwaffen, und bei den Schilden weist nichts darauf hin, daß sie aufgrund der militärischen Laufbahn einer der Männer als Schmuck des Grabreliefs gewählt worden sind. Der Inschrift ist ebenfalls nichts

zu entnehmen; sie war allerdings früher länger, da der untere Teil neuzeitlich für eine armenische Inschrift abgemeißelt worden ist.

Ein ungewöhnliches Grabrelief, das in Lydien entstanden ist und sich jetzt im Museum in Manisa befindet, möchte man auf den ersten Blick anschließen, es gehört aber doch in eine ganz andere Umgebung (Abb. 9).[11] Dargestellt ist ein Mann, der ein kurzes Gewand mit Ärmeln trägt; vor dem Oberkörper hängen kleine, trichterförmige Gegenstände in zwei Reihen herab. In den Händen hält er weitere Gegenstände, rechts vielleicht eine Fackel, links möglicherweise eine Keule. Wie eine Reihe von Parallelen auf Sarkophagen zeigt, handelt es sich um einen Mann aus dem dionysischen Kreis, den sogenannten Schellenmann, da an seinem Gewand Schellen angebracht sind.[12] Beispiele befinden sich

8. Afyon, Mus.: Pfuhl–Möbius, 115–116, Nr. 297, Taf. 54; hier IX, Nr. 1, Abb. 6.

9. Ankara: Pfuhl–Möbius, 181, Nr. 638, Taf. 97 (jetzt stärker verwittert); hier III, Nr. 1, Abb. 7.

10. Ankara: Pfuhl–Möbius, 517–518, Nr. 2161, Taf. 309; hier IX,

Nr. 5, Abb. 8.

11. Manisa, Museum 1949 (aus Kula): P. Herrmann, *Tituli Asiae Minoris* V,1 (Wien, 1981), 98, Nr. 297, Taf. 17; L. Robert, *REG* 95 (1982), 383, Nr. 340; ders., *BCH* 107 (1983), 597–598, Abb. 1; M. Cremer, *Epigraphica Anatolica* 7 (1986), 22, Taf. 5.2.

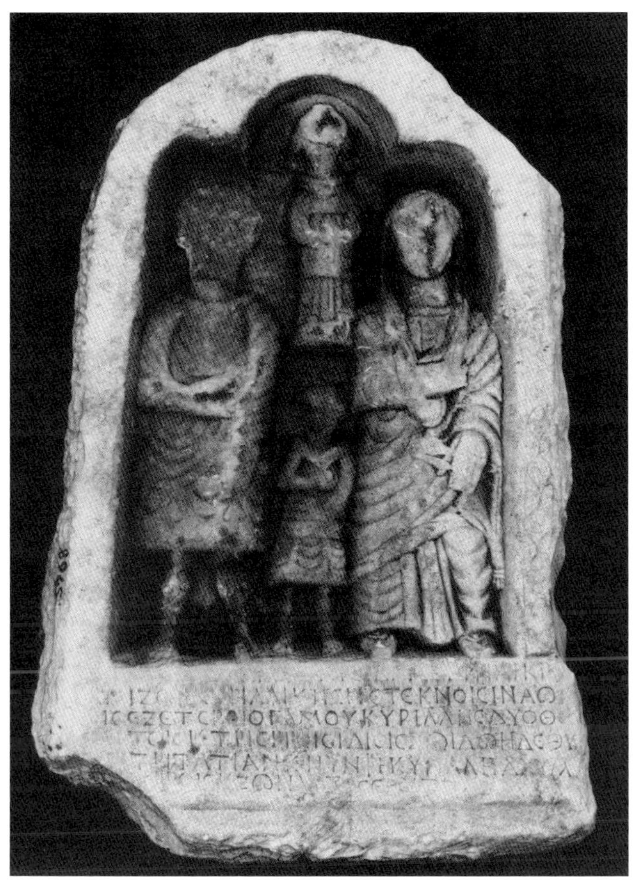

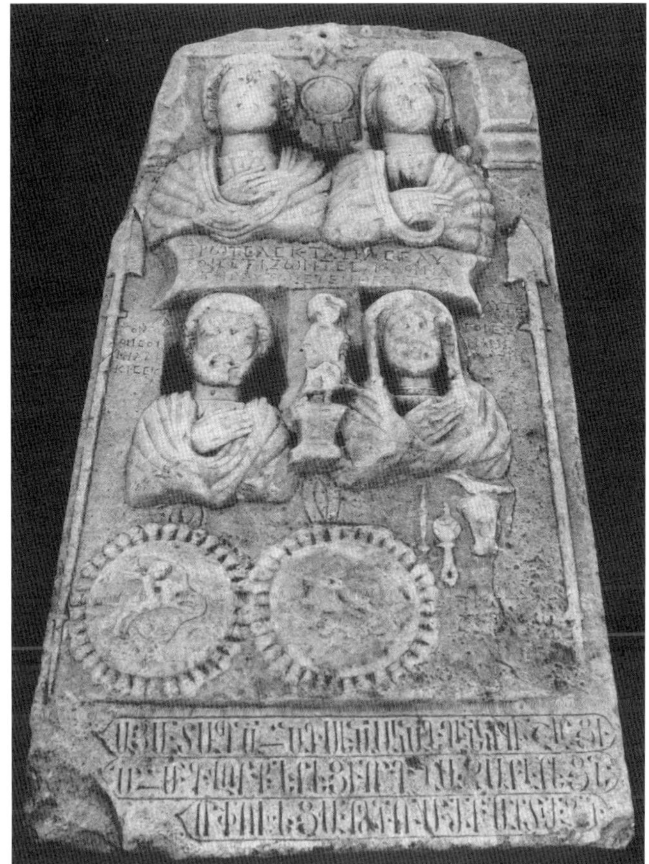

Abb. 7.   Grabrelief eines Ehepaares mit zwei Kindern, aus Phrygien. Ankara, Römische Thermen. Photo: Verfasser.

Abb. 8.   Grabrelief mit Büsten und Schilden, aus Phrygien. Ankara, Römische Thermen. Photo: Verfasser.

im Vatikan (Abb. 10) und in Ostia (Abb. 11).[13] Sie zeigen deutlich, daß es sich bei dem Mann des Getty Reliefs nicht um eine Gestalt aus dem dionysischen Kreis handeln kann. Der "Schellenmann" ist bisher nur auf stadtrömischen Sarkophagen belegt, das Relief in Manisa bringt ihn als einziges Exemplar außerhalb von Rom.

Alle die angeführten Beispiele zeigen, daß es keine Parallelen für das phrygische Relief des Getty Museums gibt, es vielmehr ein Sonderfall ist. Die Art und Weise, wie der Panzer und die Ehrenzeichen wiedergegeben sind, scheint aber gut zu den übrigen Grabreliefs dieser Landschaft zu passen, für die eine Häufung und deutliche Wiedergabe von Attributen charakteristisch ist.

Bezeichnenderweise wird in der Inschrift keinerlei Hinweis auf Besonderheiten des Lebens des Verstorbenen gegeben, wie das auch sonst für diese Gegend

typisch ist. Dagegen wird auf dem Relief des M. Caelius in Bonn ausdrücklich von der militärischen Laufbahn berichtet. Der Mann auf dem Relief des Getty Museums hatte, wie nur seiner Kleidung zu entnehmen ist, wahrscheinlich eine erfolgreiche Karriere in der römischen Armee hinter sich, auf die er durch seine ungewöhnliche Bekleidung, den Panzer, und durch die deutliche Wiedergabe der *phalerae* und *torques* hinweisen wollte. In Phrygien dürfte er seinen Unterhalt als Landwirt erworben haben, und zwar mit dem Anbau von Wein, wie das Winzermesser zeigt, und der Viehzucht, auf die die Peitsche hinweist. Seine "Bildung" ließ er durch das Diptychon verdeutlichen. Die Frau ist nicht, wie sonst in der Regel auf den Grabreliefs in Phrygien üblich, durch Spindel und Rocken als gute Hausfrau gekennzeichnet,[14] es wird vielmehr nur durch Kamm und Spiegel

12. F. Matz, in: *Mélanges K. Michalowski* (Warschau, 1966), 527–539; ders., *ASR IV.1* (Berlin, 1968), 56–57, Nr. 97.

13. Vatikan: F. Matz, *ASR* IV,1, 54 A, Beilage 28,2. Ostia 1140: Matz, a.O., 54, Taf. 66,2.

14. Z.B. G. Rodenwaldt, *JdI* 34 (1919), 79, Abb. 3 und passim;

Terry–Ousterhout, 14, Abb. 1; Ş. Karagöz, *Andolu' dan mezar stelleri* (Anatolian Stelae) (Istanbul, 1984), 15, 23, Abb. 26.

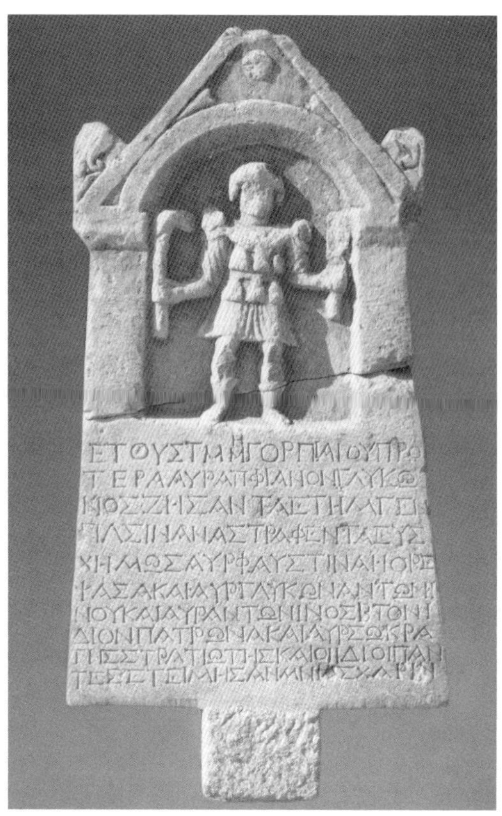

Abb. 9. Grabrelief aus Kula, Lydien, mit "Schellenmann." Datiert 255/56 n.Chr. Manisa, Museum. Photo: P. Herrmann.

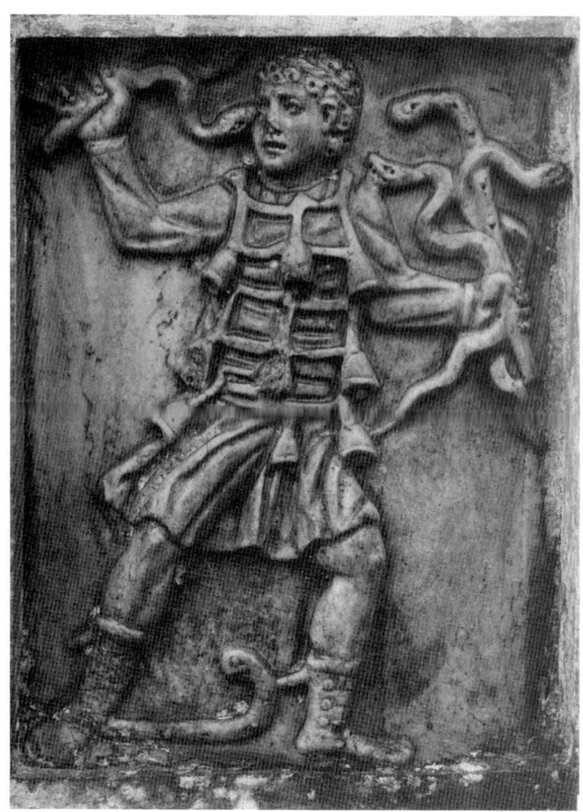

Abb. 10. Fragment eines stadtrömischen Sarkophages
mit "Schellenmann." Vatikan. Photo: DAI
Rom, Inst. Neg. 1331.

ihre wohlgepflegte Schönheit hervorgehoben. Aber auch
alle diese Eigenschaften von Mann und Frau werden in
der Inschrift nicht genannt, sie ist vielmehr ganz allgemein gehalten. Sie lautet:[15] "Theaitetos für seine Mutter
Tation./Demetrios und Tation für ihr süßestes Kind/
Tatianos zum Gedenken. Wer [an dieses Grab]/seine von
Erde schwere [soll heißen: von Neid] Hand/anlegt, den
möge ein ebensolcher frühzeitiger Schicksalsschlag
treffen." Die Ausführung ist sehr unbeholfen, die Gestalten haben keinerlei Körperlichkeit, die Proportionen
sind völlig mißraten, Gewänder, Gesichter und Haare
sind stark stilisiert und ohne Leben. Es ist wohl
ursprünglich eine Bemalung anzunehmen, aber auch sie
hat diese Besonderheiten nicht verdeckt.

Das Stück ist zu vergleichen mit einem Relief in

Mainz, das durch seine Inschrift in das Jahr 165/66
n.Chr. zu datieren ist (Abb. 2);[16] danach läßt es sich in
das dritte Viertel des 2. Jhs. n.Chr. ansetzen. Ein fragmentiertes Relief in Kütahya, das 179/80 n. Chr. datiert
ist, ist anzuschließen (Abb. 3).[17] Die Darstellung des
Jungen ist der des Mannes auf dem Exemplar in Mainz
eng verwandt. Ein weiteres Relief, das zur selben
Werkstatt gehören dürfte, ist 154/55 n.Chr. datiert.[18] Für
das Grabrelief des Getty Museums (Abb. 1) ergibt sich
damit ein ziemlich sicherer zeitlicher Ansatz.

Auf dem zweiten Relief (Abb. 12)[19] sind die Nase und
andere Teile des Gesichtes wie auch die linke Schulter
beschädigt. Die Gestalt ist in antiker Zeit aus einem
größeren Relief herausgemeißelt. Das geschmückte
Band in ihrem Haar wurde hinzugefügt, als das Stück

15. Zur Inschrift: G. Koch, *Epigraphica Anatolica* 6 (1985), 93–95;
Koch, *Cat.* Nr. 35.
16. Siehe unten VII, Nr. 1.
17. Siehe unten VII, Nr. 4. Eine 148/49 n.Chr. datierte Stele, die
Giuliano, a.O. (siehe I, Nr. 9), 170 in diesem Zusammenhang
aufführt, gehört nicht zur Gruppe der phrygischen Grabreliefs:
Pfuhl–Möbius, 473, Nr. 1972, Taf. 283.
18. Siehe unten VII, Nr. 3.
19. 77.AA.32. Geschenk von Bruce McNall. H: 0.75 m; B: 0.24 m.
J. Frel, *GettyMusJ* 12 (1984), 79, Nr. 17, Abb. 9, 10; M. Cremer, *Epigraphica Anatolica* 8 (1986), 104–106, Taf. 9.3 (die Gestalt wird als Archi-

gallos bezeichnet); Koch, *Cat.* no. 37.
20. Siehe unten I, Nr. 12, 13, 20.
21. G. Koch und H. Sichtermann, *Römische Sarkophage* (München,
1982), 476–557; zu den Sarkophagen in Pontus, siehe auch F. Işik,
MarbWPr (1983), 247–274, 275–285.
22. Bei Pfuhl–Möbius ist eine Fülle von kaiserzeitlichen Reliefs aus
Kleinasien erfaßt, sie sind jedoch nicht nach Kunstlandschaften
geordnet; Bithynien, Lydien, das südliche Phrygien und das an-
grenzende Karien in der Umgebung von Hierapolis, Pisidien und By-
zantium lassen sich schon jetzt in ihren Besonderheiten erkennen (vgl.
unten Anm. 46–49).

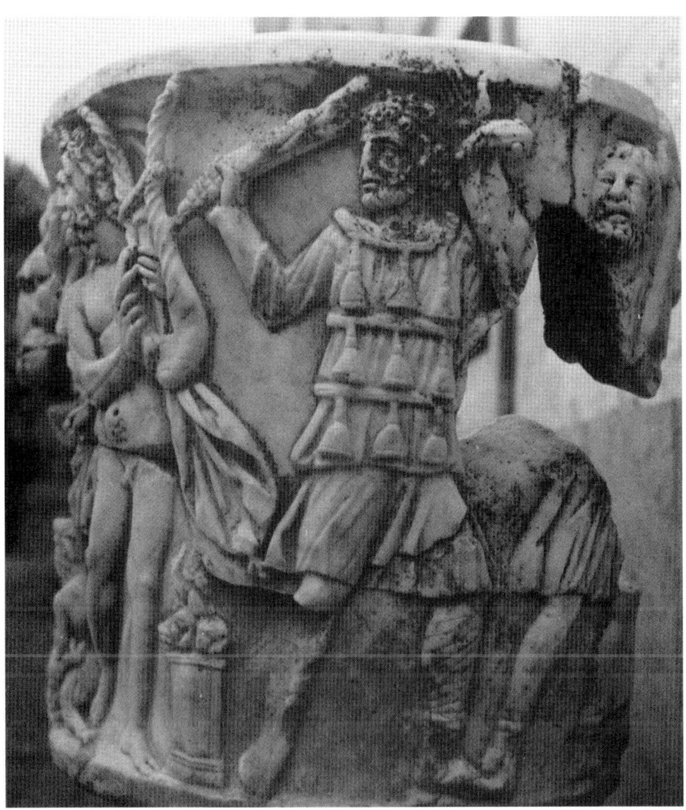

Abb. 11.   Fragment eines dionysischen Sarkophages mit
"Schellenmann." Ostia, Museum. Archiv-
photo.

überarbeitet wurde. Es ist ein Mann dargestellt, der ein
Untergewand, einen Mantel und Stiefel trägt. Mit seiner
linken Hand hält er eine Peitsche. Es läßt sich nicht
mehr entscheiden, ob der Mann allein oder zusammen
mit seiner Frau abgebildet war. Bei der Überarbeitung
wurde der Mann in eine weibliche Gestalt umgewan-
delt. Die Ausführung ist ziemlich grob, die Proportionen sind unnatürlich. Das Gewand ist völlig steif und
läßt den Körper darunter nicht deutlich werden.

Trotz einiger Unterschiede lassen sich Reliefs in Istanbul und Urbana, Illinois (Abb. 21), vergleichen, die durch
ihre Inschriften in die Jahre 232/33 und 239/40 n.Chr. zu
datieren sind;[20] das Fragment des Getty Museums ist
also im zweiten Viertel des 3. Jhs. n.Chr. entstanden.

Beide Reliefs unterscheiden sich zwar sehr vonein-

ander, in der Art der Stilisierung stehen sie einander
aber auch wieder nahe. Beide sind selbstverständlich
nicht in einem der Zentren der Kunst der Kaiserzeit
hergestellt worden, sondern in einer abgelegenen
Provinz. In der römischen Kaiserzeit gab es eine Fülle
von Kunstprovinzen, wie die erhaltenen Skulpturen
zeigen. Besonders vielfältig ist das Bild in Kleinasien,
das durch die geographischen Bedingungen und durch
die alten Traditionen, die dort vorhanden waren, in eine
Vielzahl kleinteiliger Kunstprovinzen gegliedert wird.
Bei den Sarkophagen, die relativ zahlreich erhalten und
weit über das Land verstreut sind, lassen sich viele dieser
Kunstprovinzen recht gut erkennen.[21] Auch bei den
Grabreliefs ist es schon jetzt möglich, einige Gruppen zu
scheiden, obwohl das Material noch nicht im Zusammenhang untersucht worden ist und viele der Funde
nicht publiziert sind.[22]

Die beiden hier betrachteten Reliefs lassen sich dem
nordwestlichen Phrygien, und zwar dem oberen Tembris–
Tal, zuweisen. Von dort ist eine verhältnismäßig große
Anzahl von Grabreliefs bekannt, auch sie sind allerdings
noch nicht zusammenfassend behandelt worden.[23]
Bisher wurden diese Reliefs in der Regel nur wegen
ihrer Inschriften untersucht, nicht hingegen kunstge-
schichtlich gewürdigt; nur wenige liegen deshalb in ausreichenden Abbildungen vor.

Wie die beiden Reliefs des Getty Museums zeigen, ist
die Spannweite bei der handwerklichen Ausführung
sehr groß. Das verlockt dazu, die Reliefs zu sichten und
sie in verschiedene Gruppen, also Werkstätten, zu scheiden. Es ist bisher ein einziger Versuch gemacht worden,
eine größere Anzahl von Stücken einer Werkstatt
zuzuschreiben. Dabei sind jedoch einige recht unterschiedliche Reliefs vereint worden, so daß dieser
Vorschlag nicht überzeugt.[24] Wegen der schlechten Pub-
likationslage kann es im Augenblick nicht darauf an-
kommen, alle bisher bekannten Reliefs in Gruppen
einzuteilen; es soll hier nur versucht werden, stilistisch
verschiedene Stücke zu scheiden, um die Variationsbreite
der Gattung der Grabreliefs aus dem nordwestlichen
Phrygien aufzuzeigen. Dabei werden nur Exemplare
herangezogen, die im Hauptfeld figürliche Darstellungen
tragen, nicht hingegen diejenigen mit Türen.[25]

23. Wichtige Literatur: G. Mendel, *BCH* 33 (1909), 283–329; G.
Rodenwaldt, *JdI* 34 (1919), 77–86; Pfuhl–Möbius, Nr. 248, 297, 356,
464, 465, 477–480, 578, 580, 581, 596–598, 605, 637, 638, 783, 793,
1136–1138, 1153, 1155, 2089, 2090, 2123, 2147 und andere; M. Waelkens,
Ancient Society 8 (1977), 277–315; E. Gibson, *ZPE* 28 (1978), 1–34;
dies., *ZPE* 31 (1978), 233–240; dies., *Christians*, passim; Berger, a.O.
(s. oben Anm. 4), 45–46; Terry–Ousterhout, 14–28; E. Gibson,
TürkAD 25, 1 (1980), 59–85; Karagöz, a.O. (s. oben Anm. 14), 14–15,
23, Abb. 25, 26; 30; S. D. Campbell, *The Malcove Collection* (Toronto,
1985), 21–25, Nr. 17–18; M. Waelkens, *Die kleinasiatischen Türsteine*
(Mainz, 1986); A. P. Kozloff, *Bulletin of the Cleveland Museum of Art* 74,

Nr. 3 (1987), 90, Abb.; G. Koch *Epigraphica Anatolica* 9 (1987), 127,
Anm. 1 (mit weiterer Literatur). Mehrere bedeutende, jedoch unpublizierte Stücke sind im Antikenmuseum in Basel: E. Berger, *AntK*
31 (1988), 39, Taf. 11.1.

24. E. Gibson, *ZPE* 28 (1978), 7–9.

25. Z.B. Pfuhl–Möbius, 505–506, Nr. 2102, Taf. 303; 530–534, Nr.
2206, 2207, 2209–2211, 2220, Taf. 315–516; M. Waelkens, *Yayla* 3
(1980), 12–16, Abb. 2; ders., *Die kleinasiatischen Türsteine* (Mainz, 1986).

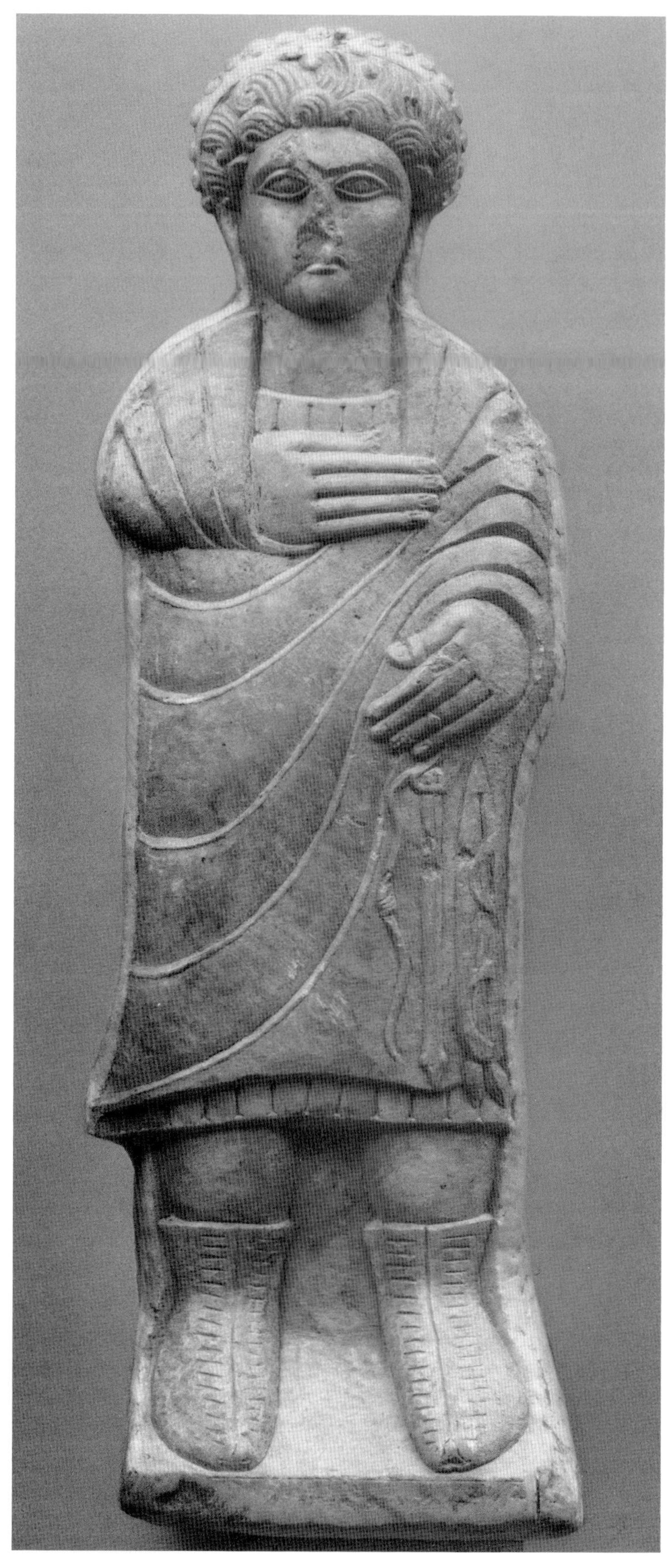

Abb. 12.   Fragment eines Grabreliefs aus Phrygien.
Malibu, J. Paul Getty Museum 77. A A. 32.

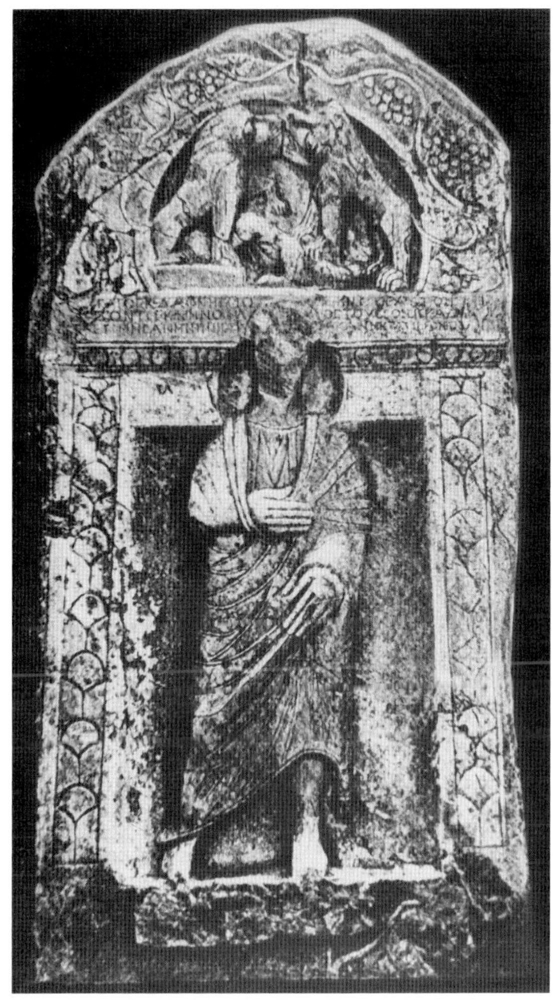

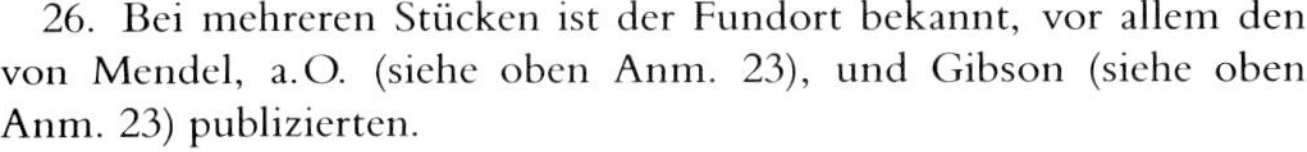

Abb. 13.   Grabrelief aus Phrygien. Bursa, Museum.
Photo nach Pfuhl–Möbius, Taf. 47, Nr. 248.

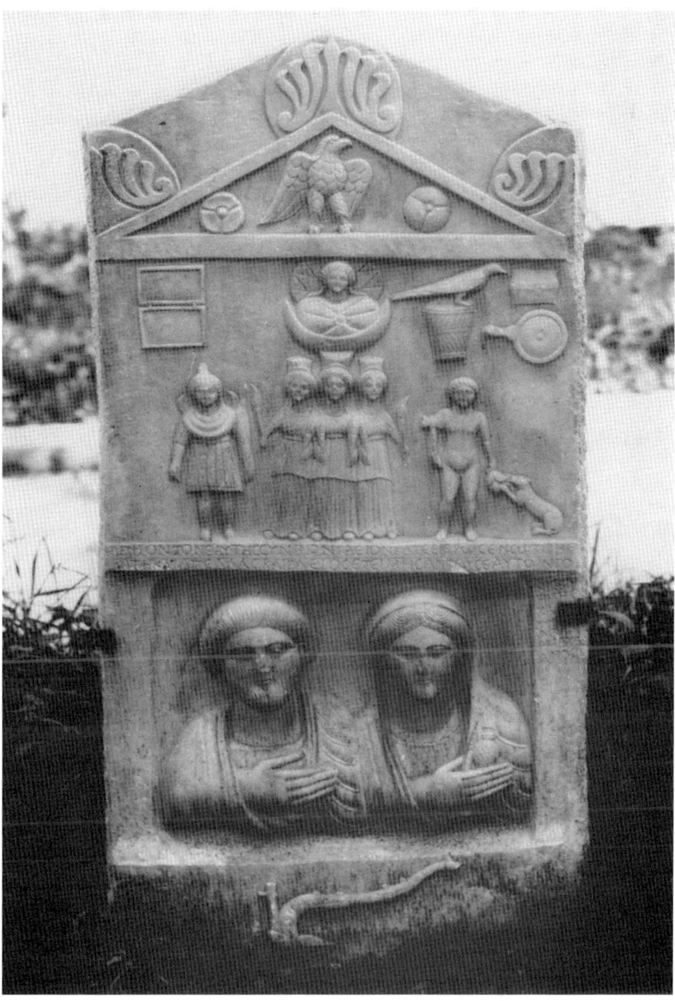

Abb. 14a.   Grabrelief aus Phrygien. Istanbul, Archäologisches Museum 5. Photo: Verfasser.

I.

Eine große Anzahl von Reliefs läßt sich in der "Haupt-
werkstatt" zusammenfassen. Mehrere Funde zeigen,
daß sie in oder bei Altintaş, dem antiken Soa, im oberen
Tembris–Tal, zu lokalisieren ist.[26]

Charakteristika dieser Gruppe sind: die Untergewän-
der sind durch senkrecht verlaufende, recht dicht beiein-
ander liegende Rillen gegliedert; nur selten setzen sich
einzelne Bahnen in der Reliefhöhe ab; die Obergewänder werden durch Falten aufgelockert, die etwa parallel
zueinander in Bogen verlaufen und leicht voneinander
abgestuft sind; die seitlichen Pilaster sind mit Weinreben
geschmückt; der obere Abschluß des Relieffeldes ist
gerundet, darüber erhebt sich ein Giebel; auf ihm sind in
flachem Relief palmettengeschmückte Akrotere einge-

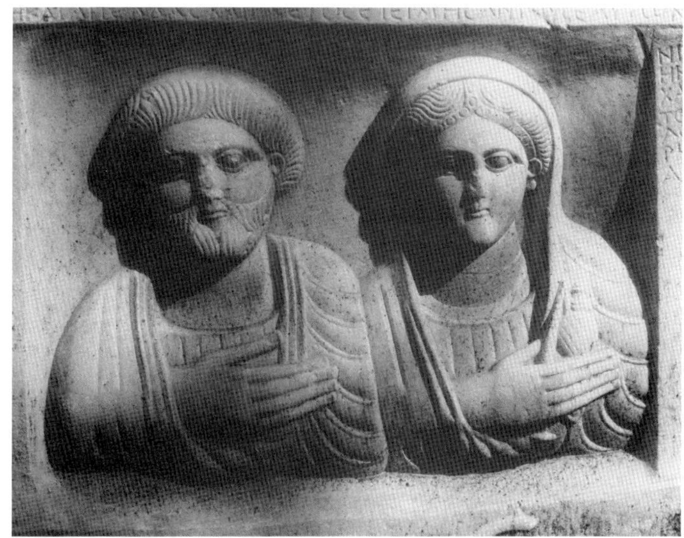

Abb. 14b.   Detail des Grabreliefs Abb. 14a.

26. Bei mehreren Stücken ist der Fundort bekannt, vor allem den
von Mendel, a.O. (siehe oben Anm. 23), und Gibson (siehe oben
Anm. 23) publizierten.

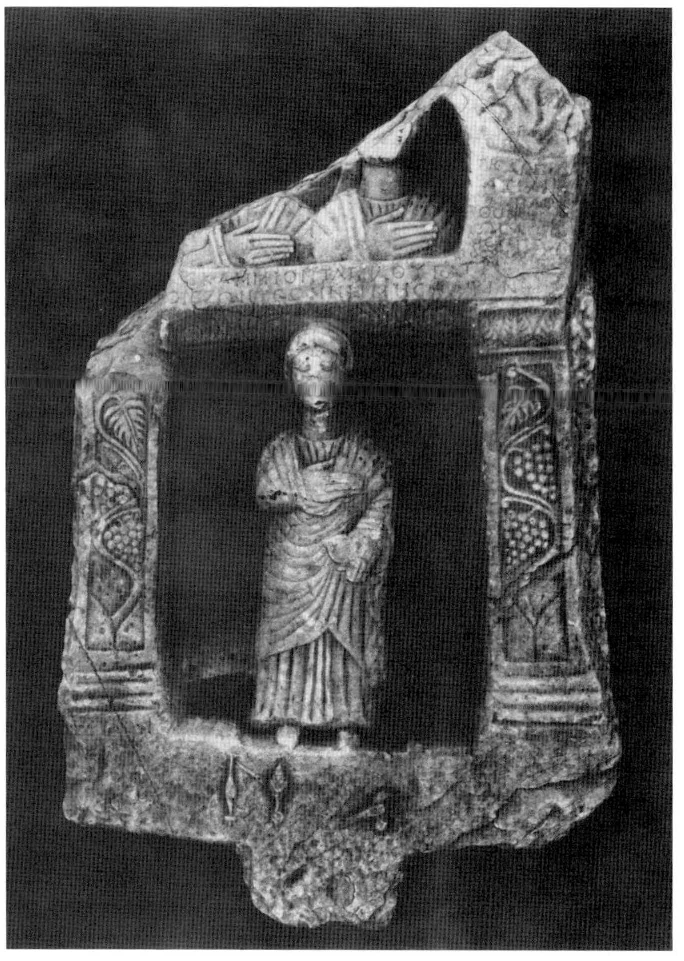

Abb. 15.   Grabrelief aus Phrygien. Ankara, Römische Thermen. Photo: Verfasser.

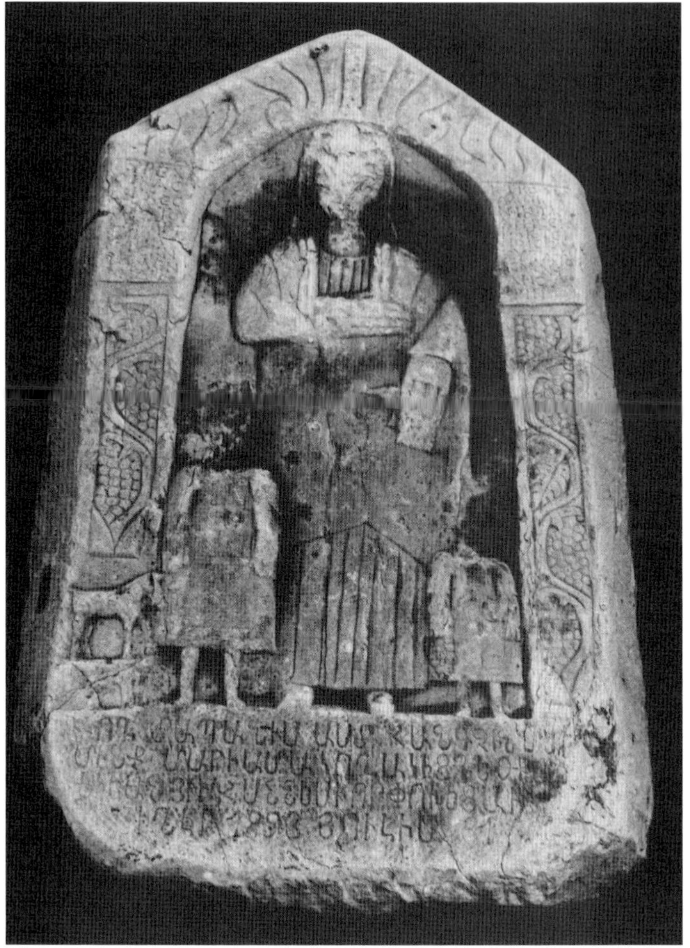

Abb. 16.   Grabrelief einer Frau mit zwei Kindern, aus Phrygien. Ankara, Römische Thermen. Photo: Verfasser.

meißelt, deren einzelne Teile stark auseinanderquellen. Beispiele dieser Gruppe:

1–3. Ankara, Steingarten in den römischen Thermen: Pfuhl–Möbius, 126, Nr. 356, Taf. 59; 173, Nr. 580, Taf. 92 (rechts); 175, Nr. 597 (mit unrichtigem Verweis auf F. Miltner), Taf. 94.

4. Ankara: Pfuhl–Möbius, 153, Nr. 479 (mit unrichtigem Verweis auf F. Miltner), Taf. 78; hier Abb. 15.

5. Ankara: W. H. Buckler, W. M. Calder und C. W. M. Cox, *JRS* 15 (1925), 151–152, Nr. 137; hier Abb. 16.

6. Ankara: Pfuhl–Möbius, 175, Nr. 597, Taf. 94 (mit unrichtigem Hinweis auf F. Miltner); hier Abb. 17.

7. Basel, Antikenmuseum: E. Berger, *AntK* 22 (1979), 45–46, Taf. 17,2.

8. Berlin, Frühchristlich–byzantinische Sammlung 4/69: *Venator KG. Antike Ausgrabungen, Auktion XXXV* (Köln, 18. April 1969), 9, Nr. S 25 (Tafel vor Titel).

9. Bursa, Museum 29: Pfuhl–Möbius, 181, Nr. 637, Taf. 97; A. Giuliano in: *Mondo classico cristianesimo* (Rom, 1982), 167–170, Abb. 3.

10. Istanbul, Archäol. Museum 4089: Pfuhl–Möbius, 175, Nr. 596, Taf. 94; hier Abb. 18.

11. Istanbul 73.64: Karagöz, a.O. (s. Anm. 14), 15, 23, Abb. 26; hier Abb. 19.

12, 13. Istanbul, Sammlung Koç: E. Gibson, *ZPE* 28 (1978), 11–15, Nr. 1, 2, Taf. 2 (datiert 232/33 und 239/40 n.Chr.).

14. Izmir, Archäol. Museum 248: A. Aziz, *Guide du Musée de Smyrne* (Istanbul, 1933), 84 (mit Abb.); hier Abb. 20.

15. Kütahya, Museum 916: E. Gibson, *TürkAD* 25, 1 (1980), 66–67, Nr. 7, Abb. 20 (datiert 284 n.Chr.).

16, 17. Kütahya(?): Buckler, Calder und Cox (siehe oben Nr. 5), 171–72, Nr. 163, 164, Taf. 24.

18. Kütahya: Gibson, *Christians*, 37–40, Nr. 16, Taf. 17 (das Datum 304/05 n.Chr. scheint von einer Wiederverwendung zu stammen).

19. Privatbesitz: Pfuhl–Möbius, 207–208, Nr. 783, Taf. 115.

20. Urbana–Champaign: Terry–Ousterhout, 14–28,

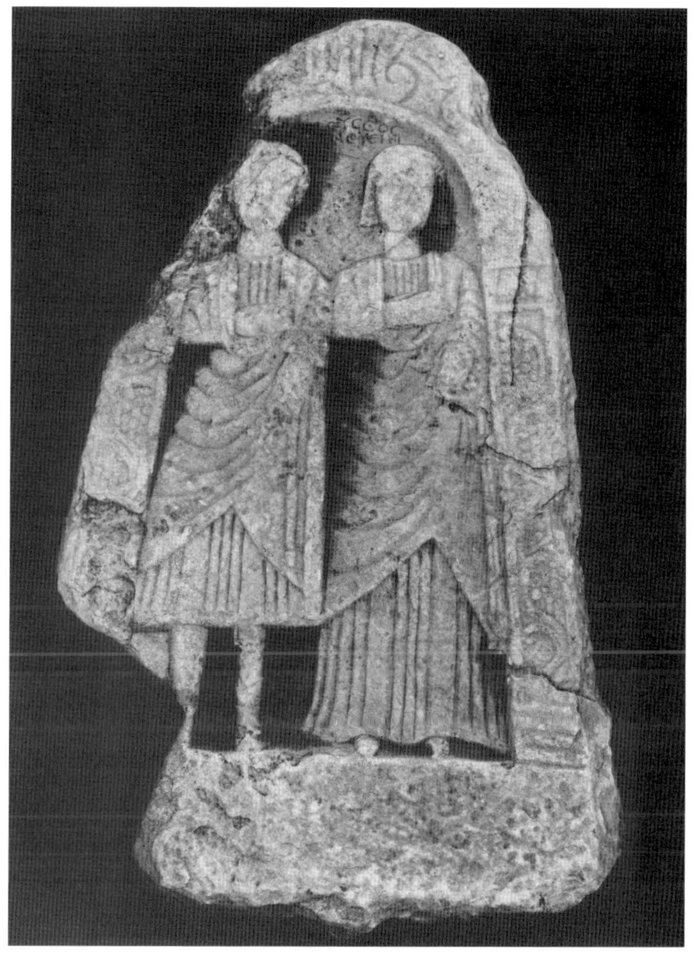

Abb. 17.   Grabrelief eines Ehepaares, aus Phrygien. Ankara, Römische Thermen. Photo: Verfasser.

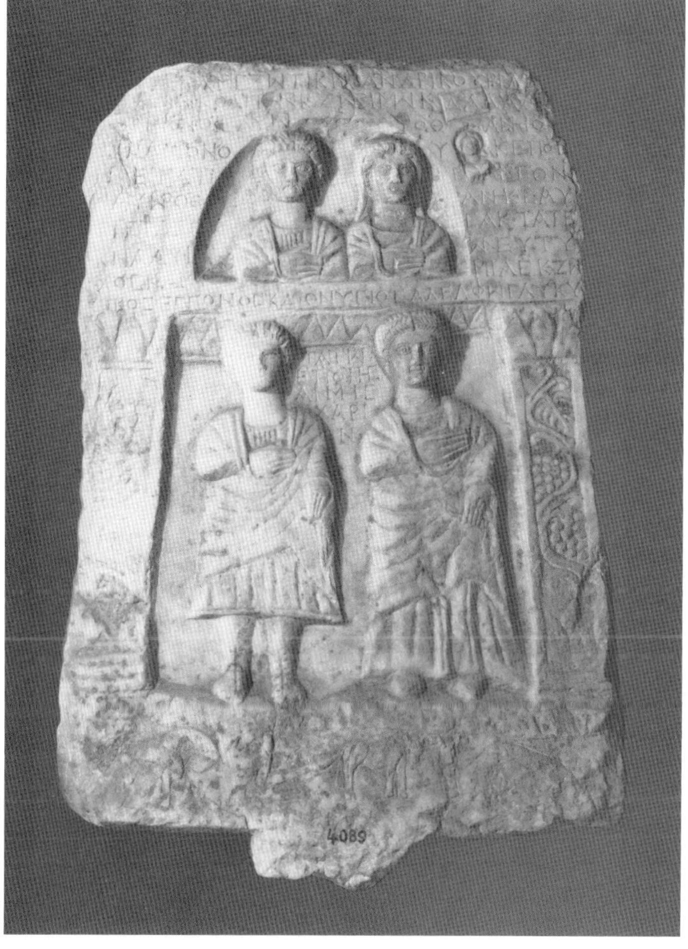

Abb. 18.   Grabrelief aus Phrygien. Istanbul, Archäol.
Museum 4089. Museumsphoto.

Abb. 1 (datiert 239/40 n.Chr.); hier Abb 21.

21. Toronto, Malcove Collection: S. D. Campbell,
The Malcove Collection (Toronto, 1985), 24–25, Nr. 18.

Anzuschließen sind wahrscheinlich einige christ-
liche Exemplare: Gibson, *Christians*, 19–30, Nr. 8, 9, 10,
11, 12 (= Pfuhl–Möbius, 285, Nr. 1159, Taf. 174; hier
Abb. 22), 14, 15.

II.

Von der Hauptgruppe setzen sich drei Reliefs ab. Für
sie ist charakteristisch, daß zwischen den langge-
streckten Falten der Obergewänder dünne Wülste band-
artig eingefügt sind; die Haare sind etwas lebendiger
und differenzierter wiedergegeben, die Gesichter ein
wenig voller.

1. Bursa, Museum 28: Pfuhl–Möbius, 107, Nr. 248,
Taf. 47; A. Giuliano, *Le città del Apocalisse* (Rom, 1978),
120, Abb. 76; Giuliano, a.O. (siehe oben I, Nr. 8),
167–170, Abb. 1; hier Abb. 13.

2. Istanbul, Archäol. Museum 5: Pfuhl–Möbius,

503, Nr. 2089, Taf. 300; hier Abb. 14.

3. Malibu 77.AA.32; hier Abb. 12.

III.

Bei zwei Reliefs sind die Falten besonders dick und
wulstig wiedergegeben; sie sondern sich dadurch von allen übrigen Stücken ab.

1. Ankara, Steingarten in den römischen Thermen:
Pfuhl–Möbius, 181, Nr. 638, Taf. 97; hier Abb. 7.

2. Kütahya, Museum 1352: E. Gibson, *TürkAD* 25, 1
(1980), 68, Nr. 8, Abb. 21.

IV.

Zwei weitere Reliefs zeigen sehr kleinteilig gefältete
Gewänder. Beim Mann bilden sich jeweils Folgen von
ineinandergeschobenen Spitzen auf dem leicht vortre-
tenden Standbein.

1. Ankara, Steingarten in den römischen Thermen:
Pfuhl–Möbius, 173, Nr. 580, Taf. 92 (links); hier Abb.
23.

2. Bursa, Museum 21: G. Mendel, *BCH* 33 (1909),

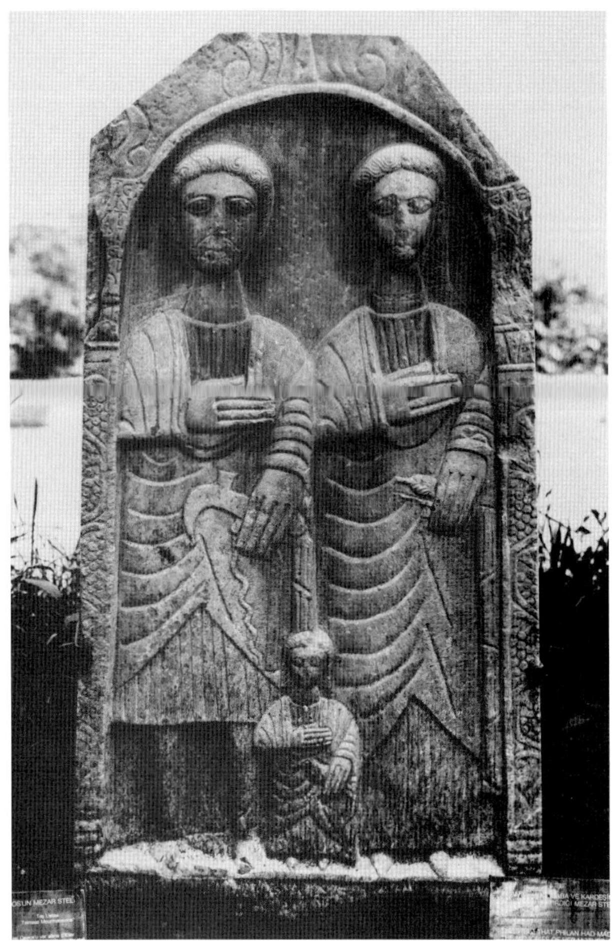

Abb. 19.   Grabrelief eines Ehepaares mit Kind, aus Phrygien. Istanbul, Archäol. Museum 73.64. Photo: Verfasser.

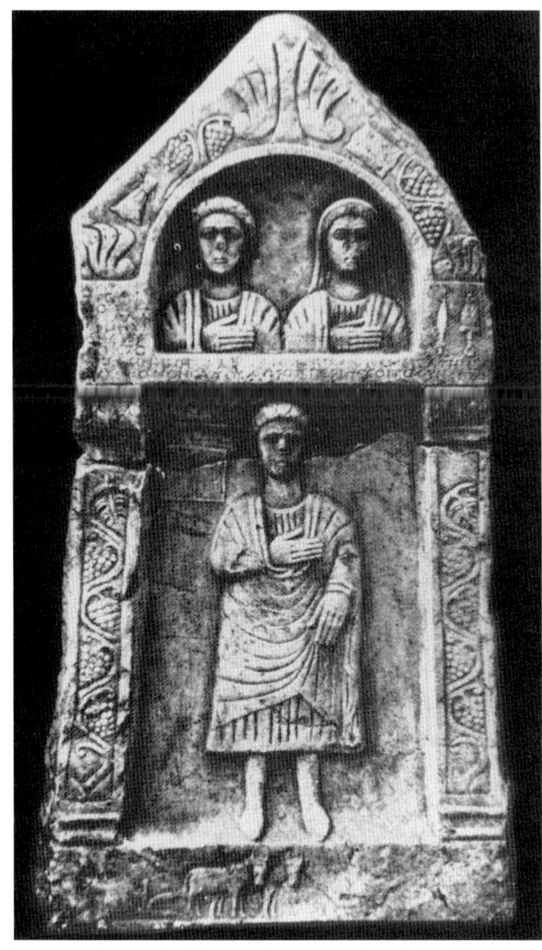

Abb. 20.   Grabrelief aus Phrygien. Izmir, Archäol. Museum 248. Photo nach A. Aziz, *Guide de Musée de Smyrne* (Istanbul, 1933), 84.

294–295, Nr. 49, Abb. 21; Pfuhl–Möbius, 173, Nr. 581 (ohne Abb.); Giuliano, a.O. (siehe oben II, Nr. 1), 120, Abb. 77; hier Abb. 24.

V.

Drei Reliefs sondern sich von den übrigen ab, da bei ihnen die Körperlichkeit der Gestalten recht gut erfaßt ist. Stand– und Spielbeine setzen sich ab, Hebungen und Senkungen der Körper scheinen durch die Gewänder hindurch.

1. Bursa, Museum 22: Pfuhl–Möbius, 173, Nr. 581, Taf. 92; Giuliano, a.O. (siehe oben I, Nr. 8), 167–170 mit Titelbild; hier Abb. 25.

2. Izmir, Archäol. Museum 247: Aziz, a.O. (siehe oben I, Nr. 14), 84 (mit Abb.); M. Waelkens, *Die kleinasiatischen Türsteine* (Mainz, 1986), 92, Taf. 32, 4; hier Abb. 26.

3. Kütahya(?): Pfuhl–Möbius, 153, Nr. 480 Taf. 77; hier Abb. 27.

VI.

Bei drei Reliefs sind die Gestalten ungewöhnlich lang gestreckt, die Gewänder wirken wie geschnitzt.

1. Ankara, Steingarten in den römischen Thermen: Pfuhl–Möbius, 150, Nr. 465, Taf. 76.

2. Istanbul, Archäol. Museum 4087: Pfuhl–Möbius, 153, Nr. 478, Taf. 78; hier Abb. 28.

3. Istanbul, Sammlung Koç: E. Gibson, *ZPE* 28 (1978), 15–18, Nr. 3 Taf. 3a.

4. Kütahya, Museum 5: E. Gibson, *TürkAD* 25, 1 (1980), 68–69, Nr. 9, Abb. 22.

VII.

Einige Exemplare mit menschlichen Gestalten sondern sich von allen übrigen aus mehreren Gründen ab: das Relief ist ganz flach, die Gestalten haben keinerlei Körperlichkeit, die Proportionen sind völlig mißraten, die Gewänder stark stilisiert und teilweise mißverstanden. Anzuschließen an diese Gruppe ist wahrscheinlich

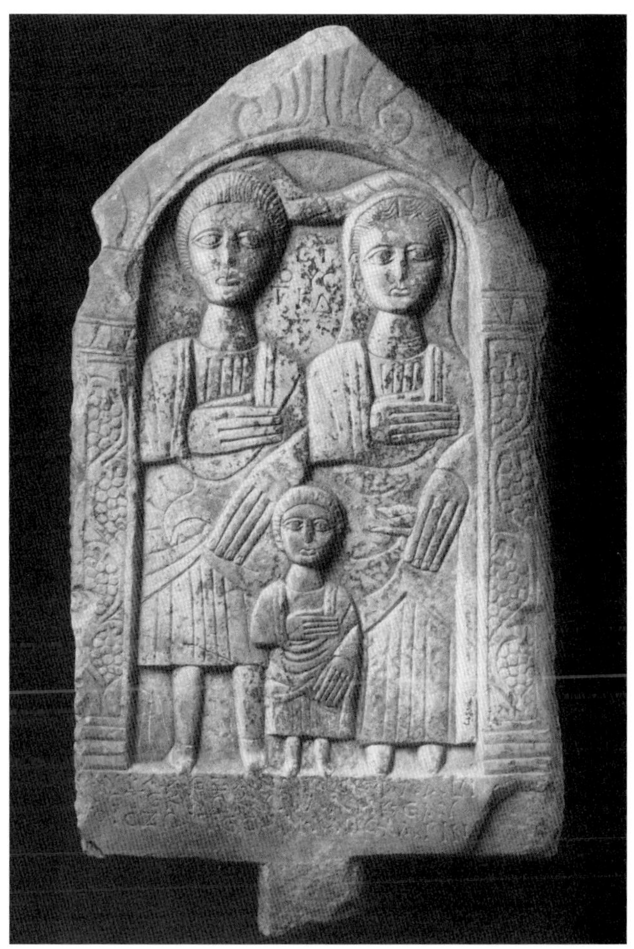

Abb. 21. Grabrelief eines Ehepaares mit Kind, aus Phrygien. Urbana–Champaign, Krannert Art Museum 79–7-1, Gift of Estate of Katherine Trees Livezey. Museumsphoto.

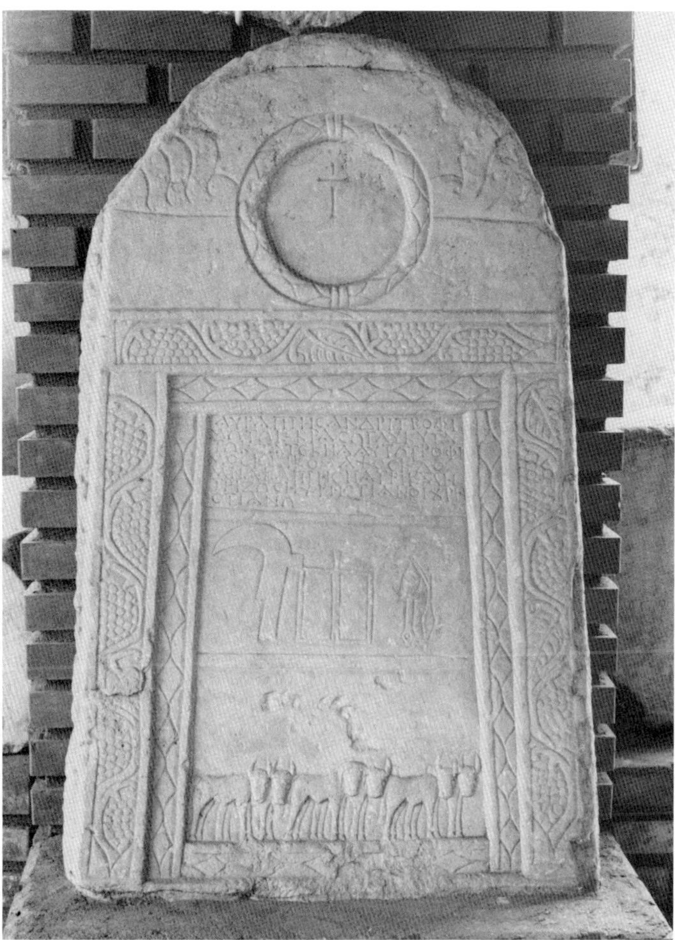

Abb. 22. Christliches Grabrelief aus Phrygien. Bursa, Museum. Photo: Verfasser.

ein Stück in Istanbul, das in seinem Aufbau, der Dekoration (z.B. dem verkümmerten Eierstab) und dem äußerst flachen Relief den anderen ähnelt.

1. Mainz, Römisch–Germanisches Zentralmuseum 0.39582: Pfuhl–Mobius, 282, Nr. 1137, Taf. 171; E. Künzl, *Epigraphica Anatolica* 2 (1983), 81, Nr. 2, Taf. 7, 2 (datiert 165/66 n.Chr.); hier Abb. 2.

2. Malibu 83.AA.204: hier Abb. 1.

3. Ascona, Kunsthandel (April, 1986): *Galleria Casa Serodine. Kunst der Antike*. Schweizerische Kunst– und Antiquitätenmesse Basel, 12.–20. April 1986, 24, Nr. 257 (datiert 154/55 n.Chr.)

4. Kütahya, Museum (unzugänglich im Magazin): W. M. Calder, *Anatolian Studies* 5 (1955), 33–35, Nr. 2, Taf. 2b (datiert 179/80 n.Chr.); hier Abb. 3.

5, 6. Uşak, Museum: zwei unpublizierte Exemplare. Dazu wahrscheinlich:

7. Istanbul, Archäol. Museum 4090: Pfuhl–Möbius, 530, Nr. 2202, Taf. 314; Gibson, *Christians*, 99–100, Nr.

30, Taf. 25; hier Abb. 4.

VIII.

Ein weiteres Stück in Mainz ist in der starken Vereinfachung ein Einzelstuck und setzt sich von allen übrigen ab.

1. Mainz, Römisch–Germanisches Zentralmuseum 0.39583: Pfuhl–Möbius, 282, Nr. 1138, Taf. 171; Künzl, a.O., (siehe oben VII, Nr. 1), 81, Nr. 3, Taf. 7,3 (datiert 250/51 n.Chr.); hier Abb. 29.

IX.

Auch bei einer Reihe von weiteren Reliefs scheint es sich bisher jeweils um Einzelstücke zu handeln, denen sich andere nicht zur Seite stellen lassen. Dazu gehören:

1. Afyon, Museum: Pfuhl–Möbius, 115–116, Nr. 297, Taf. 54; hier Abb. 6.

2. Afyon: Pfuhl–Möbius, 209, Nr. 793, Taf. 116.

3, 4. Ankara, Steingarten in den römischen Thermen: Pfuhl–Möbius, 281f., Nr. 1136, Taf. 172; 285, Nr.

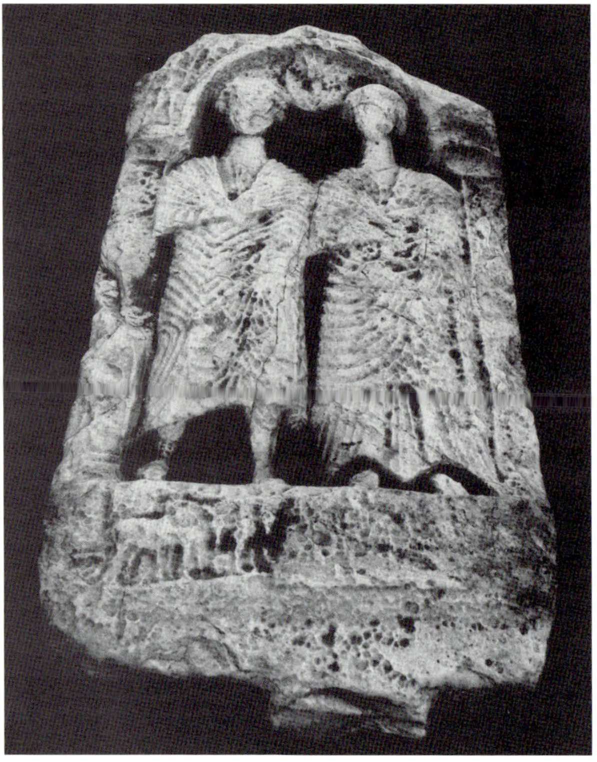

Abb. 23.   Grabrelief eines Ehepaares, aus Phrygien. Ankara, Römische Thermen. Photo: Verfasser.

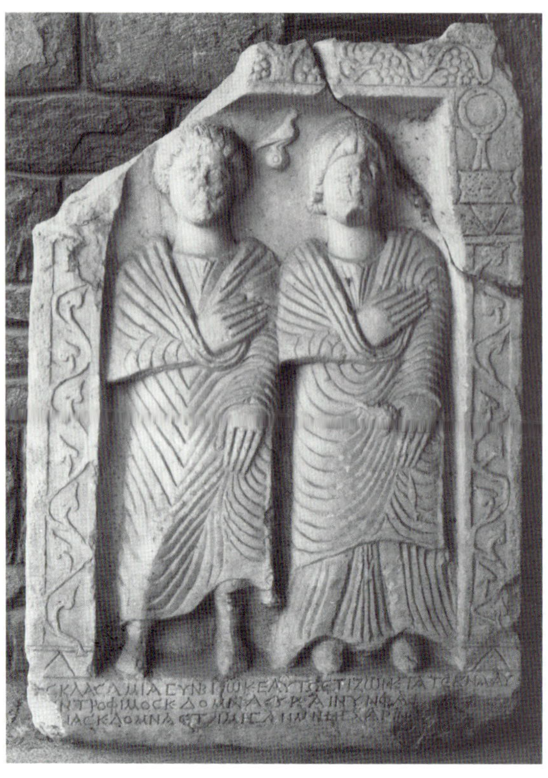

Abb. 24.   Grabrelief eines Ehepaares, aus Phrygien. Bursa, Museum 21. Photo: Verfasser.

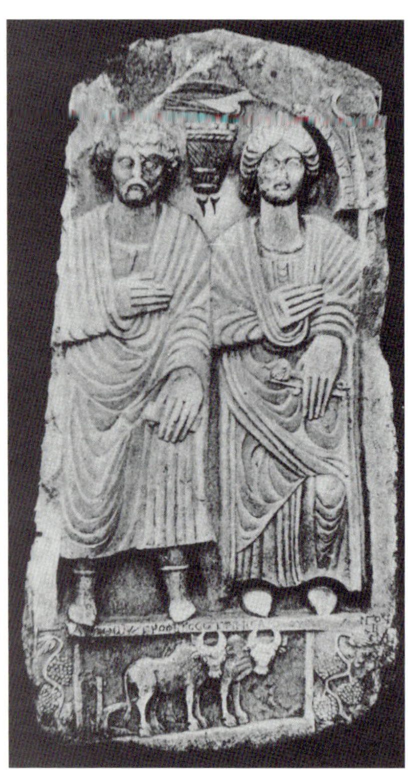

Abb. 25.   Grabrelief eines Ehepaares, aus Phrygien. Bursa, Museum 22. Photo nach Pfuhl—Möbius, Taf. 92, Nr. 581.

1155, Taf. 173.

5. Ankara, Steingarten in den römischen Thermen: Pfuhl—Möbius, 517—518, Nr. 2161, Taf. 309; Waelkens, a.O., (siehe oben V, Nr. 2), 92, Taf 34, 34.; hier Abb. 8.

6. Ankara: F. Miltner, *ÖJh* 30 (1937), Beibl. 55—57, Nr. 60, Abb. 34.

7. Bursa, Museum 41: Pfuhl—Möbius, 150, Nr. 464, Taf. 76; A. Giuliano, a.O., (siehe oben I, Nr. 7), 167—170, Abb. 2.

8. Istanbul, Sammlung Koç: E. Gibson, *ZPE* 28 (1978), 18—20, Nr. 4, Taf. 3b.

9. München, Prähistorische Staatssammlung, Zweigmuseum Burg Grünwald: M. Cremer, *Epigraphica Anatolica* 8 (1986), 104, Taf. 9,2.

10. Aufbewahrungsort nicht bekannt: *MAMA* VI (1939), 124, Nr. 364, Taf. 63 (nicht identisch mit Pfuhl—Möbius, 153, Nr. 479, Taf. 78).

Zur Zeit muß noch offen bleiben, ob die einzelnen

27. Rodenwaldt, a.O. (siehe oben Anm. 23), 77—78, Abb. 1 (Relief in Brüssel), 4 (Kopf in Berlin); *The Anatolian Civilisations* II (Istanbul, 1983), 120—121, Nr. B 329—331; E. Gibson, *ZPE* 31 (1978), 233—240; L. Robert, *BCH* 107 (1983), 526—542.

28. 78.AA.253: G. Koch, *Epigraphica Anatolica* 9 (1987), 128—131, Taf. 12.2.

29. Los Angeles County Museum of Art M.76.174.277: P. R. S.

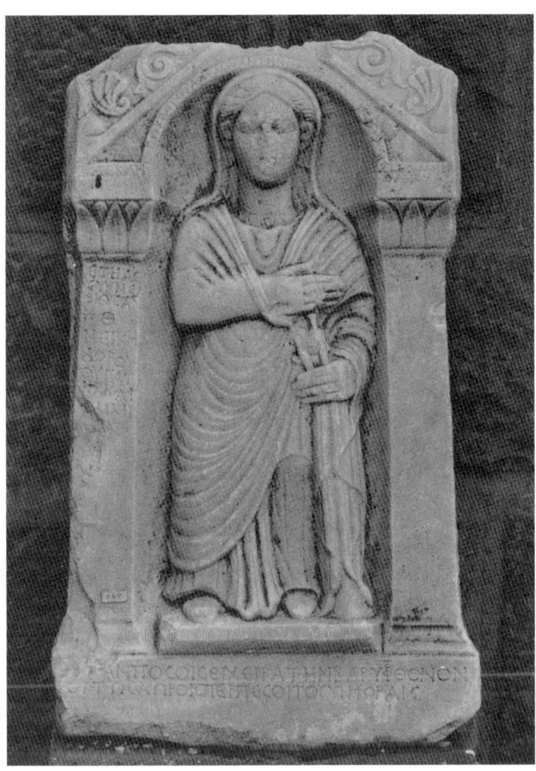

Abb. 26.   Grabrelief einer Frau, aus Phrygien. Izmir, Archäol. Museum 247. Photo: Verfasser.

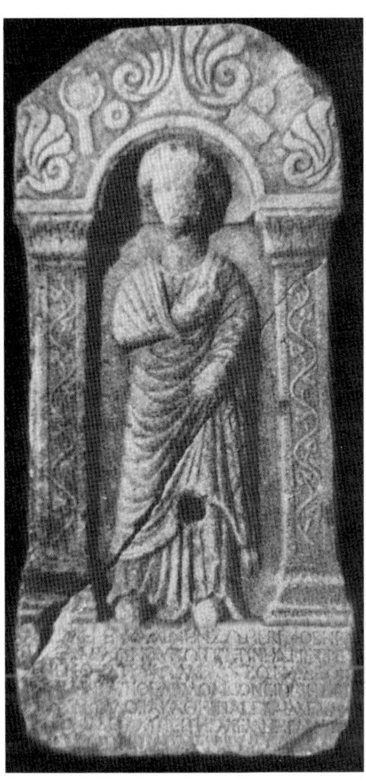

Abb. 27.   Grabrelief einer Frau, aus Phrygien. Kütahya, Museum(?). Photo nach Pfuhl–Möbius, Taf. 77, Nr. 480.

Gruppen in verschiedenen Werkstätten entstanden sind, und auch, ob diese Werkstätten in unterschiedlichen Orten zu lokalisieren sind. Es spricht jedoch nichts dafür, für einige der Gruppen eine Entstehung außerhalb der Region um Altintaş, also außerhalb des oberen Tembris–Tales im nordwestlichen Phrygien, anzunehmen.

In dieser Gegend sind nicht nur Grabreliefs, sondern auch Weihreliefs, Altäre sowie beispielsweise Büsten des Zeus gearbeitet worden.[27] Das Fragment eines Weihreliefs für Zeus Ampelites wird im Getty Museum aufbewahrt,[28] und ein fragmentierter Kopf in Los Angeles[29] kann nach den Parallelen ebenfalls als Zeus bestimmt werden, vielleicht auch als Zeus Ampelites. Die Grabreliefs ermöglichen es, das Fragment und den Kopf in die Mitte des 3. Jhs. n.Chr. zu datieren.[30] Charakteristisch sind die reichen Haare und der mächtige, in großen Strähnen herabfallende Bart, ferner die starken Vereinfachungen im Gesicht und besonders in den Augen.

Moorey u.a., *Ancient Bronzes, Ceramics and Seals. The Nasli M. Heeramaneck Collection of Ancient Near Eastern, Central Asiatic, and European Art* (Los Angeles, 1981), 242, Nr. 1286.

30. Vgl. die datierten Grabreliefs oben I, Nr. 12, 13, 20, ferner die Namensangabe auf einem Weihrelief in Recklinghausen, die auf eine Entstehung des Reliefs nach 212 n.Chr. hinweist: Koch, a.O. (siehe oben Anm. 28), 127–131, Taf. 12.1.

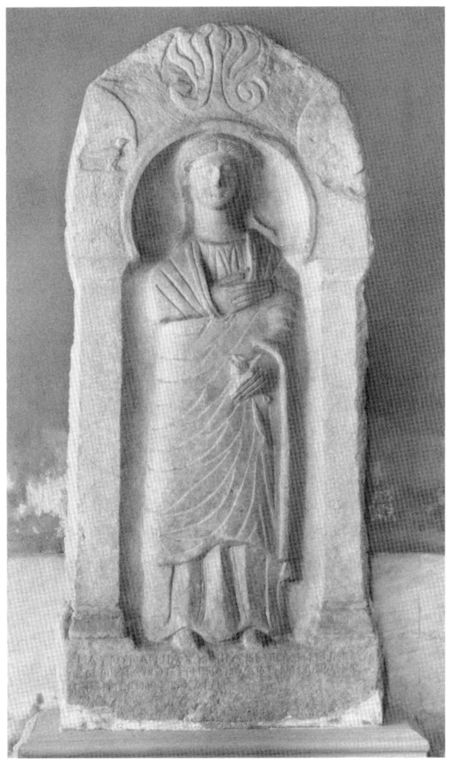

Abb. 28.   Grabrelief einer Frau, aus Phrygien. Istanbul, Archäologisches Museum 4087. Museumsphoto.

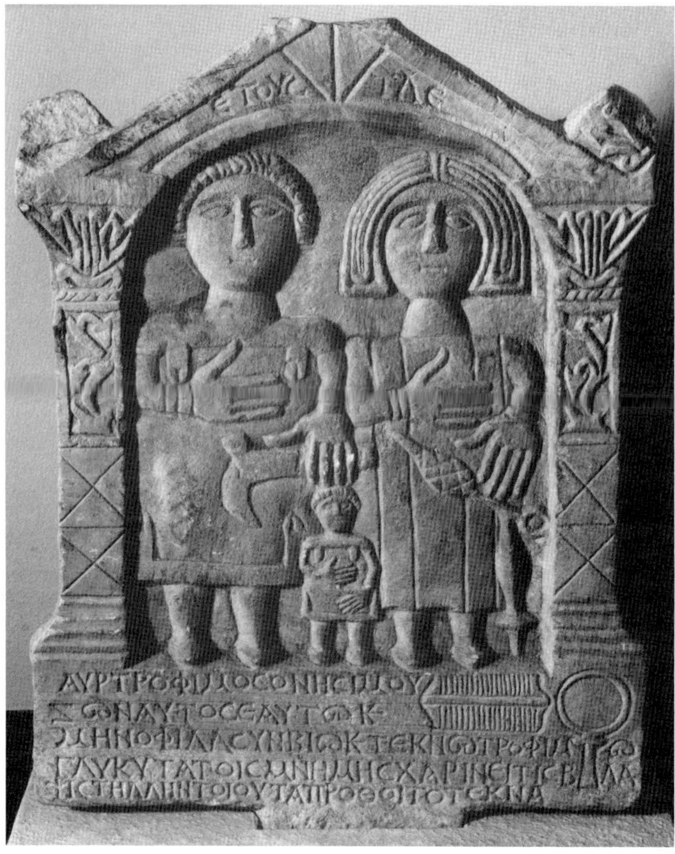

Abb. 29.   Grabrelief eines Ehepaares mit Kind. Datiert
250/51 n.Chr. Mainz, Römisch–Germanisches
Zentralmuseum. Museumsphoto.

Das Grabrelief der Tation und des Tatianos im Getty
Museum (Abb. 1) gibt noch Hinweise für ein anderes
Problem. Wenn man Inschrift und Reliefdarstellung
zusammen betrachtet, fällt auf, daß das frühverstorbene
Kind Tatianos, dem vier Zeilen der Inschrift gewidmet
sind und für das ihr zufolge sogar die Grabstele gesetzt
worden ist, nicht abgebildet ist. In anderen Fällen sind
Kinder auf phrygischen Reliefs dargestellt, und zwar allein[31] oder in Begleitung von Erwachsenen (Abb. 7, 16,
19, 21, 29);[32] in einigen Fällen scheint man das Kind
später eingemeißelt zu haben.[33] Es ist vermutet worden,
die phrygischen Grabreliefs seien in den Werkstätten auf

Vorrat hergestellt worden;[34] dann hätten sie nur durch
Inschriften oder nachträgliche Veränderungen individuellen Bedürfnissen angepaßt werden können. Dagegen spricht aber beim vorliegenden Exemplar, daß der
Mann eine völlig ungewöhnliche Kleidung trägt, die
nur auf besonderen Auftrag hin, nicht jedoch auf Vorrat
gearbeitet worden sein kann. Es wird sich also um einen
auf individuellen Wunsch gefertigten Familiengrabstein
mit der Darstellung des Ehepaares handeln; als überraschend ein Sohn, Tatianos, in jungen Jahren starb,
haben ihn die Eltern mit der Inschrift bedacht. Der verstorbene Sohn konnte nicht mehr abgebildet werden, da
kein Platz vorhanden war.[35] Ein anderer Sohn, Theaitetos, gedenkt seiner Mutter, seltsamerweise aber
nicht beider Elternteile; die Gründe dafür werden sich
kaum nennen lassen.

Auch bei vielen anderen Grabreliefs aus Phrygien ist
festzustellen, daß sie nur auf besonderen Auftrag hin
gemeißelt worden sein können. Es gibt Beispiele, bei
denen Kinder groß herausgestellt und die Eltern nur mit
Brustbildern im oberen Teil wiedergegeben sind (Abb.
15, 20), andere, bei denen nur einzelne Gestalten
abgebildet sind, wieder andere, bei denen ein Paar mit
einem Kind (Abb. 19, 21, 29) oder eine Gestalt mit zwei
Kindern (Abb. 16) vorkommt, schließlich eines, bei dem
das Paar und der achtzehnjährige Sohn mit abgebildet
sind. Die Inschriften weisen in vielen Fällen auf diese
Besonderheiten hin, das Relief muß also für den jeweiligen Fall angefertigt worden sein.[36] Die Lage ist also
sogar bei der provinziellen Gruppe der phrygischen
Grabreliefs ähnlich wie bei den Sarkophagen, bei denen
es sich in vielen Fällen nicht um Serienfabrikation auf
Vorrat, sondern um Arbeiten auf individuellen Auftrag
gehandelt hat.[37]

Die hier zusammengestellten Reliefs aus Phrygien
verteilen sich zeitlich vom dritten Viertel des 2. Jhs.
n.Chr. bis in das dritte Viertel des 3. Jhs. n.Chr. In die
frühe Zeit, die mittelantoninische Phase, lassen sich allerdings nur sechs oder vielleicht sieben der Reliefs
datieren (Gruppe VII). Die anderen Gruppen setzen erst
im zweiten Viertel des 3. Jhs. n.Chr. ein (Gruppe I,

31. Z.B. Pfuhl–Möbius, 115–116, Nr. 297, Taf. 54; 153, Nr. 480, Taf.
77; 207–208, Nr. 783, Taf. 115; 209, Nr. 793, Taf. 116.

32. Z.B. Buckler, Calder und Cox, a.O. (siehe oben I, Nr. 5),
171–172, Nr. 164, Taf. 24; Pfuhl–Möbius, 181, Nr. 637, 638, Taf. 97;
281–282, Nr. 1136, Taf. 172; 282, Nr. 1138, Taf. 171; Terry–Ousterhout,
14, fig. 1; E. Gibson, *TürkAD* 25, 1 (1980), 66–68, Nr. 7, Abb. 20;
Karagöz, a.O., (siehe oben Anm. 14), 23, Abb. 26.

33. Buckler, Calder und Cox, a.O. (siehe oben I, no. 5), 171–172,
Nr. 164, Taf. 24; Berger, a.O., (siehe oben Anm. 4), 45–46, Taf. 17,2;
E. Gibson, *ZPE* 28 (1978), 13–15, Nr. 2, Taf. 2,2; 15–18, Nr. 3, Taf. 3a.

34. F. Noack, *AM* 19 (1894), 334; Miltner, a.O. (siehe oben Gruppe
IX, Nr. 6), 57; Gibson, a.O. (siehe Anm. 33), 7.

35. Vgl. die in Anm. 32 genannten Beispiele.

36. Z.B. Buckler, Calder und Cox, a.O. (siehe oben I, Nr. 5), 151,
Nr. 137, Abb. 75; 171–172, Nr. 163, 164, Taf. 24; Pfuhl–Möbius,
115–116, Nr. 297, Taf. 54; 153, Nr. 478, 479, Taf. 78; 153, Nr. 480, Taf.
77; 207–208, Nr. 783, Taf. 115; 209, Nr. 793, Taf. 116; 282, Nr. 1138,
Taf. 171; 503, Nr. 2090, Taf. 300; 515–516, Nr. 2146, 2147, Taf. 307;
Terry–Ousterhout, 14, Abb. 1; Gibson, *Christians*, 37–40, Nr. 16, Taf.
17; dies., *TürkAD* 25, 1 (1980), 66–68, Nr. 7, Abb. 20; Karagöz, a.O.
(siehe oben Anm. 14), 23, Abb. 25 (= Pfuhl–Möbius, 502–503, Nr.
2089, Taf. 300), 26.

37. B. Andreae, *Wissenschaftliche Zeitschrift der Humboldt–Universität
zu Berlin* 31 (1982), 137–138; ders., *MarbWPr* (1984), 109–128.

Nr. 12, 13, 20). Keines der Exemplare läßt sich bisher früher ansetzen. Erst bei einem Studium der Originale sowie einer Behandlung aller erhaltener Exemplare wird sich feststellen lassen können, ob die Daten von 284 n.Chr. (Gruppe I, Nr. 15) und 304 n.Chr. (Gruppe I, Nr. 18) auf zweien der Reliefs ursprünglich sind. Das Ende der Produktion figürlicher Reliefs ist also zur Zeit noch nicht genau festzulegen. An diese späten Beispiele läßt sich aber eine kleine Anzahl von Stücken anschließen, die eindeutig für Christen gearbeitet worden sind (Abb. 22).[38] Die Ornamente der seitlichen Pilaster, die Darstellung der Tiere und der verschiedenen Gegenstände scheint den paganen Reliefs recht nah verwandt zu sein, so daß sie wohl auf eine Werkstatt zurückgeführt werden können. Die christlichen Stücke könnten also schon um die Mitte des 3. Jhs. n.Chr. entstanden sein. Genaue Anhaltspunkte gibt es nicht, da keines der Reliefs ein Datum trägt.

Vorläufer für diese Reliefs sind in Phrygien nicht bekannt. Es ist bisher auch nicht zu sagen, welche Formen von Grabdenkmälern im 1. und 2. Jh. n.Chr. in dieser Landschaft üblich waren. Die Vorbilder sind wohl bei den hellenistischen Reliefs Kleinasiens zu suchen, bei denen sich einige der Besonderheiten, die für die phrygischen Reliefs charakteristisch sind, nachweisen lassen. Bei vielen von ihnen stehen die Gestalten frontal, ohne eine Verbindung, nebeneinander.[39] Verschiedentlich wird das Bildfeld oben nicht waagerecht, sondern gerundet abgeschlossen.[40] Viele der hellenistischen Exemplare haben reiches Beiwerk, wie es für die phrygischen Reliefs charakteristisch ist.[41] Eine Dekoration der seitlichen Pilaster läßt sich bei den hellenistischen Reliefs aber nicht nachweisen. Sie begegnet vereinzelt bei kaiserzeitlichen Grabreliefs aus Bithynien[42] und dem südphrygisch–karischen Gebiet[43] sowie vielleicht in einem Beispiel in Lydien,[44] doch ist es nicht sicher, ob diese auf die benachbarten phrygischen Reliefs eingewirkt haben.

Die kaiserzeitlichen Grabreliefs Phrygiens bilden also, soweit sich das bisher feststellen läßt, eine völlig eigenständige Gruppe innerhalb der Kunstlandschaften Kleinasiens. Sie nehmen Anregungen der hellenistischen Grabreliefs auf, gestalten sie aber in besonderer Weise um. Charakteristika sind:

—die Reliefs haben eine architektonische Rahmung durch Pilaster und einen Giebel;

—auf den Pilastern sind reiche Ornamente, auf den Giebeln Akrotere in Form von Palmetten wiedergegeben;

—das Relieffeld hat einen gebogenen oberen Abschluß; in den Fällen, in denen ein waagerechter vorhanden ist, befindet sich im Giebel ein eigenes kleines Relieffeld mit Büsten oder Löwen, das einen gerundeten oberen Abschluß hat;

—es werden nur stehende Gestalten und Büsten abgebildet; es fehlen sitzende; das sonst in Kleinasien verbreitete Totenmahl ist in keinem Beispiel nachzuweisen;

—die Gestalten werden in einer starren Vorderansicht wiedergegeben, es gibt keine Drehungen und Wendungen und keine Verbindungen zwischen ihnen, wie beispielsweise durch einen Handschlag;

—beliebt ist reiches Beiwerk wie Spiegel, Kämme, Spindel und Rocken, Peitschen, Winzermesser, Diptychen und andere Gegenstände sowie, häufig auf dem Sockel vorkommend, Ochsengespanne; alle diese Dinge geben Kenntnis von den Tugenden der Dargestellten und ihrem Beruf;

—die Gestalten sind flach und ohne Leben, ihre Proportionen sind nicht richtig erfaßt; die Gesichter sind stark vereinfacht, die Gewänder in eigentümlicher Weise stilisiert;

—die Inschriften, die teilweise recht lang sein können, geben keine Erläuterungen zum Leben der Dargestellten und ihrem Beruf, sondern sind allgemein gehalten.

Die Grabreliefs aus dem nordwestlichen Phrygien haben sich also von den hellenistischen Vorlagen sehr weit entfernt. Es wird deutlich, daß es in dieser Landschaft keine durchlaufende Tradition gegeben hat. Bei den kaiserzeitlichen Exemplaren in Bithynien[45] und Lydien[46] ist dagegen zu sehen, daß sie sehr stark in der hellenistischen Tradition stehen, die ohne Bruch durch-

---

38. Siehe die im Anhang zu Gruppe I genannten Beispiele.

39. Z.B. viele Exemplare bei Pfuhl–Möbius, Nr. 108–688, Taf. 26–103.

40. Z.B. Pfuhl–Möbius, 96–97, Nr. 191, Taf. 40; 98, Nr. 198, Taf. 41; 157, Nr. 507, Taf. 80; 245, Nr. 956, Taf. 143; 457, Nr. 1906, Taf. 274; 467, Nr. 1940, Taf. 280; 490, Nr. 2036, Taf. 295.

41. E. Pfuhl, *JdI* 20 (1905), 47–96, 123–155; dazu zahlreiche Beispiele in Pfuhl–Möbius.

42. Pfuhl–Möbius, 465, Nr. 1930, Taf. 278; 473, Nr. 1972, Taf. 283.

43. Z.B. Pfuhl–Möbius, 104, Nr. 234, Taf. 46; 199, Nr. 736, Taf. 110; 400, Nr. 1634, Taf. 239.

44. Malibu, J. Paul Getty Museum 78.AA.335: Koch, *Cat.* Nr. 38.

45. Z.B. Pfuhl–Möbius, 124–125, Nr. 347, Taf. 58; 188, Nr. 686, Taf. 103; 277, Nr. 1118, Taf. 169; 283, Nr. 1142, Taf. 172; 317, Nr. 1297, 1298, Taf. 257, 285; 339, Nr. 1426, Taf. 207; 397, Nr. 1621, Taf. 236; 464, Nr. 1930, Taf. 278; 473, Nr. 1972, Taf. 283.

46. Z.B. Pfuhl–Möbius, 96, Nr. 186, 187, Taf. 39; 126, Nr. 355, Taf. 59; 149, Nr. 454, 455, Taf. 75; 175, Nr. 595, Taf. 94; 206–207, Nr. 778, Taf. 114; 207, Nr. 787, Taf. 115; 210, Nr. 797, Taf. 116; 504, Nr. 2093, Taf. 301; Koch, *Cat.* no. 36 (mit weiterer Literatur).

zulaufen scheint. Bei den Beispielen aus Byzantion, die teilweise auch auf kleinasiatischer Seite gefunden worden sind, ist ebenfalls die hellenistische Tradition bestimmend geblieben.[47] Reliefs aus Südphrygien und Karien dagegen, die aus Hierapolis und Umgebung zu stammen scheinen, entfernen sich von den älteren Beispielen, allerdings in anderer Weise als die Exemplare aus Phrygien.[48] Auch die Exemplare in Pisidien sondern sich stark von ihnen ab.[49]

Die beiden handwerklich äußerst bescheidenen Reliefs des Getty Museums sind also charakteristische und wichtige Zeugnisse einer abgelegenen Kunstlandschaft in Kleinasien, nämlich dem nordwestlichen Phrygien; sie läßt sich in der römischen Kaiserzeit mit ihren Eigenarten gut fassen. Die Stücke werfen eine Fülle von Fragen auf, die sich bisher noch nicht klären lassen. Vielleicht kommt man einer Beantwortung näher, wenn einmal die zahlreiche und interessante Gruppe der Grabreliefs hinsichtlich der Darstellungen und auch der Inschriften und dazu die anderen Skulpturen aus dieser Gegend, darunter die Weihreliefs und die Büsten des Zeus, näher untersucht worden sind. Vielleicht erhielte man damit auch Aufschluß über andere Kunstprovinzen in Kleinasien und gegenseitige Beeinflussungen. Eine Untersuchung der Grabreliefs könnte also unsere Kenntnis von der kaiserzeitlichen Skulptur einer Landschaft erweitern, die im römischen Reich große Bedeutung gehabt hat.

Christlich Archäologisches Seminar
Marburg

SUMMARY IN ENGLISH

Two unpublished Phrygian funerary reliefs are presented with detailed descriptions. The first is shown to be without known parallels, although it is comparable in some elements of dress, iconography, and inscription to known stelai. Stylistic comparison places the figural representation in the last quarter of the second century A.D. The second, a fragmentary relief cut from a larger composition and altered in antiquity, depicts a male awkwardly changed to a female on reuse. Comparable reliefs in Istanbul and Urbana place it in the second quarter of the third century A.D. In order to improve what has been until now an unclear overall picture of figural representation on Phrygian stelai, the author proposes a main regional workshop with nine subsidiary groupings, located in the upper Tembris valley in or near Altintaş, the ancient Soa.

47. N. Firatlı, *Les stèles funéraires de Byzance gréco-romaine* (Paris, 1964); Koch, *Cat.* Nr. 33, 34 (mit weiterer Literatur).

48. Z.B. Pfuhl–Möbius, 104–105, Nr. 234, 235, Taf. 46; 131, Nr. 379, Taf. 61; 199, Nr. 736, Taf. 110; 207, Nr. 780, Taf. 115 (allerdings angeblich aus Istanbul); 293, Nr. 1195, Taf. 180; 400, Taf. 1634, 1635, Taf. 239; 430, Nr. 1787, Taf. 258; 462, Nr. 1920, Taf. 277; 473–474, Nr. 1973, 1976, Taf. 283; W. H. Buckler und W. M. Calder, *Monumenta Asiae Minoris Antiqua VI* (Manchester, 1939), 11, Nr. 20, Taf. 5; 12, Nr. 24, Taf. 6; 18, Nr. 48, Taf. 10; 50, Nr. 137, Taf. 24.

49. Pfuhl–Möbius, 260, Nr. 1041, Taf. 156; C. Brixhe und E. Gibson, *Kadmos* 21 (1982), 130–169 (mit 6 Taf.).

Palmyrenische Skulpturen in Museen an der amerikanischen Westküste

Klaus Parlasca

Vor über 60 Jahren, am 29. Dezember 1922, referierte Harald Ingholt auf dem General Meeting des Archaeological Institute of America in New Haven über die Prinzipien seiner systematischen Ordnung,[1] mit der er den weltweit verstreuten Bestand palmyrenischer Skulpturen gegliedert hatte.[2] Sechs Jahre später erschien sein noch heute grundlegendes Standardwerk, in dem auch zahlreiche Bildwerke in nordamerikanischen Museen erfaßt und verarbeitet sind.[3] Bei einem Blick auf den Index fällt auf, daß Museen der Pacificregion in diesem Werk nicht vertreten sind. Drei der von Ingholt besprochenen Reliefs gelangten allerdings in späteren Jahren in westamerikanische Museen, und zwar die Nr. 5, 6, und 9 unseres Anhangs. Die unpublizierten, bereits 1884 erworbenen Bildwerke aus Palmyra in Stanford waren, wie früher die meisten Bestände der Antikensammlungen dieser Region, in Fachkreisen unbekannt. Die westlichste Serie palmyrenischer Skulpturen in den USA befand sich damals im Walker Art Center in Milwaukee.[4] Bedauerlicherweise hat diese Institution vor ca. 20 Jahren den größten Teil ihrer stattlichen Serie verkauft.[5]

Der große Aufschwung der westlichen Museen in den USA nach dem 2. Weltkrieg brachte auch eine erhebliche Vermehrung des Bestandes an palmyrenischen Skulpturen. Soweit mir bekannt ist, existieren hier insgesamt 15 Exemplare in 6 verschiedenen öffentlichen Sammlungen. Diese bisher noch nicht im Zusammenhang erfaßte, teilweise noch unpublizierte Serie soll im folgenden vorgestellt werden. Dazu kommen einige Stücke in Privatbesitz, von denen in unserer Zusammenstellung nur drei berücksichtigt sind.

Der vorliegende Beitrag basiert auf einer vor mehr als 20 Jahren begonnenen Materialsammlung mit dem Ziel einer corpusmäßigen Erschließung besonders der außerhalb Syriens verstreuten Funde aus Palmyra. Dazu kommen ergänzende Informationen, die ich im Frühjahr 1985 als Gastwissenschaftler des J. Paul Getty Museums in Malibu sammeln konnte. Für den mitteleuropäischen Raum ist der erste Teil des geplanten Corpus in Arbeit.[6] Der Verfasser hofft, ihn bis 1989 als erste Rate des Projekts fertigstellen zu können. Parallele Unternehmungen umfassen einen Katalog der umfangreichen Sammlung in der Ny Carlsberg Glyptotek in Kopenhagen von Gunhild Ploug,[7] sowie die Publikation von Fundgruppen aus neueren syrischen Grabungen unter der Leitung von A. Sadurska.[8] Es kann nicht überraschen, daß die in verschiedenen Sammlungen an der amerikanischen Westküste aufbewahrten palmyrenischen Bildwerke eine relativ zufällige Serie bilden. Immerhin muß betont werden, daß sie eine ganze Reihe interessanter und z.T. auch künstlerisch bemerkenswerter Reliefs umfaßt. In chronologischer Hinsicht umspannen sie einen Zeitraum vom frühen 2. bis zum mittleren 3. Jahrhundert. Abgesehen von der in Museen außerhalb Syriens kaum vertretenen Frühphase der palmyrenischen Kunst, d.h. dem 1. Jahrhundert vor und nach Christus, ist in dieser Serie im wesentlichen die gesamte Entwicklung in

---

1. Vgl. den Kurzbericht in *AJA* 27 (1923), 69.

2. Der angesehene, 1896 in Kopenhagen geborene Gelehrte verstarb 1985 hochbetagt als Emeritus der Yale University.

3. *Studier over palmyrensk Skulptur* (Kopenhagen, 1928).

4. Die Sammlung umfaßte außer den sieben bei Ingholt, a.O., berücksichtigten Skulpturen noch zwei weitere Stücke, die inzwischen ebenfalls verkauft wurden (s. folg. Anm.).

5. Meine persönlichen Ermittlungen haben ergeben, daß im Walker Art Center leider keine ausreichenden Unterlagen über diese Transaktionen existieren; nur von einem Teil der 9 Objekte gibt es dort noch Photos. Zwei Reliefs gelangten als Leihgabe in das Minneapolis Institute of Arts (L. 68.381.11 und .12, früher X1492 bzw. X1493). Der Verbleib der meisten anderen Skulpturen ist nicht bekannt. Vgl. hierzu meine Bemerkungen in *Eikones: Festschrift für H. Jucker* (1980), 149 im

Zusammenhang mit der Erstveröffentlichung eines dieser Reliefs, das 1974 auf einer New Yorker Auktion für die archäologische Sammlung der Universität Erlangen erworben werden konnte (I1184). Ein anderes Relief aus Minneapolis befindet sich heute in Los Angeles (unsere Nr. 9). Beide Reliefs stammen aus dem Besitz von Aziz Khayyat (1906); zu diesem s. u. Anm. 12.

6. Dieser Teil umfaßt die Bestände in den deutschsprachigen Ländern und kleineren Sammlungen angrenzender Staaten Mitteleuropas.

7. Einen Katalog der palmyrenischen Skulpturen in Großbritannien hat M. A. R. Colledge im Manuskript abgeschlossen (Erscheinungsdatum unbestimmt).

8. Kurzer Vorbericht: A. Sadurska, "Korpus rzeźb palmyrenskich w muzeach Syrii," *Studia archeologiczne 2* (Polen, 1984), 101ff. Als Mitarbeiter erscheinen A. Bounni und C. Asa'ad.

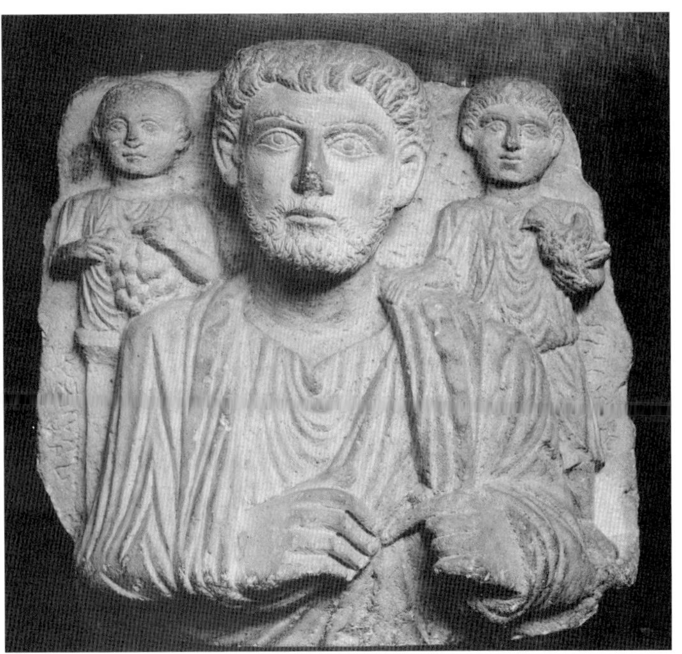

Abb. 1. Grabrelief eines Mannes mit zwei Kindern. Palmyrenisch, 2. Hälfte des 2. Jahrhunderts. Kalkstein, H: 49,4 cm (19½ in.); L: 50,7 cm (20 in.). The Seattle Art Museum, Eugene Fuller Memorial Collection, Cs11.2 (42.11). Photo: Seattle Art Museum.

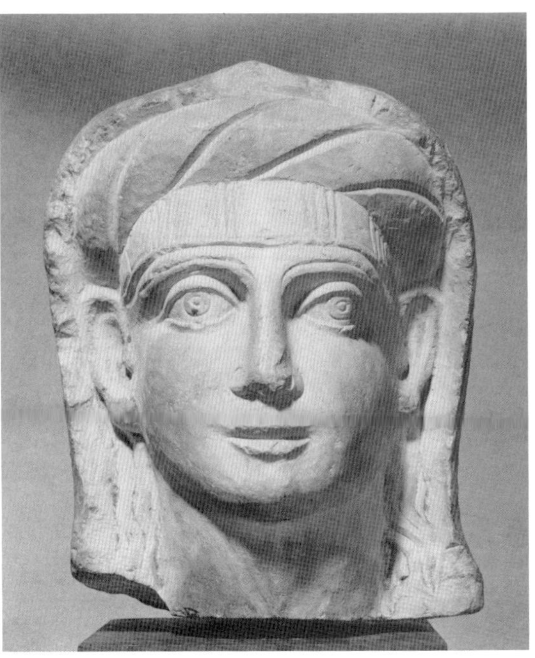

Abb. 2. Weiblicher Kopf eines Grabreliefs. Palmyrenisch, ca. 100–130 n.Chr. Kalkstein, H: 24,7 cm (9¾ in.); L: 18,2 cm (7⅛ in.). The Seattle Art Museum, Eugene Fuller Memorial Collection, Cs11.20 (48.189). Photo: Seattle Art Museum.

charakteristischen Beispielen repräsentiert.

Es ist freilich nicht zu übersehen, daß diese Gruppe innerhalb des von mir erfaßten Gesamtbestandes palmyrenischer Skulpturen in nordamerikanischen Museen—einschließlich Kanadas—einen relativ bescheidenen Prozentsatz ausmacht. C. C. Vermeule erwähnt in seiner Zusammenstellung von Palmyrena innerhalb der weniger bekannten musealen Porträtbestände dieses Territoriums 25 palmyrenische Stücke außerhalb der vier größeren Sammlungen in Boston, New Haven, New York und Philadelphia mit weiteren ca. 60 Exemplaren nach meiner Zählung.[9] Insgesamt habe ich bisher ca. 130 Exemplare registriert, von denen einige während der letzten Jahre sogar innerhalb der amerikanischen Museen ihren Standort gewechselt haben.[10] In dieser Ziffer sind allerdings z.T. wieder verschollene Exemplare in Privatbesitz oder solche im Kunsthandel nicht berücksichtigt.

Die Herkunft der einzelnen Skulpturen ist zumeist unbekannt. Ihr Fundort "Palmyra" läßt sich jedoch durch stilistische Kriterien und vor allem durch den typischen, lokalen Kalkstein leicht bestimmen. Dazu kommt die

Tatsache, daß Grabplastiken dieses Kunstkreises—im Gegensatz zu Votivreliefs—bisher fast ausschließlich aus Palmyra selbst bezeugt sind. Die Skulpturen unserer Serie erreichten ihren jetzigen Standort zumeist auf Umwegen—über Zwischenstationen verschiedener Sammler oder Händler. Direkte Importe durch Raubgräber sind für andere Museen der USA belegt. So hatte z.B. das Metropolitan Museum of Art in New York eine Anzahl solcher Reliefs direkt von einem gewissen Aziz Khayyat erworben, der die Reliefs (laut Angabe im Inventar) selbst ausgegraben hatte.[11] Über denselben syrischen Händler gelangten einige weitere Reliefs in andere amerikanische Museen.[12] Manche Zwischenstationen palmyrenischer Reliefs lassen sich mit Hilfe ihrer Inschriften bestimmen. In vielen Fällen sind einzelne Vorbesitzer durch ältere Editionen der Inschriften bekannt. In früheren Jahrzehnten haben sich die semitischen Epigraphiker um die Erfassung unedierter Zeugnisse wesentlich stärker bemüht als ihre archäologischen Kollegen. In unserem Katalog vermitteln die bibliographischen Angaben eine anschauliche Vorstellung von diesen Aktivitäten. Die Inschriften einzelner

9. C. C. Vermeule, "Greek and Roman Portraits in North American Collections Open to the Public. A Survey of Important Likenesses in Marble and Bronze Which Have not Been Published Extensively," *Proc. Amer. Philos. Soc.* 108 (1964), 99–134, bes. 102–115 passim (im folgenden zit. Vermeule, *Portraits*).

10. Vgl. meine Hinweise in *Eikones* (s. o. Anm. 5), 149.

11. Department of Ancient Near Eastern Art, 01.25.1–8 und 02.29.1–6.

12. Pittsfield, Mass., Berkshire Museum 03.7.1–6. Auch für andere Skulpturen ist diese Provenienz bezeugt, so z.B. für ein verschollenes,

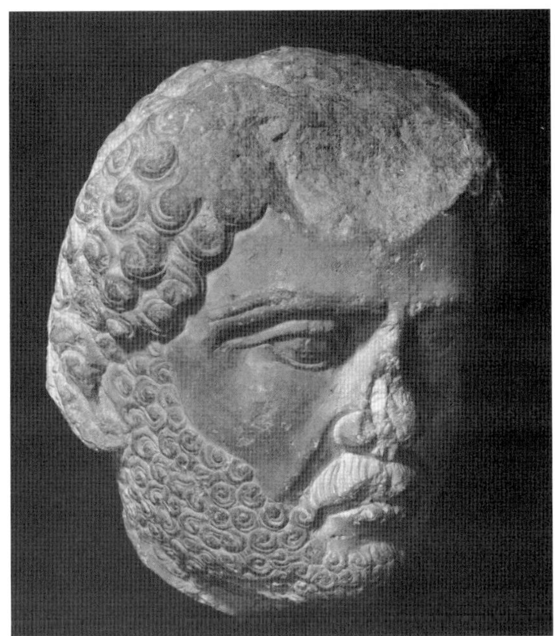

Abb. 3.   Bärtiger Kopf eines Grabreliefs. Palmyrenisch, 2. Hälfte des 2. Jahrhunderts n.Chr. Kalkstein, H: 26,6 cm (10½ in.); L: 22,1 cm (8¾ in.). The Seattle Art Museum, Eugene Fuller Memorial Collection, Cs11.41 (61.112). Photo: Seattle Art Museum.

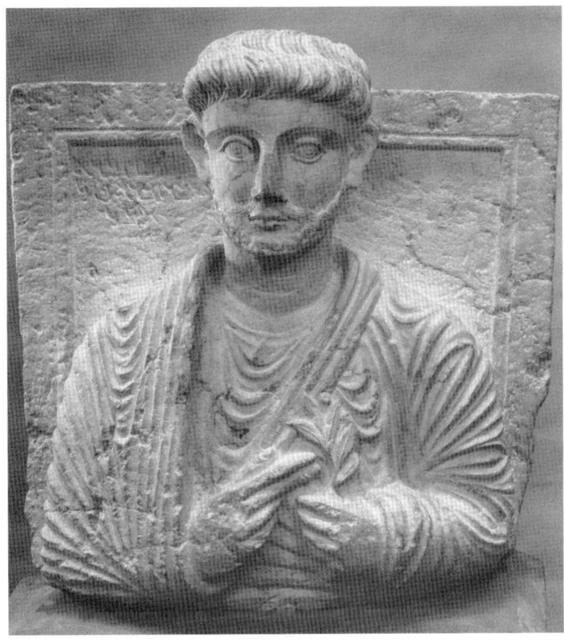

Abb. 4.   Grabrelief eines Mannes. Palmyrenisch, 2. Viertel des 2. Jahrhunderts n.Chr. Kalkstein, H: 63,1 cm (24⅘ in.); L: 62,4 cm (24½ in.). Portland Art Museum 54.1. Photo: Portland Art Museum.

der hier vorgestellten Reliefs wurden zwischen den Jahren 1902 und 1918 in verschiedenen Fachzeitschriften bekannt gemacht. Das Relief in einer kalifornischen Privatsammlung (Nr. 16) wurde bereits 1897 erstmals—allerdings an sehr entlegener Stelle, in einem russischen Buch—publiziert; seine Inschriften sind schon seit 1883 bekannt. Zu den frühen Spezialisten auf diesem Gebiet gehört auch der Amerikaner C. C. Torrey, dem die erste Edition (1906) der Inschrift auf einem Büstenrelief in Los Angeles (Nr. 9) verdankt wird.

Fast alle palmyrenischen Skulpturen in Museen Europas und der Neuen Welt gehörten zur Ausstattung von Grabanlagen. In der Regel handelt es sich dabei um unterirdische, mehrräumige Felsgräber (Hypogäen), von denen viele seit der zweiten Hälfte des 19. Jahrhunderts durch Raubgrabungen geplündert wurden.[13] Am häufigsten sind Büstenreliefs, die als Verschlußplatten sogenannter Schiebegräber gedient haben. In ihnen konnte man eine relativ große Anzahl von Toten platzsparend beisetzen. Die vielfach skulptierten Verschlußplatten zeigten Brustbilder der Verstorbenen—häufig mit ent-

sprechenden Namensbeischriften. Auf eine porträtmäßige Wiedergabe der Physiognomie haben die Palmyrener allerdings nur in Ausnahmefällen Wert gelegt.[14] Einer dieser wenigen Sonderfälle gehört zur vorliegenden Serie—eine Männerbüste in Stanford (Nr. 14). Relativ selten sind Büstenreliefs mit Darstellung zweier Verstorbener. Sie sind an der Westküste der USA sogar durch zwei sehr qualitätvolle Beispiele in Portland vertreten (Nr. 5, 6), die zum Besten gehören, das innerhalb dieser Gattung in amerikanischen Museen zu finden ist. Ein Relief in Stanford läßt sich als Fragment eines solchen Gruppenreliefs bestimmen (Nr. 11). Zu den weniger häufigen Typen gehören Reliefs, bei denen die Büsten der Verstorbenen durch Kinder ergänzt werden. Eine seltene Variante davon zeigt ein Relief in Seattle, auf dem sogar zwei Kinder wiedergegeben sind (Nr. 1).

Die Praxis der Raubgräber brachte es mit sich, daß von den z.T. sehr eindrucksvollen palmyrenischen Sarkophagen nur abgeschlagene Fragmente in den internationalen Antikenhandel gelangt sind.[15] Wenigstens ein gutes, charakteristisches Beispiel kann im Rahmen der

---

von H. Ingholt erwähntes Relief (*Berytus* 1 [1934], 36 Anm. 42; Ingholt, *Studier*, 112 PS 197). Vgl. ferner die Angaben am Ende von Anm. 5.

13. Vgl. M. Gawlikowski, *Monuments funéraires de Palmyre* (Warschau, 1970), passim, bes. 107ff.

14. Vgl. K. Parlasca, *RM* 92 (1985), 343ff. mit weiteren Nachweisen.

15. Ders., *MarbWPr* (1984), 283ff.

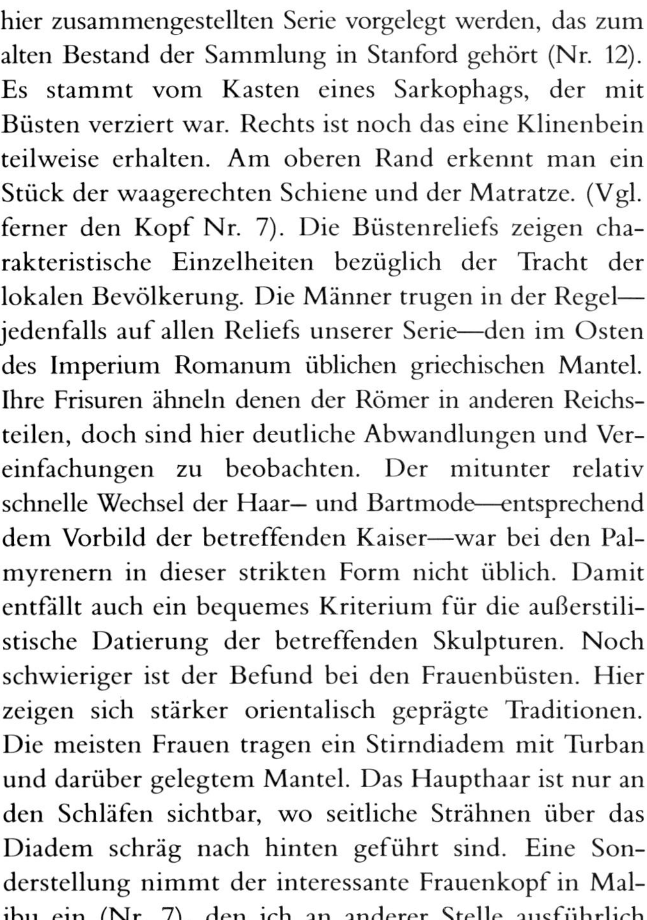

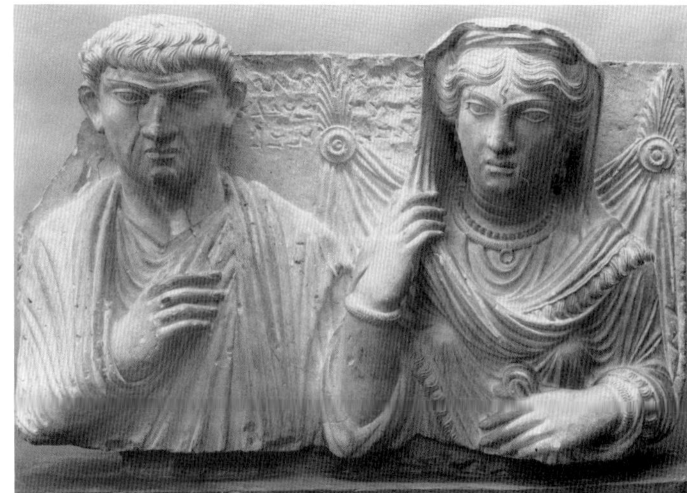

Abb. 5. Grabrelief zweier Männer. Palmyrenisch, 2. Hälfte des 2. Jahrhunderts n.Chr. Kalkstein, H: 52,6 cm (20¾ in.); L: 62,4 cm (24½ in.). Portland Art Museum 54.3. Photo: Portland Art Museum.

Abb. 6. Grabrelief eines Mannes mit seiner Tochter. Palmyrenisch, 2. Viertel des 2. Jahrhunderts n.Chr. Kalkstein, H: 56 cm (22 in.); L: 83 cm (32⅝ in.). Portland Art Museum 54.3. Photo: Portland Art Museum.

hier zusammengestellten Serie vorgelegt werden, das zum alten Bestand der Sammlung in Stanford gehört (Nr. 12). Es stammt vom Kasten eines Sarkophags, der mit Büsten verziert war. Rechts ist noch das eine Klinenbein teilweise erhalten. Am oberen Rand erkennt man ein Stück der waagerechten Schiene und der Matratze. (Vgl. ferner den Kopf Nr. 7). Die Büstenreliefs zeigen charakteristische Einzelheiten bezüglich der Tracht der lokalen Bevölkerung. Die Männer trugen in der Regel—jedenfalls auf allen Reliefs unserer Serie—den im Osten des Imperium Romanum üblichen griechischen Mantel. Ihre Frisuren ähneln denen der Römer in anderen Reichsteilen, doch sind hier deutliche Abwandlungen und Vereinfachungen zu beobachten. Der mitunter relativ schnelle Wechsel der Haar- und Bartmode—entsprechend dem Vorbild der betreffenden Kaiser—war bei den Palmyrenern in dieser strikten Form nicht üblich. Damit entfällt auch ein bequemes Kriterium für die außerstilistische Datierung der betreffenden Skulpturen. Noch schwieriger ist der Befund bei den Frauenbüsten. Hier zeigen sich stärker orientalisch geprägte Traditionen. Die meisten Frauen tragen ein Stirndiadem mit Turban und darüber gelegtem Mantel. Das Haupthaar ist nur an den Schläfen sichtbar, wo seitliche Strähnen über das Diadem schräg nach hinten geführt sind. Eine Sonderstellung nimmt der interessante Frauenkopf in Malibu ein (Nr. 7), den ich an anderer Stelle ausführlich

besprochen habe.[16] Hier ist das Haar der jüngeren, anscheinend unverheirateten Dame unbedeckt. Sie zeigt die in Palmyra verschiedentlich bezeugte Variante einer modischen Frisur, die eine Datierung in die Zeit um 180 n.Chr. erlaubt. Durch die Angabe des Todesdatums inschriftlich datierte Reliefs, die H. Ingholt seinerzeit als Grundlage seiner Chronologie benutzt hat, fehlen in unserer Serie. Mit ihrer Datierung ist es möglich, auch andere Skulpturen in größerem Zeitrahmen chronologisch zu ordnen.

Die palmyrenischen Beischriften der besprochenen Reliefs bieten in philologischer Hinsicht einige interessante Informationen. Vor allem sind sie für das breite Spektrum der in Palmyra gebräuchlichen Personennamen interessant. Es finden sich dabei z.B. auch Umschriften aus dem Griechischen (Nr. 18), zwei andere Namen scheinen dafür zu sprechen, daß ihre Träger zur jüdischen Diaspora gehörten (Nr. 4, 11). Eine genauere Analyse der Inschriften liegt außerhalb des hier gegebenen Rahmens. Der Verfasser fühlt sich aber seinem Kollegen R. Degen (München) zu aufrichtigem Dank verpflichtet für die Überprüfung und einige Korrekturen älterer Lesungen dieser Texte sowie für die Übersetzung der bisher unbekannten Beischriften.[17]

Zusammenfassend ist folgendes festzustellen: Die in verschiedenen Sammlungen an der Westküste der USA vorhandenen Skulpturen aus Palmyra verdienen in

---

16. K. Parlasca in: *Ancient Portraits in the J. Paul Getty Museum* I, Occasional Papers on Antiquities 4 (Malibu, 1986).

17. Diese Angaben basieren auf den mir vorliegenden Photos. Auf

ihnen sind in einigen Fällen einzelne Buchstaben verdeckt oder sonstige Einzelheiten nicht deutlich zu erkennen.

künstlerischer und kultureller Hinsicht gleichermaßen Interesse. Sie spiegeln anschaulich die Mittelstellung der Bildenden Kunst in dieser Oasenkultur zwischen Orient und Okzident.

Es ist damit zu rechnen, daß sich im Bereich der amerikanischen Westküste noch weitere, unpublizierte Bildwerke aus Palmyra befinden, die mir unbekannt geblieben sind. Für entsprechende Hinweise—auch über andere palmyrenische Skulpturen in amerikanischen Museen oder Privatsammlungen—wäre ich sehr dankbar.

KATALOG

Das Erwerbungsjahr wird nur angegeben, wenn es sich nicht aus den beiden ersten Ziffern der Inventar—Nummern ergibt.

Seattle Art Museum:

Nr. 1: Cs11.2 (42.11). Eugene Fuller Memorial Collection. GRABRELIEF EINES MANNES MIT ZWEI KINDERN. H: 49,4 cm (19½ in.); L: 50,7 cm (20 in.). 2. Hälfte des 2. Jahrhunderts. Abb. 1.
Der mit einem griechischen Mantel (Himation) bekleidete Mann hält keine Attribute. Halbrechts hinter ihm ist ein stehender Knabe dargestellt, der seine Rechte auf die Schulter des Mannes legt. Er hält—als Spielzeug—einen lebenden Vogel (Taube?) in der linken Hand. Neben der rechten Schulter des Mannes sieht man auf einem Pfeiler die Halbfigur eines zweiten Knaben, der eine überproportional große Weintraube in der Linken hält. Auch dieses Attribut ist typisch für Kinder. Die Pickung der Schädelkalotte ist wohl keine Andeutung von kurzgeschorenem Haar, entsprechend einer Mode des 3. Jahrhunderts (vgl. Nr. 14). Barttracht und Stil des Männerporträts sprechen eher für eine Datierung nach der Mitte des 2. Jahrhunderts. Die sinnlosen Inschriften sind offenbar modern.
BIBL.: *Handbook: Selected Works of Art from the Permanent Collections* (1951), Abb. S. 111 unten; The Seattle Art Museum (o.J.), Abb. S. 22 links unten; Vermeule, *Portraits*, 113 erwähnt (zusammen mit Nr. 2).

Nr. 2: Cs11.20 (48.189). Eugene Fuller Memorial Collection. WEIBLICHER KOPF EINES GRABRELIEFS. H: 24,7 cm (9¾ in.); L: 18,2 cm (7⅛ in.). Ca. 100—130 n.Chr. Abb. 2.
Der streng wirkende Kopf zeigt vom Haupthaar nur zwei Strähnen beiderseits des Halses. Die Augenwiedergabe zeigt eine frühe Form (ohne vom Oberlid überschnittene Iris).
BIBL.: *Our Ancient Heritage: An Exhibition*, ex. cat. (Philbrook Art Center, Tulsa, 1983), Nr. 228 (ohne Abb.).

Nr. 3. Cs11.41 (61.112). Geschenk von Mrs. Fred Everett in Erinnerung an ihren Mann. BÄRTIGER KOPF

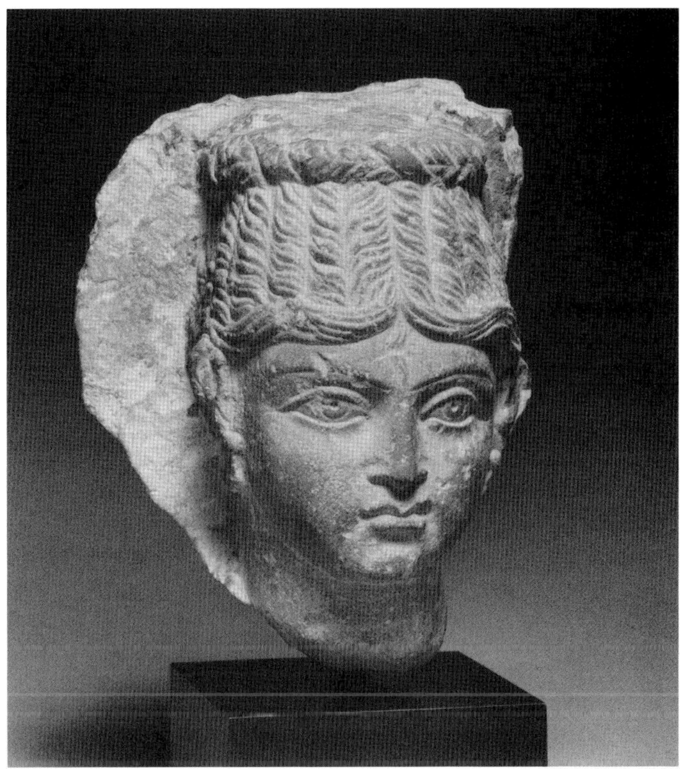

Abb. 7. Reliefkopf eines Mädchens. Palmyrenisch, um 180 n.Chr. Kalkstein, H: 16,8 cm (6⅝ in.). Malibu, J. Paul Getty Museum 81.AA.170.

EINES GRABRELIEFS. H: 26,6 cm (10½ in.); L: 22,1 cm (8¾ in.). 2. Hälfte des 2. Jahrhunderts. Abb. 3.
Der Kopf zeigt einen kurz geschnittenen Bart und dichte Buckellöckchen. Diese in Palmyra während des 2. Jahrhunderts beliebte Haartracht erinnert an ältere achämenidische Frisuren; auf diese Weise erklärt sich die Händlerangabe "reputedly from Persepolis, Iran."
BIBL.: *Art Quarterly* Winter (1961), 393.

Portland Art Museum:

Nr. 4. 54.1. Geschenk von Aziz Atiyeh. GRABRELIEF EINES MANNES. H: 63,1 cm (24⅘ in.); L: 62,4 cm (24½ in.). 2. Viertel des 2. Jahrhunderts. Abb. 4.
Der junge Mann in griechischer Manteltracht hält in der linken Hand einen Zweig. Der Hintergrund zeigt einen profilierten Rahmen, wie er zumeist nur bei frühen Grabreliefs dieser Provenienz auftritt. Dazu paßt der knapp geschnittene kurze Bart, der in Verbindung mit dem schlichten Stirnhaar eine Datierung in die frühe hadrianische Zeit empfiehlt. Die Inschrift lautet nach R. Degen: "Paul [(Pwl) nicht Pzl wie bisher gelesen] Sohn des Zabdā (Sohn des) Zabdā, (Sohnes des) Paul; wehe!"
BIBL.: F. J. Newton, "Three Tomb Sculptures from Palmyra," *Bull. Portland Art Association* 15 Nr. 7 (März 1954), Abb.; W. Eilers, *Archiv für Orientforschung* 17

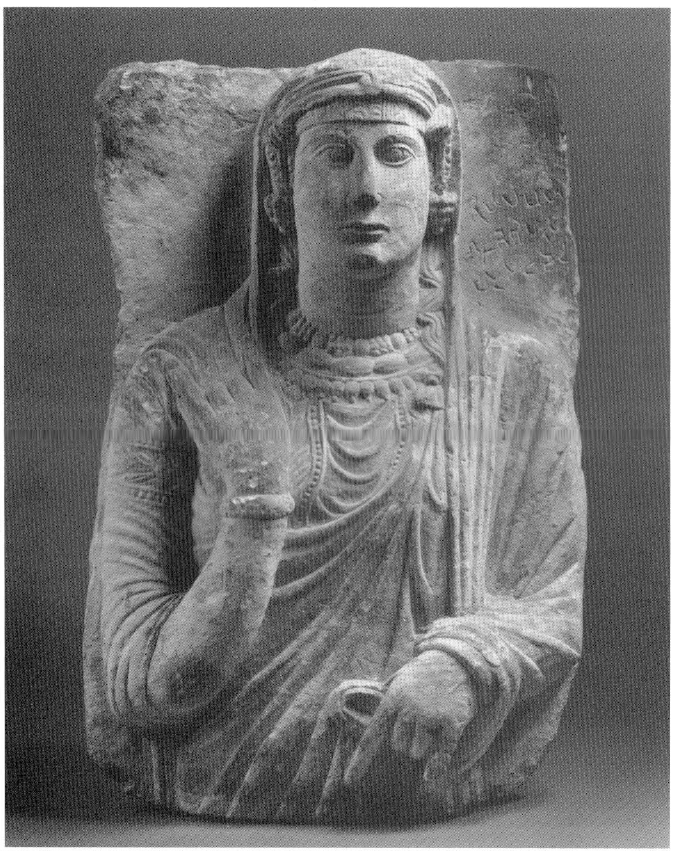

Abb. 8.   Weibliche Büste. Palmyrenisch, um 100 n.Chr. Kalkstein, H: 55 cm (21⅝ in.); L: 38 cm (15 in.). Los Angeles County Museum of Art M.76.174.249. Geschenk von Nasli M. Heeramaneck. Photo: Los Angeles County Museum of Art.

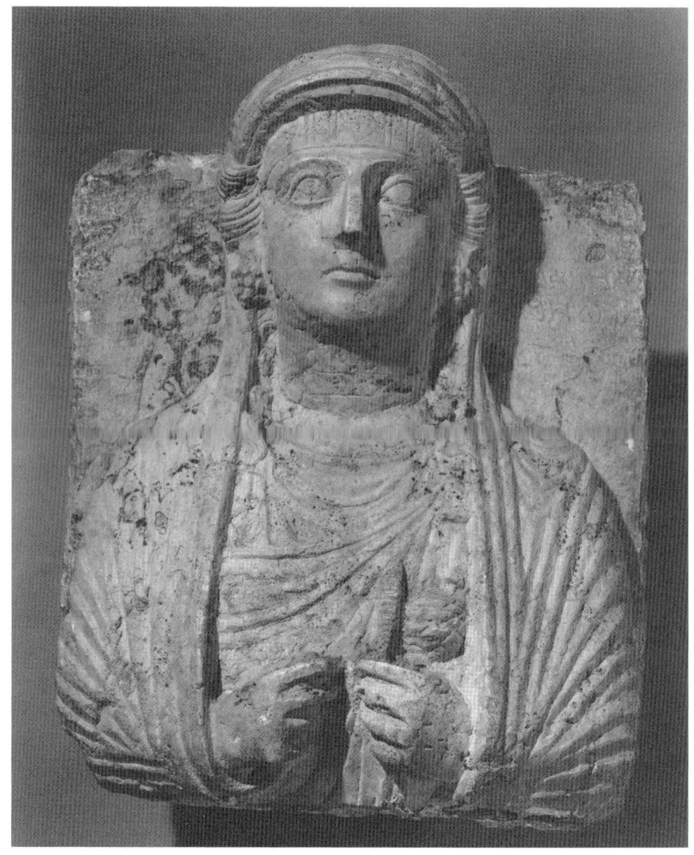

Abb. 9.   Weibliche Büste. Palmyrenisch, 1. Hälfte des 2. Jahrhunderts n.Chr. Kalkstein, H: 65 cm (25⅝ in.); L: 52,65 cm (20¾ in.). Los Angeles County Museum of Art M.79.147. Geschenk von Carl W. Thomas. Photo: Los Angeles County Museum of Art.

(1954–56), 193, Abb. 5b; Vermeule, *Portraits*, 111; M. A. Del Chiaro, *Roman Art in West Coast Collections*, Ausstellungskat. (Santa Barbara und Berkeley, 1973), 32, Nr. 38, Abb. auf S. 77.

Nr. 5. 54.2. Geschenk von Aziz Atiyeh. GRABRELIEF ZWEIER MÄNNER. H: 52,6 cm (20¾ in.); L: 62,4 cm (24½ in.). 2. Hälfte des 2. Jahrhunderts. Abb. 5.
Das Gruppenrelief zeigt einen bärtigen Mann, der seine rechte Hand auf die rechte Schulter eines bartlosen Mannes legt. Dieser legt den halb in seinen Mantel gewickelten rechten Arm vor die Brust; in der linken Hand hält er einen Zweig. Hinter ihm hängt ein Tuch (Dorsale) an zwei Knöpfen, an denen auch kurze Zweige befestigt sind. Durch das Dorsale wird angedeutet, daß der junge Mann zum Zeitpunkt der Herstellung des Reliefs bereits verstorben war. Der Bärtige neben ihm ist als Auftraggeber anzusehen. Die Inschriften geben Aufschluß über ihr verwandschaftliches Verhältnis: Ganz rechts liest man "Zabdibol, Sohn des Yarhibolā, wehe!" Diese Beischrift

bezieht sich auf den Bärtigen. Der Text zwischen beiden Köpfen gehört zum jüngeren Mann: Yarhībōlā, Sohn der Tammā, seiner Schwester, wehe!" Der Zusatz "seiner Schwester" bezieht sich auf den Auftraggeber des Reliefs. Der junge Mann war demnach sein Neffe. Nach R. Degen ist die bisherige Lesung SBBW (Sabinus?) statt Zabdibol sicher falsch. Es liegt offenbar ein Fehler des Steinmetzen vor: ZBBBWL (statt ZBDBWL). Auch sonst finden sich in der älteren Literatur Ungenauigkeiten bei der Wiedergabe der Namen dieses Reliefs.
BIBL.: S. Ronzevalle, "Notes d'épigraphie palmyrénienne," *Revue Biblique* 11 (1902), 409, Nr. 1; M. Lidzbarski, *Ephemeris für semitische Epigraphik* 2 (Berlin, 1908), 78, Nr. A; J. B. Chabot, *Répertoire d'épigraphie sémitique* 2 (1907–1914), 294f., Nr. 968; *CIS* II.3, 449, Nr. 4535, Taf. 62, 63; Newton, a.O., Abb.; (o. Verf.) *Archaeology* 7 (1954), 121 mit Abb. links; Eilers, a.O., 192f., Abb. 5a; Vermeule, *Portraits*, 111; H. Ingholt in: B. S. Ridgway, *Classical Sculpture* (Museum of Art, Rhode Island School of Design, Providence, 1972), 22, Anm. 2,

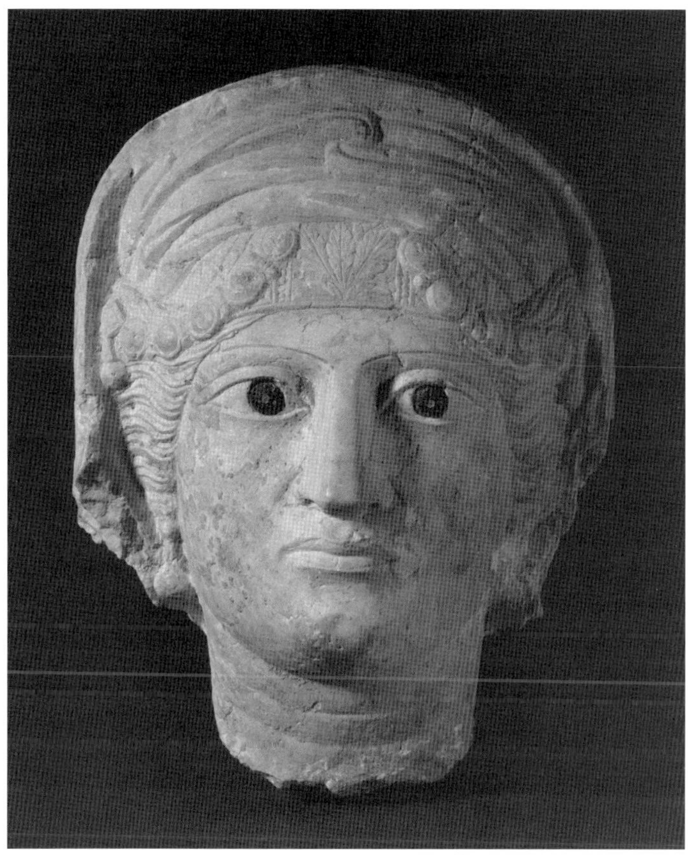

Abb. 10. Weiblicher Kopf von einem Büstenrelief. Palmyrenisch, 1. Hälfte des 2. Jahrhunderts n.Chr. Kalkstein, H: 27 cm (10⅝ in.). Los Angeles County Museum of Art M.82.77.2. Geschenk von Robert Blaugrund. Photo: Los Angeles County Museum of Art.

Nr. e ("now probably in the Portland Art Museum").

Nr. 6. 54.3. Geschenk von Aziz Atiyeh. GRABRELIEF EINES MANNES MIT SEINER TOCHTER. H: 56 cm (22 in.); L: 83 cm (32⅝ in.). 2. Viertel des 2. Jahrhunderts. Abb. 6.
Dieses schöne Gruppenrelief zeigt als Hauptperson rechts eine reich gekleidete Frau, deren Mantel mit Fransen verziert ist. Turban und Schleier lassen einen Teil des Haupthaars unbedeckt; das sonst fast regelmäßig getragene Stirnband (Diadem) fehlt. Ihre rechte Hand greift in den Schleier, die linke faßt einen Zipfel des Mantels. Um den Hals trägt die Dame zwei Ketten; an beiden Handgelenken sieht man dicke Armbänder. Hinter ihr ist ein Dorsale aufgehängt. Neben ihr ist ein bartloser Mann in griechischem Mantel dargestellt. Die Inschriften lauten: "Yarhai, Sohn des Ogā, wehe! Belya, seine Tochter, wehe!" Die Beischriften geben uns die Information, daß ein Vater mit seiner Tochter dargestellt ist. Bei der Anfertigung des Reliefs war—nach Ausweis

des Dorsales—nur sie bereits verstorben. Der nur bei Toten übliche Zusatz "wehe!" ist bei dem Vater wohl eine spätere Zutat. Sein bartloses Gesicht erinnert auffällig an Bildnisse des Kaisers Trajan (gest. 117 n.Chr.). Zweifellos handelt es sich um eine bewußte "Bildnisangleichung." Das tatsächliche Datum des Reliefs wird etwas später sein. Dafür sprechen die etwas fortschrittliche Augenwiedergabe und die relativ freie Haartracht der jungen Dame. Ich habe bei der Analyse des Reliefskopfs Nr. 7 eingehend begründet, daß solch eine "liberale" Haartracht bei Frauen wohl mit dem Besuch des Kaisers Hadrian in Palmyra zusammenhängt.
BIBL.: Ronzevalle, a.O., 410, Nr. 3; Lidzbarski, a.O., 78, Nr. C; Ingholt, *Studier* 95, Nr. PS 65; Newton, a.O., Abb.; *Archaeology*, a.O., 121 Abb. rechts; Eilers, a.O., 192; M. Milkovich, *Roman Portraits: A Loan Exhibition* (Worcester, 1961), 56f., Nr. 24, Taf.; Vermeule, *Portraits*, 111; Del Chiaro, a.O., 32, Nr. 37, Abb. S. 76; C. C. Vermeule, *Greek and Roman Sculpture in America* (Berkeley, 1981), 384, Abb. 333.

The J. Paul Getty Museum:
Nr. 7. 81.AA.170. Anonymes Geschenk. RELIEFKOPF EINES MÄDCHENS. H: 16,8 cm (6⅝ in). Um 180 n.Chr. Abb. 7.
Das Fragment gehört zur Deckelgruppe eines Sarkophags. Das unbedeckte Haar spricht für die Deutung als unverheiratetes Mädchen; eine jugendliche Altersstufe läßt auch—trotz gewisser Idealisierung—das Gesicht erkennen. Die Frisur ist eine durch z.T. gut datierbare Parallelen für Palmyra mehrfach bezeugte Variante einer italischen Haartracht.
BIBL.: K. Parlasca in: *Greek and Roman Portraits* I (Malibu, 1986), 107ff., Abb. 1a–b.

Los Angeles County Museum of Art:
Nr. 8. 76.174.249. Geschenk von Nasli M. Heeramaneck. WEIBLICHE BÜSTE. H: 55 cm (21½ in.); L: 36 cm (15 in.). Um 100 n.Chr. Abb. 8.
Die Büste hat einen auffallend tiefen Ansatz; in der Fachsprache bezeichnet man diesen Typus als Halbstatue. Die Dame trägt eine dreiteilige Gewandung. Der Chiton mit breiter Mittelborte—man beachte die genähten Querfalten—wird teilweise verdeckt von einem nur auf der linken Schulter mit einer trapezoiden Fibel befestigten Gewand. Die Dame greift mit beiden Händen in den über den Kopf gezogenen Mantel. Turban und Diadem verdecken fast das ganze Haupthaar. Nur zwei über den Turban nach hinten geführte Strähnen an den Schläfen und die beiden seitlich des Halses bis zu den Schultern reichenden Locken sind sichtbar. Außer der erwähnten Fibel und dem Diadem trägt die Dame zwei Reifen an den Handgelenken, ein breites, über dem

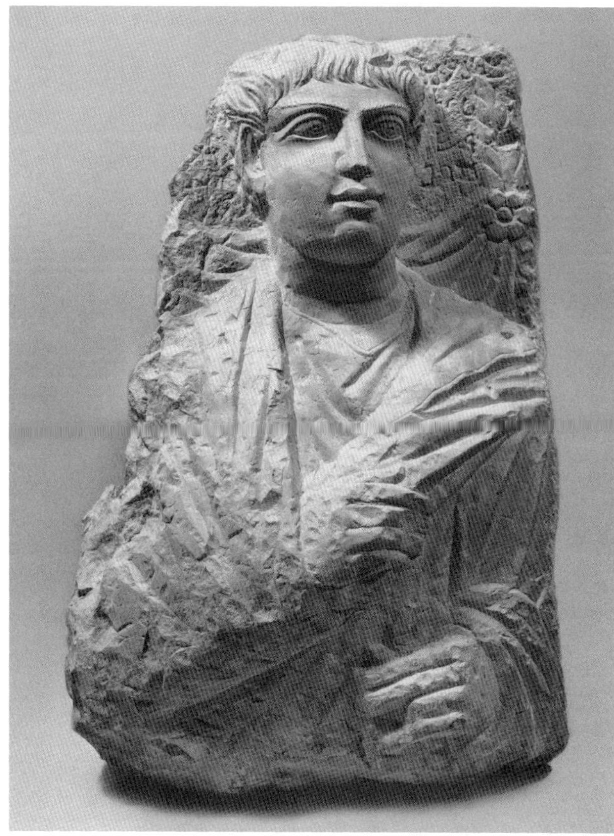

Abb. 11. Grabrelief eines jungen Mannes. Palmy-
renisch, 1. Hälfte des 2. Jahrhunderts n.Chr.
Kalkstein, H: 60 cm (23⅝ in.); L: 38 cm (15 in.).
Stanford University Museum of Art 17200.
Geschenk von Leland Stanford, Jr. Photo:
Stanford University Museum of Art.

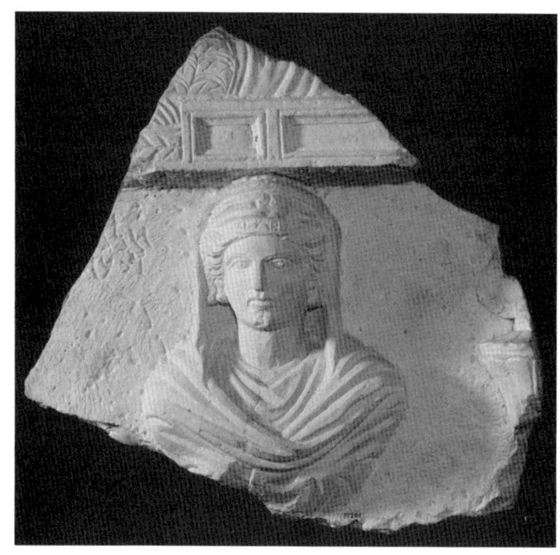

Abb. 12. Sarkophagfragment mit weiblicher Büste. Palmyrenisch, 2. Hälfte des 2. Jahrhunderts
n.Chr. Kalkstein, H: 44,5 cm (17½ in.); L:
44,5 cm (17½ in.). Stanford University Museum of Art 17201. Photo: Stanford University Museum of Art.

bekleideten Oberarm befestigtes Armband, drei Hals-
ketten, traubenförmige Ohrringe sowie am Ohrrand
befestigte Verzierungen. Der Stil und die typologisch
altertümliche Büstenform sprechen für eine relativ frühe
Datierung, spätestens um die Wende des 1. zum 2. Jahrhundert. Die Inschrift ist nach einem R. Degen verdankten Hinweis falsch.

BIBL.: G. Markoe in: *Ancient Bronzes, Ceramics, and Seals:
The Nasli Heeramaneck Collection* (1981), 248, Nr. 1307
mit Farbabb.

Nr. 9. M.79.147. Geschenk von Carl W. Thomas
(ehemals Minneapolis, Walker Art Center X.1495).
WEIBLICHE BÜSTE. H: 65 cm (25⅝ in.); L: 52,65 cm
(20¾ in.). 1. Hälfte des 2. Jahrhunderts. Abb. 9.
Die schlicht gewandete Dame hat beide Arme vor dem
Körper angewinkelt. In der linken Hand hält sie
Garnspule und Spindel—als Webutensilien charakteristische Attribute für Hausfrauen. Schläfenlocken
und seitliche Haarsträhnen entsprechen etwa dem Befund des Reliefs Nr. 8. Die Inschrift kennzeichnet die
Dargestellte als "Aqmē, Tochter des Maqqai," mit dem
Zusatz "wehe!" Die Nase sowie die löcherige Oberfläche sind mit Gips ergänzt bzw. ausgebessert.

BIBL.: C. C. Torrey, *American Journal of Semitic Languages*
22 (1906), 269, Nr. B; J.-B. Chabot, *Répertoire d'épigraphie sémitique* 2 (1907–1914), 144f., Nr. 750; Lidzbarski,
a.O., 3 (1915), 150; Ingholt, *Studier* 129, PS 347; *CIS* II 3,
461f., Nr. 4570 (ohne Abb.); Auktionskatalog Nr. 3404
(Sotheby Parke Bernet, New York, 26.–28. Sept. 1972),
Nr. 303; Ancient Art Myers/Adams Auction 8, New
York, 10. Okt. 1974, Nr. 20 Abb.

Nr. 10. M.82.77.2. Geschenk von Robert Blaugrund.
WEIBLICHER KOPF VON EINEM BÜSTENRELIEF.
H: 27 cm (10¾ in.) 1. Hälfte des 2. Jahrhunderts. Abb. 10.
Dieser Kopf fällt durch seinen üppigen Stirnschmuck
auf. Das fein verzierte Diadem macht deutlich, daß wir
uns das Original aus (Edel-)Metall zu denken haben.
Darüber hängen symmetrisch zwei Ketten mit großen
runden Gliedern, deren Enden an den zurückgekäm-
mten Haarsträhnen festgesteckt sind. Die Ohrringe be-
stehen aus je einer großen und kleinen Kugel, die mit
einem Stäbchen verbunden sind. Besonders auffällig
sind Reste der Bemalung; die geritzten Augensterne
sind zusätzlich durch schwarze Farbe markiert.

BIBL.: *Fine Antiquities*, Auktionskat. (Christie's, London,
23. April 1980), 39, Nr. 165 Abb.

Stanford University Museum:

Nr. 11. 17200. Leland Stanford, Jr. Collection 1884.
BÜSTE EINES JUNGEN MANNES. H: 60 cm (23⅝ in.);
L: 38 cm (15 in.). 1. Hälfte des 2. Jahrhunderts. Abb. 11.
Das Büstenrelief ist offenbar der rechte Teil einer

größeren Darstellung, vermutlich eines Doppelreliefs. Der linke Teil der Platte ist roh abgeschlagen. Die geringe Abarbeitung der rechten Seite ist sicher bereits antik, um das Relief für den vorgesehenen Platz passend zu machen. Der Jüngling in griechischem Mantel ist vor einem Dorsale dargestellt. Das volle Gesicht und das individuell gelockte Haupthaar sind vermutlich porträtmäßig anzusehen. Die Inschriften sind teilweise unvollständig und unklar. Rechts neben dem Kopf liest R. Degen Bōl ʿaq(eb) ṭwl(?) und in Zeile 3–4 ŠMWL, den Jüdischen Namen Samuel (hier wohl der Großvater des Dargestellten). Die zur verlorenen Büste gehörenden Reste zweier Zeilen am linken Rand ergeben keinen brauchbaren Zusammenhang.

BIBL.: *The Leland Stanford Jr., Museum* Bilderheft (o.J. 1954), Tafelabb. ohne Nr.; Del Chiaro, a.O., 32, Nr. 36, Abb. S. 75 unten.

Nr. 12. 17201. Leland Stanford, Jr. Collection 1884. SARKOPHAGFRAGMENT MIT WEIBLICHER BÜSTE. H: 44,5 cm (17½ in.); L: 44,5 cm (17½ in.) 2. Hälfte des 2. Jahrhunderts. Abb. 12.

Das Fragment stammt vom Kasten eines Klinensarkophags. Rechts ist noch der Rest des reich profilierten Beins erhalten; oben erkennt man noch einen Abschnitt der waagerechten Schiene und der Matratze. Links hat sich das Relief weiter mit einer oder zwei Büsten fortgesetzt. Die Büste zeigt keine Armansätze; auch die sonstigen Einzelheiten sind vereinfacht. An der linken Bruchkante sind Reste zweier Schriftzeilen erhalten, von denen nur der Anfang ("Bildnis der 'A…'") zu lesen ist.

BIBL.: Unpubliziert.

Nr. 13. 17204. Leland Stanford, Jr. Collection 1884. MÄNNERBÜSTE. H: 46,5 cm (18¼ in.); L: 35,0 cm (13¾ in.). 1. Hälfte des 2. Jahrhunderts. Abb. 13.

Die Büste eines bartlosen Mannes in griechischer Manteltracht ist vor einem Dorsale dargestellt. Die rechte Hand greift in den Mantelwulst, in der linken erkennt man einen Schwertgriff. Von einzelnen Gipsflickungen der stark bestoßenen Oberfläche sieht man noch Reste an Nase, Oberlippe und Mund. Die Inschrift wurde—ohne Kenntnis des Verbleibs—bereits 1918 publiziert: "Amrai, Sohn des Ogge, Sohn des Abdai, wehe!"

BIBL.: J.–B. Chabot, "Glanures palmyréniennes," *Journal Asiatique* (1918), II, 282, Nr. VII (nach einem 1878 aus Aleppo geschickten Abklatsch).

Nr. 14. 17205. Leland Stanford, Jr. Collection 1884. MÄNNERBÜSTE. H: 46,5 cm (18¼ in.); L: 42,5 cm (16¾ in.) 2. Viertel des 3. Jahrhunderts. Abb. 14.

Dieses Relief eines Mannes in griechischer Manteltracht vereint mehrere auffällige Besonderheiten. Die rechte

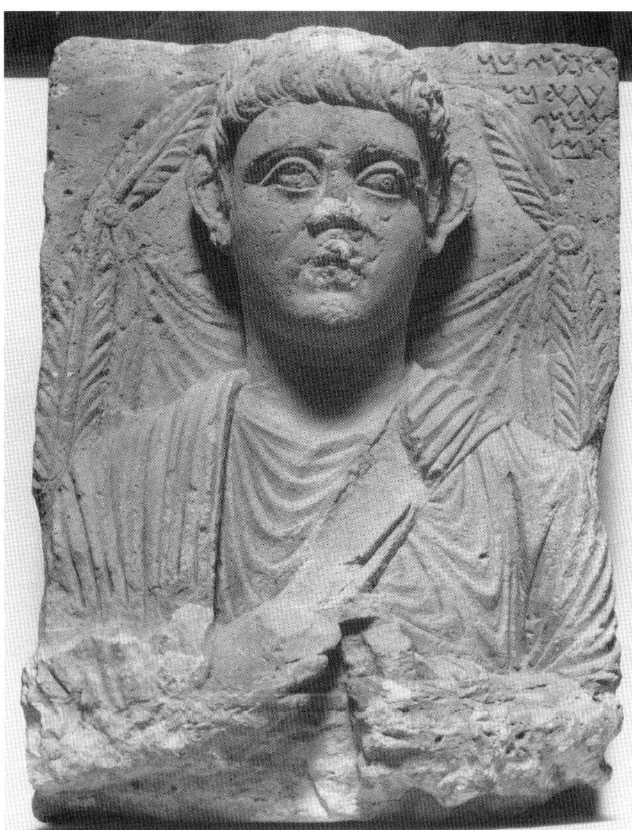

Abb. 13. Männerbüste. Palmyrenisch, 1. Hälfte des 2. Jahrhunderts n.Chr. Kalkstein, H: 46,5 cm (18¼ in.); L: 35 cm (13¾ in.). Stanford University Museum of Art 17204. Photo: Stanford University Museum of Art.

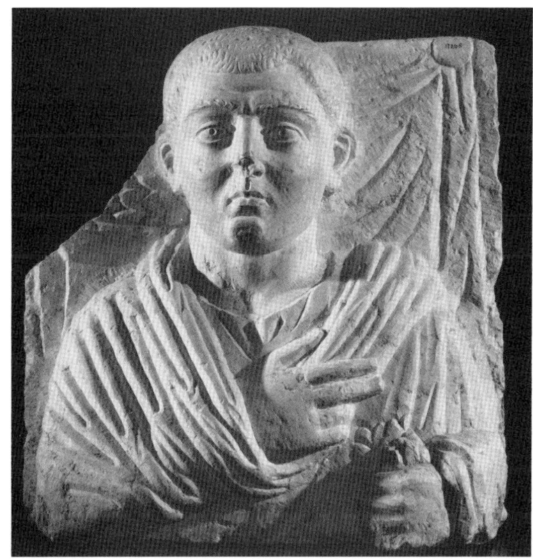

Abb. 14. Männerbüste. Palmyrenisch, 2. Viertel des 3. Jahrhunderts n.Chr. Kalkstein, H: 46,5 cm (18¼ in.); L: 42,5 cm (16¾ in.). Stanford University Museum of Art 17205. Photo: Stanford University Museum of Art.

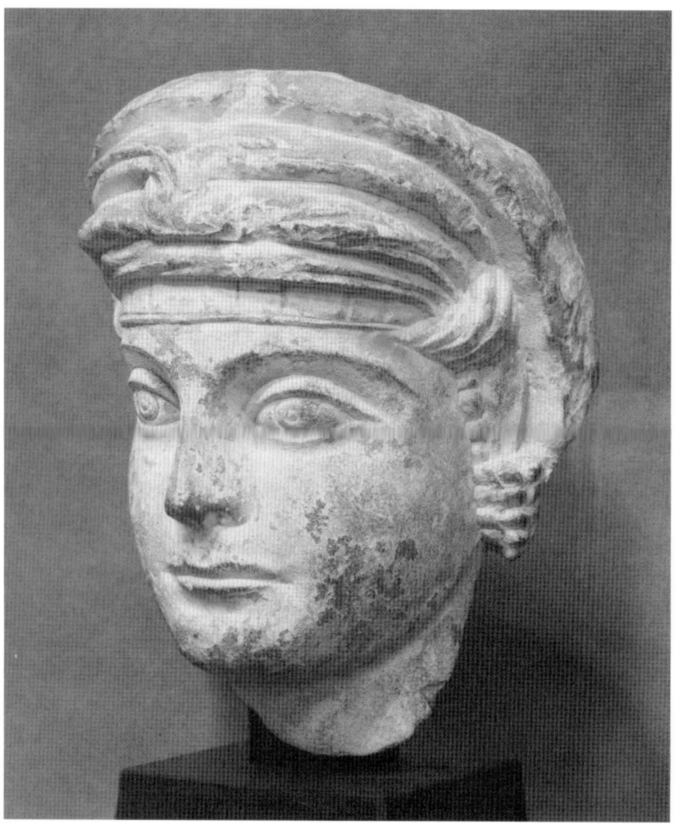

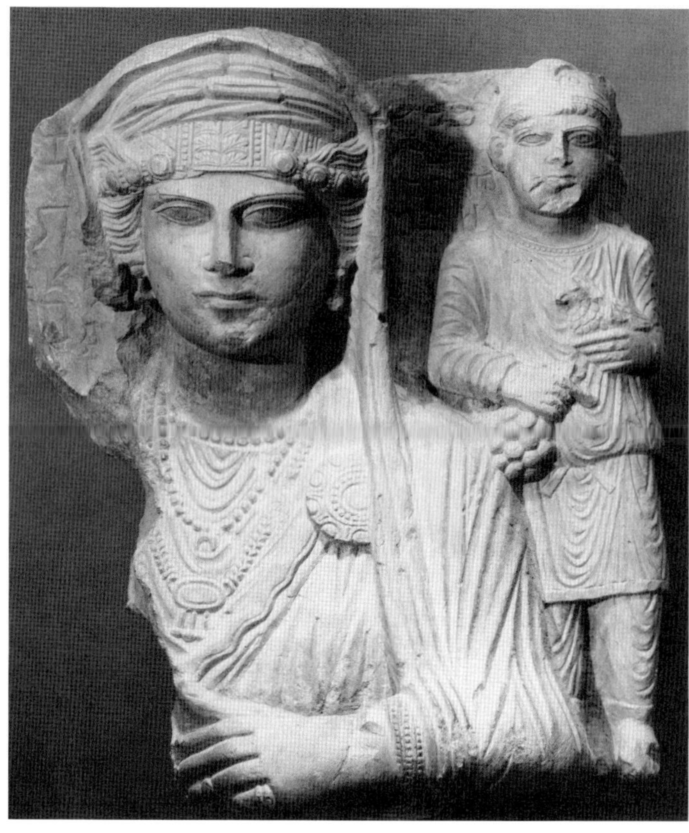

Abb. 15.   Weiblicher Kopf eines Büstenreliefs. Palmyrenisch, ca. 100–130 n.Chr. Kalkstein, H: 25
cm (9⅞ in.); L: 17 cm (6¾ in.). San Francisco,
M. H. de Young Memorial Museum 54668.
Photo: Fine Arts Museums of San Francisco.

Abb. 16.   Weibliche Büste mit einem Knaben. Palmy-
renisch, 1. Hälfte des 3. Jahrhunderts n.Chr.
Kalkstein, H: 42 cm (16½ in.). Privatbesitz
Kalifornien.

Hand ist vor die Brust gelegt. Der Zweig in der linken
Hand ist häufig belegt. Hinter der rechten Schulter ist
der obere Abschluß eines Pfeilers zu sehen, auf dem ein
Kranz liegt, offenbar die Andeutung einer öffentlichen
Ehrung. Rechts oben bedeckt ein Dorsale den Hintergrund; bei genauerem Zusehen bemerkt man, daß es sich
dabei um eine spätere, auf dem glatten Hintergrund ge-
ritzte Zufügung handelt. Ganz ungewöhnlich sind die
unverkennbaren Porträtzüge des Mannes. Auf dem ge-
drungenen Schädel ist nur ganz kurz geschnittenes Haar
mit gepickter Oberfläche angegeben. Dies ermöglicht
eine ziemlich genaue Datierung etwa in die Zeit des
Kaisers Alexander Severus. Die Inschrift befand sich höchstwahrscheinlich auf der abgebrochenen Ecke links oben.
BIBL.: *From Icon to Image*, Ausstellungskat. (Stanford,
1963), Taf. 3a; Vermeule (1981), a.O., 387, Abb. 336; K.
Parlasca, *Land des Baal*, Ausstellungskat. (Berlin, 1982),
204 zu Nr. 183 (Gegenstück in Damaskus, Nat. Mus.
8769); ders., *RM* 92 (1985), 350, Taf. 148,2 (Taf. 148,1:
Die Büste in Damaskus).

San Francisco, M. H. de Young Memorial Museum:

Nr. 15. 54668. Geschenk des M. H. de Young En-
dowment Fund 1935. WEIBLICHER KOPF EINES
BÜSTENRELIEFS. H: 25 cm (9⅞ in.); L: 17 cm (6¾ in.).
Ca. 100–130 n.Chr. Abb. 15.
Der Kopf zeigt die übliche Tracht mit Kopftuch, von
dem das Diadem großenteils verdeckt wird. Außerdem
sind traubenförmige Ohrringe angegeben. Die Art der
Iriswiedergabe spricht für eine relativ frühe Entstehung im
2. Jahrhundert.
BIBL.: *Illustrated London News*, 6. Dez. 1930, Abb. (Damals in der Sammlung Demotte, Paris).

Privatbesitz:

Nr. 16. WEIBLICHE BÜSTE MIT EINEM KNABEN.
Beverly Hills (?). H: 42 cm (16½ in.). 1. Hälfte des 3.
Jahrhunderts. Abb. 16.
Das links unvollständige Relief zeigt die Büste einer
Dame, die mit der rechten Hand an ihren Schleier greift,
die linke liegt angewinkelt vor der Brust. Der reiche
Schmuck besteht aus zwei tief herabhängenden Ketten
(die obere Perlreihe am Halsausschnitt ist wohl die Ver-
zierung des Gewandsaumes), und einer großen Schei-

benfibel. Dazu kommt ein breites Stirndiadem, an dem
seitlich zwei kurze Ketten befestigt sind, wie sie uns
bereits bei anderen Stücken unserer Gruppe begegnet
sind. Neben ihrer linken Schulter befindet sich ein
stehender Knabe. Er trägt die iranische Hosentracht und
eine Kappe in der Art einer phrygischen Mütze. In den
Händen hält er die beliebten Kinderattribute Taube und
Weintraube. Der Befund der beschädigten Inschriften ist
teilweise unklar. Links steht der Name der Frau "Ḥabbā,
Tochter des . . ." sowie der Zusatz " 'Attē 'aqqeb Taimē,
ihr Sohn." Zwischen beiden Köpfen steht noch (un-
leserlich) "Tochter des Moqimū." Möglicherweise bezieht
sich diese Angabe auf ein später im selben Grab bestat-
tetes Kind.

BIBL.: H. Pognon, *Comptes rendues de l'Académie des Inscriptions* (1883), 393; ders., *Journal Asiatique* (1884) I, 559;
"Rapport de M. Pognon. . .à M. Patrimonio," *Revue
d'Assyriologie* 1 (1886), 78f., Nr. 6; J. Euting, *Epigraphische Miscellen: Sitzungsberichte der Preußischen
Akademie der Wissenschaften* (1885), 677, Nr. 31, 32; E.
Ledrain, "Inscriptions palmyréniennes inédites," *Revue
d'Assyriologie* 2, (1888/92), 71; Fürst S. S. Abamelek-
Lazarev, *Žeraš [Gerasa]* (Petersburg, 1897), 53, Nr. 6 Taf.
16, 6a–b; J.-B. Chabot, *Journal Asiatique* (1898), II, 105f.,
Nr. 5; ders., in *Répertoire d'épigraphie sémitique* 1 (Paris,
1900), 322f., Nr. 410; Ingholt, *Studier*, 141, Anm. 6 PS
440; *CIS* II 3, 390f., Nr. 4373, Taf. 55 u. 57; Galerie S. de
Monbrison, Paris, *Archéologie méditerranéenne* (Paris o.J.
[= 1977]), Nr. 19 mit 2 Abb.; F. Pierson, *Revue des
archéologues et historiens d'art de Louvin* 17 (1984), 94f.,
Abb. 7.

Nr. 17. RELIEF MIT WEIBLICHER BÜSTE. Ehemals in
Hollywood, Stendahl Galleries. H: 55,9 cm (22 in.). 1.
Hälfte des 3. Jahrhunderts. Abb. 17.

Reich gewandete Büste einer Frau, deren Trachtenele-
mente und Schmuck uns bereits von anderen Reliefs
bekannt sind. R. Degen gelang die Entzifferung der auf
dem mir vorliegenden Photo nur schwach erkennbaren
Inschriften: "Ammia, Tochter des Grymai (Vokalisation
unsicher), wehe!"

BIBL.: *Our Ancient Heritage: An Exhibition* (Philbrook Art
Center, Tulsa, 1963), Nr. 227 Abb.

Nr. 18. RELIEF MIT MÄNNLICHER BÜSTE. Angeblich in kalifornischer Privatsammlung. H: 1,03 m
(40½ in.). 2. Hälfte des 2. Jahrhunderts. Abb. 18.

Das Büstenrelief zeigt einen Mann in griechischer Manteltracht mit gekräuseltem Haupthaar und kurz geschnit-
tenem Bart. Die Inschrift lautet nach einer J. Starcky
(Paris) verdankten Lesung 'LKŠNDR̊ BR NRQYS HBL
"Alexandros, Sohn des Narkaios, wehe!").

BIBL.: *Antike und Orient,* Fa. Libresso AG, Zürich, Bibliographie Nr. 10 (1975), Abb. 17 (damals im Besitz der

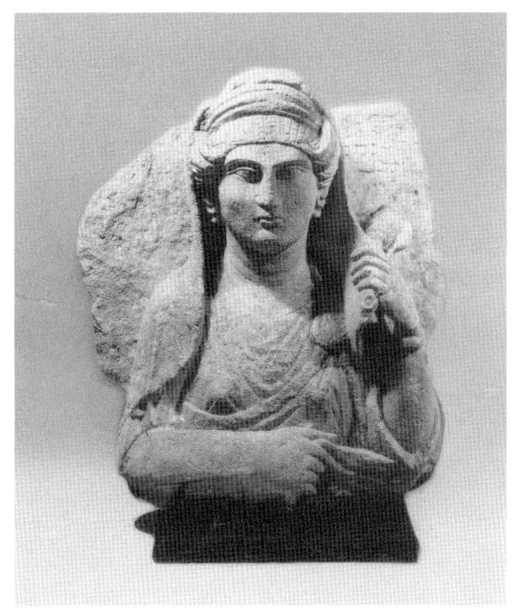

Abb. 17.   Relief mit weiblicher Büste. Palmyrenisch, 1.
Hälfte des 3. Jahrhunderts n.Chr. Kalkstein,
H: 55,9 cm (22 in.). Ehemals Hollywood, Sten-
dahl Galleries. Photo: Stendahl Galleries.

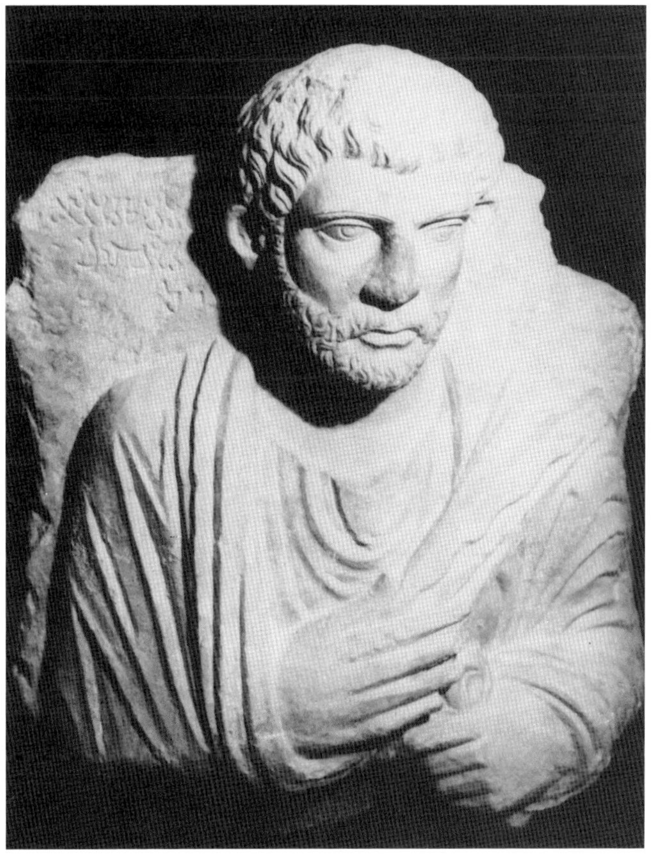

Abb. 18.   Relief mit männlicher Büste. Palmyrenisch, 2.
Hälfte des 2. Jahrhunderts n.Chr. Kalkstein,
H: 1,03 m (40½ in.) (wohl unrichtig!). Privat-
besitz Kalifornien.

Galerie G. Puhze, Freiburg/Br.; Herrn G. Puhze verdanke ich die hier reproduzierte Photographie und ergänzende Informationen).

Friedrich—Alexander—Universität
Erlangen

SUMMARY IN ENGLISH

As a contribution toward a catalogue of all sculpture from Palmyra outside Syria, the author presents an annotated list with an introduction to Palmyrene sculpture in collections on the West Coast of the United States. The sculptures are in part unpublished and from public collections in Seattle, Portland, Los Angeles, Malibu, and Stanford as well as from three private collections. Aspects of specific interest include double busts of the deceased, portraits, and inscriptions.